mandelbaum *verlag*

Helga Amesberger,
Brigitte Halbmayr, Elke Rajal

»ARBEITSSCHEU UND MORALISCH VERKOMMEN«

Verfolgung von Frauen als »Asoziale« im Nationalsozialismus

mandelbaum *verlag*

Gedruckt mit Unterstützung durch

Die Studie wurde durch den Jubiläumsfonds der
Österreichischen Nationalbank gefördert – Projektnummer 17438

mandelbaum.at • mandelbaum.de

ISBN 978-3-85476-596-7

Lektorat: Tanja Gausterer
Satz: Kevin Mitrega
Umschlag: Michael Baiculescu
Umschlagbild: WStLA, 2.7.1.2., A1-6, 2322, Schnellbrief des stv. Gauleiters, 9.12.1940
Druck: Primerate, Budapest

INHALTSVERZEICHNIS

I.

»ASOZIALEN«-VERFOLGUNG IN ÖSTERREICH – EINLEITUNG

1. RAHMUNG DES FORSCHUNGSGEGENSTANDES

»Eine neue Erzählung hat sich durchgesetzt. Sie basiert auf dem Bild des Fremden und Faulen. […] Schleichend hat sich also der Konsens ausgebreitet, das alles erklärende und bedingende Spannungsverhältnis unserer Gesellschaft bestehe zwischen zwei Polen: auf der einen Seite die Hiesigen, die Leistungsträger und Leistungswilligen, und dort die Fremden, die Faulen und die Leistungskonsumenten.« (Palmetshofer 2017, 13)

1.1 Forschungsinteresse und Zielsetzung

Eine Wanderausstellung zum nationalsozialistischen Jugendkonzentrationslager[1] und späteren Vernichtungslager Uckermark, von 1942 bis 1945 in unmittelbarer Nähe zum Frauenkonzentrationslager Ravensbrück gelegen, weckte in den Herbst- und Wintermonaten 2015 großes Interesse bei einer Vielzahl (gedenk-)politisch interessierter Personen in Wien. Groß war auch der Andrang zu der die Ausstellung begleitenden Veranstaltungsreihe, in der es immer auch um die Kontinuitäten der Stigmatisierung und Ausgrenzung fremddefinierter Gesellschaftsgruppen ging.[2]

Deutlich wurde in den Diskussionen, welche Forschungslücken es zu den in der NS-Zeit wegen ihrer behaupteten »Asozialität« verfolgten Frauen noch heute gibt. Als »asozial« konnte bezeichnet werden, wer nach damaligen gesellschaftlichen Normen nicht in die nationalsozialistische »Volksgemeinschaft« passte, was sich in den NS-Akten in den Begriffen »gemeinschaftsfremd«, »gemeinschaftsunfähig« oder »gemeinschaftsfeindlich« widerspiegelt. Der breit gefasste Begriff »asozial« eröffnete den Behörden großen Interpretationsspielraum bei dessen Anwendung. Sowohl was die unmittelbare Verfolgung selbst als auch das Überleben und spätere Weiterleben der Mädchen und

1 Der NS-Terminus lautete »Jugendschutzlager«, realiter war die Uckermark ein Konzentrationslager für junge Frauen ab 16 Jahren. Vgl. dazu Kapitel III.2.

2 Vgl. whose story? Veranstaltungsreihe zu Kontinuitäten des Nazismus (www.uckermark-projekt.org, abgerufen am 1.3.2019).

Frauen betrifft, ist das Wissen bislang gering – und dies vor allem in Hinblick auf die Österreicherinnen unter ihnen. Zwar machte Michael Hepp bereits 1996 darauf aufmerksam, dass bis Mitte 1944 die mit Abstand meisten Einweisungsanträge in das KZ Uckermark aus Wien kamen[3] – ein Verweis, der vielfach zitiert, dem aber bislang nur unzureichend nachgegangen wurde. Dieser Umstand war einer der Beweggründe, sich dieser Verfolgtengruppe in einer Studie genauer zu widmen.

Nicht viel ausgeprägter ist das Wissen um die Erwachsenen, die als »Asoziale« punziert und mit schwarzem Winkel als Abzeichen auf der Kleidung versehen im KZ Ravensbrück inhaftiert waren. Von den Arbeiten von Christa Schikorra abgesehen, ist das wissenschaftliche Interesse an dieser Opfergruppe bislang wenig ausgeprägt. Unsere Forschungsarbeit soll zumindest für die Österreicherinnen in Ravensbrück die Kenntnisse erweitern.

In den rund zwei Jahren, in denen wir – das sind Helga Amesberger, Brigitte Halbmayr und Elke Rajal – uns intensiv mit dem Stigma »Asozialität« befasst haben, hat sich das gesellschaftspolitische Klima merklich gewandelt. Eine zunehmende Entsolidarisierung in der Gesellschaft ist zu konstatieren. Allgemeine Verunsicherung und Zukunftsangst machen sich vielfach breit, die verstärkt zu Ausgrenzungs- sowie Abschottungstendenzen – als zwei Seiten ein- und desselben Prozesses – führen. Die Ressentiments entfachen sich dabei an AsylwerberInnen sowie Personen, die vermeintlich unser Sozialsystem ausnützen. Der Schriftsteller Ewald Palmetshofer hat dies im einleitenden Motto treffend in der Figur des Fremden und des Faulen lokalisiert. Diese aktuellen Ausgrenzungs- und Stigmatisierungsdiskurse knüpfen – bewusst und unbewusst – an vorhandene Denkmuster an. Die Diskussion ist also keineswegs neu. Mit unserer Studie wollen wir deren lange Traditionen sichtbar machen und damit die Bestrebungen, dem gesellschaftlichen sowie politischen Rechtsruck entgegenzusteuern, mit wissenschaftlich fundierten Argumentationslinien unterstützen.

3 Vgl. Hepp 1996, 247. Im Artikel selbst findet sich keine Quellenangabe zu dieser Zahl. Sie stammt jedoch vermutlich aus einer von Paul Werner, dem stellvertretenden Leiter des Reichskriminalpolizeiamts in Berlin, zu Jahresbeginn 1944 erstellten Statistik (vgl. Werner 1944, 105).

1.2 Forschungsstand

Die Verfolgung von als »asozial« stigmatisierten Frauen und Männern im Nationalsozialismus hatte es ab den 1980er Jahren in den Kreis relevanter Forschungsthemen geschafft. Hier sind insbesondere die grundlegenden Arbeiten von Wolfgang Ayaß zu nennen, der sich seit Mitte der 1980er Jahre in zahlreichen Publikationen mit den gesetzlichen Grundlagen der Verfolgung, der in ihr zu Tage tretenden nationalsozialistischen Ideologie (rassistische Bevölkerungspolitik), ihren Ausmaßen sowie auch Kontinuitäten der Stigmatisierung auseinandersetzt.[4] Was die Lebens- und Überlebensbedingungen von KZ-Häftlingen mit der Kategorisierung »asozial« anbelangt, sind insbesondere die Forschungen von Christa Schikorra (2001a, 2001b, 2004, 2009a, 2009b) zu nennen, die sich intensiv mit den weiblichen Verfolgten im KZ Ravensbrück auseinandergesetzt hat. Zum Konzentrationslager Uckermark haben Katja Limbächer und Maike Merten im Jahr 2000 einen ersten Sammelband vorgelegt. Die »Initiative für einen Gedenkort ehemaliges KZ Uckermark« erstellte im Jahr 2015 für die Wanderausstellung zum Jugend-KZ eine Sammlung von begleitenden Texten. Österreich-Bezüge weist die Diplomarbeit von Regina Fritz über die »Jugendschutzlager« Uckermark und Moringen aus 2004 auf.

Zur Situation von »Asozialen« in Konzentrationslagern ist auch auf unsere eigenen bislang getätigten Forschungsarbeiten zu verweisen: Bereits in den 2001 erschienenen Bänden zu den Österreicherinnen in Ravensbrück haben wir uns um die Sichtbarmachung auch der bislang marginalisierten Verfolgtengruppen bemüht, was uns zumindest für die verfolgten Sinti und Roma gelang (vgl. Amesberger/Halbmayr 2001a und 2001b; zu den als »Zigeunerinnen« verfolgten Österreicherinnen vgl. auch Halbmayr/Schmid 2014). In der Studie zu sexualisierter Gewalt in NS-Konzentrationslagern handeln mehrere Abschnitte von den Überlebensbedingungen von Frauen, die als »Asoziale« verfolgt wurden, da gerade sie vielfach von sexualisierter Gewalt betroffen waren – hier ist vor allem auf die zur Sexarbeit gezwungenen Frauen in Bordellen für männliche KZ-Häftlinge zu verweisen, darunter zahlreiche im Zivilleben der Prostitution Verdächtigte (vgl. Amesberger/Auer/Halbmayr 2010). Sowohl zu Aspekten sexualisier-

4 Für unseren Forschungskontext relevant sind in erster Linie die Arbeiten von Ayaß von 1998, 2006, 2009 und 2012. Vgl. zu ihm wie zu den im Folgenden genannten WissenschaftlerInnen die Literaturliste am Ende des Berichts, S. 359ff.

ter Gewalt wie auch zu KZ-Bordellen haben wir mehrfach publiziert (vgl. etwa Amesberger/Halbmayr 2010, Halbmayr 2005, Halbmayr 2008a und 2008b, Halbmayr 2010). Mit »Das KZ-Bordell« hat Robert Sommer (2009a) ein Standardwerk dazu verfasst. Neu erschienen sind im Themenfeld »Asoziale« bzw. »Kriminelle« in Konzentrationslagern die Bände von Sylvia Köchl (2016) und Julia Hörath (2017).

Was die Forschungslage mit dem Fokus auf »Asozialenverfolgung« außerhalb des Kontextes von Konzentrationslagern unter Bezugnahme auf Österreich betrifft, sind hier einige Einzelfallstudien zu nennen. Wichtige Grundlagenarbeit lieferten Anfang der 1990er Jahre Baumgartner/Mayer in einer zweibändigen Studie (1990) und Maren Seliger in einem Aufsatz (1991). In beiden Arbeiten stand die Verfolgung »asozialer Frauen« in Wien (und dem heutigen Niederösterreich) und hier insbesondere auch die Arbeitsanstalt Am Steinhof im Zentrum.[5] Beide beschränken sich aber auf die Situation in den Gauen Wien bzw. Niederdonau, d. h. dass behördliche Verfolgungen, die (schließlich) zu KZ-Einweisungen führten, nicht weiter analysiert wurden. Bezüglich der Zwangssterilisationen sind die Arbeiten von Claudia Spring hervorzuheben (vgl. insbesondere Spring 1999, 2007a und 2009), die am Beispiel des Erbgesundheitsgerichts Wien die Praxis dieser Institutionen analysierte.

Der NS-Gesundheitspolitik in Wien widmete sich Herwig Czech in grundlegenden Arbeiten (2003 und 2007). Josef Goldberger hat für dieses Politikfeld für Oberösterreich 2004 eine Studie vorgelegt, in der auch den Erbgesundheitsgerichten im Gau Oberdonau hohe Aufmerksamkeit zukommt. Ebenfalls aus Oberösterreich liegt eine Studie zum Beitrag der öffentlichen Fürsorge zur Verfolgung »Asozialer« im Reichsgau Oberdonau durch Jürgen Tröbinger (2008) vor. Mit der Rolle der Fürsorgerinnen hat sich Katja Geiger in zwei Aufsätzen (2006 und 2008), Gudrun Wolfgruber ausführlich in ihrer Studie zur Wiener Jugendwohlfahrt im 20. Jahrhundert (2013) auseinandergesetzt. Auf die Verfolgung von Kindern und Jugendlichen durch die NS-Sozialverwaltung legten die AutorInnen in einem 2007 von Ernst Berger herausgegebenen Sammelband ihren Schwerpunkt. Im

5 Darauf aufbauend hat Susanne Üblackner 2007 eine universitäre Abschlussarbeit vorgelegt. Auch wir richten unser Augenmerk in der vorliegenden Studie auf die Arbeitsanstalt Am Steinhof, sie stellt jedoch nur eine der untersuchten Institutionen dar.

Zuge der Aufarbeitung der Gewalt an Kindern und Jugendlichen in öffentlichen wie auch kirchlichen Erziehungsheimen gingen jüngst publizierte regionale Studien auch auf die Geschichte der Fürsorgeerziehung und die Kontinuitäten von Stigmatisierungen und Ausgrenzungsdiskursen ein. Dies taten etwa Reinhard Sieder und Andrea Smioski (2012) für die Stadt Wien und Mayerhofer et al. (2017) für die Wiener Psychiatrie. Studien zu Heimkindheiten bzw. Heimkindern in Tirol und Vorarlberg und die Traditionen in der Fürsorgeerziehung veröffentlichten Horst Schreiber (2010) sowie Ralser et al. (2017).

Zu den Kontinuitäten der Stigmatisierung als »asozial« nahmen auch Gerhard Fürstler und Peter Malina (2004) in ihrer Aufarbeitung der Geschichte der Krankenpflege in Österreich in der NS-Zeit Bezug, wo sie u. a. die Gerichtsverfahren gegen das leitende Personal in der Arbeitsanstalt Am Steinhof analysierten. Wesentlich sind in diesem Zusammenhang auch die Forschungsarbeiten und Publikationen der Forschungsstelle Nachkriegsjustiz am Dokumentationsarchiv des österreichischen Widerstandes. Mit der Kontinuität von NS-Diktion und -Geisteshaltung in Hinblick auf »Asozialität« in der Abwicklung von Anträgen im Rahmen des Opferfürsorgegesetzes hat sich am Rande ihrer umfangreichen Auseinandersetzung zu Vermögensentzug während der NS-Zeit sowie Rückstellungen und Entschädigungen seit 1945 in Österreich die Historikerkommission der Republik Österreich beschäftigt (vgl. Berger et al. 2004, Bailer-Galanda 2003 sowie Jabloner et al. 2003). Zur Entwicklung und Umsetzung des Opferfürsorgegesetzes sind ebenfalls die Arbeiten von Brigitte Bailer-Galanda (1999 und 2005) grundlegend.

Auf diesen Publikationen und zahlreichen weiteren Veröffentlichungen aufbauend wurde der Forschungs- und Analyserahmen abgesteckt. In den aufgelisteten Arbeiten wird immer wieder auf die Androhung von KZ-Haft (in Verordnungen oder Rundschreiben, gemäß Zeugenaussagen von Betroffenen) Bezug genommen, der tatsächlichen Umsetzung dieser Androhungen aber nicht weiter nachgegangen. Somit gab es bislang wenige Forschungsarbeiten, anhand derer sich eine Eskalation der Verfolgungsmaßnahmen, die (Konkurrenz in den) behördlichen Zuständigkeiten (bzw. der Aneignung von solchen) oder ein Befund »typischer« Verfolgungswege nachzeichnen ließen.

Neu an unserer Arbeit ist daher, die Rekonstruktion von unterschiedlichen Verfolgungsabläufen von als »asozial« Stigmatisierten in den Blick zu nehmen. Dabei wurde versucht, Ursachen für die Unterschiede im behördlichen Umgang herauszuarbeiten, was Gemeinsamkeiten in der Verfolgungsbegründung nicht ausschließt.

1.3 Forschungsschwerpunkte und Wegweiser durch das Buch

Mit diesem Projekt wird eine mittlerweile über 20-jährige Forschungstätigkeit am Institut für Konfliktforschung zum Schwerpunkt Frauen und NS-Verfolgung fortgesetzt. Dabei standen die ehemaligen österreichischen Häftlinge des Frauenkonzentrationslagers Ravensbrück sowie des Jugendkonzentrationslagers Uckermark im Zentrum unseres Interesses. Diesmal lenken wir den Fokus auf eine bislang vernachlässigte Opfergruppe, nämlich die als »asozial« stigmatisierten Frauen.[6] Zudem widmen wir uns im ersten Forschungsschwerpunkt eingehend der Erforschung der Vorgeschichte der KZ-Einweisung und behandeln Fragen wie: Welche Umstände, welche Maßnahmen führten zu einer Überstellung in ein Konzentrationslager? Wer waren die handelnden AkteurInnen und welches Prozedere ging dieser Überstellung voran? Welche Behörden hatten Interesse an einer KZ-Einweisung der Frauen und wie wurde sie begründet? Die Antworten darauf sind in Kapitel I zu finden, wo wir nach der Rahmung des Forschungsgegenstandes (Abschnitt I.1) die Traditionslinien, gesetzlichen Grundlagen und Konstruktionen aufzeigen (Abschnitt I.2).

Um diese Fragen zu prüfen, nahmen wir nicht nur die KZ-Opfer in den Blick, sondern auch jene Frauen, die in psychiatrische Anstalten, Arbeitsanstalten, Arbeitserziehungslager und Erziehungsheime eingewiesen wurden, sowie Frauen, bei denen in der Begründung für eine Zwangssterilisation die Unterstellung von »Asozialität« aufscheint. Am Beispiel der Gaue Wien und Niederdonau wird analysiert, ob es eine Systematik in der Eskalation der Verfolgung der Frauen gab, die schließlich zu einer KZ-Einweisung führte, und wie weit es Zufall war, in welcher Form und welchem Ausmaß eine Frau in die Verfolgungsmaschinerie gelangte. Von Interesse war also der »Scheidepunkt«, der zu einer verschärften Zwangsmaßnahme führte und schlussendlich eine KZ-Einweisung nach sich zog. Augenmerk

6 Ravensbrück gilt als Frauenkonzentrationslager, in dem rund 130.000 Frauen aus über 40 Nationen zwischen 1939 und 1945 inhaftiert waren. Unmittelbar daneben gab es ab April 1941 bis Kriegsende ein Männerlager mit insgesamt 20.000 Inhaftierten. In dieser Studie beschäftigen wir uns jedoch ausschließlich mit den verfolgten Frauen.

wurde auch auf die Verfolgungsmerkmale von (jugendlichen) Frauen gelegt, die in das sogenannte »Jugendschutzlager Uckermark« und das Frauenkonzentrationslager Ravensbrück eingewiesen wurden, wofür Akten zum Areal Am Spiegelgrund in Wien sowie der Gauerziehungsanstalt Gleink in Oberdonau gesichtet wurden.

Damit stehen jene Einrichtungen im Fokus, an denen sich die Konstruktion und Verfolgung von »Asozialität« nachzeichnen lassen: Das sind die Asozialenkommissionen in Wien und Niederdonau, die eine behördliche Zentralisierung der Asozialenverfolgung darstellen; für diese Gaue analysierten wir auch die Arbeitsanstalten Am Steinhof, Klosterneuburg und Znaim unter Einbeziehung der Entwicklung der Politik gegenüber »Asozialen« in der NS-Zeit. Überstellungen von jungen Frauen aus der Gauerziehungsanstalt Gleink im damaligen Gau Oberdonau nach Uckermark veranlassten uns, diese Einrichtung näher in den Blick zu nehmen. Hierfür ist es notwendig, die Grundlagen der Verfolgung wie Begriffsdefinitionen von »Asozialität« und Traditionen der Stigmatisierung, die weit vor die nationalsozialistische Zeit zurückreichen, die nationalsozialistische Radikalisierung der Ausgrenzung als »asozial« Stigmatisierter im Kontext der »Erb- und Rassenpflege« sowie geschlechtsspezifische Aspekte der Stigmatisierung bzw. Verfolgung herauszuarbeiten. Ein weiterer Fokus in diesem Abschnitt gilt den in die Verfolgung involvierten Behörden, den gesetzlichen Grundlagen für deren Handeln und die Wahrnehmung ihrer Kompetenzen. Bürokratisches Handeln ist in gut etablierten Verwaltungsapparaten, wie sie auch in Österreich zum Zeitpunkt der NS-Machtergreifung vorhanden waren, Jahrzehnte lang eingeübte Routine. Diese umfasst sowohl den internen Ablauf als auch die Kooperation mit anderen Behörden. Die tägliche Praxis fußte dabei gleichermaßen auf gesetzlich-formalistischen Vorgaben hinsichtlich Verfahrensweise und Kompetenzumfang der Behörde wie auch auf der Einübung derartiger Strukturen und dem individuellen Amtsverständnis der BeamtInnen.

In der Beschäftigung mit den Wiener Institutionen zeigte sich, dass das Areal »Baumgartner Höhe« für die als »asozial« stigmatisierten Frauen und Mädchen im Gesamten für ihre Verfolgungsgeschichte relevant war, weshalb wir die Recherche nicht nur auf die dort für »asoziale« Frauen errichtete Arbeitsanstalt Am Steinhof, sondern auch auf die Bestände der Wiener Städtischen Nervenklinik für Kinder Am Spiegelgrund und der damals sogenannten Wagner von Jauregg Heil-

und Pflegeanstalt ausdehnten. Ausgehend von den (nahezu vollständig erhalten gebliebenen) Karteikarten der Arbeitsanstalt Am Steinhof versuchten wir nachzuvollziehen, welche der dort angehaltenen Frauen bereits von Am Spiegelgrund kamen und welche von ihnen einer Zwangssterilisation, vielfach in der Wagner von Jauregg Heil- und Pflegeanstalt durchgeführt, unterzogen wurden. Von besonderem Interesse waren jene Frauen, für die eine Überstellung (bzw. deren Androhung) ins Jugend-KZ Uckermark bzw. ins Frauenkonzentrationslager Ravensbrück nachgewiesen werden konnte. Vergleichend fokussierten wir aber auch auf Fälle, in denen Frauen von Anstalt zu Anstalt und letztlich in kein Konzentrationslager geschickt wurden. Nach Möglichkeit versuchten wir hier, die individuelle Geschichte von der ersten Einweisung in ein Erziehungsheim oder eine Arbeitsanstalt bis zum letzten für die NS-Zeit bekannten Verfolgungsakt nachzuzeichnen. Dabei wird (abermals) die Zusammenarbeit der Behörden in der Verfolgung der als »asozial« Stigmatisierten deutlich.

Mit Klosterneuburg, Martinstraße 28–30, nahmen wir einen weiteren Anstalten-Komplex unter die Lupe. Der Beweggrund dafür war die enge Verbindung, die zwischen der Arbeitsanstalt Am Steinhof und der Arbeitsanstalt Klosterneuburg – damals im 26. Wiener Gemeindebezirk gelegen – bestand. Diese lässt sich in erster Linie anhand der Karteikarten Am Steinhof nachzeichnen, die festhalten, woher eine Frau überstellt wurde und wohin sie nach ihrem Zwangsaufenthalt Am Steinhof kam. Bei Mehrfacheinweisung sind Zu- und Abgang entsprechend oft vermerkt. Zahlreiche Karteikarten enthalten Hinweise darauf, dass es zu mehrfachen Transfers zwischen Am Steinhof und Klosterneuburg kam, wobei für Klosterneuburg neben der Arbeitsanstalt noch weitere Anstalten relevant und zu differenzieren sind, nämlich die »Wiener städtische Heilanstalt Klosterneuburg« (für geschlechtskranke Frauen), das »Wiener städtische Erziehungsheim Klosterneuburg« (für Mädchen) und die »Sonderschule für Schwererziehbare«. Verwaltungs- bzw. Parteidokumente für den Reichsgau Wien und insbesondere das von uns erstmalig wissenschaftlich gesichtete Archivmaterial im Stammhaus der Schwesterngemeinschaft Caritas Socialis zur Heil- sowie Arbeitsanstalt Klosterneuburg erweitern den Wissensstand dazu maßgeblich.

Außerdem gingen wir der engen Verbindung zwischen den Reichsgauen Wien und Niederdonau in der »Asozialen«-Verfolgung nach. Vom wissenschaftlichen Standpunkt aus war dies naheliegend, weil in diesen beiden Gauen sogenannte Asozialenkommissionen – ein österreichisches Spezifikum – nicht nur relativ früh, sondern auch in ähnlicher Weise installiert wurden. Neben den Wiener Einrichtungen war daher auch der damals im Gau Niederdonau gelegene Haftort Znaim für weibliche »Asoziale« von Interesse. Obwohl die Gauerziehungsanstalt Gleink in Oberösterreich außerhalb unseres regionalen Schwerpunkts lag, bezogen wir diese in die Analyse ein, um Erkenntnisse über Praxis des Umgangs mit minderjährigen Mädchen und die Einweisung in das Jugend-KZ Uckermark zu erhalten.

Im folgenden Abschnitt dieses Kapitels und im gesamten Kapitel II behandeln wir also die »Asozialen«-Verfolgung in Österreich. Eingebettet wird die Beschreibung der für die Verfolgung von »Asozialen« maßgeblichen Einrichtungen zum einen in der Darlegung der diskursiven Rahmung von »Asozialität« als Zuschreibung der Mehrheitsgesellschaft und Konstruktion von Behörden. Dabei wird auch den geschlechts- wie altersspezifischen Aspekten in der Definition von »Asozialität« nachgegangen. Zum anderen werden die wesentlichen Gesetze und Verordnungen in Zusammenhang mit der Verfolgung von »Asozialen« erläutert (Abschnitt I.2). Im Kapitel II erfolgen die Analysen der Einrichtungen, die, wie vorhin ausgeführt, für die Verfolgung der Mädchen und Frauen maßgeblich waren.

Im zweiten Forschungsschwerpunkt kehren wir zum Ausgangspunkt unserer Forschungen zurück, nämlich zu den österreichischen Häftlingen der Konzentrationslager Ravensbrück und Uckermark. Eine umfangreiche Datenbank, die am Institut für Konfliktforschung im Projekt »Namentliche Erfassung der ehemals inhaftierten ÖsterreicherInnen im KZ Ravensbrück« (inklusive seiner Nebenlager und dem KZ Uckermark) erstellt wurde[7], bildete die Grundlage für die Analyse der als »asozial« stigmatisierten österreichischen Häftlinge im KZ Ravensbrück, die in Kapitel III.1 vorliegt. Die Darstellung erfolgt in Relation zur Gesamtzahl der Häftlingsgruppe der »Asozialen« wie auch der Gesamtheit der Inhaftierten. Einweisende Behörden, Einweisungsgründe, die unterschiedlichen Haftwege, die Haftbedingungen, die Überlebenschancen bzw. Todesraten etc. sind

7 Vgl. Amesberger/Halbmayr 2009, Amesberger/Halbmayr/Schmid 2013. In der Datenbank sind Informationen zu aktuell 2.450 Namen von weiblichen und rund 300 männlichen österreichischen Ravensbrück-Inhaftierten gespeichert (vgl. http://www.ravensbrueckerinnen.at, abgerufen am 1.3.2019).

zentrale Analysekriterien. In zwei Fallbeispielen werden diese anschaulich vermittelt.

Anders stellte sich die Ausgangslage für den Abschnitt zum Jugendkonzentrationslager Uckermark dar. Aufgrund des nach wie vor geringen Wissensstandes zu diesem Haftort beschreiben wir in Kapitel III.2 das sogenannte »Jugendschutzlager« als wesentliche und singuläre Einrichtung in der Verfolgung von Mädchen und jungen Frauen. Einweisungsprozedere, Lebens- und Überlebensbedingungen, kriminalbiologische Untersuchungen, Zwangsarbeit, Strafen und Schikanen sind nur einige Aspekte, die in diesem Abschnitt für die Gesamtzahl der rund 1.200 in der Uckermark inhaftierten Mädchen und jungen Frauen erläutert werden. Diese Darstellung bildet den Kontext für die anschließende Analyse der Daten zu den Österreicherinnen unter den Uckermark-Häftlingen. Auch hierfür war die oben erwähnte Datenbank aus dem Projekt »Namentliche Erfassung der ehemals inhaftierten ÖsterreicherInnen im KZ Ravensbrück« die Grundlage. Durch akribische Nachrecherche konnten wir für einige Jugendliche den Wissensstand über deren Verfolgung in der NS-Zeit deutlich erweitern. Von den 178 Österreicherinnen, die als »asozial« kategorisiert wurden, war für 79 Mädchen und junge Frauen das KZ Uckermark der primäre Haftort.

Im dritten Schwerpunkt unserer Forschung geht es um die bereits angesprochenen Kontinuitäten von Diskriminierung und Ausgrenzung – und damit um den Umgang Nachkriegsösterreichs mit als »asozial« Verfolgten. Im Kapitel IV wird dies anhand der Abwicklung von Anträgen im Rahmen des österreichischen Opferfürsorgegesetzes von Frauen, die als »asozial« stigmatisiert waren, sowie anhand von zwei Gerichtsverfahren gegen leitendes Personal der Arbeitsanstalt Am Steinhof bzw. der Gauerziehungsanstalt Gleink ausführlich erörtert.

1.4 Ergänzende Hinweise und Dank

Aufgrund der Kontinuität der Stigmatisierung und Ausgrenzung von als »asozial« verfolgten Personen entschieden wir uns, sämtliche Namen zu anonymisieren (Vorname plus erster Buchstabe des Familiennamens, bei Gleichheit der Initialen auch zweiter Buchstabe). Von der Anonymisierung ausgenommen sind jene, die selbst mit ihrer Verfolgungsgeschichte in die Öffentlichkeit gegangen sind (das trifft nur für einige wenige ehemalige Ravensbrück- bzw. Uckermark-Häftlinge zu). Bei den TäterInnen entschieden wir uns für die Nennung des vollständigen Namens – viel zu lange hieß Datenschutz vor allem Schutz für die TäterInnen.

Bei der Zitation von diversem Behördenschriftwerk, das zum Teil lediglich für den internen Gebrauch bestimmt war, wurden die recht häufigen Tipp- und Rechtschreibfehler sowie Fehler in der Zeichensetzung aus Gründen der Lesbarkeit stillschweigend korrigiert, die Rechtschreibung auf die heute gültige Norm modernisiert.

Die Forschungsarbeit, auf der diese Publikation beruht, hat uns mit zahlreichen Institutionen und Personen zusammengeführt, denen wir für ihre Unterstützung danken möchten. Es sind dies

- die finanzierenden Stellen: Der Jubiläumsfonds der Oesterreichischen Nationalbank, von dem der Hauptanteil der Fördersumme zur Verfügung gestellt wurde. Weitere Fördergeber waren der Zukunftsfonds der Republik Österreich sowie der Nationalfonds der Republik Österreich für Opfer des Nationalsozialismus.
- die kontaktierten und großteils persönlich aufgesuchten Archive: Wiener Stadt- und Landesarchiv (WStLA); Niederösterreichisches Landesarchiv (NÖLA); Oberösterreichisches Landesarchiv (OÖLA); Dokumentationsarchiv des österreichischen Widerstandes (DÖW); Archiv der Kreuzschwestern in Linz; Diözesanarchiv Linz; Stadtarchiv Steyr; Archiv der Schwesterngemeinschaft Caritas Socialis in Wien.
- die Mitglieder des wissenschaftlichen Beirats: Dr. Herwig Czech, Medizinische Universität Wien; Dr. Josef Goldberger, Oberösterreichisches Landesarchiv; Univ.-Prof. Dr.in Michaela Ralser, Fakultät für Bildungswissenschaften der Universität Innsbruck; Dr.in Christa Schikorra, Bildungsabteilung der Gedenkstätte Flossenbürg; Dr.in Sabine Schweitzer, Dokumentationsarchiv des österreichischen Widerstandes; Dr.in Claudia Spring, Volkskundemuseum Wien; Dr.in Gudrun Wolfgruber, Kompetenzzentrum für Soziale Arbeit, Fachhochschule Campus Wien.
- Mag.a Gertrud Baumgartner, Ko-Autorin der ersten Studie zur Verfolgung »asozialer« Frauen in Wien und Niederdonau, heute als Psychotherapeutin tätig; mit ihr konnten wir am 13. Oktober 2017 ein ausführliches Gespräch über die damalige Forschungsarbeit führen.

Wir danken zudem dem Mandelbaum Verlag für die Möglichkeit der Publikation und die gute Zusammenarbeit.

Wien, im Frühjahr 2019

2. TRADITIONSLINIEN, GESETZLICHE GRUNDLAGEN UND KONSTRUKTIONEN

Das nationalsozialistische Regime hat über unendlich viele Menschen Leid und Zerstörung gebracht, in ihr Privatleben eingegriffen, sie ihres Lebens bedroht und Millionen von ihnen auch tatsächlich ermordet. Allerdings konnten die Diskriminierungs- und Verfolgungsmaßnahmen auf ideologischen Grundsätzen und vielfach auch politischen Umsetzungen der Vorläufer-Regierungen aufbauen. Dies galt für die Weimarer Republik ebenso wie für die Erste Republik bzw. die Zeit des Austrofaschismus in Österreich. Michel Foucault arbeitete in seinem bahnbrechenden Werk »Der Wille zum Wissen. Sexualität und Wahrheit« heraus, wie Sexualität/Sex im 19. Jahrhundert durch das wissenschaftliche Interesse am Körper auch ins Zentrum der Aufmerksamkeit des Staates rückte. Sexualität/Sex wurde zur »Staatssache«, zur »Angelegenheit des gesamten Gesellschaftskörpers«, wie Foucault (1983, 95–147) schreibt. Er sah diese Entwicklung auch in Zusammenhang mit den zunehmenden gesellschaftlichen Missständen, etwa der Wohnungsnot, der Verbreitung von Geschlechtskrankheiten sowie mit der Notwendigkeit einer stabilen Arbeiterschaft. Damit geriet die Sexualität besonders der unteren Schichten ins Visier der Obrigkeit, »eine gesellschaftliche Praxis, die im Staatsrassismus ihre äußerste Form erlangte« (ebd., 143). Der nationalsozialistische Umgang mit »Asozialen« spiegelt dies wider.

Auch die Definition und Verfolgung von »Asozialität« kennt Traditionslinien, die zeitlich weit zurückgreifen und nach der Befreiung vom NS-Regime in Form von Gesetzen, Institutionen und Personal ihre Gültigkeit behalten. Im Folgenden werden diese Entwicklungen skizziert und deren Radikalisierung mit konkreten Beispielen primär aus den Gauen Wien und Niederdonau veranschaulicht. Nach derzeitigem Forschungsstand kann davon ausgegangen werden, dass diese Dynamiken in den Grundzügen für die gesamte Ostmark gelten.

2.1 »Asozialität« als Zuschreibung der Mehrheitsgesellschaft – Traditionslinien

Das Thema »Asozialität« lässt sich auf verschiedenen Ebenen näher erkunden: Soziologisch gesehen geht es um das Verhältnis zwischen der normgebenden Mehrheit einer Gesellschaft und jenen Menschen bzw. Gruppen von Menschen, die sich am Rande oder außerhalb der postulierten und durchgesetzten Norm bewegen. Es verhandelt also ein eingeübtes Verhältnis von Ein- und Ausschluss. Die Ausgeschlossenen werden dabei von der Mehrheitsgesellschaft definiert und stigmatisiert, ihre Identität ist eine zugeschriebene und aufgezwungene, keine selbstgewählte; die Fremdzuschreibung ist Teil der Ausgrenzung, der Stigmatisierung.

Das heißt, jede Gesellschaft hat ihre normgebende Mehrheit und definiert Gruppen von Menschen, die von dieser hegemonialen Norm abweichen. Das gilt für die Gesellschaften vor und nach dem Nationalsozialismus genauso wie es für demokratisch oder autoritär regierte Gesellschaften zutrifft. Soziale Unangepasstheit wurde und wird dabei sanktioniert: In unseren patriarchal und kapitalistisch grundierten Gesellschaften trifft dies diejenigen, die dem Leistungsethos nicht entsprechen wollen oder können und damit nicht zu den »Leistungsträgern« gehören. Es trifft jene, die sich den geschlechtsspezifischen Rollenbildern verweigern, die gemessen an den Vorstellungen der Mehrheit ein ungeregeltes und unstetes Leben führen und dergleichen.

In der historischen Betrachtung hängt der Topos der »Asozialität« eng mit dem Wandel der Armenfürsorge zusammen. Die Armenfürsorge half erst dann, wenn Arbeitsunfähigkeit und Arbeitslosigkeit schon eingetreten waren. Wie Sieder und Smioski (2012, 26) für die Entstehung und Entwicklung des Systems der Fürsorge in Wien ausführen, galt die Armut nach christlich-sozialer Auffassung als Ergebnis von »Arbeitsscheu« und Selbstverschulden, sofern nicht Unfall oder Krankheit vorlagen. Die Einschätzung nach dem Verschulden des Elends war damit zentral. Moderne Fürsorge in einem System sozialer Sicherung, das sich ab Ende des 19. Jahrhunderts entwickelte, bot erstmals einen Anspruch an Leistungen für größer werdende Bevölkerungsgruppen im Zuge der Gesundheits-, Jugend-, Gefährdeten-, Kriegs- und Arbeitslosenfürsorge (vgl. Schikorra 2018, 2). Damit wuchs auch das Bedürfnis, den Kreis jener genau zu fassen, die keine Leistungen erwarten konnten.

Disziplinierung durch Arbeit all jener, die sich vor Arbeit angeblich zu drücken versuchten, steht in einer Tradition, die weit in vorige Jahrhunderte zurückgeht. Erste rechtliche Möglichkeiten zu Zwangseinweisungen von sozial Unangepassten bzw. ökonomisch Deprivierten wie etwa »Bettlern«, »Landstreichern« und »Vaganten« gab bereits ein Mandat Leopolds I. vom 26. März 1693 (vgl. hier und im Folgenden Tröbinger 2008, 618). Die Gesetzgebung im 18. Jahrhundert ermöglichte die Verurteilung von »Bettlern« zu »Feld- und Kulturarbeiten, Schanzarbeiten und Galeerenrudern«, das »Vagabundengesetz« vom 24. Mai 1885 erweiterte die richterlichen Befugnisse, bei »Arbeitsscheu« die Anhaltung in einer Anstalt anzuordnen. Zwangsweise Erziehung zur Arbeit wurde als wirksames Mittel gegen »Arbeitsscheu« gesehen.

> »Im Grunde bleibt dieses Denkmodell auch nach seiner Überlagerung durch den Diskurs der professionalisierten Fürsorge und der partiellen Verwissenschaftlichung sozialer Arbeit im 20. Jahrhundert weiter in Kraft. Seine schärfste Zuspitzung erfährt es im Dritten Reich. Bis heute bleibt Erziehung zur Arbeit die alles überragende Idee (Meta-Idee) fürsorgerischer Interventionen.« (Sieder/Smioski 2012, 26)

Bereits 1924 findet sich in einer deutschen Fürsorgefachzeitschrift eine Definition von »asozial«. Das distinkte Merkmal ist darin der Beitrag eines Individuums zum gesellschaftlichen Zusammenleben: »Wer gemäß den Anforderungen des Gemeinschaftslebens der Menschheit mitarbeitet, der ist ›sozial‹, wer nicht mitarbeitet, der ist ›asozial‹, ›extra-sozial‹, ›antisozial‹.« (Dirksen 1924, zit. nach Geiger 2008, 8) Damit rückt der Beitrag des Einzelnen zum Wohl des »Volkes« in den Vordergrund. Maßgebend wird in diesem Prozess die Lebensweise der kulturell und politisch hegemonialen Klasse des Bürgertums.

> »Weil es darum geht, das Leben des ›Volkes‹, den ›Volkskörper‹, die ›Volksgemeinschaft‹ usw. durch ›Volkspflege‹ oder ›Fürsorge‹ (Ilse Arlt) zu sichern und zu organisieren, werden die Subjekte an Normen gemessen, an ihnen ausgerichtet und müssen vor diesen Normen bestehen.« (Sieder/Smioski 2012, 22f.)

Auch die Vorstellung der erbbiologischen Verursachung von »Asozialität« war im Nationalsozialismus nicht neu. Die Idee der »Rassenhygiene« geht bis ins 19. Jahrhundert zurück (vgl. Goldberger 2004, 261; ausführlich dazu Fuchs 2003). Etwa ab Beginn des 20. Jahrhunderts galten als Ursache für eine »sittliche Verwahrlosung« nicht nur umweltbedingte (etwa familiäre), sondern auch anlagebedingte Faktoren (vgl. Geiger 2008, Spring 2009). Negative Erbanlagen sollten sich möglichst wenig in der Bevölkerung ausbreiten. Der sozialdemokratische Fürsorgestadtrat des »Roten Wien«, Julius Tandler, referierte beispielsweise 1929 im Rahmen einer Veranstaltung des »Österreichischen Bundes für Volksaufartung und Erbkunde« über die »Gefahren der Minderwertigkeit« und trat für die »Unfruchtbarmachung der Minderwertigen« ein (Baumgartner 1992, 131).[8] Solche Forderungen basierten auf Überlegungen von RassenhygienikerInnen, deren rassentheoretische Perspektive auf Gesellschaften – wieder – zunehmend populär wurden.[9] Österreichische Institutionen hatten dabei nicht unerheblichen Anteil.[10]

Entscheidend ist also, wer die Definitionsmacht über sich und die anderen besitzt und wie mit gesellschaftlichen Außenseitern, den konstruierten Anderen, umgegangen wird. In der nationalsozialistischen Bevölkerungspolitik erlangte der Begriff »asozial« zentrale Bedeutung. Die Biologisierung von sozialen Merkmalen, die auch vor der Machtergreifung der Nationalsozialisten gesellschaftlich geächtet waren und ausgrenzend wirkten (z. B. »Verwahrlosung«, Alkoholismus, Homosexualität), entfaltete in der NS-Zeit eine lebensbedrohliche Dynamik (vgl. Kepplinger 2004, 309). Zuschreibungen wie »Asozialität«, »Dissozialität«, »Schwachsinn«, »Arbeitsscheu« waren schon seit längerem eingeführte und handlungsleitende Begriffe. Neu waren allerdings deren folgenschwere Konsequenzen und das radikale und unnachsichtige Vorgehen gegen mit diesen Begriffen Stigmatisierte. (vgl. Sieder/Smioski 2012, 43; Ayaß 1998, XII).

8 Stadtrat Julius Tandler galt als Befürworter der Rassenhygiene im Umfeld der sozialdemokratischen Gesundheitspolitik (Sozialhygiene) der Zwischenkriegszeit (vgl. Fuchs 2003, 269). Fuchs zeigt auch auf, wie sehr in Österreich die »Rassenhygiene« von einer völkisch-antisemitischen Ideologie geprägt und diese politisch von vornherein mit dem Nationalsozialismus verbündet war.

9 Der Diskurs über »Rasse« hat europäische Wurzeln. Seine erste Hochblüte erreichte er in der Aufklärung. Differenzierungen, die auf Abstammungsmerkmale rekurrieren, versuchte aber schon zuvor das Christentum im Gebot der »limpieza de sangre«, der »Blutreinheit«, zur Zeit der »Rückeroberung« Spaniens aus islamischer Herrschaft einzuführen (vgl. Amesberger/Halbmayr 2008, 17).

10 Die Institute für Hygiene und Anthropologie in Wien und das Institut für Dermatologie in Graz waren wissenschaftliche Zentren in den Forschungsgebieten »Erbgesundheit« und »Rassenhygiene«; die erste erbbiologische Untersuchungsstelle im deutschsprachigen Raum wurde in Österreich eingerichtet, und zwar in der Grazer Männerstrafanstalt Karlau (vgl. Goldberger 2004, 20).

2.2 »Asozialität« im Nationalsozialismus

Das Radikale und Unnachsichtige beruhte auf dem zentralen Moment der rassistischen Einteilung der Menschen, die im Nationalsozialismus zum Staatsrassismus mutierte: Die Hierarchisierung der nationalsozialistischen Gesellschaft folgte nicht länger Vorstellungen von Über- und Unterordnung von Gesellschaftsgruppen, sondern ausschließlich dem rassistisch begründeten Prinzip von Ein- und Ausschluss in die »Volksgemeinschaft« aufgrund eines – vermeintlichen – biologischen Merkmals. Wer dieser aufgrund seiner zugeschriebenen »Rasse« nicht angehören konnte – Juden/Jüdinnen, Roma und Sinti, SlawInnen, Schwarze –, verlor seine Existenzberechtigung (anthropologischer Rassismus) ebenso wie jene, die – wenngleich »arisch« – als nicht zugehörig betrachtet und so zu »Minderwertigen« erklärt wurden: Dies waren zum einen körperlich und geistig Behinderte, zum anderen die »Asozialen« (eugenischer Rassismus). Ziel waren ein »starkes Erbgut« und ein »reiner Volkskörper«. So wurden jene, die sich der Normierung zur »Volksgemeinschaft« nicht entsprechen konnten oder sich widersetzten, ebenso ausgesondert, verfolgt und letztendlich zur Vernichtung bestimmt. Anthropologischer/ethnischer und eugenischer Rassismus gingen ineinander über und bestärkten sich gegenseitig.

Zu den Zentren der Umsetzung des eugenischen Rassismus wurden die Gesundheitsämter, wie Goldberger 2004 herausarbeitete. Unter dem Begriff der »Erbgesundheitspflege« setzten sie Maßnahmen gegen »Minderwertige« und »Erbkranke«, darunter auch Menschen, die sozial und politisch randständig oder unangepasst, also als »asozial« gesehen wurden, mit dem Ziel, sie aus der »Volksgemeinschaft« auszusondern und später auch zu töten (vgl. Goldberger 2004, 8f.). Diese Thematik wird uns durch die folgenden Kapitel begleiten.

Die Gesundheitsämter waren als »Vorfeldagenturen der physischen Vernichtung« (ebd., 6) diejenigen Institutionen, die menschliches Leben nach seinem »erbbiologischen« wie auch ökonomischen Wert oder Unwert für die »Volksgemeinschaft« bewerteten und selektierten. Dabei wurde die erbbiologische Selektion

> »an die ganz normale routinemäßige Fürsorge- und Aufsichtstätigkeit der Gesundheitsämter gekoppelt, sodass alle Daten, Erfahrungen und Informationen aus der unverdächtigen Sanitätstätigkeit für die eugenische und rassische Selektion instrumentalisiert werden konnte. Gleichzeitig schuf die konsequente Verstaatli-

chung des Gesundheitswesens die Voraussetzung dafür, dass die ›erbbiologische Selektion‹ pseudolegal von der staatlichen Bürokratie durchgeführt werden konnte: in Form von gesetzlichen und bürokratischen Maßnahmen. Mit den Gesundheitsämtern erhielt der eugenische Rassismus jenen staatlichen Erfassungs- und Selektionsapparat, der ihm bislang gefehlt hatte.« (ebd., 264)

Dem Anspruch nach unterschieden die nationalsozialistischen Erb- und RassenpflegerInnen nach einer exogenen »Asozialität«, die durch äußere Umstände herbeigeführt oder erworben werde, und einer endogenen Dissozialität, die rassisch oder erblich bedingt sei (vgl. Sieder/Smioski 2012, 43). Während exogene »Asozialität« durch Zwangserziehung bekämpft werden sollte, was eine Einweisung in Arbeitserziehungslager und Arbeitsanstalten nach sich zog, führte die medizinische Diagnose endogener Dissozialität zur Einweisung in psychiatrische Institutionen, die im Rahmen der »Euthanasie« medizinische Experimente mit Todesfolgen und Tötungen durchführten. Goldberger (2004, 270ff.) zeigt deutlich, dass es auch bei der Diagnose »erbkrank« aufgrund »angeborenen Schwachsinns« vielfach um Sozialdiagnostik ging.

Die Schaffung eines »reinen Volkskörpers« (als auf Generationen angelegtes Fernziel) erforderte die sukzessive Ausschaltung unerwünschten Erbguts. Das »Gesetz zur Verhütung erbkranken Nachwuchses« (GzVeN) vom 14. Juli 1933 war Grundlage für die zwangsweise Sterilisation von etwa 300.000 Menschen bis Kriegsbeginn 1939 (vgl. Bock 1986); an die 400.000 waren es bis zum Ende der NS-Zeit 1945 (vgl. Neugebauer 1992, Spring 2009).[11] Für wen die Verfolgungsmaßnahmen aufgrund von »Asozialität« zu gelten hätten, sollte ebenfalls anhand biologischer Kriterien festgesetzt werden.

Die Überzeugung, aufgrund biologischer Merkmale Menschen verschiedene Wertigkeit zuschreiben zu können, wurde durch »vergleichende erbbiologische Untersuchungen« untermauert, wie sie

11 Als Diagnosen, die eine Zwangssterilisation ermöglichten, galten Alkoholismus, Missbildung, Taubheit, Blindheit, Veitstanz, Fallsucht, manisch-depressives Irresein, Schizophrenie, Schwachsinn (vgl. Spring 2009, 130). De facto traf die Stigmatisierung als »erbkrank« auch Kriminelle, »Asoziale«, sozial und politisch Unangepasste und Menschen, die »aus eigener Kraft den Mindestanforderungen der Volksgemeinschaft zu genügen« nicht im Stande waren, wie Goldberger (2004, 9) unter Hinweis auf den letztgültigen Entwurf des (nicht mehr in Kraft getretenen) »Gemeinschaftsfremdengesetzes« ausführt.

etwa Wolfgang Knorr 1939 an drei »asozialen Großfamilien« durchführte.[12] Kennzeichnend für deren »Asozialität« waren nicht einzelne Straftaten, sondern die »allgemeine Unfähigkeit sich nutzbringend in das Leben einzuordnen« (Knorr 1939, zit. nach Baumgartner 1992, 131). Die »Anlagen zur Gemeinschaftsunfähigkeit«, so Knorr, würden sich dominant im Sinne der Mendelschen Erblehre weiterverbreiten. Die Absolutsetzung dieses Gedankens führte in der nationalsozialistischen Praxis zur Forderung der »Ausmerze« von minderwertigen Gesellschaftssegmenten – und immer wieder auch zu deren Umsetzung.

So wurden für die Bestimmung, wer »asozial« sei – ein Versuch, der bis zu Kriegsende keine allgemein gültige Definition erfuhr (vgl. Strebel 2003, 123) – die Richtlinien zur Umsetzung des GzVeN herangezogen: In diesen »Richtlinien für die Beurteilung der Erbgesundheit« aus dem Jahre 1940, auf die sich etwa zahlreiche spätere Verwaltungsdokumente der Wiener Behörden beriefen, heißt es in Absatz III:

> »a) (1) Von allen in Frage kommenden Maßnahmen und dem Bezug jeder Zuwendung auszuschließen sind **asoziale Personen** und Angehörige asozialer Familien. Asozialer Nachwuchs ist für die Volksgemeinschaft vollkommen unerwünscht. Daher können asoziale Familien mit vielen Kindern niemals als ›kinderreich‹ angesehen werden.
>
> (2) Als asozial (gemeinschaftsfremd) sind Personen anzusehen, die auf Grund einer anlagebedingten und daher nicht besserungsfähigen Geisteshaltung
>
> 1. fortgesetzt mit Strafgesetzen, der Pol[izei] und den Behörden in Konflikt geraten, oder
>
> 2. arbeitsscheu sind und den Unterhalt für sich und ihre Kinder laufend öffentlichen oder privaten Wohlfahrtseinrichtungen, insbesondere auch der NSV. [Nationalsozialistische Volkswohlfahrt; Anm.] und dem WHW. [Winterhilfswerk; Anm.] aufzubürden suchen. Hierunter sind auch solche Familien zu rechnen, die ihre Kinder offensichtlich als Einnahmequelle betrachten und sich deswegen für berechtigt halten, einer geregelten Arbeit aus dem Wege zu gehen; oder

12 Mit dieser Arbeit »Vergleichende erbbiologische Untersuchungen an drei asozialen Großfamilien« promovierte Knorr 1939 an der Universität Rostock zum Doktor der Medizin.

3. besonders unwirtschaftlich und hemmungslos sind und mangels eigenen Verantwortungsbewusstseins weder einen geordneten Haushalt zu führen noch Kinder zu brauchbaren Volksgenossen zu erziehen vermögen; oder

4. Trinker sind oder durch unsittlichen Lebenswandel auffallen (z. B. Dirnen, die durch ihr unsittliches Gewerbe ihren Lebensunterhalt teilweise oder ganz verdienen).

[…]

(4) Familien sind als asozial zu bezeichnen, wenn mehrere ihrer Mitglieder asozial (gemeinschaftsfremd) sind und die Familie selbst im ganzen gesehen eine Belastung für die Volksgemeinschaft darstellt.«[13]

Erbbiologisch definiert waren damit all jene, die als unangepasst und – tatsächlich oder imaginiert – zu Lasten der Gemeinschaft lebend empfunden wurden: BettlerInnen, HausiererInnen, Arbeitslose, Nichtsesshafte, AlkoholikerInnen, Prostituierte, Kriminelle, QuerulantInnen etc.[14] Völlig außer Acht gelassen wurde damit, dass die Verursachung der Armut und der Abhängigkeit von staatlichen Unterstützungsleistungen wesentlich im kapitalistischen System zu suchen ist. Stattdessen wurde nach endogenen Kriterien bei einzelnen Individuen bzw. Gruppen gesucht.

Eine weitere maßgebliche Verfolgungsbehörde der als »asozial« Stigmatisierten war die Kriminalpolizei. Diese wurde aktiv, nachdem ein Gesundheitsamt, eine Fürsorgeeinrichtung, eine Haftanstalt oder ein Arbeitsamt Meldung erstattet hatte, eine Person denunziert wurde oder im Zuge einer Polizeirazzia ins Visier der Behörden kam. Die Federführung lag also bei der Polizei, die jedoch auf Informationen der Wohlfahrtsbehörden, Arbeitsämter und ärztlichen Gutachter angewiesen war. Zentrale Rolle hatten dabei die Fürsorgerinnen inne. Als »Außenposten des Gesundheitsamtes«, wie Goldberger (2004, 270) die Gesundheitsfürsorgerinnen bezeichnet, waren sie es, die über den Gesundheitszustand vieler Familien Bescheid wussten. Ihnen kam die Aufgabe zu, das Ausmaß der »Erblichkeit« von »Asozialität« bei ihren KlientInnen festzustellen – trotz auch im Nationalsozialismus bei

13 »Richtlinien für die Beurteilung der Erbgesundheit«, Runderlass des Reichsministers des Inneren vom 18.7.1940, WStLA, 2.7.1.2., A1-6, 2324. Hervorhebung im Original.

14 In Kapitel II.1 zeigen wir, wie Behörden eine Problemgruppe konstruieren, um sie dann disziplinieren und verfolgen zu können.

WissenschaftlerInnen umstrittener bzw. wissenschaftlich nicht ausreichender Untermauerung. Dieser Aufgabe schienen sie jedoch gewachsen zu sein. Fred Dubitscher, Psychiater und Rassenhygieniker, vermerkte anerkennend: »Die zuständigen Stellen – Gerichte, Fürsorgestellen, Wohlfahrtsämter, NSV. – haben mehr erfahrungsgemäß als wissenschaftlich begründet ein ziemlich feines Unterscheidungsvermögen für ›Asoziale‹ und Opfer äußerer Umstände und Verhältnisse.« (Dubitscher 1942, zit. nach Geiger 2008, 9) Hinsichtlich des Umgangs bei uneindeutigen Fällen gaben die Richtlinien für die Beurteilung der Erbgesundheit vom 18. Juli 1940 vor:

> »Bei Grenzzuständen zwischen Schwachsinn und Dummheit kommt den Defekten auf charakterlichem Gebiet entscheidende Bedeutung zu. Auch wenn kein Intelligenzdefekt, aber schwerere Ausfälle auf dem Gebiet des Willens und des Trieblebens vorhanden sind, ist in einem derartigen Zustande, falls er erblich ist, ein Erbleiden zu erblicken.«[15]

Die Androhung des Ausschlusses aus allen Fürsorgeleistungen war ein wesentlicher Schritt in der nationalsozialistischen Verfolgung der »Asozialen«, die nicht nur am erbbiologischen Wert für die »Volksgemeinschaft« gemessen wurden, sondern auch an den Kosten, die sie verursachten – Parallelen zu aktuell stattfindenden sozialpolitischen Diskussionen sind unübersehbar. Eine Möglichkeit, die Kosten minimal zu halten, war, die »Asozialen« zugleich einer Zwangsarbeit zuzuführen und sie dafür in eigenen Arbeitslagern bzw. geschlossenen Arbeitsanstalten unterzubringen. Die Disziplinierung zur Arbeit war ein wesentlicher Bestandteil des Erziehungskonzepts. So wollte man den zuvor als »arbeitsscheu« und daher »gemeinschaftsfremd« konstruierten Personen einen Beitrag fürs Gemeinwohl abringen und gleichzeitig dem Abgleiten von potenziellen Arbeitsverweigernden in die »Asozialität« entgegenwirken. Auf das Prozedere wird im nachstehenden Abschnitt zu geschlechtsspezifischen Aspekten der Verfolgung eingegangen und dann in den Kapiteln zu Wien und Niederdonau ausführlich erörtert.

Die Arbeitsämter taten sich darin hervor, Personen, die gegen die rigiden Arbeitsrichtlinien verstießen, als »asozial« im Sinne von

15 »Richtlinien für die Beurteilung der Erbgesundheit«, Runderlass des Reichsministers des Inneren vom 18.7.1940, WStLA, 2.7.1.2., A1-6, 2324.

»arbeitsscheu« zu melden.[16] Psychiatrische Gutachten gaben der Verfolgung vermeintlich »Asozialer« den wissenschaftlichen Anstrich. Dieses Zusammenspiel von Fürsorge, Psychiatrie und Polizei gab den Rahmen, um Personen aus marginalisierten Familien oder Milieus auf der Grundlage eugenischer Zuschreibungen als »asozial«, »arbeitsscheu«, »nichtsesshaft« oder »verwahrlost« zu bewerten. Insbesondere die medizinischen GutachterInnen (v. a. die PsychiaterInnen) waren in der Schlüsselposition, über (weitere) Zwangserziehung, Sterilisierung, KZ-Haft oder Ermordung zu entscheiden (vgl. Schikorra 2018, 4).

Die als »asozial« Stigmatisierten wurden in einem hohen Maße als Gefahr für die »Volksgemeinschaft« angesehen, sodass ein weiterer Schritt deren Zwangsverwahrung in Konzentrationslagern war. Grundlage dafür war der »Erlass über die vorbeugende Verbrechensbekämpfung durch die Polizei« vom Dezember 1937. Der Erlass stellte nicht nur die erste reichseinheitliche Regelung der schon seit 1933 in Deutschland angewandten polizeilichen Vorbeugehaft gegen sogenannte Berufsverbrecher dar. Wichtigste Neuerung war die Ausdehnung der Vorbeugehaft auf jene Personen, die durch ihr »asoziales« Verhalten die Gemeinschaft gefährden bzw. Straftaten unter falschem Namen zu begehen beabsichtigen würden. Auch über sie konnte nun – wie zuvor bereits über die als »Gewohnheitsverbrecher« bzw. »Berufsverbrecher« ausgemachten »Kriminellen« – die Vorbeugungshaft durch die Polizei verhängt werden.[17]

Die oben erwähnte »Vorbeugungshaft« in der Zuständigkeit der Kriminalpolizei war das zentrale polizeiliche Instrumentarium zur Verfolgung als »asozial« oder »gemeinschaftsfremd« konstruierter Personen. In einem Rundschreiben des Reichskriminalpolizeiamtes im Februar 1938 wurde festgehalten, dass auch jene Personen als »Asoziale« interniert werden sollten, »die zwar vielleicht noch nicht nachgewiesenermaßen kriminell in Erscheinung getreten sind, die aber erfahrungsgemäß Verbrecher werden können« (zit. nach Schikorra

16 Auch die Definitionen von »asozial« und »arbeitsscheu« lassen sich nicht ausreichend voneinander abgrenzen bzw. wurden wechselseitig als Beleg herangezogen. Vielfach wird in den NS-Akten »arbeitsscheu« als ein Merkmal von »Asozialität« gebraucht, oft lässt es sich aber auch als Synonym dafür lesen.

17 Die Zuschreibungen von »Berufsverbrechertum« und »Asozialität« überschnitten sich. Führende Rassentheoretiker und Kriminologen sahen »Verbrechertum« in der »Asozialität« grundgelegt (vgl. Hörath 2017, 23).

2001b, 37). So unscharf formuliert und auf eine Möglichkeit in der Zukunft abzielend, war der Ermessensspielraum groß, und die konkreten Vorhaltungen zeigen, dass dieser von den Behörden bzw. deren VertreterInnen weidlich genützt wurde, um sich unliebsamer Personen entledigen zu können. Zudem bedurfte es für die Verhängung der Vorbeugehaft[18] keines richterlichen Beschlusses und keiner rechtmäßigen Verurteilung mehr.

2.3 Verfolgung »asozialer« Frauen – geschlechtsspezifische Aspekte

Zur Bestimmung geschlechtsspezifischer Aspekte der Zuschreibung von »Asozialität« ist die Unterscheidung von Delinquenz und Devianz hilfreich, wie sie Christa Schikorra (2009a) anhand eines Vergleichs von »kriminellen« und »asozialen« KZ-Häftlingen vorgenommen hat.[19] Demnach wurden Männer, die abweichenden Verhaltens beschuldigt wurden, deutlich häufiger als »Kriminelle« in Konzentrationslager eingeliefert, sie waren dort mit dem grünen Winkel gekennzeichnet. Frauen hingegen wurde abweichendes Verhalten als Devianz ausgelegt, was zum schwarzen Winkel der »Asozialen« im Konzentrationslager führte. Zugespitzt formuliert Schikorra (ebd., 106f.): »Wer als ›asozial‹ oder mit einem schwarzen Winkel und wer als ›kriminell‹ oder mit einem grünen Winkel ins KZ kam, hing wesentlich damit zusammen, ob die Person weiblich oder männlich war.« Dabei wurden Kleinkriminalität wie etwa Diebstahl bei Frauen als Zeichen von Devianz betrachtet, bei Männern hingegen als kriminelle Handlung, also als Delinquenz.

Zurückgehend in die 1920er Jahre zeigt sich, wie stark abweichendes Verhalten bei Frauen mit ihrer Sexualität verknüpft wurde. Waren Männer in erster Linie durch Landstreicherei und Eigentumsdelikte auffällig geworden, wurde Frauen rasch »Verwahrlosung« attestiert

18 In der Literatur werden Vorbeugehaft und Vorbeugungshaft synonym verwendet.

19 Vgl. Schikorra 2009a. Die beiden Begriffe Devianz und Delinquenz etablierten sich im späten 19. Jahrhundert im Zuge der Entstehung der neuen Berufsfelder Kriminalistik und Fürsorge. Devianz bezeichnet eine Abweichung von allgemein gültigen Normen und Wertvorstellungen und beinhaltet stets eine wertende Komponente. Delinquentes Verhalten verstößt hingegen gegen Rechtsnormen und lässt sich strafrechtlich ahnden. Während der Begriff Devianz eher im Kontext Fürsorge verwendet wird, weist Delinquenz auf den Kontext der Kriminalistik hin (vgl. Schikorra 2009a, 104f.).

und ihnen »sittliche« oder »moralische Defizite« vorgeworfen, was zumeist mit ihrem sexuellen Verhalten begründet wurde.

> »Welche immense Rolle Geschlechterzuschreibungen hatten, wird an Folgendem deutlich: Laut preußischer Statistik hatten sich im Jahr 1920 jedes zweite Mädchen über 14 Jahren der Unzucht schuldig gemacht. Bei den männlichen Altersgenossen war es gerade einmal jeder Fünfzigste.« (ebd., 105)

Damit war sexuelle Verwahrlosung das vorherrschende Wahrnehmungs- und Deutungsmuster für alle Erscheinungsformen der weiblichen Devianz, die am augenscheinlichsten sich in der Figur der Prostituierten zeigte.

»Asozialität« erbbiologisch und somit rassenhygienisch zu begründen, bedeutete, dass Kategorien wie »minderwertig« und »unerziehbar« in den sozialpolitischen und fürsorgerischen Diskurs ab Beginn des 20. Jahrhunderts sukzessiv Einzug hielten. »Liederlicher Lebenswandel« galt prinzipiell als deviant und damit als »minderwertig« und die »Volksgemeinschaft« bedrohend, weil ihm ein vermeintlicher »hemmungsloser Fortpflanzungstrieb« zugrunde lag. »Liederlicher Lebenswandel« und »hemmungsloser Fortpflanzungstrieb« wurden in erster Linie Frauen und nicht den Männern attestiert; diese Zuschreibungen/Vorhaltungen wogen bei den Frauen als (potenziell) Gebärende und Mütter besonders schwer. Sie gefährdeten durch »zügellose Vermehrung ihres minderwertigen Erbguts« den Qualitätsbestand des »arischen Volkskörpers«. Es galt also, ihre Sexualität zu kontrollieren. Des Weiteren galten sie aufgrund möglicher Verbreitung von Geschlechtskrankheiten als »zersetzende Kraft« – auch hier wurde die Schuld stärker bei den Frauen als bei den Männern gesucht.

Diese vermeintlich vom weiblichen Geschlecht ausgehenden Gefahren sah man insbesondere in der Prostituierten verkörpert – wie sich an Beispielen aus Österreich zeigen lässt. In Österreich wurden Prostituierte traditionell nicht strafrechtlich verfolgt, allerdings war ihre Zwangsanhaltung nach dem Arbeitshausgesetz von 1885 möglich. Nur im Falle von Erregung öffentlichen Ärgernisses, der Verführung von Minderjährigen oder des Geschlechtsverkehrs trotz einer sexuell übertragbaren Krankheit kam es zu einer strafrechtlichen Verfolgung. Die Kontrolle der Prostitution war Aufgabe der Polizei, genauer der »Sittenpolizei« (Amesberger et al. 2018, 122). Konnten Sexarbeiterinnen nicht die Befolgung der verpflichtenden Untersuchung auf Vorliegen einer Geschlechtskrankheit nachweisen – solchen mussten sich die Frauen in Wien ab 1873 zwei Mal pro Woche unterziehen –, konnten sie verwaltungsrechtlich belangt werden. Bei Vorliegen einer Geschlechtskrankheit war die Zwangseinweisung in ein Krankenhaus vorgesehen; in Wien war dies ab 1922 die Heilanstalt Klosterneuburg. Die Untersuchungspflicht, als Mittel zur Bekämpfung der sich stark ausbreitenden Syphilis und anderer Geschlechtskrankheiten gedacht, war ein Zwang, der in erster Linie Mädchen und Frauen der Unterschicht traf (Amesberger 2016, 177f.). Während der nationalsozialistischen Herrschaft wurden alle Frauen »mit häufig wechselndem Geschlechtsverkehr« diesen Zwangsuntersuchungen unterzogen. Bordelle wurden nach einem Verbot in der Ersten Republik während des Zweiten Weltkriegs wieder zugelassen; »diesmal, streng der Logik des Rassenwahns folgend, getrennt für Wehrmachtsangehörige, SS-Angehörige, sogenannte Fremdarbeiter und für männliche Häftlinge in Konzentrationslagern. ›Rassenschande‹ musste selbst im Bordell unterbunden werden.« (ebd.; vgl. auch Amesberger/Auer/Halbmayr 2010, Sommer 2009a) Gegen die staatlicherseits nicht zugelassenen Bordelle wurde streng vorgegangen. Razzien in Gast- und Kaffeehäusern sowie im Wiener Prater gegen Sexarbeiterinnen, die sich derartigen staatlichen Reglementierungen nicht unterwarfen, waren gang und gäbe. Ab 1940 waren aufgrund der Einführung des »Gesetzes zur Bekämpfung der Geschlechtskrankheiten« neben der Polizei die Fürsorgebehörden für die staatliche Kontrolle zuständig (vgl. Baumgartner 1992, 135).

Die festgehaltenen Frauen und Mädchen wurden – um dies am Beispiel Wien aufzuzeigen – auf ein Polizeirevier bzw. in das Polizeigefangenenhaus Roßauer Lände gebracht, manche von ihnen in der Folge in die Arbeitsanstalten eingewiesen. Frauen, denen »Verdacht auf Asozialität« attestiert wurde – was bei Sexarbeiterinnen bzw. Geheimprostituierten generell der Fall war –, wurden routinemäßig dem bei der Kriminalpolizei tätigen Facharzt der Gesundheitsbehörde vorgeführt. Im Falle der Diagnose einer Geschlechtskrankheit erfolgte im Gau Wien eine Überstellung in die Heilanstalt für Geschlechtskrankheiten in Klosterneuburg. Dieser Zwangsaufenthalt wurde den Frauen später dahingehend vorgehalten, »infolge ihres sittlichen Verschuldens der Fürsorge zur Last gefallen« zu sein (zit. nach Baumgartner 1992, 136). Der Hinweis auf Inanspruchnahme von Fürsorgeleistungen erlaubte wiederum eine Einweisung in eine Arbeitsanstalt. Wie die Bezeichnung bereits andeutet, war die Ausbeutung der Arbeitskraft vorherrschendes Ziel, das als Erziehungsmaßnahme ausgegeben wurde. Sie wurden im Großraum Wien in erster Linie entweder in die Arbeitsanstalt Klosterneuburg oder in die Arbeitsanstalt Am Steinhof eingewiesen. Für viele Frauen lassen sich Aufenthalte in beiden Institutionen feststellen.

Da das angestrebte »Gemeinschaftsfremdengesetz« bis zum Kriegsende nicht realisiert wurde, war die Einweisung von Frauen (und auch Männern) in Arbeitsanstalten gesetzlich nur unzureichend geregelt. Dies betraf insbesondere jene Personen, die bislang keine Fürsorgeleistungen in Anspruch genommen hatten – denn nur Befürsorgte fielen unter die Regelung des § 20 Reichsfürsorgepflichtverordnung (RFV) von 1924 (in Österreich am 3. September 1938 eingeführt). Prostituierte bzw. als solche verdächtigte Frauen fielen in der Regel nicht unter diese Bestimmungen. Die Behörden in Wien und Niederdonau behalfen sich damit, den im § 3 der Reichsgrundsätze über Voraussetzung, Art und Maß der öffentlichen Fürsorge verankerten Gedanken der Vorbeugung[20] großzügig auszulegen, wie der Leiter des Wohlfahrtsamts, Robert Linke, 1943 hervorhob: Wenn bloß die Gefahr eines Notstands drohe, werden die Behörden bereits aktiv und prüfen eine mögliche Anhaltung (vgl. Ayaß 1998, 343). Damit konnte eine gewisse Scheinlegalität der Einweisungen aufrechterhalten werden. »Sexuelle Triebhaftigkeit«, »sittliche Gefährdung« und »sittliche Verwahrlosung« galten als Indikatoren für den »drohenden Notstand«. In der Beurteilung von jungen Frauen und Mädchen waren dabei bürgerliche Normvorstellungen über adäquates sexuelles Verhalten ausschlaggebend. Ein Abweichen davon galt als »Erkennungszeichen für weibliche Asozialität« (Kalkan 2009, 167). Ein weiterer oft genannter Grund war Arbeitsverweigerung bzw. die Charakterisierung als »arbeitsscheu« – und nicht wenige Frauen waren mit beiden Vorhaltungen konfrontiert. Auch das zeigen wir in den nachstehenden Kapiteln.

Die rigiden Arbeitsbestimmungen in der NS-Zeit betrafen Frauen in hohem Maße. Bereits kurz nach der nationalsozialistischen Macht-

20 § 3 der Reichsgrundsätze vom 4.12.1924 lautete: »Um drohende Hilfsbedürftigkeit zu verhüten, kann die Fürsorge auch vorbeugend eingreifen, besonders um Gesundheit und Arbeitsfähigkeit zu erhalten. Bei Minderjährigen kann sie, soweit dazu nicht die Jugendhilfe berufen ist, auch eingreifen, um Störungen der körperlichen, geistigen oder sittlichen Entwicklung zu verhindern.« (RGBl. I 1924, 766, zit. nach Ayaß 1998, 343)

ergreifung wurden die wichtigsten Arbeitsgesetze erlassen. Nun besaßen alle Beschäftigten ein Arbeitsbuch, das vom Arbeitsamt geführt wurde und in dem alle Veränderungen in Bezug auf den Arbeitsplatz eingetragen wurden. Durch die Abschaffung des Prinzips der freien Wahl des Arbeitsplatzes und der »Dienstverpflichtung«, die für junge unverheiratete Frauen galt – in Deutschland ab Februar 1938 gültig, in Österreich am 1. Oktober 1938 eingeführt (vgl. Klamper 1988, 354) –, standen diese unter verstärkter Kontrolle. Der Druck auf sie erhöhte sich, als viele Männer zur Wehrmacht einrücken und an die Front mussten. Sogenannte »Arbeitsbummelei« wurde denn auch durch vielfältige Sanktionen (Verwaltungsstrafe, gerichtliche Verurteilung, Gefängnisstrafe oder Einweisung in ein Arbeitslager) bestraft. Zumeist meldete das Arbeitsamt entsprechende Vergehen, in Wien wie auch Niederdonau waren aber auch sogenannte »Schnellfälle« möglich, d. h. dass eine direkte Einweisung in eine Anstalt nach Meldung des Arbeitsamts erfolgte, der dafür benötigte Bescheid wurde von der Asozialenkommission nachgereicht.[21]

»Asozialität« bei Frauen wurde also primär entlang zweier Hauptstränge definiert: zum einen anhand ihrer vermeintlichen Sexualität, was zu Charakterisierungen wie »hemmungslose Triebhaftigkeit«, »sexuelle« oder »sittliche Verwahrlosung«, »liederlicher« oder »haltloser Lebenswandel«, »Hang zu Männerbekanntschaften« etc. führte. Schnell war damit auch der Verdacht der »gewerblichen Unzucht« gegeben, womit sie eine »Gefahr für die Volksgesundheit und die Wehrkraft des deutschen Volkes« darstellten; dieser Vorwurf reichte als Begründung für eine KZ-Einweisung (vgl. dazu genauer Schikorra 1997, 63). Zum anderen waren Vorhaltungen hinsichtlich der »Arbeitsmoral« häufige Verfolgungsgründe, von denen Frauen betroffen waren und die immer wieder auch zu Verurteilungen wegen »Arbeitsvertragsbruchs«, »unerlaubten Fernbleibens vom Arbeitsplatz«, »Arbeitsbummelei« und dergleichen führten. Vielfach überschnitten sich in den Begründungen der »Asozialität« diese beiden Argumentationsstränge, sodass die Zuschreibung der »Verwahrlosung« sowohl sittliche wie auch arbeitsmoralische Komponenten aufwies. Zusätzliche Vorhaltungen, also eine »Summierung sozialer Auffälligkeiten« (Schikorra 2016, 95), wie etwa »moralischer Schwachsinn« plus Bettelei, »sittliche Verwahrlosung« plus Diebstahl, »arbeitsscheu« plus

21 Vgl. hierzu auch die Verfolgungsgeschichte von Josefine F. in Kapitel III.1.

»unterstandslos«, geschlechtskrank plus Prostitution, »liederlicher Lebenswandel« plus Arbeitsvertragsbruch etc. beförderten die Einweisung in ein Konzentrationslager. Die additive Begründung hatte dabei stets belastende, niemals mildernde Auswirkungen.

Wie Claudia Schoppmann in ihrem grundlegenden Werk »Nationalsozialistische Sexualpolitik und weibliche Homosexualität« (1997) ausführte, galt auch Homosexualität als »volkszerstörend« und »verabscheuungswürdiges Laster«, dessen »seuchenartige Ausbreitung« verhindert werden müsse. Setzten die nationalsozialistischen Machthaber in Bezug auf männliche Homosexualität auf »Abschreckung durch Strafe«, also »Umerziehung« und nicht »Ausmerze«, wurde weibliche Homosexualität – vor dem Hintergrund, eine selbstbestimmte weibliche Sexualität sei nicht möglich – nicht entsprechend verfolgt. In Österreich blieb allerdings der Straftatbestand »widernatürliche Unzucht« (§ 129 I b StGB) für lesbische Frauen aufrecht, ohne aber angewandt zu werden (vgl. Schoppmann 1998, 11 und Hauer 2001, 49–52). Dass weibliche Homosexualität als sexuelle Devianz gesehen wurde und als solche auch geahndet, zeigen etwa Strafmaßnahmen in der Arbeitsanstalt Am Steinhof gegen lesbische Frauen, die wochenlange Isolationshaft über sich ergehen lassen mussten (vgl. dazu die Ausführungen in Kapitel IV). Sie scheint aber im Vergleich zu den Männern geringere Konsequenzen gezeitigt zu haben.

2.4 Spezifika in der Verfolgung jugendlicher Frauen

Der nationalsozialistische Staat legte besonderes Augenmerk auf die Heranziehung einer ideologisch gefestigten »arischen« Jugend. Eine lückenlose Organisation der Kinder und Jugendlichen in nationalsozialistischen Kinder- und Jugendgruppen war daher ein wesentliches Ziel (vgl. Malina 2010, 60). Dies traf allerdings nur für jene zu, die als dem »nationalsozialistischen Volkskörper« würdig galten bzw. ihres Empfindens nach dafür erzogen werden konnten. Die anderen Jugendlichen, die sich nicht in die uniforme Lebensweise einfügen konnten oder wollten, waren von Verfolgung bedroht. Der auch auf soziale Merkmale ausgedehnte Biologismus erlaubte einen dauerhaften Ausschluss von »asozialen« und »kriminellen« Jugendlichen, weil einschlägige Verhaltensweisen oder sozial bedingte Charakterzüge als »angeboren« und somit »vererbbar« galten (vgl. ebd., 62ff.).

Zur Koordinierung der reichsweiten Kontrolle der Jugendlichen wurde am 1. Juli 1939 beim Reichskriminalpolizeiamt die »Reichszentrale zur Bekämpfung der Jugendkriminalität« eingerichtet. Sie ermöglichte die kriminalpolizeiliche Überwachung von Kindern und Jugendlichen, die »erblich kriminell belastet« schienen (vgl. Hepp 1996, 241). Zu den Aufgaben gehörten des Weiteren die Anordnung von polizeilichen Zwangsmitteln, die Einweisung in Institutionen der Fürsorgeerziehung, das Anlegen einer »Asozialenkartei« usw. Dieser Reichszentrale unterstanden später auch die sogenannten »Jugendschutzlager«. Mit der »Verordnung zum Schutz gegen jugendliche Schwerverbrecher« vom 4. Oktober 1939 konnten Jugendliche ab 16 Jahren bereits nach dem Erwachsenenstrafrecht abgeurteilt werden, im Laufe des Krieges wurde sogar diese Altersgrenze aufgeweicht.

Nach der Ankündigung vom 26. Juni 1940, dass in Kürze »mit der Unterbringung Minderjähriger in polizeiliche Jugendschutzlager begonnen werden könne«, so in einem Erlass des Reichssicherheitshauptamtes (RSHA) (vgl. Ayaß 1998, 250f.), vergingen nur wenige Wochen, bis die ersten männlichen Jugendlichen (meist aus Fürsorgeeinrichtungen) ins KZ Moringen überstellt wurden. Dieselbe Regelung galt ab Sommer 1942 auch für das KZ Uckermark für Mädchen und junge Frauen. Welchen Wert Jugendliche hatten, für die man in der »Volksgemeinschaft« keinen Platz sah, sie vielmehr für diese als bedrohlich und schädlich einschätzte, zeigt ein Schreiben von Reichsleiter Martin Bormann an den Reichsminister des Innern, Hans Lammers, Ende August 1941. Darin heißt es:

> »Dem Führer wurde heute berichtet, dass Zöglinge nach Vollendung ihres 19. Lebensjahres aus der Fürsorgeerziehung ausscheiden müssen, auch wenn das Ziel der Fürsorgeerziehung als nicht erreicht angesehen wird. Der Führer wünscht, dass solche Zöglinge dann keinesfalls freigelassen werden; sie sollen ohne weiteres sofort auf Lebenszeit ins Konzentrationslager kommen.« (zit. nach Hamburger Gruppe [2015], Abschnitt Fürsorge, 14)

Den Fürsorgerinnen kam eine entscheidende Verantwortung für den weiteren Lebensweg der Jugendlichen zu: Sie waren die ersten des professionellen Personals (noch vor PsychologInnen, ÄrztInnen, HeimleiterInnen etc.), die auf einen »Fall« stießen bzw. eine Person oder Familie als solchen bezeichneten, was folglich Maßnahmen zur »Problemlösung« nach sich zog (vgl. Sieder/Smioski 2012, 23). Sahen sie keine Aussicht auf Erfolg in der Erziehung, stellten sie beim Landesjugendamt einen Antrag auf »Bewahrung« (vgl. Kalkan 2009, 166f.).

Dies bedeutete für die Betroffenen zumeist Entmündigung und praktisch lebenslange Unterbringung in Anstalten. Im Falle wiederholter Fluchtversuche galten die Jugendlichen als »schwerer Bewahrfall« und wurden in Konzentrationslager eingewiesen. Fürsorgerinnen waren in der NS-Zeit »fester Bestandteil im System der ›Negativauslese‹« (ebd., 167).

In Österreich war der Fürsorgeapparat nach dem »Anschluss« 1938 neu organisiert worden. Dabei wurde die Jugendwohlfahrt den Gemeinden übertragen. Am 1. Jänner 1940 trat auch in der »Ostmark« das GzVeN in Kraft, damit waren die Fürsorge und Gesundheitsbehörden hierzulande verpflichtend in die Verfolgung von »Erbkranken« eingebunden. Sonderschulen und Erziehungsheime wurden zu Orten der »Auslese« und »Verwahrung« für jene, die von der geltenden Norm abwichen. Nicht selten war eine Zwangssterilisation Ergebnis einer erfolgten Meldung (Denunziation).

Wie Jandrisits 2007 für das Fürsorgewesen im nationalsozialistischen Wien darlegte, unterschied man innerhalb der Fürsorgeerziehung drei Kategorien von Anstalten: Beobachtungsheime (Ausleseheime), Jugendheimstätten und Erziehungsanstalten. Letztere waren gedacht für »gemeinschaftsgefährdende« Kinder und Jugendliche; sie wurden dort nicht erzogen, sondern »bewahrt«.

Die Zielgruppe für Überstellungen in ein sogenanntes Jugendschutzlager wurde etwa im Erlass vom 26. April 1944 umrissen. Dort heißt es, dass in das Lager Moringen männliche und das Lager Uckermark weibliche über 16 Jahre alte Minderjährige aufgenommen werden, und zwar solche,

> »bei denen die Betreuung durch die öffentliche Jugendhilfe, insbesondere durch Schutzaufsicht und Fürsorgeerziehung, nicht zum Ziel geführt hat oder von vornherein aussichtslos erscheint und deren kriminelle und asoziale Neigungen mit polizeilichen Mitteln bekämpft werden müssen. Bei weiblichen Minderjährigen kommen insbesondere die sexuell schwer Gefährdeten für die Unterbringung in Frage.«[22]

22 Erlass des Reichs- und preußischen Innenministers Heinrich Himmler an die Landes(Gau-)jugendämter, die Jugendämter und deren Aufsichtsbehörden, Berlin, 26.4.1944, zit. nach Ayaß 1998, 379.

2.5 Verfolgungspraxis in Österreich

Wenige Monate nach der nationalsozialistischen Machtübernahme im März 1938 erlangte in Österreich der Grunderlass zur vorbeugenden Verbrechensbekämpfung seine Gültigkeit, und zwar am 26. Juli 1938. Damit war eine wesentliche gesetzliche Grundlage für die Verfolgung von als »asozial« Stigmatisierten geschaffen.

Der Erlass erging allerdings erst nach den großen Razzien der »Aktion Arbeitsscheu Reich« im »Altreich«, im Zuge derer über 10.000 Personen in Konzentrationslager eingeliefert wurden. Für Österreich sind keine nachträglichen Razzien belegbar, hier erledigte die Kriminalpolizei die Verhängung von Vorbeugehaft gegen »Asoziale« im Rahmen ihres gewöhnlichen Geschäftsgangs.[23] Zudem bestanden althergebrachte Zugriffsmöglichkeiten des österreichischen Strafrechts gegen BettlerInnen und LandstreicherInnen weiter.[24] Mit der Verordnung über die Einführung der deutschen fürsorgerechtlichen Vorschriften vom 3. September 1938 erlangte die RFV des Jahres 1924 auch in Österreich Gültigkeit (auf sie wurde in Abschnitt 2.3 bereits verwiesen). Diese ermöglichte in § 20 die Anhaltung »Arbeitsscheuer Fürsorgeempfänger« in geschlossenen Anstalten. Zudem konnten nun Verwaltungsbehörden die Unterbringung in einer »Arbeitsanstalt« anordnen, nicht mehr nur – wie im bis dahin geltenden Arbeitshausgesetz vom 10. Juni 1932, BGBl. Nr. 167 – die Gerichte.

»Kriminalpolizei, Arbeitsverwaltung und die kommunale Für-

23 Vgl. Ayaß 2006, 80. Wenngleich der Grunderlass erst ab Juli 1938 gültig war, zeitigte er bereits früher auch in Österreich Wirkung, wie etwa für das Burgenland bekannt ist. Dort setzte mit dem »Anschluss« Österreichs im März 1938 eine Verfolgungsdynamik ein, die teilweise rechtlicher Grundlagen entbehrte bzw. spätere vorwegnahm. Während der ersten Verhaftungswelle im Mai und Juni 1938 wurden 232 Personen verhaftet, die anhand der »Zigeunerkarthotek« aus dem Jahre 1928 eruiert worden waren (vgl. http://www.burgenland-roma.at/index.php/geschichte/nationalsozialismus, abgerufen am 1.3.2019). Eine weitere Verhaftungswelle gegen »Zigeuner« erfolgte im Sommer 1939, im Zuge derer 3.000 Männer und Frauen, allesamt junge und arbeitsfähige Roma aus dem Burgenland, in die Konzentrationslager Dachau, Buchenwald oder ins Frauen-KZ Ravensbrück verschleppt wurden. Wenngleich diese Razzia nach Himmlers Runderlass vom Dezember 1938 zur »Regelung der Zigeunerfrage«, die demnach »aus dem Wesen der Rasse heraus in Angriff zu nehmen« sei, durchgeführt wurde, ist das Vorhaben, die als »arbeitsscheu« gesehenen Personen zu Zwangsarbeit und damit als billige Arbeitskräfte heranzuziehen, offensichtlich.

24 Das entsprechende Gesetz wurde erst im Zuge der großen Strafrechtsreform 1975 abgeschafft.

sorge stürzten sich mit Elan auf die neue Möglichkeit, unerwünschte soziale Außenseiter loszuwerden«, so Wolfgang Ayaß (2006, 81). Bereits Ende 1938 fragte der Kärntner Landeshauptmann bei den anderen österreichischen Gauen um vorhandene bzw. geplante Unterbringungsmöglichkeiten von »Arbeitsscheuen« an, um gegebenenfalls solche Personen aus Kärnten dorthin überstellen zu können (vgl. Geiger 2008, 11). Mehrere Dienstreisen von leitenden Beamten der Gesundheits- und Fürsorgeverwaltung aus dem Reichsgau Wien ins »Altreich« im Jahr 1939 belegen das Interesse an der Frage nach Einweisungsmöglichkeiten in Arbeitsanstalten (vgl. Seliger 1991, 416).

Wie Durchführungsbestimmungen zur Unterbringung in einer Arbeitsanstalt (gemäß § 20 RFV und § 16 Fürsorgeeinführungsverordnung), die im Erlasswege am 26. Mai 1939 den Landräten und Oberbürgermeistern in Niederdonau von der Landeshauptmannschaft mitgeteilt wurden, zeigen, mussten/konnten zur Unterbringung von »Arbeitshäftlingen« anfangs Institutionen in Bayern genutzt werden (vgl. Baumgartner/Mayer 1990, 182). Aufgrund begrenzter Plätze für außerbayrische Internierte sollten die Anfragen an die betreffenden Anstalten rechtzeitig gerichtet werden. Die Landeshauptmannschaft wies – gemäß eines Erlasses des Reichsministers des Innern vom 16. Februar 1939 – auch auf die Möglichkeit hin, das Konzentrationslager Dachau als Verbringung von »arbeitsscheuen und asozialen Elementen« zu nützen und dass dagegen grundsätzlich keine Bedenken bestehen würden (vgl. Baumgartner/Mayer 1990, 182). Richtlinien zu den genannten Durchführungsbestimmungen wurden kurz darauf versandt, wobei diese die Grundsätze »Zur Asozialenfrage« des Rassenpolitischen Amtes der Gauleitung Niederdonau vom 15. Mai 1939 wiedergaben.

Diese Grundsätze lassen sich als Vorlage der später reichsweit gültigen Richtlinien vom 18. Juli 1940 zur Umsetzung des GzVeN interpretieren (vgl. die Ausführungen in Abschnitt 2.2). Aufschlussreich sind die dort angeführten drei Kategorien der befürsorgten Personen, die nach ihrem möglichen Beitrag zur »Volksgemeinschaft« bzw. als Belastung für diese definiert werden.[25] In die erste Kategorie fallen jene »Menschen und Familien, die an sich tüchtig sind und mit ge-

25 Vgl. Gauleitung Niederdonau, Amt für Rassenpolitik: Zur Asozialenfrage. Von Gauamtsleiter Dr. Anton Dyk, Wien, 15.5.1939, NÖLA, Reichsstatthalter Niederdonau, AZ 221-1, Bd. I.

ringer Hilfe wieder in gesunde Verhältnisse kommen«. Diese seien somit zu Recht befürsorgt. Die zweite Kategorie umfasst die Gemeinschaftsunfähigen, die keinerlei Bemühen zeigen würden, von ihrer niedrigen sozialen Stufe aufzusteigen; sie seien zwar eine Belastung für die »Volksgemeinschaft«, aber noch nicht direkt schädigend. Schließlich definiert das Rassenpolitische Amt Niederdonau die dritte Kategorie, nämlich die Gemeinschaftsfeindlichen: Diese kennzeichne ein »schroffes Ablehnen jeder Arbeit und Leistung« sowie jeglicher Verpflichtungen gegenüber der »Volksgemeinschaft« wie auch jeder Art von »menschlicher Ordnung«. Die ihnen zugeschriebenen Eigenschaften waren insbesondere für die Festsetzung von »Asozialität« jenseits von Arbeitsverweigerung von Bedeutung und äußerst breit angelegt: Sie umfassten

> »sittenwidriges destruktives Verhalten, widerliche Charaktereigenschaften, Trunksucht, Rohheit, größtmögliche Unordnung im häuslichen Leben, Prostitution, ausgesprochene Neigung, ständig mit Mitmenschen und Behörden in Konflikt zu geraten, ohne dass größere Verbrechen begangen werden, absolute Unfähigkeit, die verwahrlosten Kinder zu brauchbaren Menschen zu erziehen oder auch nur der Wille dazu«.[26]

Das Rassenpolitische Amt sah für die Gruppe der Gemeinschaftsfeindlichen keine Chance auf Besserung und forderte daher deren »Ausmerze«, eben etwa durch die Ausdehnung des Gesetzes zur Verhütung erbkranken Nachwuchses auch auf bestimmte Fälle der »Asozialität« – ein Vorschlag, wie er dann in den reichsweit gültigen Richtlinien vom 18. Juli 1940 umgesetzt wurde. Ziel sei vor allem, den Weiterbestand des deutschen Volkes durch »qualitativ hochwertiges« Erbgut zu sichern.

> »Hiebei muss aber zu der rein quantitativen Forderung (nach der Kinderzahl) noch eine qualitative (der Erbtauglichkeit und Vollwertigkeit) treten, d. h. es muss bei allen propagandistischen Maßnahmen immer wieder herausgearbeitet werden der Unterschied zwischen der erwünschten ›erbtauglichen Vollfamilie‹ und der unerwünschten ›asozialen Großfamilie‹.«[27]

Am 27. Juli 1939 erkannte der Landeshauptmann von Niederdonau, Hugo Jury, per Erlass die Anstalt Znaim als zuständige Arbeitsanstalt

26 Vgl. ebd.
27 Vgl. ebd.

für Niederdonau an (vgl. dazu Kapitel II.3.2). Ab Mai 1940 wurde die Nachfürsorge-Abteilung der Heilanstalt Klosterneuburg für geschlechtskranke Frauen zur Arbeitsanstalt umfunktioniert (vgl. dazu Kapitel II.1). In Wien wurde das Lager Oberlanzendorf zur Einweisung von »Asozialen« im September 1940 bewilligt, aufgrund von Rivalitäten mit der Gestapo aber erst ab März 1941 von dieser belegt, in erster Linie mit arbeitsfähigen »asozialen« Männern (vgl. dazu die Ausführungen in den Kapiteln II.1 und II.3). Die Errichtung eines »Asozialenlagers« mit einem Fassungsvermögen von mindestens 5.000 Personen wurde zwar vom damaligen politischen Leiter der Wiener Sozialverwaltung angekündigt, allerdings wegen mangelnder baulicher und finanzieller Ressourcen sowie der ungeklärten Frage der Lagerbewachung nicht in die Tat umgesetzt (vgl. Seliger 1991, 416).

Im Jänner 1940 trat zudem das in Deutschland seit 1927 existierende »Gesetz zur Bekämpfung der Geschlechtskrankheiten« mit den entsprechenden Ausführungsbestimmungen für Österreich in Kraft. Wie Herwig Czech (2007, 215ff.) darlegte, konnte damit die Überwachung tendenziell auf die gesamte Bevölkerung ausgedehnt werden; im Visier stand jedoch insbesondere das sexuelle Verhalten von Mädchen und Frauen, vor allem jener aus ärmeren Bevölkerungsschichten.

Dieser Schwerpunkt der Verfolgung geht etwa auch aus einer Mitteilung der Kriminalpolizei Wien vom 2. Februar 1940 hervor, wo es unter der Überschrift »Bekämpfung asozialer Elemente« heißt:

> »Bei den im Monate Januar vorgenommenen Streifen nach asozialen Elementen wurden insgesamt 114 Personen festgenommen. Darunter befanden sich 65 Dirnen, von denen 12 Geschlechtskrankheiten hatten. 33 Prostituierte wurden polizeilich bestraft, 8 ins Konzentrationslager abgegeben, 2 der Ausländerpolizei zwecks Außerlandesschaffung überstellt, die restlichen wegen erstmaliger Beanstandung nach Verwarnung und Vormerkung entlassen. Andere Delikte (Kuppelei, Zuhälterei, Betteln und Arbeitsscheu) wurden wie folgt bekämpft: 5 Personen wurden dem Landgericht angezeigt und eingeliefert, gegen 5 der Antrag auf Verhängung polizeilicher Vorbeugungshaft gestellt.«[28]

Auch wenn die übrigen 49 Personen, die nicht als »Dirnen« eingeschätzt wurden und deren Geschlecht nicht genannt wurde, allesamt

28 Staatliche Kriminalpolizei, Kriminalpolizeileitstelle Wien. Mitteilungen über wichtige kriminalpolizeiliche Ereignisse, 2.2.1940, DÖW 19081.

Männer waren, wird der Fokus auf Verfolgung von Prostituierten durch die Kriminalpolizei doch augenfällig.

Neben der polizeilichen Bekämpfung der als »asozial« Stigmatisierten und deren Wegsperren in Arbeitsanstalten bzw. auch in Konzentrationslagern galt insbesondere der »biologischen« Bekämpfung ein Hauptaugenmerk. Zwangssterilisation wurde als einzig dauerhaftes Mittel gegen »Asozialität« gesehen. Die Fortpflanzung von »Asozialen« versuchte man auch mithilfe des sogenannten Ehegesundheitsgesetzes, dem »Gesetz zum Schutze der Erbgesundheit des deutschen Volkes« (18. Oktober 1935) zu unterbinden. Nach entsprechenden Bestimmungen für Österreich, dem Gesetz zur Vereinheitlichung des Rechts der Eheschließung und der Ehescheidung im Lande Österreich und im übrigen Reichsgebiet, vom 6. Juli 1938, war es hier ab Juli 1938 gültig. Es verlangte Ehetauglichkeitszeugnisse für Brautleute und schloss »Asoziale« von der Ehe aus, wenn diesen bestimmte im Gesetz definierte »Krankheiten« nachgewiesen werden konnten und noch keine Sterilisation vorgenommen worden war.

Dazu wurde das oben bereits mehrfach zitierte GzVeN, in dem die Möglichkeit der Zwangssterilisation festgehalten wurde, herangezogen. Von den insgesamt mindestens 400.000 Frauen und Männern, die in der NS-Zeit zwangssterilisiert wurden, entfielen etwa 6.000 auf die »Ostmark«, 1.200 davon allein auf Wien.[29] In den von Claudia Andrea Spring aufgearbeiteten Fällen von Zwangssterilisation in Wien[30] zeigt sich, dass in 443 von 961 Verfahren gegenüber Frauen aufgrund der Diagnose »Schwachsinn« eine Zwangssterilisation beschlossen wurde. Das macht 46 Prozent der Beschlüsse aus; bei Männern ist dieser Prozentsatz geringer und beläuft sich auf 39 Prozent (vgl. Spring 2009, 130). Dabei findet sich in den Beschlüssen des Erbgesundheitsgerichts (EGG) in 91 Fällen explizit der Hinweis auf »Asozialität«, davon in überwiegendem Maße bei Frauen, nämlich in 68 Fällen. Wenngleich die Kategorie »Asozialität« keine Diagnose darstellte, die einen Beschluss zur Zwangssterilisation nach sich ziehen konnte, wurde die Stigmatisierung doch als Untermauerung

29 Der vergleichsweise geringe Anteil an Zwangssterilisationsfällen in Österreich hängt mit der wesentlich früheren Einführung dieser Maßnahmen in Deutschland, nämlich 1933, zusammen. In Österreich wurde hingegen zum Zeitpunkt der Inkraftsetzung im Jänner 1940 bereits die weitergehende Maßnahme der »Euthanasie«, also Ermordung, schlagend (vgl. Neugebauer 1992).

30 Vgl. Spring 2007a, Spring 2007b und Spring 2009 sowie WStLA, Bestand 2.3.15.

der Urteilsbegründung unter der Diagnose »angeborener Schwachsinn« verwendet. Mit 68 Nennungen von »Asozialität« wird damit in 15 Prozent aller Fälle mit Diagnose »Schwachsinn« bei Frauen das soziale Stigma »Asozialität« biologistisch begründet.[31]

Noch drastischer zeigt sich der im GzVeN angewandte Sozialrassismus[32] in Oberdonau. Das Krankheitsbild »angeborener Schwachsinn« schien besonders prädestiniert, soziale Phänomene pseudomedizinisch beschreiben zu können. 60 bis 80 Prozent aller Sterilisationsanträge (Männer und Frauen zusammen) in Oberdonau lauteten auf diese Diagnose (vgl. Goldberger 2004, 270). Insgesamt fielen in Oberdonau über 1.000 Menschen der Zwangssterilisation zum Opfer. Goldberger folgert:

> »Ausgelöst durch die tendentielle Umorientierung der deutschen Gesundheitsbehörden Ende der 30er Jahre weg von der Verfolgung ›Erbkranker‹ hin zur Bekämpfung ›Asozialer‹ war die Sterilisationsdiagnostik im angeschlossenen Österreich von Anfang an meist nichts anderes als eine naturwissenschaftlich bemäntelte soziale Diagnostik. Hinter allen sozialen Phänomenen stand das erbbiologische Paradigma. Alle Formen des sozialen ›Anders‹-Seins sollten in medizinisch-biologische Termini übersetzt, schematisiert und klassifiziert sowie als erbbiologische Krankheiten definiert werden. Dadurch sollte besonders die soziale Unterschicht erfasst werden. Die staatlichen Gesundheitsbehörden wiesen der Medizin die gesellschaftspolitische Funktion einer sozialen Selektionsinstanz zu.« (ebd., 271)

31 Zudem waren 24 Frauen zum Zeitpunkt der Beschlussfassung des EGG in der »Arbeitsanstalt für Frauen« Am Steinhof (vgl. schriftliche Auskunft von Claudia Spring am 19.10.2015). Laut eines Berichts über die Arbeitsanstalt Am Steinhof heißt es für das Jahr 1943, dass von 194 angehaltenen Frauen bei 60 die Diagnose Schwachsinn gestellt wurde, zudem waren zum Zeitpunkt des Berichts bereits 20 Sterilisationen durchgeführt und für 27 weitere Fälle entsprechende Anträge gestellt bzw. vorbereitet worden (vgl. Bericht zur Arbeitsanstalt Am Steinhof, 8.1.1944, WStLA, 2.7.1.2., A1-6, 2323). Insgesamt wurden 44 Frauen zwangssterilisiert und damit 10 Prozent aller 423 in der Arbeitsanstalt Angehaltenen. Dies ergab ein Abgleich der Namen der nach Beschluss des Erbgesundheitsgerichts zwangssterilisierten Frauen mit den Namen der in der Arbeitsanstalt festgehaltenen Frauen.

32 Dieser Ausdruck für den eugenischen Rassismus geht auf Gisela Bock zurück, die ihn zur Bekräftigung der sozialen Begründungen in dessen Umsetzung verwendet. Zur Hinterfragung dieses Begriffs vgl. Hörath 2017, 24f.

2.6 Institutionalisierung der »Asozialen«-Verfolgung: die österreichischen Asozialenkommissionen

Eine österreichische Besonderheit stellte die Einrichtung von sogenannten »Asozialenkommissionen« dar, die auf einem starken Engagement des Rassenpolitischen Amts der NSDAP in der »Asozialenfrage« gründeten. Die erste Kommission dieser Art kam Ende 1940 in Wien zustande, in ihr waren das Gesundheitsamt, das Wohlfahrtsamt, die Rechtsabteilung der Gemeindeverwaltung, das Arbeitsamt, die Gestapo und die Kriminalpolizei vertreten. Ihre primäre Aufgabe war die Verständigung über die Einweisung von »Asozialen« in geschlossene Lager. In Niederdonau ergriffen meist die Kreisasozialenkommissionen die Initiative. Andere Gaue fragten nach den Erfahrungen in Wien und Niederdonau an und versuchten, ebenfalls Kommissionen einzurichten.[33] Die Arbeitsweise der »Asozialenkommissionen« wird in späteren Kapiteln ausführlich erörtert. Von Wiener Vertretern wurde sie als großer Erfolg wahrgenommen und entsprechend beworben:

> »Die enge und kameradschaftliche Zusammenarbeit von Partei, staatlichen und städtischen Dienststellen überwindet die einseitige Berücksichtigung nur eines einzigen Tatbestands, indem sie für die Beurteilung im Einzelfall das Gesamt asozialer Verhaltensweisen umfasst. [...] Für das Hauptgesundheitsamt Wien bedeutet die Tätigkeit der Kommission die nie versiegende Quelle für die Ausschaltung Gemeinschaftsunfähiger aus dem Erbstrom. In meiner Eigenschaft als Landesobmann für die erbbiologische Bestandsaufnahme bin ich bestrebt, jede sich in der genannten Hinsicht bietende Chance voll auszunutzen. [...] Dabei muss aber in diesem Zusammenhang – auch gerade im Hinblick auf eine mögliche gesetzliche Regelung – besonders scharf betont werden, dass eine wirklich erfolgreiche Bekämpfung der Asozialen an die unerlässliche Bedingung straffster Zentralisierung in einer letztlich entscheidenden Instanz geknüpft ist. Jedes auch nur ange-

33 Von den sieben Alpen- und Donau-Reichsgauen des ehemaligen Österreich (Tirol-Vorarlberg, Salzburg, Kärnten, Steiermark, Oberdonau, Niederdonau, Wien) konnten bislang lediglich für Oberösterreich und Kärnten keinerlei Belege für die Existenz bzw. das Bestreben nach Einrichtung von Asozialenkommissionen gefunden werden. Auch aus Gauen des »Altreichs« kamen Anfragen nach Wien hinsichtlich der Arbeit der Asozialenkommission. Vgl. dazu Kapitel II.1.

deutete Nebeneinander von Instanzen und Behörden stellt den Erfolg in Frage.«[34]

Treibende Kraft hinter der Asozialenkommission war die Partei. Die Umsetzung der Stigmatisierung und Ausgrenzung erfolgte jedoch durch die staatlichen Verwaltungsapparate, die mit der »Erb- und Rassenpflege« betraut waren.

So ist die »Asozialen«-Verfolgung im Nationalsozialismus in mehreren Kontexten zu verorten: Sie wurde als Mittel der Unterdrückung und Bekämpfung von Armen eingesetzt (in Form von Aussonderung und »Ausmerze« statt Unterstützung und Integration). Die Einrichtungen der nationalsozialistischen Volkswohlfahrt und deren Hilfsaktionen waren nur für die hinsichtlich des »nationalsozialistischen Volkskörpers« wertvollen »arischen Volksangehörigen« gedacht. Damit lässt sich die rassistisch-bevölkerungspolitische Komponente verdeutlichen. In diesem Kontext ist auch die angewandte Sippenhaft zu nennen, dass also Alkoholismus der Eltern, vaterlose Kinder oder kriminelle Elternteile in die Bewertung bzw. Einschätzung der »Asozialität« einer Person miteinbezogen wurden. Schließlich geht es in der »Asozialen«-Verfolgung um die Bekämpfung der Abweichler von der Leistungsnormierung, um Unangepasstheit (insbesondere bei Verstößen gegen die Arbeitsverpflichtungsmaßnahmen) und – was besonders bei Frauen zum Tragen kommt – um die Verfolgung von selbstbestimmter Sexualität und Sexualverkehr außerhalb der Ehe bzw. jenseits staatlicher Kontrolle (Stichwort »Geheimprostitution«, aber auch homosexuelle Beziehungen).

34 Obermedizinalrat Richard Günther in einem Vortrag 1943, zit. nach Ayaß 337f. Hervorhebungen im Original.

II.

EINRICHTUNGEN DER »ASOZIALEN«-VERFOLGUNG IN ÖSTERREICH

1. DIE ASOZIALENKOMMISSION IN WIEN

1.1 Die Definition eines behördlichen Betätigungsfelds

Die Einsetzung der Asozialenkommission in Wien ist eng mit der Person Baldur von Schirach verbunden, der ab 7. August 1940 als Gauleiter von Wien tätig war. Antideutsche Stimmung in der Bevölkerung führte im Herbst während zweier Fußballspiele[35] zu Publikumsausschreitungen, für die »Asoziale« verantwortlich gemacht wurden. Bei den Auseinandersetzungen im Wiener Praterstadion kam auch der Wagen des Gauleiters zu Schaden (Rosenberg/Spitaler 2011, 192f.). Diese Vorkommnisse dürften das Tempo in den Vorhaben gegen »Asoziale« verschärft haben.[36]

Vorrangiges Bestreben war, die Verfolgungsmaßnahmen zu bündeln – und zwar über die Partei: »Der Reichsleiter hat mir beim Zellenleiterappell […] den Auftrag gegeben, die asozialen Elemente Wiens über die Partei festzustellen, und seine Ansicht, sie in Arbeitslager zu schaffen oder ihnen in sonst geeigneter Form entgegenzutreten, proklamiert.«[37] Der stellvertretende Gauleiter Karl Scharizer (zu der Zeit SS-Oberscharführer, später SS-Brigadeführer) rief zur raschen Umsetzung eine Besprechung ein, um dem Wunsch des Gauleiters nach »Festsetzung« von 500 Personen noch bis Jahresende, also innerhalb weniger Wochen, nachkommen zu können. Die Einladung für eine erste Besprechung am 11. Dezember 1940 erging – oft in Personalunion (vgl. Seliger 1991) – an zentrale Stellen der Wiener Gemeindeverwaltung und der Partei, das Arbeitsamt und die Polizeiführung.

35 Rapid gegen den SV Fürth am 20.10.1940 auf der Pfarrwiese; Admira gegen Schalke 04 am 17.11.1940 im Wiener Stadion (vgl. dazu Rosenberg/Spitaler 2011, insb. Kapitel 8: Zuschauerausschreitungen und antideutsche Stimmung).

36 Vgl. Malina 1998, 149; Seliger 1991, 412 sowie Aussage Dr. Kröll im Prozess gegen Hackel et al., WStLA, 2.3.14., 2685a/A1.

37 Der Stellvertretende Gauleiter [Scharizer] in einem Schnellbrief und vertraulich am 9.12.1940 an insgesamt neun Behördenvertreter, die er zu einer drei Tage später anberaumten Besprechung bat (vgl. WStLA, 2.7.1.2., A1-6, 2322).

Im Entwurf betreffend »Erhebungen über asoziale Elemente im Reichsgau Wien«, der mit 11. Dezember 1940 datiert ist und so vermutlich als Besprechungsvorlage dienen sollte, heißt es zur Erläuterung des Wortes »asozial«:

»Der Begriff asoziale bedeutet wörtlich übersetzt: ›ohne Gesellschaftsempfinden‹. In unserem Sinne bedeutet er, außerhalb der Volksgemeinschaft zu stehen und zwar dadurch, dass entweder das für Deutsche normale Empfinden hinsichtlich Arbeit und Leistung fehlt, oder der ausgesprochene Gegensatz zur Volksgemeinschaft durch Verbrechertum.«[38]

Bei der Erfassung der »asozialen Elemente im Reichsgau Wien«, so im Entwurf weiter,

»muss unterschieden werden:

1.) In Arbeitsscheue (Gewohnheitsbettler, Dirnen, Zuhälter),
2.) Gewohnheitsverbrecher,
3.) Sonstige Asoziale das sind solche, die aus Gewinnsucht und ›Ichsucht‹ sich grob gegen allgemeine Gesetze der Volksgemeinschaft, besonders aber gegen die für die Notzeiten des deutschen Volkes erlassenen staatlichen Gesetze (Kriegswirtschaftsverordnung) vergehen.«

Die Durchführung der Erhebungen sollte mit Zuhilfenahme von Fragebögen vom Blockleiter in Zusammenarbeit mit der Nationalsozialistischen Volkswohlfahrt (NSV) und der NS-Frauenschaft (NSF) erfolgen. »Das Erhebungsmaterial ist von den Kreisleitern zu sichten und mit den entsprechenden Anträgen an Polizeipräsidium und Arbeitsamt weiterzuleiten. Eine Durchschrift der Erhebungsbogen samt Antrag des Kreisleiters ist dem Gaugeschäftsführer einzusenden.« In der Erfassung der vermeintlich »asozialen« Personen kam also den Parteiorganisationen eine zentrale Bedeutung zu.

Bereits am Tag darauf, am 12. Dezember 1940, wurde – wohl als Ergebnis der einberufenen Besprechung – ein Schriftstück verfasst, das die Operationalisierung der Vorhaben erleichtern sollte. Dafür wurde – diesmal bereits deutlich differenzierter – festgehalten, wer als »asozial« zu gelten habe. Da dies das erste in Wien zirkulierende Dokument darstellte, hier die Definition im Wortlaut:

38 Vgl. hier und im Folgenden: Entwurf: »Erhebungen über asoziale Elemente im Reichsgau Wien«, 11.12.1940, WStLA, 2.7.1.2., A1-6, 2322. Hervorhebungen im Original.

»Wer ist *asozial*?

1.) Wer infolge verbrecherischer, staatsfeindlicher und querulatorischer Neigungen fortgesetzt mit den Strafgesetzen, der Polizei und anderen Behörden in Konflikt gerät – oder
2.) Arbeitsscheu ist – (wer trotz Arbeitsfähigkeit schmarotzend von sozialen Einrichtungen lebt, bettelt, vagabundiert, betrügerisch hausiert und Hochstapler ist),
3.) Wer den Unterhalt für sich und seine Familie laufend den Wohlfahrtseinrichtungen des Staates, der Gemeinde oder der Partei (auch N.S.V. und W.H.W.) aufzubürden versucht oder
4.) Wer unwirtschaftlich und hemmungslos ist, wem es an eigenem Verantwortungsbewusstsein fehlt, wer kein geordnetes Familienleben und keinen ordentlichen Haushalt zu führen und seine Kinder nicht zu brauchbaren Volksgenossen zu erziehen vermag.
5.) Trinker, die einen wesentlichen Teil ihres Einkommens in Alkohol umsetzen und von ihrer Sucht beherrscht werden, Straßendirnen, die durch ihr unsittliches Gewerbe ihren Lebensunterhalt teilweise oder ganz verdienen und Zuhälter.«[39]

Bereits hier, in diesem frühen Schriftstück, wurde »Asozialität« nicht im einzelnen Individuum, sondern als Phänomen ganzer Familien beschrieben: »Asoziale Familien« seien durch eine hohe Kinderzahl gekennzeichnet, wobei die Kinder »oft in buntem Durcheinander unehelicher, vorehelicher, außerehelicher und ehelicher Abkunft« seien. Für Schule und später Beruf wird diesen Kindern wenig Erfolg in Aussicht gestellt. Vielmehr sei schulisches und berufliches Versagen sowie Abgleiten in die Kriminalität vorhersehbar. Da »ihre charakterlichen Defekte in den Erbanlagen verankert sind«, würden außerdem Erziehungsmethoden und Besserungsversuche nichts nützen. Als Gegenbild zur »asozialen Familie«[40] wird die »ordentliche, saubere, leistungsfähige Familie« gezeichnet, »die ihre Kinder zu tüch-

39 »Wer ist *asozial*?«, zweiseitiges Dokument, datiert mit 12.12.1940, WStLA, 2.7.1.2., A1-6, 2322. Hervorhebung im Original.

40 »Familien sind als asozial zu bezeichnen, wenn mehrere ihrer Mitglieder asozial (gemeinschaftsfremd) sind und die Familie selbst im ganzen gesehen eine Belastung für die Volksgemeinschaft darstellt.« (vgl. Richtlinien für die Beurteilung der Erbgesundheit, Runderlass des Reichsministers des Inneren vom 18.7.1940, WStLA, 2.7.1.2., A1-6, 2324)

tigen Menschen erzieht und aufwärts strebt«. Betont wird daher die »Gefahr«, die »Asoziale« für das deutsche Volk darstellen,

> »weil sie wirtschaftlich von den Opfern und Steuern Ordentlicher und Vorwärtsstrebender leben, weil sie durch ihre Gemeinschaftsunfähigkeit die Volksgemeinschaft zersetzen und – was die schwerste Gefahr darstellt – weil sie durch ihren zahlreichen, minderwertigen Nachwuchs den Wert der kommenden Generation auf das schwerste bedrohen!«[41]

Von Beginn an war daher nicht nur die behördliche Erfassung, sondern auch die Anhaltung in geschlossenen Lagern zur Zwangsarbeit vorgesehen. Abermals wies Gauleiter-Stellvertreter Scharizer darauf hin, dass die Aktion gegen die »Asozialen« noch in diesem Jahr anlaufen möge, damit »vor Beginn 1941 noch etwa 500 Personen in Zwangsarbeit gebracht werden«.[42] Ort und Art der Arbeitsleistung mussten allerdings erst organisiert werden.

Am 16. und 17. Dezember 1940 fanden weitere Besprechungen über die Anwendung von verschärften Maßnahmen gegen »Asoziale« statt, sodass bereits am Tag darauf das Gaurechtsamt das Prozedere gegenüber dem stellvertretenden Gauleiter Scharizer ausführen konnte.[43]

Hinsichtlich des Begriffes »asozial« wird auf die Definition im Punkt III Absatz 2 der Richtlinien für die Beurteilung der Erbgesundheit, Runderlass des Reichsministers des Inneren vom 18. Juli 1940 verwiesen.[44] Das anschließend erläuterte Vorgehen lässt sich in acht Schritte zusammenfassen:

1. »Bezeichnung«, d. h. Erfassung der »Asozialen« durch eine Arbeitsgemeinschaft in der Ortsgruppe, die aus dem Ortsgruppenleiter, dem Amtswalter der NSV, der Ortsgruppenfrauenschaftsleiterin und der Gemeindefürsorgerin besteht.
2. Politische sowie persönliche Begutachtung der als »asozial« ausgemachten Person durch den Ortsgruppenleiter.

41 »Wer ist asozial?«, zweiseitiges Dokument, datiert mit 12.12.1940, WStLA, 2.7.1.2., A1-6, 2322.

42 Schreiben Scharizer an Prof. Gundel und Dr. Laube, 14.12.1940, WStLA, 2.7.1.2., A1-6, 2322.

43 Schreiben des Gaurechtsamts [gez. Sauer] an stellv. Gauleiter SS-Oberscharführer Scharizer bzgl. »Unterbringung von asozialen in Arbeitslagern«, 18.10.1940, WStLA, 2.7.1.2., A1-6, 2322.

44 Vgl. WStLA, 2.7.1.2., A1-6, 2324 sowie Absatz III der Richtlinie im Wortlaut in Kapitel I.2.

3. Antrag durch den Ortsgruppenleiter über den zuständigen Kreisleiter beim Gaugeschäftsführer, in dem zeitliche Anhaltung in einem Arbeitslager empfohlen wird.
4. Einholung von Vormerkungen zu den bezeichneten Personen durch den Gaugeschäftsführer bei der Kriminalpolizei, beim Hauptgesundheits- und Sozialamt der Gemeindeverwaltung des Reichsgaues Wien und beim Arbeitsamt.
5. Empfehlung der Einweisung der in Betracht kommenden »Asozialen« in ein Arbeitslager durch einen Ausschuss, bestehend aus:
   - dem Gaugeschäftsführer
   - Vertretern des Hauptgesundheits- und Sozialamtes der Gemeindeverwaltung des Reichsgaues Wien
   - des Arbeitsamtes und
   - der Abteilung VI/2 »Allgemeine Fürsorge« im Hauptgesundheits- und Sozialamt der Gemeindeverwaltung des Reichsgaues Wien.

   Der Ausschuss entscheide gemäß den gesetzlichen fürsorgerechtlichen Bestimmungen.
6. Einweisungsantrag durch die Abteilung VI/2 (»Allgemeine Fürsorge«) beim Hauptverwaltungs- und Organisationsamt der Gemeindeverwaltung des Reichsgaues Wien.
7. An den betreffenden »Asozialen« / an die betreffende »Asoziale« ergeht ein Bescheid über die Einweisung in das Arbeitslager.
8. Die Überstellung des/der »Asozialen« in das Arbeitslager erfolgt unter Assistenz der Polizei.[45]

Einer gesetzlich zustehenden Berufung gegen den Einweisungsbescheid wird »aus öffentlichen Rücksichten« eine aufschiebende Wirkung aberkannt.

Bezüglich der Anzahl der Einweisungen war zu diesem Zeitpunkt bereits klar, dass nicht ausreichend Unterbringungsmöglichkeiten geschaffen werden konnten, sodass die Sollzahl um 100 Personen auf 400 reduziert wurde. Von einer Anhaltung von »Juden, Zigeuner[n], Erbkranke[n], Arbeitsunfähige[n], in regelmäßiger Arbeit stehende[n]

45 Vgl. Schreiben des Gaurechtsamts [gez. Sauer] an stellv. Gauleiter SS-Oberscharführer Scharizer bzgl. »Unterbringung von asozialen in Arbeitslagern«, 18.10.1940, WStLA, 2.7.1.2., A1-6, 2322.

Personen, Ausländer[n] und Frauenpersonen« wurde vorläufig Abstand genommen.[46]

Für die Durchführung der Aktion war eine allgemeine Anordnung des Reichsstatthalters an den Wiener Bürgermeister notwendig, worauf das Gaurechtsamt hinwies. In dieser Anordnung an Bürgermeister Dr. Jung wies Schirach – Reichsstatthalter und Gauleiter von Wien in Personalunion – insbesondere auf die gesetzlich vorgesehenen Maßnahmen hin, die nun in verschärftem Maße und »mit Rücksicht auf Vorfälle der letzten Zeit« (womit wohl die weiter oben genannten Ausschreitungen rund um die Fußballspiele gemeint waren) zur Anwendung gebracht werden sollen. Von Beginn an lag also ein großes Bemühen bei den zuständigen Personen vor, den Schein einer legalen Vorgehensweise zu wahren.

Es sind vor allem drei Paragrafen aus fürsorgerechtlichen Bestimmungen bzw. Verordnungen, die immer wieder zitiert wurden:

a) die Bestimmungen des § 16 der Verordnung über die Einführung fürsorgerechtlicher Vorschriften im Lande Österreich vom 3. September 1938, RGBl. I, Seite 1125: Sie ermöglichen Zwangsverwahrungen von Personen über 18 Jahren, wobei der Lageraufenthalt ohne zeitliche Begrenzung nach oben andauern konnte. Möglich war eine Anhaltung, bis »der Zweck der Unterbringung erreicht oder die Voraussetzungen der Unterbringung weggefallen sind«.
b) die Bestimmungen des § 20 der Verordnung über die Fürsorgepflicht vom 13. Februar 1924, RGBl. I, Seite 100: Damit wurde – zusätzlich zu den Gerichten aufgrund eines Strafurteils – den Verwaltungsbehörden eine Einweisung in eine Arbeitsanstalt ermöglicht; allerdings musste die betreffende Person ein Fürsorgefall sein, und
c) die Bestimmungen des § 3 der Reichsgrundsätze über Voraussetzung, Art und Maß der öffentlichen Fürsorge, RGBl. I ex 1938, Seite 1127: Sie weiteten den Kreis möglicher einzuweisender »Asozialer« über Fürsorgeempfänger hinaus aus und erlaubten eine zwangsweise Einweisung in ein Arbeitslager auch dann, wenn bloß die Gefahr der Hilfsbedürftigkeit drohe.

Innerhalb weniger Wochen zu Jahresende 1940 wurden also umfangreiche Vorarbeiten geleistet, um die Zusammenarbeit verschiedener Stellen bei der Verfolgung von vermeintlich »Asozialen« mit dem Ziel

46 Vgl. Schreiben des Gauleiters Baldur von Schirach an Bürgermeister Jung, Dezember 1940, WStLA, 2.7.1.2., A1-6, 2322.

einer Einweisung in ein Arbeitslager zu formalisieren. Die koordinierte Vorgehensweise sollte durch die Einsetzung einer Asozialenkommission sichergestellt werden. Baldur von Schirach gab zu bedenken, »ob der Leiter der Kommission nicht doch ein Ostmärker sein soll, unbeschadet des sachlich ungeschmälerten Einflusses Professor Gundels«.[47] Doch man einigte sich auf Gundel. Ab Jahresbeginn 1941 fanden die oben genannten Ausschuss-Treffen zur Beurteilung von Beantragungen von Einweisungen in ein Arbeitslager unter dem Titel »Asozialenkommission« statt.

1.2 Die Asozialenkommission etabliert sich

Das erste Treffen datiert allerdings erst mit 27. Jänner 1941. Was diese Verzögerung bewirkte, ist unklar. Möglicherweise mangelte es noch zu Jahresbeginn stark an Einweisungsplätzen; oder es gingen die Vorerhebungen zu den Personen nicht rechtzeitig bei den zuständigen Stellen ein. Angestrebt waren zwei Treffen pro Monat, bis Ende Mai tagte die Kommission alsdann achtmal, übers Jahr gesehen 21-mal.[48]

Die Protokolle zu den ersten Sitzungen[49] zeigen, dass zu Beginn ausschließlich über Männer entschieden wurde. Der Entscheid der Kommission fiel mehrheitlich auf Einweisung nach Oberlanzendorf, ein von der Gemeinde Wien errichtetes »Arbeitserziehungslager«, das im März 1941 seinen Betrieb aufnahm.[50] Die Gestapo übernahm die

47 Aktenvermerk Scharizer, [ohne Datum], WStLA, 2.7.1.2., A1-6, 2322. – Dr. Max Gundel, geb. 1901 in Kiel, NSDAP-Mitglied seit 1933, ab 1.3.1940 Beigeordneter (Stadtrat) für Gesundheits- und Sozialwesen in Wien, gleichzeitig Leiter der Unterabteilung I b (Gesundheitswesen und Volkspflege) beim Reichsstatthalter in Wien und beratender Hygieniker im Wehrkreis XVII, 1945 Flucht, 1947 von den US-Amerikanern zur Fahndung ausgeschrieben, gestorben am 30.1.1949 (vgl. Gabriel/Neugebauer 2002, 23).

48 Vgl. Arbeitsausweis für das Jahr 1941 betreffend das Asozialenreferat, WStLA, 2.7.1.2. A1-6, 2323.

49 Für das erste Jahr des Bestehens sind sechs Protokolle erhalten geblieben; sie beinhalten Namenslisten von Personen, wie über diese entschieden wurde und warum. Protokolle aus den späteren Jahren informieren über Änderungen in der Leitung oder Zusammensetzung der Kommission, Vorschläge zum verbesserten Prozedere des Einweisungsvorgangs oder Aushandlungen bei Meinungsverschiedenheiten (vgl. WStLA, 2.7.1.2., A1-6, 2322).

50 Bereits Anfang September 1940 vom Bürgermeister bewilligt, führten die konkurrierenden Pläne der Gestapo, die ebenfalls ein Arbeitslager in Wien plante, zu diesen beträchtlichen Verzögerungen bei der Eröffnung des Lagers (vgl. Seliger 1991, 416).

Leitung im Juli 1941 (vgl. Prinz 2005, 32) und reklamierte die Einweisungskompetenz für sich, sodass die Kommission sämtliche Einweisungsanträge, sofern es sich um voll arbeitsfähige Personen handelte, an die Gestapo zu überstellen hatte. Erst gegen Jahresende wurde das Augenmerk verstärkt auf Frauen gerichtet, worauf später ausführlicher eingegangen wird.

In der ersten Zeit der Kommissionssitzungen hatte der Gaugeschäftsführer den Kommissionsvorsitz inne. Zu den entscheidenden Personen zählten des Weiteren der Leiter des Sozialamts als Vertreter des Stadtrats für Gesundheitswesen und Volkspflege, der Leiter der städtischen Abteilung für Erb- und Rassenpflege und der Leiter des Arbeitsamts (vgl. Ayaß 1998, 342). Bereits für den Beginn der Asozialenkommission zeigt sich also die Bedeutung des Umstands, dass die Erb- und Rassenpflege im Zuständigkeitsbereich des Gesundheitsamtes lag.[51]

Wie die Beschlüsse genau zustande kamen, geht aus den Unterlagen nicht hervor. Die Kommission scheint sich jedenfalls ausschließlich an den schriftlichen Unterlagen orientiert zu haben, wie Florian Gröll, der Leiter der Abteilung A 7 – Allgemeine Rechtsabteilung später aussagte: »Die Asozialenkommission selbst hat überhaupt niemals eine Person gesehen, über die sie geurteilt hat.«[52]

51 Die Umgestaltung der seit 1934 bestehenden Geschäftsordnung des Wiener Magistrats im Jahre 1939 schuf die Hauptabteilung V – Gesundheitswesen sowie die Hauptabteilung VI – Fürsorgeverwaltung; neu war zudem die Einführung der Abteilung für Erb- und Rassenpflege innerhalb des Gesundheitsamts. Mit Erlass vom 25.7.1940 waren die beiden Hauptabteilungen V und VI in einer neuen Hauptabteilung V – Hauptgesundheits- und Sozialamt zusammengelegt. Am 25.9.1941 wurde diese nochmals zur neuen Hauptabteilung E – Gesundheitswesen und Volkspflege umorganisiert, mit dem Hauptgesundheits-, dem Sozial- und dem Anstaltenamt als Untergliederungen. Damit waren praktisch alle für die »Asozialen«-Verfolgung relevanten Abteilungen unter einem Dach (vgl. Baumgartner/Mayer 1990, 12ff.; zur Bedeutung des [Umbaus des] Verwaltungsapparats für die Durchsetzung der NS-Ideologie vgl. Seliger 2000; für die Rolle des Gesundheitsamtes in der Erb- und Rassenpflege bzw. in der Umsetzung des eugenischen Rassismus vgl. Goldberger 2004).

52 Dr. Florian Gröll, Leiter der Abteilung A 7 – Allgemeine Rechtsabteilung, in seiner Aussage 1948 im Gerichtsverfahren gegen Hackel et al. (vgl. WStLA, 2.3.14, 2685a/A1). Zur Person: Florian Gröll, geb. 1899, Jusstudium in Wien, 1927 Promotion; ab 1928 in der Gemeindeverwaltung tätig, ab 1938 Mitglied der NSDAP, ab 1939 Leiter der Allgemeinen Abteilung des Rechtsamts der Stadt Wien (vgl. Ayaß 1998, 350).

Nach ersten Erfahrungen wurde nachgebessert. So wurde etwa bei der Erhebung der »Asozialen« mehr Sorgfalt eingefordert, nicht selten mussten Fälle an die beantragende Stelle zurückverwiesen werden, damit diese nochmalige Erhebungen durchführe. Ende März 1941 wurde bereits festgehalten, dass ab nun Einweisungsanträge direkt an Gaugeschäftsführer Laube[53] zu leiten wären. Diesen wiederum erreichte die Aufforderung der Gauleitung, monatlich einen Bericht an den Reichsleiter Baldur von Schirach zu übermitteln.

Ende Mai erfolgte eine erste statistische Aufarbeitung der Maßnahmen in der »Asozialenverfolgung«, über das Jahr 1941 wurde schließlich ein »Arbeitsausweis betreffend das Asozialenreferat«, also eine Art Tätigkeitsbericht erstellt.[54] Dem ist zu entnehmen, dass innerhalb des ersten Jahres des Bestehens der Asozialenkommission insgesamt 779 Anträge auf Einweisung gestellt wurden, nur 83 davon betrafen Frauen. Die Ansuchen kamen überwiegend von den Kreisleitungen (also der Partei), nämlich 390. Das Arbeitsamt stellte 147 Anträge, Abteilungen der Gemeindeverwaltung 133. Die Trinkerheilstätte der Gemeinde kam auf 92 Eingaben. 355-mal wurde mit Einweisung beschieden, das macht 46 Prozent aller Anträge aus. Davon waren 333 für das Arbeitserziehungslager Oberlanzendorf ausgestellt, was den deutlichen Fokus auf Männer bei der Verfolgung von »Asozialen« in diesem Jahr widerspiegelt. Doch wurden auch 21 Anträge mit Einweisung in die »Frauenerziehungslager« beschieden, namentlich Klosterneuburg bzw. Am Steinhof (ab November 1941). In zehn Fällen konnte eine Einweisung nicht durchgeführt werden, da die Person in »Strafhaft oder Schutzlager« war, zehn weitere Personen wurden vom Arbeitslager »entlassen«, um an die Kriminalpolizei zur »Abgabe in K. Z.« überstellt zu werden.

53 Dr. Heinrich Laube, geb. 1894, Kartograph, NSDAP-Mitglied seit 1931, beauftragter Gauleiter in Wien 1935, zwischen 1934 und 1936 im Anhaltelager Wöllersdorf inhaftiert, nach NS-Machtergreifung Kommissarischer Bezirksvorsteher im 9. Bezirk und ab 13.3.1938 Personalamtsleiter im Kreis I, von 1.7.1939 bis 14.3.1942 Gaugeschäftsführer; für wenige Monate Wohnungsstadtrat (Leiter der Hauptabteilung H – Wohnungs- und Siedlungswesen); ging anschließend im Auftrag der Partei ins »Generalgouvernement« bzw. nach Prag; nach dem Krieg (erfolglose) Fahndung nach ihm, im Juli 1947 aufgrund einer Anklage wegen § 1/6 KVG, 1957 Verfahrenseinstellung, gestorben 1982 in Linz (vgl. Seliger 2010, 506ff.).

54 Vgl. Arbeitsausweis für das Jahr 1941 betreffend das Asozialenreferat, WStLA, 2.7.1.2. A1-6, 2323.

1.3 Justierung und Verschärfung im Vorgehen gegen »Asoziale«

Die verhältnismäßig geringe Zahl an Anträgen, die zu einem Einweisungsbescheid in Arbeitslager führten, konnte nicht dem Ansinnen der Partei entsprechen – war doch Ende des Jahres 1941 nicht einmal die Sollzahl von Dezember 1940 erreicht. So ergingen abermals Anweisungen an Parteiorganisationen und Verwaltungsbehörden, die zu »verantwortungsbewusster Mitarbeit zu der besonders in Kriegszeiten wichtigen Bekämpfung gemeinschaftsfremder Personen«[55] aufforderten. Gaugeschäftsführer Laube sah sich Anfang November 1941 genötigt, die Bestimmungen aus dem Rundschreiben vom 18. Dezember 1940[56] nochmals in Erinnerung zu rufen. Mit ›verantwortungsbewusst‹ meinte Laube nicht nur eine rasche Umsetzung der Forderungen, sondern auch eine genaue und gewissenhafte Befolgung der gesetzlichen Regeln wie auch der vorgenommenen Einschätzungen der Personen. Anscheinend fanden die Erhebungen der Parteimitglieder in den Ortsgruppen nicht die volle Zufriedenheit der Gauparteileitung. Zum einen wurden die notwendigen Formalien nicht ausreichend beachtet (was wohl zur geringen Einweisungsquote führte bzw. zahlreiche Nacherhebungen notwendig machte). Laube betonte, in den Erhebungsbögen sei wichtig zu vermerken, ob die betreffende Person bereits in irgendeiner Form öffentliche Fürsorge in Anspruch nehme, z. B. in Form von Dauerunterstützungen (Erhaltungs-, Pflegebeiträge, Pflegegelder), einmalige Geld- oder Sachaushilfen, Anstaltspflege etc. Aus dem Erhebungsergebnis müsse hervorgehen, aus welchen Mitteln der Lebensunterhalt bestritten wird. Zudem erfolgte der Aufruf, den Instanzenweg einzuhalten, dem Gaugeschäftsführer seien nur von den Kreisleitern Anträge zu übermitteln (nicht von untergeordneten Stellen). Des Weiteren seien alle Anträge an ihn zu richten, und nicht mit Gemeindeverwaltungsstellen unter Umgehung seiner Institution Kontakt aufzunehmen, urgierte der Gaugeschäftsführer.[57] Auch Prof. Dr. Gundel, Leiter der Hauptabteilung V – Gesundheitswesen und Volkspflege und zugleich Leiter der Asozialenkommission, schickte ein Schreiben an die Bezirkshauptmannschaften, einschließlich der

55 Gaugeschäftsführer Laube: Zu Rundschreiben Nr. 177/40 vom 18.12.1940, Betrifft: Maßnahmen gegen Asoziale. Wien, 10.11.1941, WStLA, 2.7.1.2., A1-6, 2323.

56 Das Wiener Rundschreiben vom 18.12.1940 hielt sich eng an den oben erwähnten Erlass des Reichsministeriums des Inneren vom 18.7.1940.

57 Gaugeschäftsführer Laube: Zu Rundschreiben Nr. 177/40 vom 18.12.1940, Betrifft: Maßnahmen gegen Asoziale. Wien, 10.11.1941, WStLA, 2.7.1.2., A1-6, 2323.

Fürsorge-, Wohlfahrts-, Jugend- und Gesundheitsämter sowie an diverse Abteilungen der Wiener Gemeindeverwaltung. Er wiederholte, wer gemäß Erlass des Reichsministeriums des Inneren vom 18. Juli 1940 als »asozial« zu gelten habe und wann eine Familie als »asozial« zu bezeichnen sei. Das Schreiben endete wie folgt:

> »Ich erwarte, dass durch eine entsprechende Zusammenarbeit aller in Betracht kommenden Stellen ein weiterer Schritt auf diesem Gebiete im Interesse der Volksgemeinschaft getan wird, zur Verwirklichung des Wortes des Führers aus ›Mein Kampf‹: ›Tiefstes soziales Verantwortlichkeitsgefühl zur Herstellung besserer Grundlagen der Entwicklung, gepaart mit brutaler Entschlossenheit in der Niederbrechung unverbesserlicher Auswüchslinge.‹«[58]

Zum anderen scheinen manche Parteiorgane versucht gewesen zu sein, persönliche Rechnungen mit ihnen unlieb gewordenen Personen zu begleichen. So warnte der Gaugeschäftsführer:

> »Es wäre ein schweres Unrecht, ja geradezu ein Verbrechen, Menschen als asozial zu bezeichnen, die es gar nicht sind. Angehörige dieser Arbeitsausschüsse oder politische Leiter, die etwa aus persönlicher Abneigung gegen Volksgenossen diese in leichtfertiger Weise zu <u>Asozialen</u> stempeln, haben selbstverständlich die volle Verantwortung und in logischer Folge auch die Konsequenzen zu tragen. Es muss deshalb jeder einzelne Fall auf das gewissenhafteste überprüft werden, ehe über ein Menschenschicksal entschieden wird.«[59]

Nicht nur die Feststellung von »Asozialität« in den Ortsgruppen bedurfte einer Ermahnung, auch der Weg, den ein Antrag auf Einweisung in eine Arbeitsanstalt bzw. Arbeitserziehungsanstalt – die beiden Begriffe werden in den Dokumenten synonym verwendet – zu nehmen hatte, wurde neu gefasst, dabei die Asozialenkommission mit weitreichendem Pouvoir ausgestattet:

> »Sämtliche Anträge auf Einweisung in eine Arbeitserziehungsanstalt werden – abweichend von der bisherigen Übung – der Asozialenkommission zum Entscheid vorgelegt. Die Asozialenkommission entscheidet verantwortlich über die Abgabe in ein

58 Schreiben des Beigeordneten (Stadtrats) für Gesundheitswesen und Volkspflege, Prof. Dr. Gundel, mit Betreff: Bekämpfung der Asozialen im Reichsgau Wien [mit Vermerk: Vertraulich!], 5.11.1941, WStLA, 2.7.1.2., A1-6, 2322.

59 Gaugeschäftsführer Laube: Zu Rundschreiben Nr. 177/40 vom 18.12.1940, Betrifft: Maßnahmen gegen Asoziale. Wien, 10.11.1941, WStLA, 2.7.1.2., A1-6, 2323. Hervorhebung im Original.

Arbeitserziehungslager. Diese Entscheidung wird an die Abteilung E V [Hauptwohlfahrtsamt; Anm.] zur Antragstellung, von dieser an die Abteilung A VII [Allgemeine Rechtsabteilung; Anm.] der Gemeindeverwaltung weitergeleitet. Die Abteilung A VII ist bei der Erlassung des Bescheides an den Antrag gebunden. Weicht die Auffassung der Abteilung A VII von der im Antrag niedergelegten Auffassung ab, hat sie diesen im Wege der Abteilung E V der Asozialenkommission zur neuerlichen Stellungnahme zurückzuleiten. Hält die Asozialenkommission an ihrer bisherigen Auffassung fest, so hat die Abteilung A VII den Bescheid in diesem Sinne zu erlassen. Die Asozialenkommission ist künftig von allen Entscheidungen der Abteilung A VII zu verständigen.«[60]

Damit bestimmte der Kommissionsentscheid maßgeblich jenen der Rechtsabteilung. Um die Meinungsverschiedenheiten von vornherein gering zu halten, wurde ab nun die Rechtsabteilung (A VII) in die Arbeit der Asozialenkommission integriert, spätestens ab November 1941 nahm deren Leiter Gröll regelmäßig an den Treffen teil. So überprüfte das Rechtsamt einen Antrag, an dessen Zustandekommen es selbst beteiligt war, was nach Seliger (1991, 418) »die so gerne aufrechterhaltene Fiktion der Einhaltung verfahrensrechtlicher Vorschriften ad absurdum« führte.

1.4 Entscheide über Frauen

Ab Mitte Oktober 1941 beschäftigte sich das Rassenpolitische Amt bzw. die Asozialenkommission mit den Frauen, die als »asozial« betrachtet wurden. Mit Monatsbeginn November wurde, zusätzlich zur bereits seit Mai 1940 bestehenden Arbeitsanstalt in Klosterneuburg, die Arbeitsanstalt Am Steinhof eröffnet, womit eine »bedeutend erweiterte Grundlage« für eine Einweisung von Frauen bestand. In Ergänzung zum Rundschreiben vom 18. Dezember 1940 verfasste Gaugeschäftsführer Laube ein Merkblatt, das nun den Typus der beiden Anstalten festlegte und den Einweisungsvorgang von Frauen in die Anstalten regelte.

Dabei wurde der Anstalt in Klosterneuburg der Charakter einer Arbeitsanstalt für jugendliche besserungsfähige Frauen über 18

60 Protokoll über die Aussprache der Asozialen-Kommission am 24.11.1941 bezüglich Einweisung der Frauen in ein Arbeitserziehungslager, 24.11.1941, WStLA, 2.7.1.2., A1-6, 2322.

Jahren zugeschrieben, während die Anstalt Am Steinhof vorwiegend für solche »Asoziale« vorgesehen war, »bei denen eine Besserung ihres Verhaltens nicht ohne weiteres erwartet werden kann. Aus diesem grundlegenden Unterschied beider Anstalten ergeben sich sowohl in der Behandlung, Arbeitszuteilung, Verköstigung u. s. w. als auch in dem zur Einweisung gelangenden Personenkreis grundlegende Abweichungen.«[61] Möglichkeiten der Überstellung von Angehaltenen von einer Anstalt in die andere werden ausgeführt wie auch der Einweisungsvorgang in die Anstalten beschrieben, wobei in Klosterneuburg noch zwischen der Heilanstalt und der Arbeitsanstalt zu unterscheiden war. Zur näheren Bestimmung der von den Maßnahmen betroffenen Frauen heißt es:

> »Die Insassinnen der [Arbeits-]Anstalt Klosterneuburg werden zumeist ausgeheilte Personen der Heilanstalt Klosterneuburg sein, hingegen werden die Pfleglinge der Arbeitsanstalt ›Am Steinhof‹ nur aus Frauen bestehen, die als asozial bezeichnet werden müssen. In die Anstalt ›Am Steinhof‹ werden auch Frauen einzuweisen sein, welche nach ihrer Ausheilung von der Anstaltsleitung Klosterneuburg als nicht besserungsfähig erkannt und die vor ihrer Einweisung geheime Prostitution betrieben haben. Ebenso kommen für die Anstalt ›Am Steinhof‹ jene Frauen in Betracht, die bisher gewerbsmäßig Unzucht betrieben haben und anzunehmen ist, dass sie diese auch weiterhin ausüben, doch nur dann, wenn sie bereits vorbestraft sind.«[62]

Die »Regelung des Einweisungsvorganges in die Arbeitsanstalten Klosterneuburg und Am Steinhof«, wie sie in der überarbeiteten Verfassung vom 21. November vorliegt, beinhaltet auch einen Abschnitt, der eine Folgeeinweisung in ein Konzentrationslager regelt:

> »Gelangen die Leitungen der Arbeitsanstalten zu der Ansicht, dass die weitere Anhaltung in der Anstalt aussichtslos, oder aus disziplinären Gründen nicht weiter zu verantworten ist, so kann ein ausführlich begründetes und belegtes Ersuchen auf Abgabe

61 Gaugeschäftsführer Laube, Merkblatt zum Rundschreiben Nr. 177/40 vom 18.12.1940, Betrifft: Maßnahmen gegen Asoziale, 10.11.1941, WStLA, 2.7.1.2., A1-6, 2322. Vgl. dazu weiterführend Kapitel II.2.3.

62 Gaugeschäftsführer Laube, Merkblatt zum Rundschreiben Nr. 177/40 vom 18.12.1940, Betrifft: Maßnahmen gegen Asoziale, 10.11.1941; WStLA, 2.7.1.2., A1-6, 2322. Hervorhebungen im Original.

in ein Konzentrationslager an die Abteilung E 5 (V/7)[63] gerichtet werden. Von der Entlassung wird der Kommission unter Angabe der Gründe Mitteilung gemacht. Bezüglich der Entlassung selbst bleibt es bei dem bisherigen Vorgang.«[64]

Bereits am 3. Februar 1942 erfolgte eine Neufassung der am 21. November 1941 verlautbarten Richtlinie, nun akkordiert »zwischen dem Leiter des Gesundheitsamtes, Stadtmedizinaldirektor Dr. Vellguth[65], dem Leiter des Anstaltenamtes, OVR. Dr. Nowak, und dem Leiter des Sozialamtes, Stadtdirektor Dr. Bauer« – alle drei unter dem Dach der Hauptabteilung E – Gesundheitswesen und Volkspflege gelegen. Der »Dienstweg« war also ein kurzer. Die Richtlinien sollen »in Hinkunft als alleinige Richtschnur für den künftigen Einweisungsvorgang« gelten. Dabei wurden unter Punkt III mindestens vier unterschiedliche Wege des Einweisungsvorganges ausgeführt, je nachdem, von welcher Stelle das Ersuchen um Anhaltung gestellt wurde.[66] Immer führte aber der Weg über die Asozialenkommission als entscheidende Instanz.

In den Richtlinien wurde auch (nochmals) die Unterscheidung der beiden Arbeitsanstalten bekräftigt: Klosterneuburg war für Bes-

63 Mitte November 1941 erfolgte eine Änderung der Geschäftseinteilung in der Gemeindeverwaltung des Reichsgaues Wien. So wurde etwa die Abteilung V/7 zur neuen Abteilung E 5, Hauptwohlfahrtsamt. Eine Übersicht dazu findet sich unter https://www.geschichtewiki.wien.gv.at/index.php?title=Gesch%C3%A4ftseinteilung_des_Magistrats_der_Stadt_Wien_1941&oldid=326942, abgerufen am 1.3.2019.

64 Regelung des Einweisungsvorganges in die Arbeitsanstalten Klosterneuburg und Am Steinhof, 21.11.1941, WStLA, 2.7.1.2., A1-6, 2322.

65 Dr. Hans Vellguth, Arzt, geb. 1906 in Kirchtimke, NSDAP-Mitglied seit 1932, leitete u. a. von 1933 bis 1936 die Abteilung »Erb- und Rassenpflege« am Deutschen Hygienemuseum in Dresden; zusätzlich von 1934 bis 1935 als Gauamtsleiter des Rassenpolitischen Amtes der NSDAP tätig, zudem ärztlicher Beisitzer im Erbgesundheitsobergericht in Dresden; ab April 1937 Referent im Reichsministerium des Inneren für »Erb- und Rassenpflege«; ab Dezember 1938 in Wien als Berater tätig, ab Februar 1940 Direktor des Wiener Hauptgesundheitsamts, ab 1941 Leiter des Rassenpolitischen Amtes der NSDAP in Wien sowie ärztlicher Beisitzer am Wiener Erbgesundheitsobergericht; Anfang 1943 zur Wehrmacht eingezogen, in amerikanischer Kriegsgefangenschaft von 1944 bis 1947; praktizierender Allgemeinmediziner in Deutschland (vgl. Wolf 2008, 344; Spring 2008, 209).

66 Vgl. Regelung des Einweisungsvorganges in die Arbeitsanstalten Klosterneuburg und »Am Steinhof« [mit Vermerk: Streng vertraulich!], 3.2.1942, WStLA, 2.7.1.2., A1-2, 23221.

serungsfähige gedacht, die Arbeitsanstalt Am Steinhof hingegen für Besserungsunfähige; die Gruppe der Prostituierten wurde abermals extra erwähnt: »Ebenso kommen für die Arbeitsanstalt ›Am Steinhof‹ jene Frauen in Betracht, die bisher gewerbsmäßig Unzucht betrieben haben und deren Entfernung aus der Öffentlichkeit auf Grund ihres Vorlebens erwünscht ist.«[67]

1.5 Propaganda für die »Asozialen«-Verfolgung

Die Verfolgung der »Asozialen« geschah nicht geheim, im Gegenteil: Bereits für die Einweisungen im Dezember 1940 wünschte sich Baldur von Schirach »eine entsprechende propagandistische Aufmachung«.[68] In »Das Kleine Blatt« erschien ein Artikel zum Thema »Der Gemeinschaft wiedergegeben. Ein offenes Wort über unsere Arbeitsanstalten.«[69] Darin werden der Fall eines männlichen wie auch einer weiblichen »Asozialen« beschrieben, deren Einstellungen und Verhalten zwangsläufig, so die Darstellung, in die Einweisung in eine Arbeitsanstalt führte; der Weg dorthin wurde ausführlich erläutert. Die Anstalten würden, so meinte der Verfasser des Beitrags, von »erfahrene[n] Psychologen« geleitet, die mit den Gemeinschaftsunfähigen richtig umzugehen wüssten. Natürlich herrsche bei den Männern ein rauerer Ton. Wer jedoch gute Führung aufweise, könne früher entlassen werden; wer im Gegenteil sich nicht zu benehmen wisse, dem drohe die Einweisung in ein Konzentrationslager. Einen solchen Fall aufgreifend endet der veröffentlichte Beitrag mit den Worten: »Es ist ein Einzelfall. In den allermeisten anderen Fällen war die kurze Unterbringung in einer Arbeitsanstalt von bestem Nutzen für die Gemeinschaft und für die Betroffenen selbst.«[70]

67 Ebd.

68 Vgl. Schreiben des Gauleiters Baldur von Schirach an Bürgermeister Jung, Dezember 1940, WStLA, 2.7.1.2., A1-6, 2322.

69 Der Beitrag, der auch im Entwurf erhalten blieb, trägt kein Datum, dürfte aber ca. in der Jahresmitte 1942 veröffentlicht worden sein (vgl. WStLA, 2.7.2.1., A1-6, 2323).

70 Der Entwurf zum Artikel weist ein schärferes Ende auf und setzt, ganz im Sinne der Aussonderung der »Asozialen« von der durch sie bedroht empfundenen »Volksgemeinschaft«, allein auf deren Wohlergehen: »Diese wenigen Beispiele allein zeigen schon, von welchem großen Nutzen die Unterbringung[en] in den Arbeitsanstalten für den Schutz der Gemeinschaft vor asozialen Elementen heute schon sind.« (WStLA, 2.7.2.1., A1-6, 2322). Vgl. dazu auch Linke und Günther in ihren Vorträgen 1943 (abgedruckt in Ayaß 1998, 334ff. und 340ff.).

Auch in späteren Jahren erschienen weitere Artikel zur Propagierung der »Asozialen«-Verfolgung.[71] Nicht nur in der Fachöffentlichkeit wurde also der Wiener Umgang mit den als »asozial« Stigmatisierten rege beworben[72], auch der Bevölkerung wurde die vermeintliche Notwendigkeit und Nützlichkeit dieser Verfolgungsmaßnahmen für die »Volksgemeinschaft« unterbreitet.

1.6 »Schutzverwahrung asozialer weiblicher Jugendlicher«[73]

Mit 1. Juni 1942 eröffnete das »Jugendschutzlager Uckermark« für »asoziale« Mädchen und junge Frauen von 16 bis 21 Jahren. Der Reichsgau Wien machte von der neuen Möglichkeit der Unterbringung von minderjährigen jungen Frauen in Lagern der Kriminalpolizei in hohem Maße Gebrauch, wie der Höhere SS- und Polizeiführer Dr. Ernst Kaltenbrunner in einem Schreiben an den HJ-Gebietsführer Karl Kowarik ausführte.[74] Er bestätigte eine große Anzahl an Überweisungen aus der Anstalt Am Spiegelgrund in die Uckermark bzw. an Anträgen zur Unterbringung dort, was bereits zu einer weitgehenden Entlastung der Wiener Anstalt geführt haben soll. Doch genügte dies der Gauleitung nicht. Gaugeschäftsführer Heinrich Laube, zugleich Leiter der Hauptabteilung H – Wohnungs- und Siedlungswesen der Wiener Gemeindeverwaltung, wollte auch in Wien ein Lager zur Unterbringung »asozialer weiblicher Jugendlicher« errichten. Dafür zog er einen Gebäudeteil der Arbeitsanstalt für weibliche Erwachsene in Klosterneuburg in Betracht (vgl. dazu auch den Abschnitt II.2.2). HJ-Gebietsführer Karl Kowarik schien die Idee zu unterstützen, war

71 So evozierte etwa ein Artikel im »Völkischen Beobachter« vom 17.10.1943 eine Nachfrage vom Finanzamt Währing nach den darin erwähnten Merkblättern »Asoziale«. Ein gewisser Dr. Richard Soukup legte dem Rassenpolitischen Amt einen Artikel vor, den er für die »Kronen-Zeitung« und »Das kleine Volksblatt« geschrieben habe: »Gesunder Lebensboden für die kommenden Generationen. Weg mit den Asozialen! Das rassenpolitische Amt bei der Arbeit.« (WStLA, 2.7.2.1., A1-6, 2322)

72 Vgl. etwa die Vorträge von Dr. Richard Günther und Dr. Robert Linke auf einem Fortbildungslehrgang von Volkspflegerinnen des Sudetengaus in Prag am 24.5.1943 (abgedruckt in Ayaß 1998, 334ff. und 340ff.).

73 So der Betreff im Schreiben der Gemeindeverwaltung des Reichsgaues Wien, Hauptabteilung Jugendwohlfahrt und Jugendpflege, kaufmännischer Amtsleiter, an den Leiter der Hauptabteilung H [Wohnungs- und Siedlungswesen], Herrn Stadtrat Heinrich Laube, 12.8.1942 (vgl. WStLA, 2.7.1.2., A1-6, 2322).

74 Schreiben Kaltenbrunner an Kowarik, 5.9.1942, WStLA, 2.7.1.2., A1-6, 2322.

er doch bei Kaltenbrunner vorstellig geworden. Kowariks Argument war die notwendige Entlastung der Anstalt Am Spiegelgrund. Kaltenbrunner, auf die Stellungnahmen des Leiters der Kriminalpolizeileitstelle Wien und des Polizeipräsidenten verweisend, sah jedoch eine ausreichende Kapazität in den »Jugendschutzlagern« für jene »über 16 Jahre alten kriminellen, kriminell gefährdeten oder asozialen Minderjährigen« gegeben, für die »wegen Aussichtslosigkeit oder Überschreitung der Altersgrenze die Fürsorgeerziehung nicht angeordnet oder nicht aufrechterhalten werden kann. [...] Für die anderen, nicht in die polizeiliche Schutzarbeit passenden Fälle, müssen Sie laut Gesetz selbst sorgen.«[75]

Zuvor schon waren die Befürworter eines »Jugendschutzlagers« innerhalb Wiens jedoch bei der Gemeinde Wien abgeblitzt. Der kaufmännische Amtsleiter der Hauptabteilung »Jugendwohlfahrt und Jugendpflege« verwies in einem Schreiben an Laube auf die ablehnende Haltung der Abteilung A 7 – Allgemeine Rechtsabteilung, die keinerlei gesetzliche Verpflichtung der Gemeindeverwaltung zur Errichtung und Führung derartiger Einrichtungen erkannte. Zu einer freiwillig übernommenen Aufgabe müsse aber gemäß der geltenden Bestimmungen vorher die Zustimmung des Stadtkämmerers eingeholt werden.[76] Im Aktenvermerk zum Gutachten der Rechtsabteilung wird festgehalten, dass alle Maßnahmen zur Verwahrung »asozialer« Jugendlicher nicht zu den Pflichtaufgaben der Gemeinde gehören, seien doch in den einschlägigen Bestimmungen der Fürsorgepflichtverordnung des Einführungsgesetzes die Jugendlichen ausdrücklich davon ausgenommen. Auch Gundel äußerte sich in seiner Funktion als Leiter der Hauptabteilung E – Gesundheitswesen und Volkspflege kriegsbedingt gegen ein derartiges Lager in Wien.[77] Argumentiert wurde mit dem Platzbedarf der dort bereits bestehenden Einrichtungen und deren »ständig wachsendem Aufgabenkreis«.[78]

75 Schreiben Kaltenbrunner an Kowarik, 5.9.1942, WStLA, 2.7.1.2., A1-6, 2322.

76 Schreiben Dr. Hartl an Stadtrat Laube, 12.8.1942, WStLA, 2.7.1.2., A1-6, 2322.

77 Aus Gundels Schreiben geht zudem hervor, dass auch an eine Unterbringung »asozialer« jugendlicher Männer im Altersheim in Himberg gedacht war (vgl. Schreiben Dr. Bauer an Stadtrat Laube, 12.9.1942, WStLA, 2.7.1.2., A1-6, 2322).

78 Möglicherweise stützten finanzielle Erwägungen die Entscheidung, sich dem Druck der Gauleitung von Seiten der Gemeindeverwaltung zu widersetzen. Vellguth führte am 20.1.1943 in einem Schreiben nach Königsberg dazu lapidar

1.7 Abermalige Verfahrensbeschleunigung durch »Hardliner« Dr. Vellguth

Bis in den Herbst 1942 nahm Gaugeschäftsführer Laube persönlich die Agenden der »Asozialen-Frage« wahr. Nach dessen Abgang aus Wien ins »Generalgouvernement« wechselten diese ins Rassenpolitische Amt, dessen Leitung zu dieser Zeit Dr. Vellguth innehatte. Damit ging auch der Vorsitz in der Asozialenkommission auf Vellguth über.[79] Die Verfolgungsaktivitäten nahmen neuerlich Schwung auf, der im Wesentlichen durch organisatorische Veränderungen erzielt wurde. Dies machte eine »Aussprache über die weitere Arbeit der Asozialenkommission«[80] notwendig, zu der für den 26. Oktober 1942 geladen wurde.

Bei dieser Besprechung schied das Arbeitsamt als fixes Mitglied der Kommission aus.[81] Fortan war die Kommission auf drei mit Entscheidungsbefugnissen ausgestatte Mitglieder beschränkt, nämlich den Leiter des Rassenpolitischen Amtes (Vellguth), den Leiter des Hauptwohlfahrtsamts (Linke)[82] und den Leiter des Rechtsamts (Gröll). Das Hauptwohlfahrtsamt (Abteilung E 5) war als der nach den Rechtsvorschriften vorgesehene Antragsteller vertreten, das Rechtsamt bzw. die Allgemeine Rechtsabteilung (Abteilung A 7) war jene

an: »Das an sich dringend erforderliche Erziehungslager für Jugendliche konnte bislang mangels einer geeigneten Anstalt noch nicht erstellt werden.« (WStLA, 2.7.1.2., A1-6, 2322)

79 »Mit 1.11.1942 ist die Arbeit der Asozialen-Kommission auf das Rassenpolitische Amt bei der Gauleitung Wien übergegangen«, so Vellguth am 20.1.1943 (WStLA, 2.7.1.2., A1-6, 2322).

80 Einladungsschreiben von Vellguth, Rassenpolitisches Amt, 21.10.1942, WStLA, 2.7.1.2., A1-6, 2322.

81 Daher richtete der Leiter des Arbeitsamtes Neuber am 28.10.1942, also nach der obigen Aussprache, an der er noch teilgenommen hatte, die Bitte an Vellguth, bei jenen Einweisungsanträgen, die nicht vom Arbeitsamt selbst stammten, dem Arbeitsamt vorher Gelegenheit zur arbeitseinsatzmäßigen Stellungnahme zu geben. Vellguth sagte ihm dies am 4.11.1942 zu und wies darauf hin, dass er nach jeder stattgefundenen Sitzung der Asozialenkommission eine Niederschrift erhalten würde, worauf der Entscheid der Kommission in jedem Einzelfall zu ersehen sei (vgl. WStLA, 2.7.1.2., A1-6, 2322).

82 Dr. Robert Linke, geb. 1890 in Wien, seit 1915 als Jurist im Gemeindedienst stehend, ab 1936 Vorstand der MA 15 (Erwachsenenfürsorge); während der NS-Zeit Leiter der Allgemeinen Verwaltungsabteilung des Hauptwohlfahrtsamts (E 5), seit April 1943 auch Leiter des Hauptwohlfahrtsamts der Stadt Wien; gest. 1952 (vgl. Seliger 1991, 427; Ayaß 1998, 337).

Verwaltungsstelle, die nach der Geschäftseinteilung der Gemeindeverwaltung zur Entscheidung über die Anhaltung gemäß § 16 Fürsorgeeinführungsverordnung berufen war (vgl. Ayaß 1998, 342).

Das Prozedere der Einweisung blieb im Prinzip gleich: Die Anträge auf Einweisung von Frauen in eine Arbeitsanstalt konnten von verschiedenen Stellen kommen: von der NSDAP oder ihren Gliederungen, der Polizei, den Gendarmerieämtern, den Wohlfahrtsämtern, den Jugendämtern, den Arbeitsämtern oder dem Reichstreuhänder der Arbeit. Diese waren unverzüglich der Abteilung E 5 zur Prüfung und Antragstellung nach den Bestimmungen des Fürsorgerechtes zu übermitteln. Die Asozialenkommission selbst führte keine Vorerhebungen durch (ausgenommen in strittigen Fällen); diese wurden im Vorfeld der Kommission erledigt. Erachtete die Abteilung E 5 die Einweisung als notwendig und gesetzeskonform, so leitete sie ihren begründeten Antrag an die Asozialenkommission weiter. »An der Entscheidung über solche Anträge an die Asozialenkommission wirken neben dem Leiter der Asozialenkommission die Leiter der Abteilung A 7 und E 5 oder deren Stellvertreter mit. Nach Entscheidung der Asozialenkommission hat die Abteilung A 7 die Einweisung bescheidmäßig zu verfügen.«[83]

Wenn auch vordergründig nicht sichtbar, weil im Instanzenweg gar nicht genannt, wurde die Abteilung E 3 – Erb- und Rassenpflege sukzessive zum wichtigsten Player in der Asozialenbekämpfung. Der Druck kam von Vellguth, der zugleich Vorsitzender des Rassenpolitischen Amts wie auch des Hauptgesundheitsamts in Wien war. Der Leiter des Rechtsamts, Dr. Gröll, reagierte mit Unterwürfigkeit: So betonte er in der Übermittlung des Protokolls zur ersten Sitzung der Asozialenkommission unter Vellguths Leitung am 3. November 1942, dass er in der mit Dr. Linke gemeinsam verfassten Verschriftlichung der Sitzungsergebnisse die Stellung der Hauptfürsorgerin der Abteilung E 3 – Erb- und Rassenpflege im Prozedere hervorzuheben versucht hatte.

> »Diese Herausstellung der Tätigkeit der Hauptfürsorgerin wurde in der Sitzung noch nicht so festgelegt, wie sie insbesonders im Punkt VII der Niederschrift [Gutachtenerstellung für die endgültige Entlassung; Anm.] dargestellt ist. Wir glauben aber Ih-

83 Niederschrift über die Sitzung der Asozialenkommission am 3.11.1942, WStLA, 2.7.1.2., A1-6, 2322.

rem Wunsche, die Stellung der Hauptfürsorgerin herauszuheben, dadurch zu entsprechen, dass wir in allen entscheidenden Phasen bei der Behandlung der Asozialen ihren Einfluss klar hervortreten lassen.«[84]

Zwar war die Hauptfürsorgerin formal an die fachlichen Anweisungen der Abteilung E 5 – Hauptwohlfahrtsamt, die sämtliche Anträge prüfte und weiterleitete, gebunden, doch sollte den »Asozialen« deutlich werden, dass es die Hauptfürsorgerin ist, »die über ihre Anhaltung, Freilassung bzw. ihr weiteres Schicksal wacht«.[85] Diese Machtverschiebung zugunsten der Erb- und Rassenpflege ging nicht widerspruchslos vor sich und musste der Abteilung E 5 erst abgerungen werden. Der Leiter der Abteilung E 3, Dr. Günther[86], pochte jedoch weiterhin auf die Stärkung der Rolle der Hauptfürsorgerin Winnisch[87]: Da dieser die Überwachung der aus der Anstalt (bedingt) Entlassenen obliegen solle, sei sie in die Vorverfahren federführend einzuschalten. Ein Ärgernis war ihm zudem der Umstand, dass Gutachten der Abteilung E 3 – Erb- und Gesundheitspflege von der Abteilung E 5 – Hauptwohlfahrtsamt immer wieder auch verworfen wurden. »Die Abteilung E 5 ist lediglich deshalb in den Mittelpunkt der Asozialenbekämpfung gerückt, weil sie die Kostenträgerin eventuell durchgeführter Maßnahmen ist.«[88] Die Notwendigkeit einer Kostenübernahme sei allerdings nur ausnahmsweise bzw. etwa bei Prostituierten gar nicht der Fall. Als Vorteil einer tragenden Rolle der Abteilung für Erb- und Rassenpflege führte Günther aus:

84 Abteilung A 7 Allgemeine Rechtsabteilung [St.Ob.Verw.R. Dr. Gröll] an Med. Direktor Dr. Vellguth, 7.11.1942, WStLA, 2.7.1.2., A1-6, 2322.

85 Ebd.

86 Dr. Richard Günther, geb. 1911 in Zeitz/Sachsen, Beitritt zur NSDAP 1931, von 1936 bis 1939 in Berlin als Arzt in der »Erb- und Rassenpflege« tätig; ab 1939 in der Wiener Gemeindeverwaltung, zunächst beim Erbgesundheitsamt, dann als Anstaltsarzt und »Beauftragter für die erbbiologische Bestandsaufnahme« in der Wagner v. Jauregg Heil- und Pflegeanstalt; ab März 1941 auch mit der Leitung der Abteilung Erb- und Rassenpflege des Hauptgesundheitsamts betraut sowie Mitglied des Erbgesundheitsgerichts; Ende 1944 zur Waffen-SS einberufen (vgl. Seliger 1991, 425).

87 Ida Winnisch, geb. Plasch, geb. 1916, Hauptfürsorgerin in der Abteilung E 3 – Erb- und Rassenpflege in Wien, ab März 1943 Leiterin des Sachgebiets Asozialenbekämpfung in eben dieser Abteilung (vgl. Ayaß 1998, 350).

88 Obermedizinalrat Dr. Günther, Hauptabteilung E, Hauptgesundheitsamt, an Dr. Vellguth, Leiter RpA und Stadtmedizinaldirektor, 4.1.1943, WStLA, 2.7.1.2., A1-6, 2322.

> »Die für die Bekämpfung der Asozialen, besonders aber für die Nachfürsorge unerlässliche Einheitlichkeit kann meines Erachtens nur gewährt werden, wenn die Abteilung E 3 nicht allein bezüglich der Nachfürsorge federführend wird, sondern überhaupt in den Mittelpunkt der gegen Asoziale einzuleitenden Maßnahmen gestellt wird.«

Als weiteres Argument nannte er eine erhebliche Ersparnis an Aktenmaterial, das zurzeit in drei Abteilungen der Gemeindeverwaltung (E 3, E 5 und A 7) sowie den »Asozialenanstalten« geführt werde.

In einem Vortrag im Mai 1943, gehalten auf einem Fortbildungslehrgang von Volkspflegerinnen des Sudetengaus, kommentierte Dr. Linke als Leiter des Wiener Hauptwohlfahrtsamts diese Vorgänge mit den Worten, »man hat in Wien sowohl von Seiten der Partei als auch der Verwaltung die Federführung dem Rassenpolitiker übertragen« (zit. nach Ayaß 1998, 342).

1.8 Wien als Vorzeigemodell

Ab Dezember 1942 – zu diesem Zeitpunkt geht es in der Arbeit der Asozialenkommission schon lange nahezu nur mehr um Frauen[89] – trafen vermehrt Anfragen aus anderen Gauen des Reiches in Wien ein, um sich über das Prozedere in der »Asozialen«-Verfolgung zu erkundigen. Der Oberbürgermeister der Stadt Königsberg, der Gaugesundheitsführer für den Gau Salzburg, die Reichsgauleitung von Sachsen etc. wollten Auskunft. Auch die Parteizentrale in München fragte in Wien an (22. März 1943), woraufhin Gauleiterstellvertreter Scharizer ausführlich antwortete. Er führte aus, »dass sich seit der Eingliederung der Ostmark im Jahre 1938 zahlreiche Dienststellen mit der Asozialenfrage zu beschäftigen begannen, keine dieser Dienststellen für sich allein aber imstande war, das Problem wirksam zu lösen«. Daher sei 1940 die Asozialenkommission gegründet worden. Dann wird die Entwicklung der »Asozialen«-Verfolgung erläutert, welche Lager seit wann bestehen würden, wie die Einweisung erfolgte und die möglichen Unterbringungskapazitäten aussehen. Abermals wurden die rechtliche Basis der Einweisungen und das akkordierte Vor-

89 Die Verfolgung »asozialer« arbeitsfähiger Männer lag in der Hand der Gestapo, die allerdings an die Asozialenkommission bzw. Abteilung E 5 die Einweisungen nach Oberlanzendorf zu melden hatte (vgl. Niederschrift über die Sitzung der Asozialenkommission am 3.11.1942, WStLA, 2.7.1.2., A1-6, 2322).

gehen der Behörden betont, was ein rasches Prozedere ermögliche: »Dadurch, dass die Leiter der erwähnten 3 Abteilungen [E 5, E 3 und A 7; Anm.] zugleich Mitglieder der Asozialenkommission sind, in der auch alle grundsätzlichen Regelungen getroffen werden, ist der rasche Abschluss des Verfahrens sichergestellt.«[90]

Leitende Beamte der Wiener Gemeindeverwaltung propagierten das Wiener Modell bei Fachtagungen[91], und mehrfach fragten die Wiener Stellen um Veröffentlichung ihrer Berichte zur »Asozialen«-Verfolgung in Wien an, etwa im Gauamtsleiterdienst des Rassenpolitischen Amtes.[92] Die Wiener waren von dem von ihnen entwickelten Prozedere und der Schaffung einer Asozialenkommission überzeugt – inwiefern dieses Modell tatsächlich Nachahmer fand, muss noch in weiterer Forschung ergründet werden.

1.9 Weitere Einweisungsanstalten

Die Arbeitsanstalt Oberlanzendorf hatte Platz für 800 bis 1.000 Personen, in den Arbeitsanstalten Klosterneuburg und Am Steinhof konnten jeweils bis zu 120 Frauen untergebracht werden. Eingewiesen werden konnten nur arbeitsfähige Personen. Für arbeitsunfähige Personen – oder solche, die laut Behörden eine Arbeitsunfähigkeit nur vortäuschten – war hingegen keine Unterbringungsmöglichkeit gegeben. Im September 1942 wurde das Obdachlosenheim Dauerheim der Gemeinde Wien für diese Personengruppe geöffnet. Dr. Vellguth äußerte im Schreiben nach Königsberg seine Genugtuung darüber:

> »In letzter Zeit ist zu den obigen Einrichtungen als wesentliche Ergänzung noch das Dauerheim der Gemeindeverwaltung Wien gekommen, das insofern eine wesentliche Lücke geschlossen hat, als dort ganz oder teilweise arbeitsunfähige Asoziale verwahrt und ihre

90 Stellvertretender Gauleiter Scharizer am 29.3.1943 an die NSDAP Parteikanzlei in München, Führerbau, WStLA, 2.7.1.2., A1-6, 2322.

91 Vgl. etwa die bereits erwähnten Referate von Dr. Günther und Dr. Linke auf einem Fortbildungslehrgang von Volkspflegerinnen des Sudetengaus im Mai 1943 in Prag (abgedruckt in Ayaß 1998, 334ff. und 340ff.).

92 Vgl. Schreiben des Rassenpolitischen Amtes, Hofmann, vom 18.9.1944, an die Reichsleitung der NSDAP, zu Handen Parteigenossen Prof. Groß, WStLA, 2.7.1.2., A1-6, 2322. Darin fragt auch Hofmann um Abdruck des Berichts aus dem Gau Wien im Gauamtsleiterdienst oder Informationsdienst an, »weil er einen Nachweis über die tatsächlich geleistete Arbeit der Asozialen-Kommission im Gau Wien enthält und damit anderen Gauen in der praktischen Durchführung der Asozialenbekämpfung Hinweise gegeben werden könnten«.

etwa noch teilweise vorhandene Arbeitskraft ausgenutzt werden kann. Gerade diese Einrichtung hat sich sehr bewährt, weil nunmehr ein Ausweichen der Asozialen nach der Seite der angeblichen oder tatsächlichen Arbeitsunfähigkeit nicht mehr möglich ist.«[93] Der Amtsarzt beim Hauptgesundheitsamt untersuchte die fraglichen Personen auf ihre Arbeitsfähigkeit hin. Wurden bei der Unterbringung von arbeitsfähigen »Asozialen« noch fürsorgerechtliche Bestimmungen bemüht, so erfolgte nun bei der zwangsweisen Anhaltung arbeitsunfähiger oder in ihrer Arbeitsfähigkeit stark eingeschränkter »asozialer« Männer oder Frauen in die Arbeitsanstalt Dauerheim die Einweisung ohne scheinlegale Deckung, wie Seliger (1991, 415) konstatiert.

1.10 Zentrale Rolle des Rassenpolitischen Amtes in der Asozialenbekämpfung bestätigt

Im Frühjahr 1943 kam es abermals zu personellen Änderungen in den mit der Asozialenbekämpfung befassten Partei- und Verwaltungsbehörden: Dr. Vellguth wurde zur Wehrmacht eingezogen. An die Spitze des Rassenpolitischen Amtes gelangte Prof. Dr. Loeffler[94]; Dr. Illing[95], Leiter der Städtischen Nervenklinik für Kinder bzw. der Jugendfürsorgeanstalt »Am Spiegelgrund« und ebenfalls im Rassenpolitischen Amt verankert, übernahm die Leitung der Asozialenkommission. Ein Aktenvermerk vom 9. März 1943 bestätigt das Asozialenreferat im Rassenpolitischen Amt als Zentralvormerkstelle über alle

93 Vellguth im Schreiben nach Königsberg am 20.1.43, WStLA, 2.7.1.2., A1-6, 2322.

94 Dr. Lothar Loeffler, geb. 1901 in Erfurt, NSDAP-Mitglied seit 1932, ab 1934 Professor für Anthropologie, menschliche Erblehre und Eugenik in Königsberg, von 1942 bis 1945 Professur für menschliche Erblehre und Eugenik in Wien, Gauamtsleiter des Rassenpolitischen Amts; ab 1949 Gerichtsanthropologischer Gutachter und Leiter der Gerichtsanthropologischen Forschungs- und Gutachterstelle in Hannover; zahlreiche Lehraufträge, erhielt 1960 das Bundesdienstkreuz 1. Klasse (vgl. Ayaß 1998, 349).

95 Dr. Ernst Illing, geb. 1904 in Leipzig, Psychiater und Neurologe, NSDAP-Mitglied seit 1933, von 1934 bis 1938 Arzt in der Landesanstalt Potsdam (zuletzt als stellvertretender Direktor), ab 1938 Gauhauptstellenleiter für Propaganda, von 1938 bis 1942 Arzt in der Landesanstalt in Görden, Brandenburg (zuletzt als Obermedizinalrat und stellvertretender Direktor); vom 1.7.1942 bis April 1945 ärztlicher Leiter der Wiener städtischen Nervenklinik für Kinder – Heilpädagogische Klinik »Am Spiegelgrund«, seit 1942 auch Gauhauptstellenleiter im Rassenpolitischen Amt; Todesurteil im Prozess vom 15. bis 18.7.1946, Urteil am 30.11.1946 durch Erhängen vollstreckt (vgl. Ayaß 1998, 350; nachkriegsjustiz.at, abgerufen am 1.3.2019; Spring 2008, 210).

männlichen und weiblichen »Asozialen« und als »asozial« verdächtigte Personen. Alle Fälle waren weiterhin der Asozialenkommission zum Entscheid vorzulegen.[96]

Abermals wurde ein beschleunigendes Vorgehen bei der Abwicklung der Einweisungen zu einem wesentlichen Thema der Beratungen in der Kommission. An der Sitzung Ende August 1943 nahmen 16 Personen teil, darunter auch VertreterInnen der Arbeitsanstalten Klosterneuburg, Am Steinhof und Dauerheim sowie von Kripo und Gestapo. Neben der Verfahrensbeschleunigung war die Erhöhung der Sicherheit in der Beurteilung des Einzelfalles ein weiteres Ziel.[97]

Insbesondere bei der Behandlung von Jugendlichen wurde Beschleunigung gesucht. Kommissionsleiter Illing sah hier ein doppeltes Problem: Zum einen gab es keine Einrichtung für schwerst- oder unerziehbare Jugendliche unter 16 Jahren. Zum anderen dauerten die Einweisungen in ein Jugendschutzlager (über 16 Jahre) in der Regel neun Monate [sic!].[98] Die betroffenen Jugendlichen konnten für die Zeit der Verfahrensdauer weder ausreichend beaufsichtigt noch untergebracht werden. Die Beratungen führten zu folgendem Vorschlag, der zumindest bei einem Teil der Jugendlichen zur Anwendung kommen konnte: Da die Einweisung in Arbeitserziehungslager durch die Asozialenkommission und in ihr vertretenen Dienststellen erst mit vollendetem 18. Lebensjahr erfolgen konnte, sollten Jugendliche, die in vier bis sechs Wochen dieses Alter erreichen, gemeldet werden.[99] Nach Erreichen der Altersgrenze war eine Einweisung umgehend möglich. Damit sollte die lange Wartezeit auf Unterbringung in ein Jugendschutzlager durch nutzbringende Arbeit in einem Arbeitserziehungslager ersetzt werden. Allerdings war eine Weiterüberstellung in ein »Jugendschutzlager« nicht erwünscht.[100]

96 Vgl. Aktenvermerk vom 9.3.1943, WStLA, 2.7.1.2., A1-6, 2322.

97 Vgl. Protokoll vom 31.8.1943, WStLA, 2.7.1.2., A1-6, 2322.

98 Die »Wiener städtische Jugendfürsorgeanstalt ›Am Spiegelgrund‹«, deren ärztlicher Leiter Illing war, galt lediglich als Beobachtungsstelle der Jugendlichen und war nicht für eine längere Unterbringung von Jugendlichen gedacht.

99 Daraus ergibt sich eine Zeitspanne von vier bis sechs Wochen für die Abwicklung der Einweisungsanträge durch die Asozialenkommission und die in ihr vertretenen Behörden.

100 Vgl. Protokoll der Sitzung vom 31.8.1943 sowie Schreiben Illing an das Gaujugendamt am 22.9.1943, WStLA, 2.7.1.2., A1-6, 2322. Für diese Forderung (keine Weiterüberstellung in ein »Jugendschutzlager«) wurde keine weitere Begründung angegeben.

Zudem beschäftigte die Kommission das arbeitsvertragsbrüchige Verhalten Jugendlicher. Dazu hatte Dr. Gröll, Leiter der Rechtsabteilung, auf einer Tagung in der Reichsschule des Rassenpolitischen Amtes Neu-Babelsberg von Maßnahmen zur Ahndung dieses Verhaltens in Thüringen erfahren. In diesem Fall suchte Wien nach Anregungen in anderen Gauen, um mehr Jugendliche in den Arbeitsprozess rückführen zu können.[101]

1.11 Weitere Verschärfungen und Beschleunigungen

Mehrfach wurde in den Sitzungen der Kommission die aus ihrer Sicht lasche Handhabung der Regeln in der Arbeitsanstalt Klosterneuburg beanstandet. Als Beleg für die ungenügende Strenge wurden die zahlreichen Rückfälle der von dort Entlassenen angeführt. Man beriet, wie die in der Anstalt tätigen Schwestern der Caritas Socialis zu strengerer Leitung angehalten werden könnten. Auf ihre Arbeit konnte trotz Unzufriedenheit wegen Personalmangels nicht verzichtet werden. Das Rassenpolitische Amt bzw. die Asozialenkommission sannen danach, die bisher in Klosterneuburg eingewiesenen Frauen in die Arbeitsanstalt Am Steinhof zu überstellen, wo die Anhaltebedingungen strenger wären. In Klosterneuburg könnten dann »nicht eigentliche Asoziale, sondern Arbeitsbummelanten zur Abschreckung« kurzfristig lagermäßig angehalten werden.[102]

In der bereits angesprochenen Sitzung vom 31. August 1943 kamen auch die Verzögerungen bei der Einweisung von Frauen durch einen Vertreter des Arbeitsamts zur Sprache. Auch hier kam es zu einem Ergänzungsvorschlag, und man einigte sich auf die Einreichungsmöglichkeit von »Schnellfällen« durch das Arbeitsamt. Bei ihnen war der Geschäftsführer der Asozialenkommission berechtigt, die betroffenen Personen sofort einzuweisen und die erforderlichen Unterlagen der Asozialenkommission nachzureichen.[103]

Um das Abwicklungstempo generell zu erhöhen, wurden in den diversen Verfahrensstufen in der »Asozialen«-Verfolgung (Zuständigkeiten, Einweisungsregelungen, Überstellungsmöglichkeiten, Nach-

101 Vgl. Schreiben Gröll an Asozialenkommission der Gauleitung, 9.12.1943, WStLA, 2.7.1.2., A1-6, 2324.

102 Vgl. Bericht des Rassenpolitischen Amts an Scharizer über die Arbeit der Asozialenkommission, 7.8.1944, WStLA, 2.7.1.2., A1-6, 2322. Das Vorhaben konnte allerdings aufgrund von Raummangel nicht umgesetzt werden.

103 Vgl. Protokoll der Sitzung vom 31.8.1943, WStLA, 2.7.1.2., A1-6, 2322.

fürsorge) Präzisierungen erarbeitet. Zudem erörterte man Schwierigkeiten bei der Arbeitsvermittlung. Schließlich wurde im Sommer 1943 eine Verschärfung in der Behandlung entwichener Frauen angeregt: Die Asozialenkommission solle Frauen, die aus Klosterneuburg entfliehen, in der Arbeitsanstalt Am Steinhof einweisen. Bei jenen, die das zweite Mal aus Am Steinhof ausbrechen, werde bei der Gestapo ein Antrag auf Einweisung in ein Konzentrationslager gestellt.[104]

Zwei Monate später wurde eine weitere beschleunigende Maßnahme vereinbart: Zum Zwecke der Verfahrensvereinfachung sollen alle Fälle, bei denen sich die Dienststellen einig sind, nicht mehr der Asozialenkommission vorgelegt werden müssen, sondern die Rechtsabteilung A 7 könne umgehend eine Einweisung beantragen. Dies würde eine Zeitersparnis bis zu 14 Tagen ermöglichen. Die so entschiedenen Fälle fänden in das Protokoll der nächsten Sitzung Eingang.[105]

Kurze Zeit später wurde der Einbezug der NSV in die Asozialenkommission erwogen. Durch die Einbindung von dessen Leiter Vogl ins Rassenpolitische Amt war diese Verbindung hergestellt worden. Diese Vorgehensweise ist wohl in den Kontext der Überlegungen einzuordnen, den Personenkreis, für den die Asozialenkommission zuständig sei, abermals auszuweiten: Nun war von »leichten, noch nicht ausgesprochen Asozialenfälle[n]« die Rede, die nach Klosterneuburg eingewiesen werden, und von den »wirklich asozialen Frauen«, die ausschließlich Am Steinhof untergebracht sein sollten.[106] Damit wurde die Unterbringung von »Arbeitsscheuen« erwogen, »auf die der Begriff asozial noch nicht eindeutig zutrifft«. Generell war eine stärkere Ausnützung der Arbeitskräfte in den Arbeitserziehungslagern angesagt. Mit dem Präsidenten des Gauarbeitsamtes Wien wurden Möglichkeiten dazu erörtert. Dieser zeigte sich hoch erfreut: »Präsident Dr. Neuber findet es außerordentlich begrüßenswert, wenn im Bezug auf die Arbeitsdisziplin gegen solche [Arbeitsscheue; Anm.] zunächst ohne Rücksicht auf die übrige soziale Verhaltensweise mit einer kurzfristigen Einweisung von 3–6 Monaten vorgegangen werden könnte.«[107]

Einerseits wurde der Platzmangel in den bestehenden, bereits

104 Vgl. Ebd.

105 Vgl. Aktenvermerk, Betreff Asozialen-Kommission, Verfahrensvereinfachung, gez. Illing, 2.11.43, WStLA, 2.7.1.2., A1-6, 2322.

106 Dieser Vorschlag kam von Dr. Szaller, DAF (Deutsche Arbeitsfront).

107 Vermerk Rassenpolitisches Amt, Hofmann, 31.7.44, WStLA, 2.7.1.2., A1-6, 2323.

überfüllten Arbeitsanstalten beklagt, andererseits neue Zielgruppen ausfindig gemacht. Daher wurde darüber nachgedacht, neue Unterbringungs- sowie Arbeitsmöglichkeiten zu erschließen, im Konkreten: Arbeitskräfte aus den Lagern Klosterneuburg und Am Steinhof der Rüstungsindustrie zur Verfügung zu stellen. Wenn möglich sollte eine Rüstungsfirma einen Teil ihrer Fertigung in das Arbeitslager Am Steinhof verlegen, um einen Transport der Frauen zu vermeiden. Allerdings benötigte dies das Aufstellen von Baracken auf dem Anstaltsgelände. Insgesamt war von 200 zusätzlichen Arbeitskräften die Rede.[108]

Aus einem Bericht des Rassenpolitischen Amtes an den stellvertretenden Gauleiter Scharizer im August 1944 geht eine abermalige Änderung der Zusammensetzung der Asozialenkommission hervor: Den Vorsitzenden stelle das Rassenpolitische Amt, die Beisitzer kämen aus der A 7 – Allgemeine Rechtsabteilung, E 3 – Erb- und Rassenpflege und E 5 – Hauptwohlfahrtsamt, das Gauarbeitsamt sowie das DAF Ehren- und Disziplinargericht; »bei jeweils besonderer Veranlassung werden noch zugezogen Vertreter der Gestapo, der Kripo, sowie die Leiter der Arbeitsanstalten«.[109] In dieser Zusammensetzung bzw. Einladungspolitik zeigt sich ein wieder verstärkter Fokus auf die Ausnutzung der Arbeitskraft der als »asozial« Verfolgten. Der Bericht führt weiter aus, dass Anregungen zur Prüfung einer Einweisung in der Regel von allen beteiligten Dienststellen gegeben werden, jedoch würden die meisten von den Hoheitsträgern (also höheren Parteiführern) gestellt, viele auch vom Arbeitsamt und schließlich auch vom Hauptwohlfahrtsamt. Das Schreiben schließt mit einem Lob für die wichtige Arbeit der Asozialenkommission und der hohen Trefferquote in deren Entscheidungen: »Zusammenfassend muss gesagt werden, dass die von der Asozialen-Kommission bisher in Arbeitsanstalten Eingewiesenen tatsächlich asozial sind. Nur in zwei von rund 1.200 Fällen mussten Überstellungen von der Arbeitsanstalt in Heilanstalten durchgeführt werden.«[110] Zudem wurde darauf verwiesen, dass

108 Ebd. sowie Schreiben vom 5.8.1944 an die Rüstungsinspektion. Ob dieses Vorhaben tatsächlich umgesetzt wurde, ließ sich nicht eruieren.

109 Bericht des Rassenpolitischen Amts an Scharizer über die Arbeit der Asozialenkommission, 7.8.1944, WStLA, 2.7.1.2., A1-6, 2322. Die Kommission scheint also nur unter Vellguth mit nur drei Entscheidungsträgern so schlank aufgestellt gewesen zu sein.

110 Ebd.

stets mehrere Merkmale, die im Merkblatt über »Asoziale« angeführt sind, auf die Eingewiesenen zutreffen, niemals habe nur ein einziges Merkmal gegolten.

Doch der Bedarf an weiterer Zwangsrekrutierung von Arbeitskräften sowie früher Aussonderung von möglichen (zukünftigen) »Asozialen« schien weiterhin nicht gestillt. Als weiterer möglicher »Zulieferant« wurden die Gerichte ausgemacht. So richtete sich das Rassenpolitische Amt an den Präsidenten des Oberlandesgerichts Wien und erklärte: »Nach unseren Erfahrungen ist der Personenkreis, der als asozial gelten muss, noch nicht in seiner ganzen Größe erfasst, jedoch dürfte ein großer Prozentsatz bei den Gerichten anfallen. Ich bitte deshalb die dort anfallenden Asozialen der Gauleitung Wien, RpA [Rassenpolitisches Amt; Anm.], bekanntzugeben.«[111] Die gemeinsame Erarbeitung eines Formblatts hierfür wurde angeboten. Präsident Tamele unterstützte die Idee und bot seine Zusammenarbeit an.[112] Diese kam auch alsbald zur Umsetzung. Noch im September konnte Scharizer bezüglich des Arbeitsvorgangs bis zur endgültigen Entscheidung der Asozialenkommission berichten, dieser sei so geregelt, dass das Rassenpolitische Amt die Erhebungen beim Hoheitsträger, bei der Staats- und Kriminalpolizei und neuerdings auch bei den Gerichten durchführe.[113]

1.12 Projekt Arbeitsanstalt Klausen-Leopoldsdorf

Als letzten politischen Kraftakt, der für das Rassenpolitische Amt und der ihr zugeordneten Asozialenkommission belegt ist,[114] lassen sich die Pläne für ein weiteres Arbeitslager nennen: In Klausen-Leopoldsdorf sollte ein Lager für 80 »asoziale« Frauen errichtet werden, die dort zum Holzarbeiten herangezogen werden sollten. Die Initia-

111 Rassenpolitisches Amt, Gauhauptstellenleiter, an den Präsidenten des Oberlandesgerichtes Wien, 9.8.1944, WStLA, 2.7.1.2., A1-6, 23221.

112 Der Oberlandesgerichtspräsident Dr. Tamele an das Rassenpolitische Amt, 18.9.1944, WStLA, 2.7.1.2., A1-6, 2322.

113 Das Rassenpolitische Amt informiert Innsbruck auf Anordnung von Scharizer über die Asozialenkommission, 29.9.1944, WStLA, 2.7.1.2., A1-6, 2322. Darin kommt nochmals die Vorrangstellung der Abteilung für Erb- und Rassenpflege zum Ausdruck: »Federführend bei der Gemeindeverwaltung ist die Abteilung E 3, an deren Entscheidung die übrigen Dienststellen der Gemeindeverwaltung gebunden sind.«

114 Für das Jahr 1945 sind keine Unterlagen im Bestand WStLA, 2.7.1.2. Rassenpolitisches Amt erhalten.

tive dazu kam vom Rassenpolitischen Amt, das gemeinsam mit dem Arbeitsamt nach neuen Unterbringungsmöglichkeiten suchte. Hofmann vom Rassenpolitischen Amt meinte in einem vertraulichen Rahmenbericht über die Sitzung der Asozialenkommission vom 5. September 1944, die »kriegswichtige Arbeit« dieser Frauen könne nur in Klausen-Leopoldsdorf durchgeführt werden. Allerdings wehrte sich Hofrat Dr. Klenkhart als Leiter des Anstaltenamts gegen dieses Vorhaben und zeigte sich nicht zuständig, zumal das Lager Ähnlichkeiten mit einem Konzentrationslager aufweisen würde. Die KZ-Ähnlichkeit wurde umgehend zurückgewiesen, das Lager solle eher als »Dependance« vom »Lager« Am Steinhof gesehen werden. Der Protest von Klenkhart, der auch der Gefahr des Abzugs von Arbeitskräften aus Klosterneuburg galt, mündete in der Androhung, die Sitzung zu verlassen. Dies konnte verhindert werden, ohne jedoch den Leiter des Anstaltenamts gänzlich zu überzeugen. Er sagte eine weitere Mitarbeit nur vorbehaltlich der noch einzuholenden Genehmigung seines Vorgesetzten Gundel zu und nur, wenn Frauen aus Klosterneuburg nicht abgezogen werden, »da sonst die dort laufenden Rüstungsarbeiten nicht durchgeführt werden können«. Loeffler zeigte sich vom Einspruch des Anstaltenamtsleiters nur mäßig beeindruckt und gab zu Protokoll, das neue Lager werde im Einverständnis und auf Anordnung des Bürgermeisters auf alle Fälle errichtet, »selbst wenn das Anstaltenamt seine Mitarbeit versagen sollte«. Hofmann vermerkte abschließend: »Die Vorarbeiten sollen schnellstmöglich abgeschlossen werden, damit die Verlegung nach Klausen-Leopoldsdorf bis spätestens 24.9.44 durchgeführt werden kann.«[115]

Ob Klausen-Leopoldsdorf tatsächlich errichtet wurde, muss offenbleiben. Bislang konnten keine Hinweise auf tatsächliche Überstellungen von Frauen dorthin gefunden werden.

1.13 Bedeutung der Asozialenkommission für die Verfolgung von als »asozial« stigmatisierten Frauen

Die Asozialenkommission in Wien, deren Zusammensetzung und Wirkungsweise innerhalb weniger Wochen im Jahr 1940 festgelegt wurden – die Kommission war laufend Weiterentwicklungen unterworfen, ihre Grundausrichtung blieb aber durch die Jahre bestehen –,

115 Vertraulicher Rahmenbericht über die Sitzung der Asozialenkommission, 5.9.1944, WStLA, 2.7.1.2., A1-6, 2322.

schloss anfänglich die Frauen als Zielgruppe ihrer Maßnahmen aus. Dies änderte sich jedoch noch im Laufe des Jahres 1941, nachdem die Gestapo die Einweisungskompetenz in Arbeitslager von als »asozial« ausgemachten Männern für sich beanspruchte. Von nun an war die Arbeit der Asozialenkommission in erster Linie mit der Verfolgung von Frauen befasst.

So gesehen war die Asozialenkommission eine österreichische Erfindung, die insbesondere zu Lasten der Frauen ging. In Verbund mit dem Arbeitsamt, dessen zahlreiche Einweisungsanträge meist problemlos bewilligt wurden, sowie mit der Kriminalpolizei, die in Razzien auf im Straßenbild auffällige Frauen fokussierte[116], litten insbesondere Frauen an der zumeist effizienten Arbeitsweise der Kommission.

Von den insgesamt 985 Anträgen auf Einweisung von Männern wurden 696 im ersten Jahr 1941 gestellt, das macht 71 Prozent aus. Hingegen beliefen sich die Einweisungsanträge für Frauen im ersten Jahr des Bestehens der Kommission lediglich auf knapp zehn Prozent, die Mehrheit der insgesamt 883 Anträge wurde in den Folgejahren gestellt. Ähnlich verhält es sich mit den tatsächlich durchgeführten Einweisungen in Arbeitslager, Konzentrationslager bzw. »Jugenderziehungslager« und die Trinkerheilstätte (nur für Männer): Von den 563 Einweisungen von Männern erfolgten 334 im ersten Jahr (59 Prozent), von den 651 Einweisungen von Frauen lediglich 21 im ersten Jahr, das sind nur drei Prozent.[117]

In der Institution der Asozialenkommission wurde der vielfach beschworenen Einheit von Partei und Staat in hohem Maße entsprochen. Dieses enge Zusammenwirken war bereits in den zahlreichen Doppelfunktionen von Leitungspersonen angelegt.[118] In der Anbindung der Kommission – zunächst bei der Gaugeschäftsführung bzw. im Gaustabsamt und ab 1942 beim Rassenpolitischen Amt der NSDAP – nahm der Einfluss der Partei und vor allem auch der Ras-

116 Vgl. etwa Mauler, Kripoleitstelle Wien: Die Kripo beschäftige sich nur mit Asozialen weiblichen Geschlechts. In der Regel würden diese auf Razzien aufgegriffen und sofort nach ihrer Festnahme überprüft (vgl. Protokoll der Asozialenkommission vom 26.8.1943, WStLA, 2.7.1.2., A1-6, 2322).

117 Vgl. Arbeitsausweis für das Jahr 1941, WStLA, 2.7.1.2., A1-6, 2323 sowie Arbeitsbericht der Asozialen-Kommission Wien vom 1.1.1941 bis 31.7.1944, WStLA, 2.7.1.2., A1-6, 2322.

118 »Darüber hinaus verstärkten bestehende Doppelfunktionen die Durchdringung der Verwaltung mit dem ›Bewegungsfaktor‹ Partei.« (Seliger 1991, 424; vgl. auch ausführlich Seliger 2010).

senpolitiker zu. Zudem hatten Ärzte, die sich in den 1930er Jahren bereits in der »Rassen- und Erbpflege« einen Namen gemacht hatten, Dr. Gundel, Dr. Vellguth und Dr. Illing, die Leitung der Asozialenkommission inne. Sie verfolgten die harte Linie der erbbiologischen rassistischen Politik und die in ihr grundgelegte Konstruktion der »Asozialen« in Wien weiter.[119] Ein ausgeprägter politischer Umsetzungswille und das Streben nach bürokratischer Effizienz führten zu verstärkter Zusammenarbeit der Behörden und folglich zur Beschleunigung der Einweisungsverfahren in Arbeitslager.

Die Bedeutung der »Biologisierung« von vermeintlicher »Asozialität« blieb durchgängig aufrecht – auch wenn man sich im Bedarfsfall darüber hinwegsetzen konnte, wenn es um den erhöhten Arbeitskräftebedarf für die Rüstungsindustrie ging und eine Ermahnung der Bevölkerung vor den Gefahren von Arbeitsbummelei und Arbeitsverweigerung notwendig erschien.

Die Entscheidungsgewalt in der Asozialenkommission lag ausschließlich in Händen von Männern. Frauen hatten jedoch als Fürsorgerinnen großen Einfluss im Prozess der Festsetzung und Erfassung von »Asozialen« und somit in der Konstruktion von »Asozialität« (vgl. Czech 2003, 116; Geiger 2008, 10; Fürst/Malina 2004). Insbesondere die Hauptfürsorgerin im Hauptgesundheitsamt und die ihr zuarbeitenden Sprengelfürsorgerinnen entschieden (federführend) mit, wer zur »Volksgemeinschaft« gezählt wird, wer nicht. Im Bedarfsfall wurde eine weibliche Kriminalpolizistin zu den Besprechungen der Asozialenkommission geladen, wenn es Abstimmungsbedarf im Prozedere gab. Ansonsten waren hier die Männer unter sich, die – wie oben erläutert – zunehmend über Frauen bestimmten.

Der »Erfolg« der Asozialenkommission beruhte – neben der engen Zusammenarbeit diverser Verwaltungsabteilungen der Gemeinde Wien und den Parteistellen sowie der Einbindung weiterer Stellen (wie Arbeitsamt und Kripo von Beginn an; später DAF und NSV, schließlich die Gerichte) – auf dem Schein der Legalität der Einwei-

119 Linke, Leiter des Hauptwohlfahrtsamts, meinte beim Prozess gegen Hackel in seiner Aussage vor Gericht 1948, es habe zwei Richtungen in der Asozialenkommission (bei deren Sitzung er allerdings nur zweimal teilgenommen haben will) gegeben: Die Vertreter des Rassenpolitischen Amtes hätten den radikalen Standpunkt eingenommen, jene der Verwaltung hätten sich auf den Standpunkt des Gesetzes gestellt (vgl. Protokoll 3. Hauptverhandlungstag 22.12.1948, WStLA, 2.3.14, 2685b, Vg 1a Vr 7189/48).

sungen, der durch die ausgestellten Bescheide aufgrund der gesetzlichen Bestimmungen vermittelt wurde.[120] Eine bürokratische Vorgehensweise verlieh so den Zwangsmaßnahmen, die der Ausgrenzung und Stigmatisierung von Unangepassten folgten, eine legale Note. Mit ihrem Vorgehen sahen sich die Wiener Stellen als beispielgebend für die übrigen Gaue.

120 In einem Aktenvermerk vom Rassenpolitischen Amt vom 29.9.1944 (vgl. WStLA, 2.7.1.2., A1-6, 2322) räsoniert Hofmann auf die zahlreichen Anfragen aus den anderen Gauen zur Arbeitsweise der Asozialenkommission reagierend darüber, warum die Gaue Niederdonau und Steiermark trotz ähnlicher Einrichtungen weniger erfolgreich seien. Zusätzlich zum fehlenden Bescheid beklagte er die mangelnde Kenntnis von Gesetzen in den anderen Gauen. Er plädierte für eine Akkordierung der Handhabung in den Alpen- und Donaugauen inkl. Sudetengau und riet daher zur Einberufung einer Konferenz in Wien.

2. ANSTALTEN FÜR »ASOZIALE« FRAUEN IM GAU WIEN

2.1 Das Areal Am Steinhof

Auf dem Areal Baumgartner Höhe in Wien befanden sich mehrere Anstalten, die an der Konstruktion und Verfolgung von Mädchen und Frauen als »Asoziale« mitwirkten: die »Wiener städtische Jugendfürsorgeanstalt Am Spiegelgrund«, die »Wagner v. Jauregg Heil- und Pflegeanstalt« und die »Arbeitsanstalt Am Steinhof«.

Die »Wiener städtische Jugendfürsorgeanstalt Am Spiegelgrund«

Die Jugendfürsorgeanstalt Am Spiegelgrund wurde am 24. Juli 1940 – unmittelbar nach dem Freiwerden der Gebäude nach der Mordaktion T 4[121] – in neun Pavillons (1, 3, 5, 7, 9, 11, 13, 15 und 17) in Betrieb genommen. Ärztlicher Leiter war Dr. Erwin Jekelius, der Leiter des Referats »Geisteskranke-, Psychopathen- und Süchtigenfürsorge« im Hauptgesundheits- und Sozialamt der Stadt Wien (vgl. Krist/Lichtblau 2017, 203f.). Die pädagogische Leitung des städtischen Erziehungsheimes hatte ab Mitte 1942 Dr. Hans (Johann) Krenek inne (vgl. Malina 2007, 159).

Auf den Spiegelgrund wurden auch bereits bestehende Einrichtungen der Gemeinde Wien wie die »Schulkinderbeobachtungsstation« aus dem Zentralkinderheim in der Lustkandlgasse im 9. Bezirk oder die Knaben der Erziehungsanstalt Schwechat verlegt. Damit wurde der Spiegelgrund der wichtigste Selektionsort der Wiener Jugendfürsorge. Die Einweisungen auf den Spiegelgrund erfolgten über

121 Unter der Tarnbezeichnung »Aktion T 4« wurden Euthanasie-Massenmorde an ca. 120.000 Geisteskranken und Behinderten durchgeführt. T 4 war die Abkürzung für die Adresse der Villa in Berlin, nämlich Tiergartenstraße 4, an der diverse Tarnorganisationen zur Umsetzung der Euthanasie-Massenmorde ihren Sitz hatten. Nach Protesten der Kirche wurde »Aktion T 4« offiziell gestoppt, aber in der Aktion 14 f 13 insgeheim weitergeführt (vgl. Benz et al. 1998, 355f.).

die Kinderübernahmestelle (KÜST)[122], an die die Bezirksgesundheits- und Bezirksjugendämter sowie die Amtsärzte Kinder überstellten. Eine wichtige Funktion übernahm die NSV, die neben den Fürsorgeeinrichtungen der Stadt Wien die Trennung in »nützliche« und »nutzlose« Kinder durchführte. Die »nutzlosen« Kinder wurden vielfach auf den Spiegelgrund überwiesen. Um auch Kinder anderer Erziehungsanstalten zu erfassen, führten Dr. Jekelius und seine KollegInnen regelmäßig Untersuchungen in diesen Häusern durch (Krist/Lichtblau 2017, 204). So kam etwa Elfriede R., 1925 geboren, im September 1942 auf den Spiegelgrund, nachdem sie in der Erziehungsanstalt Wiener Neudorf von Dr. Johann Krenek untersucht worden war und dieser ihr ein »psychopathisches Zustandsbild« attestierte.[123] Die 1922 geborene Anna K. wurde von Dr. Jekelius begutachtet: Sie befand sich gerade in der Heilanstalt Klosterneuburg, als im Mai 1941 das Gutachten über sie erstellt wurde. Dr. Jekelius fasste seine Einschätzung der zu diesem Zeitpunkt 19-jährigen Anna K. zusammen:

> »Bei der Untersuchten handelt es sich um eine grenzdebile, asoziale, arbeitsscheue, lesbische Psychopathin, der die Einsicht für ihr asoziales Verhalten vollkommen fehlt. Sie ist in einem Grad geisteskrank, gefährdet durch ihr Verhalten sich und ihre Umgebung und bedarf des Aufenthaltes in einer geschlossenen Anstalt. Ihre Einweisung auf den Steinhof erscheint notwendig.«[124]

Da Anna K. schon volljährig war, kam sie aber nicht auf den Spiegelgrund, sondern in die Wagner v. Jauregg Heil- und Pflegeanstalt Am Steinhof. Nach circa zweimonatigem Aufenthalt wurde sie zwangssterilisiert und als »geheilt« entlassen. Später internierte man sie in der Arbeitsanstalt Am Steinhof.

Im März 1942 erfolgte die Umbenennung in »Heilpädagogische Klinik der Stadt Wien Am Spiegelgrund«. Sieben der neun Gebäude

122 1926 von der Gemeinde Wien unter Julius Tandler gegründetes Durchzugsheim zur Abklärung der weiteren vorübergehenden oder dauerhaften Unterbringung von Kindern, die ihren Herkunftsfamilien abgenommen wurden. Die Kinder wurden danach in ein Heim oder eine Pflegefamilie überstellt (vgl. Wolfgruber 1997).

123 Elfriede R., 21.1.1925, WStLA, Otto-Wagner-Spital, A11/3 – Krankengeschichten: Frauen.

124 Anna K., 26.7.1922, WStLA, Otto-Wagner-Spital, A11/3 – Krankengeschichten: Frauen.

standen ab Juni 1942 der »Jugendwohlfahrt und Jugendpflege« zur Verfügung. Die Gesamtleitung über den Komplex »Spiegelgrund« übernahm Dr. Ernst Illing. Die Pavillons 15 und 17 wurden unter der Leitung von Dr. Heinrich Gross zur »Wiener städtischen Nervenklinik für Kinder«. Gross unterstanden die Ärztinnen Dr. Marianne Türk und Dr. Helene Jockl. Die Aufgabe dieser Abteilung war nicht die Verbesserung des Gesundheitszustandes der Kinder, sondern die Aussonderung von Kindern, die nicht mehr leben sollten. ÄrztInnen der »Nervenklinik« arbeiteten aber auch im Erziehungsheim bei der »Betreuung« von Kindern mit (vgl. Krist/Lichtblau 2017, 204).

Die »Jugendfürsorgeanstalt« Am Spiegelgrund war grundsätzlich nicht für die Unterbringung »asozialer« Mädchen zuständig, sondern für Kinder mit psychiatrischen Diagnosen. Die Grenzen waren allerdings fließend: Mädchen und junge Frauen, die gleichzeitig oder später als »Asoziale« verfolgt wurden, kamen in die Anstalt Am Spiegelgrund, da sie häufig – neben ihrer »Diagnostizierung« als »asozial« – auch mit psychiatrischen Diagnosen versehen wurden, etwa »Schwachsinn« oder »Psychopathie«. Diese Mädchen hatten in den meisten Fällen bereits verschiedene Kinder- bzw. Erziehungsheime hinter sich und waren dort in irgendeiner Weise auffällig geworden. Manche hatten mehrere Fluchtversuche gewagt, andere hatten gegen Regeln verstoßen. Besonders häufig war es die Einschätzung der Sexualität der Mädchen – als »sexuell triebhaft« –, die schließlich zur verschärften Maßnahme, nämlich der Einweisung in die Anstalt Am Spiegelgrund führte. Dort standen die Mädchen dann unter Beobachtung, ehe entschieden wurde, ob sie sich – in den Augen der ÄrztInnen – für weitere Fürsorgeerziehung eigneten oder ob keine »Erziehungsfähigkeit« vorlag. In letzterem Fall konnte die Überstellung in das »Jugendschutzlager Uckermark« beantragt werden.[125] So etwa im Fall der 1926 geborenen Friederike H., die zwischen März und Mai 1943 in der Anstalt Am Spiegelgrund war: Dr. Illing sah bei ihr keine Aussicht auf Erfolg der Fürsorgeerziehung und befürwortete die Überstellung in die Uckermark:

»Wenn auch umweltgeschädigt und zurzeit gesteigerte Pubertät besteht, so sind die erheblichen Erziehungsschwierigkeiten doch

125 Das Amtsgericht Wien-Jugend musste erst der »Entlassung der Minderjährigen aus der Fürsorgeerziehung« zustimmen, damit Jugendliche in ein »Jugendschutzlager« überstellt werden konnten.

fast ausschließlich auf die grobe, charakterliche Abartigkeit zurückzuführen. Die von a. o. beantragte Unterbringung im Jugendschutzlager Uckermark wird von hier aus befürwortet.«[126]

Neben Friederike H. sind uns acht weitere Mädchen bekannt, die mit hoher Wahrscheinlichkeit vom Spiegelgrund direkt in die Uckermark überstellt wurden: Sofie J. (geb. 1926) und Margarete K. (geb. 1928) waren zum Zeitpunkt ihrer Überstellung 16 Jahre alt, Hildegard L. (geb. 1925), Ruth P. (geb. 1926) und Maria R. (geb. 1927) waren 17, Gertrude K. (geb. 1924) war bereits 18 Jahre alt.[127]

Elisabeth R. (geb. 1926) und Elfriede S. (geb. 1926) wurden vom Spiegelgrund an ihre Eltern entlassen, Dr. Illing vermerkte jedoch, dass bei weiteren Vergehen eine Einweisung in ein Jugendschutzlager anzuraten sei.

Franziska V. wurde nicht direkt vom Spiegelgrund in das »Jugendschutzlager« Uckermark überstellt, sondern nach einer Zwischenstation im »Wanderhof« Bischofsried. Das 1927 geborene Mädchen war in verschiedenen Erziehungsheimen (Theresienfeld und Wiener Neudorf), ehe es in die Wiener Nervenklinik für Kinder Am Spiegelgrund kam. In einem Befund diagnostizierte die Erziehungsberaterin Dr. Nekula[128], die Jugendliche sei »arbeitsscheu« und »sittlich verwahrlost«. In den Erziehungsanstalten habe sie sich »in keine Ordnung gefügt« und einen Fluchtversuch verübt. Schließlich sei sie zu ihrer Mutter gekommen, habe aber auf verschiedenen Arbeitsstellen »versagt«. Aus diesen Gründen beantragte Dr. Nekula: »Es wird versuchsweise Abgabe in die E. A. [Erziehungsanstalt; Anm.] Bischofsried beantragt, sollte sie auch dort versagen, wäre die Abgabe in das Jugendschutzlager Uckermark in Erwägung zu ziehen.« (Dr. Nekula, zit. nach Schikorra 2000, 71) Im Juli 1943 kam Franziska V. nach Bischofsried in

126 Undatiertes Schreiben, gez. Dr. Illing, Akt Friederike H., 3.9.1926, WStLA, Serie 1.3.2.209.10.A1/2, Krankengeschichten: überlebende Mädchen 1941–1945.

127 Die Überstellungen von Sofie J., Gertrude K. und Hildegard L. entfallen auf das Jahr 1942, jene von Ruth P. und Margarete S. auf das Jahr 1943. Margarete K. und Maria R. kamen im Jahr 1944 in die Uckermark.

128 Es handelt sich wahrscheinlich um Dr. Maria Nekula, die 1938 nach Fertigstellung ihrer Dissertation über das soziale Verhalten von Kleinkindern in den Dienst des Wiener Jugendamtes eintrat und zur Hauptfürsorgerin und Erziehungsberaterin des Gaujugendamtes aufstieg. Sie blieb nach 1945 noch für viele Jahrzehnte als Erziehungsberaterin für die Stadt Wien tätig (vgl. Czipke 2013, 67, 165, 252).

Bayern, wo man in einem ihrer Schulhefte »Schlurflieder« fand.[129] In einer Aktennotiz wurde festgehalten, dass das Mädchen in Wien Kontakt zu anderen Schlurfmädchen gehabt und zu Jazzmusik getanzt habe, wobei sie ein sogenanntes amerikanisches Sakko, einen Herrenhut und eine Krawatte getragen haben soll. Im März 1944 erstellte die Psychiaterin Dr. Hell einen Bericht über Franziska V., in dem sie ihr zur Last legte, die Anstalt Bischofsried »mit jenem zersetzenden ›Schlurfgeist‹ zu durchseuchen« (zit. nach ebd., 72). Am Ende ihres Gutachtens kam die Ärztin zum Schluss, dass nun »eben Erziehungsmaßnahmen zur Anwendung kommen [müssen], die die Jugendlichen durch eiserne Härte und Schärfe zu beeindrucken imstande sind, was eine über einen längeren Zeitraum ausgedehnte konsequent durchgeführte Arbeitserziehung erfüllen dürfte.« (Dr. Hell, zit. nach ebd., 73) Sollten die Erziehungsmaßnahmen in Bischofsried keine Erfolge zeigen, sei Franziska V. in einem »Jugendschutzlager« zu internieren, so Dr. Hell weiter. Vier Monate später wurde das Mädchen tatsächlich in die Uckermark überstellt (vgl. ebd., 71–73).

Bei Eintreten des 18. Lebensjahres war auch eine Überstellung von der Anstalt Am Spiegelgrund in die am selben Gelände gelegene Arbeitsanstalt Am Steinhof möglich.[130] Ein Beispiel hierfür ist die am 3. April 1926 geborene Edith B.: Seit ihrer frühen Jugend vermerkten die Behörden »Erziehungsschwierigkeiten«. Nach Ende der Schulpflicht trat sie eine Dienststelle an, wurde aber nach drei Wo-

129 In einem der Liedtexte, die in Franziska V.s Schulheften gefunden wurden, heißt es etwa: »Machts euch um uns doch keine Sorgen, denn wir Schlurfweiber sterben net aus. Steckens uns auch in a Anstalt, mir kumman ihnen trotzdem wieder au[s]. Denn pfeiff man ihnen auf die Arbeit, und kumman nächtelang net z'haus, drum Weiber lassts euch net hobeln, denn sonst ist's mit eurer Freiheit aus. Scheisserl, was wird aus uns beiden, Pupperl willst mit mir ins zweite gehen, dort spielen sie den schwarzen Panther und St. Louis Blü/ ach wie ist es wunderschön. Dort küßt der Schlurf dann die Schlurfin und sagt ins Ohr ihr allerhand Schlurferl. Was wirds denn aus den beiden? Wenns nur nach uns ging, ein verliebtes Paar.« (zit. nach Schikorra 2000, 72)

130 Insgesamt 16 Fälle sind uns bekannt, in denen junge Frauen sowohl in der Anstalt Am Spiegelgrund als auch in der Arbeitsanstalt Am Steinhof waren: Edith B., Helene B., Paula C., Aloisia F., Margaretha G., Marie G., Anna H., Antonia K., Pauline K., Rosina K., Franziska P., Hedwig P., Vera P., Elfriede R., Anna S. und Margarete Z. Großteils handelt es sich dabei um direkte Überstellungen von der einen in die andere Anstalt (vgl. WStLA, Serie 1.3.2.209.10.A1/2, Krankengeschichten: überlebende Mädchen 1941–1945 sowie Städtische Arbeitsanstalten Frauen, Karteikarten, WStLA, 1.3.2.209.2_K2).

chen wieder entlassen. Danach begann sie eine Lehre, die sie nach ungefähr einem halben Jahr wegen angeblicher kleinerer Diebstähle beenden musste. Im Mai 1941 kam sie von ihren Adoptiveltern weg in das Luisenheim. Im Juni 1941 wurde sie zur Beobachtung in die Anstalt Am Spiegelgrund überstellt, von wo sie im September desselben Jahres in das Erziehungsheim Theresienfeld eingewiesen wurde. Im März 1943 entließ man Edith B. von dort zum Zwecke des Arbeitseinsatzes, an den ihr zugewiesenen Arbeitsstellen blieb sie jedoch nie lange. Die Kriminalpolizei wurde auf sie aufmerksam, als sie bei ihrem dritten Dienstposten angeblich eine Armbanduhr stahl. Auch Männerbekanntschaften unterstellte man ihr. Aus diesen Gründen erfolgte im Juni 1943 die erneute Einweisung in das Luisenheim. Von dort kam sie in den Jugendarrest (aufgrund des angeblichen Diebstahls der Armbanduhr) und danach in die Erziehungsanstalt Wiener Neudorf, dann weiter in die Anstalt für Erziehungsbedürftige in Hirtenberg, zurück ins Luisenheim und später, im Jänner 1944, schließlich wieder in die Anstalt Am Spiegelgrund. Im Juni 1944 lag das jugendpsychiatrische Gutachten vor, das Edith B. als »asoziale Jugendliche« bezeichnete. Im August 1944, die Jugendliche war mittlerweile 18 Jahre alt, erfolgte der Bescheid der weiteren Unterbringung in der »Arbeitsanstalt für Asoziale« Am Steinhof:

> »Ihr arbeitsscheues und asoziales Verhalten ist erwiesen. Um drohende Hilfsbedürftigkeit zu verhüten, insbesondere ihre Gesundheit und Arbeitskraft zu erhalten und ein dauerndes Anheimfallen an die öffentliche Fürsorge zu verhindern, ist ihre Anhaltung in einer Arbeitsanstalt aus erzieherischen Gründen notwendig und auch gerechtfertigt.«[131]

Ähnlich ist der Fall der bereits weiter oben erwähnten Elfriede R.: Die im Jänner 1925 geborene Jugendliche durchlief die Heime Theresienfeld und Wiener Neudorf, ehe sie in die Anstalt Am Spiegelgrund kam. Im Juni 1943 wurde sie von dort in die Arbeitsanstalt Am Steinhof überstellt. Dr. Illing attestierte ihr zuvor:

> »F[rieda] R. ist infolge ihrer erheblichen, mehrfachen seelischen Regelwidrigkeiten im Sinne des § 62 der Verordnung über Jugend-

131 Hier und weiter oben: Bescheid der Gemeindeverwaltung des Reichsgaues Wien, Abteilung A 7 – Allgemeine Rechtsabteilung vom 28.8.1944, Akt Edith B., WStLA, Serie 1.3.2.209.10.A1/2, Krankengeschichten: überlebende Mädchen 1941–1945.

wohlfahrt in der Ostmark als nicht erziehbar anzusehen. Sie eignet sich zur Unterbringung in eine Arbeitsanstalt.«[132]

Bemerkenswert ist auch die Lebensgeschichte der 1925 geborenen Helene B.: Das Mädchen verlor mit zwei Jahren die Mutter, wuchs dann bis zum Alter von vier Jahren bei der Großmutter auf, ehe sie zum Vater und dessen Lebensgefährtin kam. Nachdem sie »dort angeblich Erziehungsschwierigkeiten machte«, wurde sie mit sechs Jahren an die KÜST überstellt. Von dort schickte man sie in die Erziehungsanstalt Klosterneuburg, wo sie zehn Jahre lang blieb. Da sich angeblich ihre Führung verschlechterte und sie einen Fluchtversuch unternommen hatte, wurde sie im November 1941 in die Erziehungsanstalt Wiener Neudorf transferiert, wo ebenfalls »schlechte Führung« beklagt wurde. Aus diesem Grund kam sie in die Heilpädagogische Klinik Am Spiegelgrund, wo Dr. Illing im Juli 1942 festhielt, dass das Mädchen »erziehbar« sei und sich zur Unterbringung auf einer Pflichtjahrstelle eigne. Im September 1942 trat Helene B. ihre Pflichtjahrstelle an – beim Spiegelgrund-Arzt Dr. Heinrich Gross persönlich. Aus unbekannten Gründen kam Helene B. von dieser Stelle in das Jugendheim Stadlau und von dort im August 1943 in die Arbeitsanstalt Am Steinhof. Im Oktober 1943 wurde sie wiederum von dort an die Arbeitsanstalt Klosterneuburg übergeben.

Neben ihrer Tätigkeit in der Anstalt Am Spiegelgrund erstellten Dr. Jekelius und die anderen ÄrztInnen der Anstalt zudem Diagnosen für Mädchen und Frauen der Wagner v. Jauregg Heil- und Pflegeanstalt, die in der Folge etwa zu Zwangssterilisationen führten.

Die »Wagner v. Jauregg Heil- und Pflegeanstalt«

Auch die »Heil- und Pflegeanstalt« Am Steinhof war nicht unmittelbar für die Unterbringung von als »asozial« punzierten Frauen zuständig. Aufgrund verschiedener fragwürdiger psychiatrischer Diagnosen (insbesondere »Schwachsinn« und »moralischer Schwachsinn«) konnten aber leicht Ein- oder Überweisungen von devianten Frauen in die Psychiatrie vorgenommen werden (vgl. Baumgartner 1992, 139). Frauen aus der Arbeitsanstalt, die nicht (mehr) arbeitsfähig waren, wurden zudem ebenfalls häufig in die Psychiatrie über-

132 Elfriede R., WStLA, Serie 1.3.2.209.10.A1/2, Krankengeschichten: überlebende Mädchen 1941–1945.

stellt.[133] Der Leiter der Arbeitsanstalt Max Thaller beschrieb dieses Vorgehen in einem Bericht folgendermaßen:

> »Geisteskranke werden mit Interims-Parere des Anstaltsleiters vorübergehend in die Wagner v. Jauregg Heil- und Pflegeanstalt verlegt, sofern nicht nach Aufhebung des Einweisungsbescheides eine dauernde Abgabe in die Irrenanstalt erfolgt.«[134]

Ein Beispiel hierfür ist Marie Br.: Die 1888 geborene Frau wurde im August 1942 in die Arbeitsanstalt Am Steinhof eingewiesen. Ihr wurde vorgeworfen, dass sie als Scherenschleiferin und Schirmmacherin »herumvagabundierte«, viel trank und für den Arbeitseinsatz nicht zur Verfügung stand. Sie bekam die Diagnose »haltlose Debile«. An anderer Stelle heißt es über sie: »asoziale Schwachsinnige mit Hang zu vagabundieren«.[135] In ihrem Führungsbericht aus der Arbeitsanstalt hielt man schließlich fest: »Arbeitet nichts, steht herum, jammert über Schmerzen im ganzen Körper. Zeigt schwachsinniges Wesen.«[136] Der Anstaltsleiter hielt sie aus diesen Gründen als für die Arbeitsanstalt ungeeignet und verlangte ihre Überstellung in die Wagner v. Jauregg Heil- und Pflegeanstalt, wo die körperlich geschwächte Frau im Jänner 1943 schließlich auch aufgenommen wurde.[137] Im Juni 1943 entließ man sie als »nicht mehr anstaltsbedürftig«. Ob vorläufig oder endgültig, ist uns unbekannt.

Des Weiteren fanden die Zwangssterilisationen von Frauen aus der Arbeitsanstalt Am Steinhof und aus den Anstalten in Klosterneuburg in Pavillon 20 der »Heil- und Pflegeanstalt« statt.

133 Aus einer Statistik der Asozialenkommission Wien geht hervor, dass zwischen 1.4.1942 und 31.3.1943 neun (von insgesamt 138 Frauen) aus der Arbeitsanstalt Am Steinhof in die Wagner v. Jauregg Heil- und Pflegeanstalt überstellt wurden (vgl. WStLA, Serie 2.7.1.2. Rassenpolitisches Amt der NSDAP, A1-2, 23221).

134 Bericht über die Arbeitsanstalt »Am Steinhof« vom 8.1.1944, gez. Max Thaller, WStLA, 2.7.1.2., A1-6, 2323 Sonstige Maßnahmen/Presseveröffentlichungen.

135 Marie Br., 9.6.1888, WStLA, Otto-Wagner-Spital, A11/3 – Krankengeschichten: Frauen.

136 Ebd.

137 Vgl. Städtische Arbeitsanstalten Frauen, Karteikarten, WStLA, 1.3.2.209.2_K2.

Die »Arbeitsanstalt Am Steinhof«[138]

Die Gründung der Arbeitsanstalt und die Praxis der Einweisung

Die Arbeitsanstalt wurde am 1. November 1941 gegründet und befand sich im Anstaltsbereich der Wagner v. Jauregg Heil- und Pflegeanstalt, der sie administrativ auch angegliedert war. Pavillon 23, der für die Anstalt genutzt wurde, war durch die Aktion T 4 freigeworden (vgl. Krist/Lichtblau 2017, 202f.). In einem Bericht vom 8. Jänner 1944 beschrieb Max Thaller, von Februar 1943 bis Mai 1945 Leiter der Arbeitsanstalt, das Gebäude:

> »Seinem ursprünglichen Zwecke entsprechend ist das Gebäude sehr solid ausgeführt. Im Parterre enthält es 10 Isolierzellen mit Betonbettgestellen, Innenklosetten und Waschgelegenheiten, deren Wasserversorgung und Spülung nur von außen zu betätigen sind. Außerdem befinden sich im Erdgeschoß zwei Tagräume (derzeit als Heimwerkstätte bezw. Marodenzimmer in Verwendung) mit niet- und nagelfester Einrichtung, weiters das Arbeitszimmer des Arztes (Anstaltsleiters) und der Oberpflegerin, der Raum für die Nachtbereitschaft, der Gefolgschaftsraum (Küche) für das Personal, ein Bad sowie einige weitere

138 Über die in der Arbeitsanstalt Am Steinhof angehaltenen Frauen lassen sich aus dem Arbeitsbericht der Asozialenkommission (vgl. Arbeitsbericht Asozialen-Kommission, 1.1.1941–31.7.1944, WStLA, 2.7.1.2. A1-5d) und den Karteikarten der Anstalt (vgl. Städtische Arbeitsanstalten Frauen, Karteikarten, WStLA, 1.3.2.209.2_K2) einige soziodemografische Rückschlüsse sowie weitere statistische Daten ziehen. Der Anstaltsalltag und die Praktiken des Pflegepersonals bleiben hingegen nahezu unzugänglich. Quellen hierfür sind etwa die 58 Zeuginnenaussagen von ehemals in der Arbeitsanstalt Am Steinhof festgehaltenen Frauen in den nach der Befreiung gegen das Anstaltspersonal geführten Volksgerichtsverfahren (vgl. Strafsache gegen Dr. Alfred Hackel, Marie Knollmüller, Josefine Wirzinger, Therese Horacek, Elfriede Merkl, Heinrich Raab und Karl Teufl, WStLA, Vg 2b Vr 3999/45; Wiederaufnahmeverfahren zu Vg 2b Vr 3999/45 und Vg 4c Vr 5502/46, Strafsache gegen Dr. Thaller Max, Vg 1a Vr 7189/48). Vgl. für eine ausführliche Darstellung der Strafverfahren Kapitel IV. Über die Lebensgeschichten der Insassinnen ist nur das Wenige bekannt, was sich über die Zeuginnenaussagen oder über Dokumente anderer Zwangseinrichtungen erschließen lässt. Im Rahmen des Projekts wurden etwa jene Krankengeschichten der Heil- und Pflegeanstalt Wagner v. Jauregg ausgehoben und analysiert, die Frauen betreffen, die zuvor oder danach in der Arbeitsanstalt Am Steinhof interniert waren. Das Ziel war, so zu einer dichteren Beschreibung der Verfolgungswege der Frauen zu gelangen.

Nebenräume. Im ersten Stock sind neben drei Tagräumen zwei größere und vier kleinere Schlafsäle untergebracht, sowie ein Bad für die Angehaltenen, eine Küche, ein Lagerraum und ein Bereitschaftsraum für die Pflegerin (Aufseherin). Der zweite Stock umfasst das Arbeitszimmer der Anstaltsfürsorgerin, Depoträume und Wohnungen für Bedienstete. – Das ganze Bauwerk ist mit Eisengittern versichert und von 5 Höfen umgeben, deren glatte Mauern 4 ½ m hoch sind und deren Boden aus Asphalt besteht. – Im Keller befinden sich Luftschutzräume und eine Heimwerkstätte.«[139]

Die Arbeitsanstalt war für 120 Frauen vorgesehen, im Durchschnitt sollen in etwa 80 interniert gewesen sein.[140] Von der Internierung in der Arbeitsanstalt Am Steinhof betroffen waren nach Aussage des Anstaltsleiters Frauen, »die wegen Arbeitsscheu, Geheimprostitution, Vagabundage, Verwahrlosung, Vernachlässigung von Familie und Wohnung u. s. w. auffällig geworden sind.«[141] Dr. Florian Gröll, Leiter der Magistratsabteilung A7 (Allgemeine Rechtsabteilung, Teilbereich des Rechtsamtes), sagte im Prozess gegen Dr. Alfred Hackel et al.[142] als Zeuge aus und schilderte aus seiner Perspektive, wer in die Arbeitsanstalt Am Steinhof eingewiesen wurde:

»Es wurden zu 80 % Personen eingewiesen, die von der Polizei nach Klosterneuburg gebracht wurden, wenn sie nun nach erfolgter Ausheilung keiner geregelten Beschäftigung nachgingen, wurde die Einweisung über sie verfügt. Teilweise waren es auch Leute, die unter dem Verdacht der geheimen Prostitution gestanden sind. Manchmal waren es auch Frauen, deren Männer eingerückt waren, die einen lockeren Lebenswandel führten und ihre Kinder vernachlässigten. Diesen Frauen wurden die Kinder weggenommen und sie selbst in die Arbeitsanstalt eingewiesen.«[143]

139 Bericht über die Arbeitsanstalt »Am Steinhof« vom 8.1.1944, gez. Max Thaller, WStLA, A1-6, 2323 Sonstige Maßnahmen/Presseveröffentlichungen.

140 Vgl. ebd.

141 Ebd.

142 Hackel war von November 1941 bis Februar 1943 Leiter der Arbeitsanstalt Am Steinhof.

143 Zeugenaussage von Dr. Florian Gröll am 2. Verhandlungstag im Verfahren gegen Hackel et al., S. 7, WStLA, Vg 2b Vr 3999/45. – Gemeint ist hier die in Klosterneuburg ansässige Heilanstalt für Geschlechtskrankheiten, auf die in Kapitel II.2.2 näher eingegangen wird.

Gröll beschrieb in seiner Aussage auch den Einweisungsprozess: Der Einweisungsbescheid sei den Frauen erst, wenn sie bereits in der Arbeitsanstalt einsaßen, zugestellt worden:

»Ich habe stets einen Beamten mit dem Akt nach Steinhof geschickt, den Eingewiesenen selbst wurde ein Einweisungsbescheid in die Hand gegeben, auf dem die Gründe der Einweisung verzeichnet waren. Es wurde über meinen Auftrag allen Frauen mitgeteilt, dass sie das Recht hätten, Berufung einzulegen.«[144]

Im Laufe seiner Aussage spezifizierte Gröll das Prozedere (und widersprach sich dabei gleichzeitig):

»Der Anstaltsleiter hat mit der Person den vollständigen Akt bekommen. Im Allgemeinen war es so, dass die Frauen nun sofort bei ihrer Einweisung die Gründe hierfür erfahren haben. Allerdings ist es aber auch vorgekommen, dass die Frauen schon einige Tage in der Anstalt waren, ehe sie den Grund erfuhren. Dies war dann der Fall, wenn der Akt etwas später nachgekommen ist. Der Beamte der Gemeinde Wien hat der Eingewiesenen den Einweisungsbescheid überreicht und ihr gleich eröffnet, dass sie das Recht hätte, Berufung einzulegen. Es kann daher zwischen Einlieferung und Aufnahme der Unterlagen nicht viel Zeit verstrichen sein. Es können dies höchstens zwei Tage gewesen sein.«[145]

Berufen wurde der Aussage von Gröll nach häufig. Die Entscheidung über eine Berufung lag bei Baldur von Schirach, Gauleiter und Reichsstatthalter in Wien. Gröll konnte sich jedoch an keine einzige Aufhebung eines Einweisungsbescheides erinnern.

Die ersten in der Arbeitsanstalt Am Steinhof internierten Personen waren 18 Frauen aus einer nicht näher definierten Anstalt in Klosterneuburg.[146] Die Vertreterin der Oberschwester sagte später in der Voruntersuchung zu einem Volksgerichtsverfahren aus:

»Angeblich sollten nur Prostituierte kommen, deshalb hatte ich mich einer dreiwöchigen Schulung in Klosterneuburg zu unterziehen, damit ich die Einstellung dieser Art von Mädchen kennenlerne und auch ihre Behandlungsart, wie man mit ihnen umgehen soll, lerne.«[147]

144 Ebd., S. 6.

145 Ebd., S. 13.

146 Gemeint sein kann entweder die Heil- oder die Arbeitsanstalt Klosterneuburg.

147 Aussage Horacek im Ermittlungsverfahren, WStLA, Vg 1a Vr 3999/45.

Die neu eingewiesenen Frauen wurden zuerst auf ihren körperlichen und geistigen Zustand sowie auf ihre Arbeitsfähigkeit hin untersucht und dann zur Arbeit eingeteilt. Anstaltsleiter Max Thaller (1943–1945) beschrieb auch die Praxis, neu eingewiesene Frauen erst einmal für einen Tag in eine Isolierzelle zu stecken. Begründet wurde dieses Vorgehen mit dem hygienischen Zustand, in dem sich viele Frauen seiner Ansicht nach bei ihrem Ankommen befunden hätten.[148]

Im Spätsommer 1944 sollte in Klausen-Leopoldsdorf (in einem ehemaligen Lager für Kriegsgefangene) eine »Dependance« der Anstalt Am Steinhof geschaffen werden. Ziel war es, rund 80 Frauen zu kriegswichtigen Holzarbeiten zu verpflichten.[149] In einem Aktenvermerk vom 29. September 1944 wird auf eine »Besichtigung der neuen Arbeitseinrichtung in Klausen-Leopoldsdorf« verwiesen.[150] Ob das Lager allerdings tatsächlich in Betrieb ging, bleibt offen (vgl. dazu Kapitel II.1.12).

Alltag

Der Alltag in der Anstalt bestand für die internierten Frauen vor allem aus harter Arbeit. Täglich, auch am Sonntag, musste 13 Stunden gearbeitet werden. Die Insassinnen mussten am Gelände des Steinhofs, aber auch in anderen Einrichtungen der Gemeinde Wien, etwa Kanalräumungsarbeiten tätigen, Bäume ausgraben, Kohlen schaufeln, Wäsche waschen oder flicken. Die Frauen waren dabei verschiedenen Arbeitsgruppen zugeordnet. Im Jahr 1944 existierten gemäß Anstaltsleiter Max Thaller folgende Arbeitsgruppen: Wäschereipartie, Heizerinnenpartie, Feldpartie, Straßenpartie, Hadernpartie (Hadernreißen[151] für die Firma Seidelhuber in der Kellerheimwerkstätte der Arbeitsanstalt), Netzereipartie (Anfertigen von Haarnetzen für die Firma Bauer in der Heimwerkstätte der Anstalt), Hausarbeit, Heimarbeit, Jufapartie (Stopf- und Flickarbeiten für die »Jugendfürsorgeanstalt« Am Spiegelgrund), Küchenpartie und Reinigungspartie (neben Reinigung der Anstalten Am Steinhof auch in den Krankenhäusern Ottakring und Lainz).[152]

148 Ebd.

149 Vgl. Vertraulicher Rahmenbericht über die Sitzung der Asozialenkommission vom 5.9.1944, WStLA, 2.7.1.2., A1-6 5d.

150 Rassenpolitisches Amt, Aktenvermerk vom 29.9.1944, WStLA, 2.7.1.2., A1-6 5d.

151 Zur Gewinnung von Baumwollfasern werden dabei Stoffabfälle zerrissen/zerfasert.

152 Vgl. Bericht über die Arbeitsanstalt »Am Steinhof« vom 8.1.1944, gez. Max Thaller, WStLA, 2.7.1.2., A1-6, 2323 Sonstige Maßnahmen/Presseveröffentlichungen.

Dass eine Frau allein für die Heizung eines Pavillongebäudes zuständig war, verdeutlicht, welch körperliche Schwerstarbeit verrichtet werden musste (vgl. Baumgartner 1992, 143). Im Monat wurden (bei 80 Frauen) mindestens 30.000 Arbeitsstunden verrichtet, so Anstaltsleiter Thaller. Die Arbeit erfolgte unter weiblicher Aufsicht. Dieses Personal wurde vom »Irrenpflegerinnenstande« der Wagner v. Jauregg Heil- und Pflegeanstalt abgezogen. Die fachliche Aufsicht hatten Angestellte der Heilanstalt (Maschinenschlosser, Oberheizer, Wäscherei-Oberaufseher) inne. Wer nicht mehr arbeiten konnte, wurde in die Anstalt Dauerheim überstellt oder kam in die Psychiatrie.[153]

Im Jahr 1944 äußerte sich die Asozialenkommission jedoch unzufrieden mit der Arbeitsleistung in der Anstalt Am Steinhof: Anstaltseigene Arbeiten wie »Fensterputzen, Heizungsarbeiten, Küchenarbeiten, teilweise [...] Gartenarbeit« seien »nicht in dem Maße geeignet, die Leistungsfähigkeit der Asozialen zu steigern und sie im Sinne der als Strafmaßnahme gedachten Durchführung zu bessern.«[154] Aus diesem Grund – so wurde es zumindest angeführt – versuchte die Asozialenkommission, »geeignete Firmen der Rüstungsindustrie zu finden, die in der Lage sind, entweder einen Teil ihrer Fertigung in die Arbeitsanstalt zu verlegen, oder in ihren Betrieben geschlossene Abteilungen für Asoziale einzurichten«.[155]

Der Tagesablauf sah laut Anstaltsleiter Thaller folgendermaßen aus: Um 4:45 Uhr begann die »Tagwache«, um 5:00 Uhr wurde fünf Minuten geturnt, um 5:15 Uhr machten sich die ersten Arbeitsgruppen bereits zu ihren Arbeitsstätten auf. Alle anderen wurden zum Waschen, Reinigen der Betten und Schlafräume angehalten. Um 6:45 Uhr gab es Frühstück, danach mussten sich auch die restlichen Frauen ihren »Partien« anschließen. Um 12:30 Uhr gab es Mittagessen, für 18:30 Uhr war das Nachtmahl vorgesehen. Danach folgten weitere Wasch-, Aufräum- und Heimarbeiten. Um 19:30 Uhr musste wieder geturnt werden, ehe um 20:00 Uhr die Nachtruhe einsetzte.[156]

Lautes Sprechen, Lachen oder Singen war den internierten Frauen verboten. Zudem wurde den Frauen jeder Kontakt zu Angehöri-

153 Vgl. ebd.
154 Schreiben des Rassenpolitischen Amtes an Scharizer vom 7.8.1944, WStLA, 2.7.1.2., A1-6 5d.
155 Ebd.
156 Vgl. Bericht über die Arbeitsanstalt »Am Steinhof« vom 8.1.1944, gez. Max Thaller, WStLA, 2.7.1.2., A1-6, 2323 Sonstige Maßnahmen/Presseveröffentlichungen.

gen untersagt: Es herrschte vollständiges Schreib- und Besuchsverbot. Auch Geld- und Sachwerte durften keine empfangen werden.[157]

Zwangssterilisationen

Wie bereits erwähnt wurden an Frauen, die in der Arbeitsanstalt Am Steinhof festgehalten wurden, auch Zwangssterilisationen durchgeführt. Die Anstaltsleitung musste dafür beim »Erbgesundheitsgericht« die Sterilisierung beantragen. Als Begründung dienten Diagnosen wie beispielsweise »angeborener Schwachsinn« oder »Debilität«, die man rund einem Drittel der Frauen unterstellte. Ein etwa gleich hoher Anteil der Frauen aus den Arbeitsanstalten Am Steinhof und Klosterneuburg wurden schließlich auch zwangssterilisiert. Nach maximal 14 Tagen kamen die Frauen wieder in die Anstalten, wo sie sich zuvor befunden hatten, zurück. Häufig kam es jedoch auch zu Komplikationen, war die Operation (Durchtrennung der Eileitung bei offener Bauchdecke) doch keine ungefährliche (vgl. Baumgartner/Mayer 1990, 54f.; Baumgartner 1992, 144).

Der Leiter der Abteilung E 3 (»Erb- und Rassenpflege«), Dr. Günther, zeigte sich bei einer Mitarbeiterbesprechung am 22. Februar 1944 mit der Praxis der »Unfruchtbarmachungen« Am Steinhof besonders zufrieden:

> »Da wir in erster Linie das Asozialenproblem von seiner bevölkerungspolitischen Seite her sehen, möchte ich nicht unerwähnt lassen, dass die Anstalt ›Am Steinhof‹ bisher 8 Unfruchtbarmachungen durchführen ließ, bzw. durchgeführt hat, von denen acht von der Anstalt selbst beantragt worden sind. Ich hebe diese wichtige Tatsache mit besonderer Genugtuung hervor.«[158]

Anna I. beschrieb im Verfahren gegen den Leiter der Arbeitsanstalt Am Steinhof, Dr. Hackel, die Prozedur folgendermaßen: Erst wurde sie von Dr. Hackel einer Intelligenzprüfung unterzogen. Obwohl sie den Arzt darauf aufmerksam machte, dass sie nur die Volksschule besucht hatte, fiel sie durch und wurde als »schwachsinnig« eingestuft. Darauffolgend wurde die Zwangssterilisation beantragt. Man drohte ihr, dass sie ins KZ käme, wenn sie sich weigere. Anna I. berichtete in

157 Vgl. ebd.

158 Rede von Dr. Günther bei der Mitarbeiterbesprechung am 22.2.1944, WStLA, 2.7.1.2., A1-6 5e. – Die Rede wurde bei der Sitzung der Asozialenkommission am 22.2.1944 vorgebracht.

ihrer Zeugenaussage aus dem Jahr 1946: »Unter dieser Drohung habe ich dann unterschrieben und wurde tatsächlich sterilisiert. Als Folge dieser Sterilisierung treten bei mir um die Zeit der monatlichen Regel sehr heftige Schmerzen auf, sodass ich liegen muss.«[159]

Auch Marie Ba. schilderte in ihrer Zeugenaussage die Spätfolgen der Zwangssterilisation, die an ihr als Insassin der Arbeitsanstalt Am Steinhof durchgeführt wurde: »Die Wunde schmerzt heute noch, sie ist ungefähr 12 cm lang und die Narbe ist sehr breit. Besonders beim Heben spüre ich es. Zur Zeit der monatlichen Regel fühle ich Schmerzen im Unterleib, sodass ich schmerzstillende Mittel anwende.«[160]

Strafmaßnahmen

Gewalttätige Übergriffe des Anstaltspersonals auf die Frauen waren an der Tagesordnung. Nach Kriegsende sagten 58 Frauen in den Volksgerichtsprozessen rund um die Arbeitsanstalt Am Steinhof aus und berichteten etwa von den bereits erwähnten Brechinjektionen, aber auch vom berüchtigten »Steinhofer-Griff« (Hinaufziehen der Hände am Rücken bis zum Kopf), vom »Strafturnen« bzw. »Wippen« oder von Dunkelhaft und Isolierzellen, die als »Disziplinierungsmittel« eingesetzt wurden. Auch die »strafweise Haarverkürzung«, das »Verlegungen in den Schlafsälen und Tagräumen (schlechtere Plätze)«, die Einteilung zu besonders unangenehmer Arbeit (Hadernpartie) oder Kostentzug waren gängige Strafmaßnahmen.[161] Sanktioniert wurden etwa das Aufklauben von Fallobst während der Arbeit im Freien, gleichgeschlechtliche sexuelle Beziehungen, »aufmüpfiges Verhalten« oder zu geringe Arbeitsleistung. Auch hier gibt der Fall Anna Sch. Aufschluss: Am 16. Februar 1946 sagte sie als Zeugin im Verfahren gegen Hackel et al. Folgendes aus: Nach ihrer Ankunft Am Steinhof seien ihr sofort die Haare geschnitten worden. Während ihres Aufenthalts sei sie »ziemlich widerspenstig« gewesen und habe daher auch oft Strafen erhalten: »Die Korrektion dauerte mindestens drei Tage, höchstens acht Tage bei Wasser und Brot, bekleidet nur mit dem Hemd und Potschen [Patschen, Dialektausdruck für Hausschuhe; Anm.], die aber Frau Horacek auch weggenommen

159 Zeugenvernehmung von Anna I. am 27.2.1946, WStLA, Vg 2b Vr 3999/45.

160 Zeugenvernehmung von Marie Ba. am 9.2.1946, WStLA, Vg 2b Vr 3999/45.

161 Vgl. Bericht über die Arbeitsanstalt »Am Steinhof« vom 8.1.1944, gez. Max Thaller, WStLA, 2.7.1.2., A1-6, 2323 Sonstige Maßnahmen/Presseveröffentlichungen.

hat, wenn es ihr eingefallen ist.« Im Winter habe sie sich den Fuß gefroren, da die Korrektionszellen nicht geheizt wurden. Zwei- oder dreimal habe sie außerdem »die berüchtigte Spei-Injektion« erhalten,

> »einmal, weil ich während der Arbeit auf dem Felde eine Kohlrübe genommen und gegessen hatte (ich hatte damals großen Hunger) oder weil ich vergessen hatte, die Schwester, wenn ich an ihr vorbeigehen wollte, zu fragen (ich bitte vorbeigehen zu dürfen).«[162]

Auch Therese A. berichtete in ihrer Zeuginnenaussage über die an ihr verübte Folter: Eine der Pflegerinnen habe sie als »Hur, Kanaille, Bestie und Schlampen« beschimpft, ihr wurden die Haare geschnitten und sie wurde misshandelt. Als sie sich selbst unter Androhung einer Spei-Injektion wehrte, riss man ihr die Kleider vom Leib, bis sie ganz nackt war. In diesem Zustand wurde sie weiter geschlagen, auch der »Steinhofer-Griff« wurde ausgeführt und man schleifte sie in die Zelle. Kurz darauf wurde sie gewaltsam in das Bad gebracht, wo ihr die Pflegerinnen erklärten, man würde sie jetzt »Wasser-saufen lassen«. Immer wieder wurde sie untergetaucht, bis sie ohnmächtig wurde. Als sie wieder aufwachte, rieb man ihr den Kopf trotz offener Wunden mit Lauge ein und tauchte sie abermals unter Wasser. Schließlich wurde sie mit kaltem Wasser angeschüttet, um wieder zu Bewusstsein zu gelangen.[163]

Flucht

Fluchtverdächtige Frauen wurden zu Heimarbeiten (Hausarbeit, Netzerei, Hadernreißen) herangezogen, da es an Aufsichtspersonal mangelte, um diese Frauen in Außengruppen einsetzen zu können, so der Anstaltsleiter Thaller. Besonders gern wurden diese Frauen zur Hadernpartie eingeteilt, da dies als die unangenehmste Arbeit empfunden wurde.[164]

Die Zahl der Frauen, die die Flucht wagten und denen es gelang, nicht mehr aufgegriffen zu werden, war ab 1942 stetig steigend. Anstaltsleiter Thaller nennt für das Jahr 1943 31 »Entweichungen« (vier der geflüchteten Frauen waren auch im Jänner 1944 noch nicht wie-

162 Zeugenvernehmung von Anna Sch. am 16.2.1946, WStLA, Vg 2b Vr 3999/45.

163 Vgl. Zeugenvernehmung von Theresia A. am 26.2.1946, WStLA, Vg 2b Vr 3999/45.

164 Vgl. Bericht über die Arbeitsanstalt »Am Steinhof« vom 8.1.1944, gez. Max Thaller, WStLA, 2.7.1.2., A1-6, 2323 Sonstige Maßnahmen/Presseveröffentlichungen.

der aufgegriffen worden). In seinem Bericht schrieb er, es liege »in der Natur der Sache«, dass es häufig zu »Entweichungen« komme:

> »Dies wird besonders dadurch bedingt, dass die Art der Insassen eine Auswahl von asozialen Elementen nach der negativen Seite darstellt und mit gutem Gewissen als Abschaum der Bevölkerung bezeichnet werden kann. Die Mehrzahl der Angehaltenen ist vorbestraft, die meisten sind mit Kommunisten, Schmugglern, Schwarzhändlern, sonstigen Kriminellen, Juden, Zuhältern, Prostituierten, Trunksüchtigen u. dgl. versippt oder zumindest befreundet. [...] So sehr die Angehaltenen und ihre Sippschaft unter sich auch raufen und streiten, letzten Endes halten sie doch zusammen und neigen immer wieder zu geheimen Packeleien und Verabredungen, wobei auch lesbische Umtriebe und Bindungen eine große Rolle spielen. Besonders rückfällige, zum zweiten Mal in der Arbeitsanstalt befindliche Angehaltene wissen genau, dass sie mit einer langen Anhaltezeit zu rechnen haben, was ihrer Neigung zu Fluchtgedanken natürlich einen gewaltigen Antrieb gibt. Auch die Angst vor der Unfruchtbarmachung bringt besonders Schwachsinnige auf solche Gedanken.«[165]

Bestraft wurden die Fluchtversuche etwa mit Apomorphininjektionen (die sogenannten Spei-Injektionen), die qualvolles Erbrechen nach sich zogen. Zum zweiten Mal Entwichene sollten laut Sitzungsprotokoll der Asozialenkommission vom 31. August 1943 in ein Konzentrationslager eingewiesen werden.[166]

Ein Beispiel für eine Frau, die trotz der Strafandrohungen mehrfach die Flucht wagte, ist die 1924 geborene Anna Sch.: Im Alter von 13 Jahren kam sie wegen »Straßenbettel« in eine Erziehungsanstalt. Die folgenden Jahre verbrachte sie in verschiedenen Heimen, zeitweise war sie auch wieder bei den Eltern in Wien-Favoriten. 1941 wurde bei Anna Sch. »angeborener Schwachsinn mit triebhafter Sexualität« diagnostiziert, zudem wurde eine Schwangerschaft festgestellt. Daraufhin wurde sie unfruchtbar gemacht, womit auch die Schwangerschaft unterbrochen wurde. Bald danach überstellte man sie in die Wagner v. Jauregg Heil- und Pflegeanstalt. Im Mai 1942 flüchtete sie

165 Ebd.

166 Vgl. Sitzungsprotokoll über die am 31.8.1943 stattgefundene Sachbearbeiterbesprechung der Asozialenkommission bei der Gauleitung Wien, S. 5, WStLA, 2.7.1.2., A1-6, 5d.

von dort, wurde aber rasch wieder gefasst. Mit Erreichen des 18. Lebensjahres wurde sie in die Arbeitsanstalt Am Steinhof überstellt. Im November 1944 flüchtete sie auch von dort und wurde erst im Jänner 1945 wieder aufgegriffen und in die Arbeitsanstalt zurückgebracht. Februar bis April 1945 verbrachte sie in der Heilanstalt Klosterneuburg, aus der sie schließlich entlassen wurde.[167] Ob und wie Anna Sch.s mehrmalige Fluchtversuche bestraft wurden, ist nicht bekannt.

Der Fall Anna K. gibt Aufschluss über die auf die Flucht folgenden Strafen: Am 7. Mai 1943 flüchtete sie aus der Arbeitsanstalt Am Steinhof. Zwei Monate hielt sie sich in Ringelsdorf auf, wurde aber schließlich ausfindig gemacht und neuerlich in die Arbeitsanstalt eingeliefert, wo sie am 3. Juli 1943 ankam. Als Strafe bekam sie drei Wochen Korrektion bei einer Verpflegung von 30 dkg Brot am Tag und Wasser, nur jeden dritten Tag gab es warmes Essen. Dabei durfte sie nichts als ein Hemd tragen, nicht einmal »Patschen«. Außer einem Steinbett befand sich nichts im Raum. Nachts wurde ein Strohsack mit drei Decken bereitgestellt, so Anna K. in ihrer Zeugenaussage 1946.[168]

Von auf Fluchtversuche folgenden Misshandlungen berichtete Katharina B.: Nachdem zwei Leidensgenossinnen nach ihrer Flucht wieder in die Arbeitsanstalt zurückgebracht worden waren, wurden ihnen Spei-Injektionen gegeben. Ein Pfleger beschimpfte sie mit »Ihr Huren, jetzt haben wir Euch wieder, das könnt Ihr, Lippen beschmieren und gleich in den Prater gehen«, berichtete Katharina B. als Prozess-Zeugin.[169]

Statistische Auswertungen zu den Frauen der Arbeitsanstalt Am Steinhof

Insgesamt wurden von 1941 bis 1945 420 Frauen in der Arbeitsanstalt Am Steinhof interniert.[170] Aufgrund von Mehrfacheinlieferungen war die Gesamtzahl der Einlieferungen bedeutend höher (597

167 Vgl. WStLA, Otto-Wagner-Spital, A11/3 – Krankengeschichten: Frauen; WStLA, 1.3.2.209.2_K2, Städtische Arbeitsanstalten Frauen, Karteikarten; Zeugenvernehmung von Anna Sch. am 16.2.1946, WStLA, Vg 2b Vr 3999/45.

168 Vgl. Zeugenvernehmung von Anna K. am 1.3.1946, WStLA, Vg 2b Vr 3999/45.

169 Zeugenvernehmung von Katharina B. am 9.2.1946, WStLA, Vg 2b Vr 3999/45.

170 Vgl. Städtische Arbeitsanstalten Frauen, Karteikarten, WStLA, 1.3.2.209.2_K2. Für die Arbeitsanstalt Klosterneuburg existiert keine derartige Quelle.

Frauen) (Baumgartner/Mayer 1990, 210ff.). Die meisten Überstellungen erfolgten dabei im Jahr 1944.[171]

Aus einer Statistik der Asozialenkommission Wien geht hervor, dass im Zeitraum 1. April 1942 bis 31. März 1943 eine Gesamtzahl von 138 Frauen eingewiesen wurde. In 119 Fällen wird als Grund Geheimprostitution angegeben, in 115 Fällen »Arbeitsscheu«. Als weitere Einweisungsgründe wurden – in jeweils kleiner Zahl – Vagabundage, Verwahrlosung der Kinder, Kuppelei, Bettelei, Trunksucht, Hausieren und Verwahrlosung der Wohnung genannt.[172]

Überwiegend waren die Frauen zwischen 18 und 30 Jahre alt. Fast 70 Prozent der Internierten waren ledig, nicht ganz 20 Prozent waren verheiratet und zehn Prozent geschieden. Ein kleiner Prozentsatz der Frauen war verwitwet (vgl. Baumgartner/Mayer 1990, 212). Als Beruf wurde bei circa 35 Prozent der Frauen »Hilfsarbeiterin«, bei 19 Prozent »Hausgehilfin« und bei zehn Prozent »Haushalt« angegeben. 21 Prozent wurden als »ohne Beruf« verzeichnet. Die übrigen Frauen übten vor ihrer Internierung sonstige Berufe aus. So war etwa auch eine Akademikerin dabei (vgl. ebd., 223f.).

Aus den Angaben über frühere Wohnorte wird ersichtlich, dass ein Großteil der betroffenen Frauen bereits vor der Einweisung in die Arbeitsanstalt Am Steinhof in anderen Zwangseinrichtungen – Erziehungsanstalten, Haftanstalten, Zuchthäusern usw. – angehalten worden war (vgl. ebd., 211).

Von den 1941 bis 1945 internierten Frauen kamen besonders viele aus der Heil- oder Arbeitsanstalt Klosterneuburg, aber auch die Kripo überstellte häufig Frauen in die Arbeitsanstalt Am Steinhof. 1941 wurden drei Viertel der Frauen aus der Arbeitsanstalt Klosterneuburg überstellt, 1942, 1944 und 1945 überwogen die Überstellungen durch die Kripo Rossau und im Jahr 1943 kam ein Großteil der Frauen aus der Heilanstalt Klosterneuburg. Ein jeweils kleine-

171 Unklar ist, ob hier ein Zusammenhang mit den Bestrebungen des Rassenpolitischen Amtes in Zusammenarbeit mit der Rüstungsinspektion des Wehrkreises XVII im August 1944 besteht, die Arbeitsanstalt zu erweitern, indem eine »Rüstungsfirma einen Teil ihrer Fertigung in das Arbeitslager Am Steinhof« verlegt (vgl. Schreiben des Rassenpolitischen Amtes an Scharizer vom 7.8.1944, WStLA, 2.7.1.2., A1-6 5d).

172 Bei den meisten Frauen wurden mehrere Einweisungsgründe angeführt (vgl. WStLA, Serie 2.7.1.2., Rassenpolitisches Amt der NSDAP, A1-2, 23221).

rer Anteil kam von verschiedenen Polizeirevieren oder anderen Stellen (vgl. ebd., 27).[173]

Insgesamt wurden in den Jahren 1941 bis 1945 42,6 Prozent von der Kripo Rossau, 24,9 Prozent aus der Heilanstalt Klosterneuburg, 18,1 Prozent von Polizeirevieren und 8,7 Prozent von der Arbeitsanstalt Klosterneuburg überstellt.

Bezüglich der Anhaltedauer errechneten Baumgartner und Mayer (ebd., 224), dass annähernd 30 Prozent der Frauen bis zu drei Monate in der Arbeitsanstalt Am Steinhof angehalten wurden, was nicht heißt, dass sie danach entlassen worden wären: Manche flohen, viele verbrachte man in eine andere Anstalt, ein weiterer Teil wurde tatsächlich (meist aus dem Urlaub) entlassen. 20 Prozent der Frauen waren zwischen drei und sechs Monaten in der Arbeitsanstalt interniert, 25 Prozent für sechs bis neun Monate. Ein geringerer Anteil der Frauen (11,8 Prozent) war für neun Monate bis zu einem Jahr in der Arbeitsanstalt eingesperrt, für ein Jahr bis zu 15 Monate waren es 9,5 Prozent und für 15 und mehr Monate 3,9 Prozent. Die ursprünglich geplante Anhaltezeit von circa eineinhalb Jahren konnte aus Platzgründen nicht vollzogen werden.

Nicht ganz drei Viertel der Frauen waren nach Baumgartner und Mayer (ebd., 226) »nur« ein Mal in der »Arbeitsanstalt Am Steinhof« interniert, 20 Prozent zwei Mal, sieben Prozent drei Mal und zwei Prozent vier Mal.

Wie die Internierungsverläufe jener Frauen zeigen, die mehrfach in der Arbeitsanstalt Am Steinhof festgehalten wurden, stellte das Hin- und Herschicken der Frauen die Regel dar. Zahlreiche Frauen wurden wechselweise in den Anstalten Am Steinhof und in Klosterneuburg untergebracht. Unserer Auswertung der Karteikarten der Arbeitsanstalt Am Steinhof nach waren 223 der insgesamt 420 internierten Frauen mindestens einmal in der Heilanstalt oder in der Arbeitsan-

173 Zu den sonstigen Einrichtungen, aus denen in die Arbeitsanstalt Am Steinhof überstellt wurde, zählen das Luisenheim, die Erziehungsanstalt Klosterneuburg, die Strafanstalt Hirtenberg, die Strafanstalt Wiener Neudorf, das »JAFA« Spiegelgrund (die Bedeutung dieser Abkürzung konnte nicht ermittelt werden; vermutlich handelt es sich um einen Schreibfehler und es soll JUFA für Jugendfürsorgeanstalt heißen), die Heil- und Pflegeanstalt Wagner v. Jauregg, das Jugendheim Stadlau und die Arbeitsanstalt Dauerheim. Weiters überstellten folgende Behörden Frauen in die Arbeitsanstalt Am Steinhof: das Hauptgesundheitsamt I, die Abteilung E 5 und das Jugendamt (vgl. Baumgartner/Mayer 1990, 211).

Anhaltedauer Arbeitsanstalt Am Steinhof

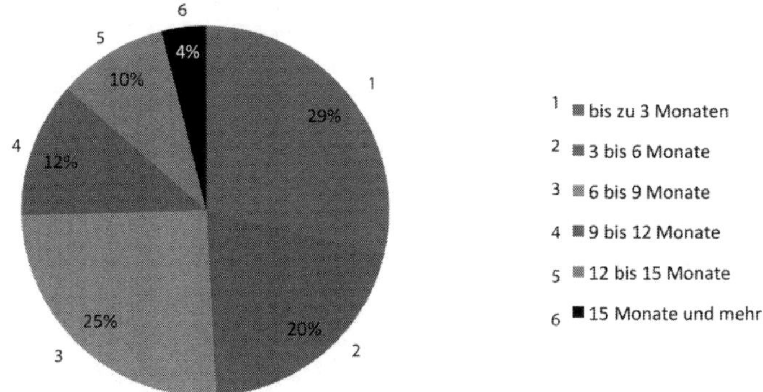

Schaubild 1: Anhaltedauer Arbeitsanstalt Am Steinhof
Quelle: Baumgartner/Mayer 1990, 224

stalt Klosterneuburg. Gleich mit Eröffnung der Arbeitsanstalt Am Steinhof Anfang November 1941 wurden 20 Frauen aus der Arbeitsanstalt Klosterneuburg in die Arbeitsanstalt Am Steinhof überstellt.[174]

Von den Frauen, die mehrmals in der Arbeitsanstalt Am Steinhof festgehalten wurden, kamen 13 direkt aus der Arbeitsanstalt Klosterneuburg und 33 direkt aus der Heilanstalt Klosterneuburg. Umgekehrt wurden 34 Frauen aus der Arbeitsanstalt Am Steinhof in die Arbeitsanstalt Klosterneuburg überstellt und 35 Frauen kamen direkt von der Arbeitsanstalt Am Steinhof in die Heilanstalt Klosterneuburg. Für 52 in der Arbeitsanstalt Am Steinhof festgehaltene Frauen sind »Zwischenunterbringungen«, also Kurzaufenthalte, in der Heilanstalt Klosterneuburg verzeichnet.[175]

Von den Frauen, die nur einmal in der Arbeitsanstalt Am Steinhof waren, kamen insgesamt 76 direkt aus der Heilanstalt Klosterneuburg. Von diesen wurden 31 bedingt entlassen und zwei wurden »normal« entlassen. Bei weiteren 25 erfolgte die Entlassung bei Auflösung der Anstalt am 5. oder 6. April 1945. Acht Frauen wurden in die Arbeitsanstalt Klosterneuburg überstellt, vier wagten die Flucht, zwei kamen in die Heilanstalt Klosterneuburg, zwei in die Anstalt

174 Vgl. Städtische Arbeitsanstalten Frauen, Karteikarten, WStLA, 1.3.2.209.2_K2. Für die Arbeitsanstalt Klosterneuburg existiert keine derartige Quelle.
175 Vgl. ebd.

Dauerheim, eine in die Wagner v. Jauregg Heil- und Pflegeanstalt und eine wurde in ein Konzentrationslager überstellt. 16 dieser einmalig in der Arbeitsanstalt Am Steinhof internierten Frauen verbrachten einen »Zwischenaufenthalt« in der Heilanstalt Klosterneuburg (drei davon zweimal, eine dreimal).[176]

Weitere 31 Frauen, die einmalig in der Arbeitsanstalt Am Steinhof interniert waren, kamen direkt aus der Arbeitsanstalt Klosterneuburg. Von ihnen wurde nur eine Minderheit entlassen, nämlich 14 bedingt und weitere vier ohne Auflagen (wobei drei von ihnen erst am 5. oder 6. April 1945, also bei der Auflösung der Arbeitsanstalt, freikamen). Abgesehen von jenen drei Frauen, die entwichen, wurden die restlichen Frauen in andere Anstalten überwiesen: Fünf kamen zurück in die Arbeitsanstalt Klosterneuburg; jeweils eine wurde in folgende Anstalten gebracht: Heilanstalt Klosterneuburg, Arbeitsanstalt Dauerheim, Wagner v. Jauregg Heil- und Pflegeanstalt, Konzentrationslager; bei einer ist die Verbringung unklar. Zwei Frauen waren für einen »Zwischenaufenthalt« in der Heilanstalt Klosterneuburg überstellt worden. Fünf Frauen waren zu einem nicht näher definierten Zeitpunkt ihres Lebens (vor der Internierung in der Arbeitsanstalt) in der Heilanstalt Klosterneuburg.[177]

Die Verfolgungsgeschichte der Hilfsarbeiterin Marie L. veranschaulicht das mehrmalige Hin- und Herschicken zwischen den Anstalten Am Steinhof und in Klosterneuburg: Die 1897 in Wien geborene Marie L. wurde im November 1941 aus der Arbeitsanstalt Klosterneuburg in die Arbeitsanstalt Am Steinhof überstellt. Nach etwas mehr als einem halben Jahr wurde sie im Juli 1942 bedingt entlassen. Im Oktober 1942 internierte man sie abermals in der Arbeitsanstalt Am Steinhof. Im November 1942 wurde sie in die Heilanstalt Klosterneuburg transferiert, im Februar 1943 zurück in die Arbeitsanstalt Am Steinhof. Im März 1943 erfolgte wiederum eine Überstellung in die Heilanstalt Klosterneuburg und im August 1943 abermals eine Rücküberstellung in die Arbeitsanstalt Am Steinhof, von wo sie schließlich im Oktober 1943 bedingt entlassen wurde. Im Jänner 1944 lieferte sie die Polizei abermals in die Arbeitsanstalt Am Steinhof ein. Im Juni 1944 kam sie von dort in die Anstalt Dauerheim. Insgesamt sind also ein Aufenthalt in der Arbeitsanstalt Klosterneu-

176 Vgl. ebd.
177 Vgl. ebd.

burg, fünf Aufnahmen in der Arbeitsanstalt Am Steinhof und zwei in der Heilsanstalt Klosterneuburg bei Marie L. belegt. Bei den Aufenthalten in der Heilanstalt Klosterneuburg kann davon ausgegangen werden, dass sie der Feststellung/Behandlung von Geschlechtskrankheiten dienten.

Die Überstellung in ein Jugendschutzlager oder Konzentrationslager konnte auf Antrag der Anstaltsleitung an die Abteilung E 5 erfolgen:

> »Gelangen die Leitungen der Arbeitsanstalten [Am Steinhof und Klosterneuburg; Anm.] zu der Ansicht, dass die weitere Anhaltung in der Anstalt aussichtslos oder aus disziplinären Gründen nicht weiter zu verantworten ist, so kann ein ausführlich begründetes und belegtes Ersuchen auf Abgabe in ein Konzentrationslager an die Abteilung E 5 (V/7) gerichtet werden.«[178]

Aus den Karteikarten der Arbeitsanstalt Am Steinhof gehen drei Fälle hervor, in denen Frauen direkt von der Arbeitsanstalt in das KZ Ravensbrück überstellt wurden. Die 1882 geborene Elisabeth Cz. wurde aus der Arbeitsanstalt Klosterneuburg im November 1941 in die Arbeitsanstalt Am Steinhof verbracht. Im März 1942 wurde sie der Kripo Penzing übergeben, die für ihre Überstellung in das KZ Ravensbrück sorgte. Die 1919 geborene Josefine F., geborene St., wurde ebenfalls von der Arbeitsanstalt Klosterneuburg im Jänner 1942 in die Arbeitsanstalt Am Steinhof überstellt. Im Mai 1944 entwich sie von dort. Im Juni 1944 wurde sie schließlich an die Gestapo übergeben und in das Konzentrationslager Ravensbrück gebracht (zu Josefine F. vgl. auch Kapitel III.1 zu »Asoziale« im KZ Ravensbrück). Die 1915 geborene Antonie G., geborene T., wurde aus der Heilanstalt Klosterneuburg im März 1943 an die Arbeitsanstalt Am Steinhof überstellt. Im August 1943 unternahm sie einen Fluchtversuch, wurde im Oktober 1943 aber wieder aufgegriffen, der Gestapo übergeben und Ende Oktober 1943 ins KZ Ravensbrück überstellt.[179]

Aus den Akten gehen die Fälle von zwei Frauen hervor, die erst in der Arbeitsanstalt Am Steinhof waren, freikamen und in Arbeit vermittelt wurden und dann »jedoch von der Polizei nach Erledigung

178 Regelung der Einweisungsvorgänge in die Arbeitsanstalten Klosterneuburg und »Am Steinhof« vom 21.11.1942, WStLA, 2.7.1.2., A1-6, 5d.

179 Vgl. Städtische Arbeitsanstalten Frauen, Karteikarten, WStLA, 1.3.2.209.2_K2.

verschiedener Formalitäten in ein Bordell gesteckt wurden«.[180] Auch Czech (2006, 218) weist auf ein Schreiben hin, welches die »Anwerbung« von Frauen im Generalgouvernement sowie in der Arbeitsanstalt Am Steinhof für die Bordelle für Zwangsarbeiter in Wien-Umgebung (fünf Frauen für das Bordell Lobau und zwölf für jenes in Wiener Neudorf) vorsah.

Insgesamt wurden annähernd 30 Prozent der Frauen an ihren letzten Wohnort entlassen, ein Viertel zu Angehörigen und rund fünf Prozent zu einem Arbeitgeber. Alle anderen Entlassungen (sofern keine Flucht) waren Überstellungen in andere Zwangsinstitutionen.

Am 5. oder 6. April 1945 wurden schließlich alle zu diesem Zeitpunkt in der Arbeitsanstalt Am Steinhof internierten Frauen entlassen (Baumgartner/Mayer 1990, 210ff.).

2.2 Die Heilanstalt und Arbeitsanstalt Klosterneuburg

Der Gesamtkomplex Klosterneuburg bestand zur Zeit des Nationalsozialismus aus a) der »Wiener städtischen Heilanstalt Klosterneuburg«, die eine Heilanstalt für geschlechtskranke Frauen und Mädchen war und sich in der Martinstraße 28 befand, b) der an derselben Adresse befindlichen »Nachfürsorgeanstalt« bzw. »Arbeitsanstalt Klosterneuburg«, c) dem »Wiener städtischen Erziehungsheim Klosterneuburg« für Mädchen (Martinstraße 56–58) sowie d) der »Sonderschule für Schwererziehbare« (ebenfalls Martinstraße 56–58) (Rafetseder 2014, 535f.).[181] In zeitgenössischen Dokumenten werden auch noch ein Altersheim und mehrere kleinere soziale Einrichtungen genannt.[182]

180 Bericht über die Arbeitsanstalt »Am Steinhof« vom 8.1.1944, gez. Max Thaller, WStLA, 2.7.1.2., A1-6, 2323 Sonstige Maßnahmen/Presseveröffentlichungen.

181 Die Einrichtungen in der Martinstraße 28 wurden über viele Jahre von der Schwesterngemeinschaft der Caritas Socialis geführt, die Einrichtungen in der Martinstraße 56–58 nicht (vgl. Auskunft per E-Mail von Sr. Susanne Krendelsberger an Brigitte Halbmayr am 20.12.2017).

182 Vgl. Übersichts-Arbeitsbericht des Hauses der Caritas Socialis in Klosterneuburg, Archiv der Caritas Socialis, Bestand 3.2.3.7. Heilanstalt & Erziehungsheim Klosterneuburg (1922–1997), Karton 88/Kasten 3. Der älteste Teil des Gebäudes in der Martinstraße 28 wurde im 17. Jahrhundert erbaut und gehörte der »Bäckerzeche«. Später waren eine Spinnerei und eine Fabrik dort untergebracht. 1853 wurde das Gebäude aus privater Hand an die Stadt Klosterneuburg verkauft, die ein Bürgerspital einrichtete. 1869 erwarb es der Landesausschuss und funktionierte das Gebäude zu einer Irrenanstalt um. Diese bestand bis zur

Die Gründung der Heil- und Nachfürsorgeanstalt Klosterneuburg

Die Heilanstalt für geschlechtskranke Frauen bestand bereits seit dem Jahr 1920[183], gegründet vom damaligen Volksgesundheitsamt und der Gemeinde Wien. Ab 1922 oblag die Betreuung der Patientinnen dem Frauenorden Caritas Socialis.[184] Ziel war es, der geheimen Prostitution beizukommen und die Verbreitung von Geschlechtskrankheiten zu verhindern. Die Wahl der Örtlichkeit fiel – so wurde es zumindest in einem späteren Schreiben argumentiert – auf Klosterneuburg,

> »weil eine gewisse Entfernung von Wien notwendig war, um die Patientinnen aus ihrem bisherigen Milieu herauszunehmen und die übermäßigen Besuche seitens der Zuhälter, Freundinnen und Verwandten, die ein Erziehungswerk beeinträchtigen würden, hintanzuhalten. Ferner durfte die Entfernung von Wien nicht zu groß sein, damit eine klaglose Abwicklung des Transportes der Patientinnen von der Polizeidirektion Wien nach Klosterneuburg und umgekehrt garantiert war. Schließlich fand sich in der leerstehenden Irrenanstalt ein geeignetes Objekt […].«[185]

Langjähriger Leiter der Heilanstalt Klosterneuburg war Prof. Viktor Mucha (1920–1934), später übernahm Dr. Satke die Leitung der Heil-

Umwandlung in eine Heilanstalt für geschlechtskranke Frauen und Mädchen im Jahr 1920 (vgl. Kurzer Überblick über den Verlauf der Übernahme der Heilanstalt Klosterneuburg aus dem Jahr 1957, Archiv der Caritas Socialis, Bestand 3.2.3.7. Heilanstalt & Erziehungsheim Klosterneuburg [1922–1997], Karton 88/Kasten 3).

183 In manchen Quellen wird abweichend das Jahr 1921 genannt (vgl. etwa Kurzer Überblick über den Verlauf der Übernahme der Heilanstalt Klosterneuburg aus dem Jahr 1957, Archiv der Caritas Socialis, Bestand 3.2.3.7. Heilanstalt & Erziehungsheim Klosterneuburg [1922–1997], Karton 88/Kasten 3).

184 Vgl. Übersichts-Arbeitsbericht des Hauses der Caritas Socialis in Klosterneuburg, Archiv der Caritas Socialis, Bestand 3.2.3.7. Heilanstalt & Erziehungsheim Klosterneuburg (1922–1997), Karton 88/Kasten 3; Die Heilanstalt Klosterneuburg und ihre Geschichte, 1983, Archiv der Caritas Socialis, Bestand 3.2.3.7. Heilanstalt & Erziehungsheim Klosterneuburg (1922–1997), Karton 88/Kasten 3. – Die Abhandlung von 1983 wurde von Sr. Tarcisia verfasst. Der Anlass war höchstwahrscheinlich der 100. Geburtstag der Gründerin des Ordens, Hildegard Burjan (1883–1933).

185 Schreiben an die Niederösterreichische Landesregierung vom 16.5.1938, Archiv der Caritas Socialis, Bestand 3.2.3.7. Heilanstalt & Erziehungsheim Klosterneuburg (1922–1997), Karton 88/Kasten 3.

anstalt.[186] Die Heilanstalt hatte ab ihrer Gründung bis in die 1930er Jahre einen Belag von 240 Betten, bei Überbelag konnte auf 400 Betten aufgestockt werden. Die Einrichtung war in drei vollständig voneinander getrennte Hauptabteilungen untergliedert: für Jugendliche, für Nichtjugendliche und für sittenpolizeilicher Kontrolle unterstehende Patientinnen.[187] Als Ende 1933 die staatlichen Zuschüsse für die Anstalt gestrichen wurden, führten die Schwestern ihre Arbeit in Eigenregie weiter, indem sie Teile des Gebäudes in Pacht nahmen.[188] Zudem richteten die Schwestern eine Nachfürsorgeabteilung ein.[189] Mit Jänner 1936 erfolgte eine Affilierung an das Allgemeine Krankenhaus Klosterneuburg.[190] Ein statistischer Bericht zeigt, dass 1934 und 1935 knapp 300 Frauen in Klosterneuburg behandelt wurden, 1936 und 1937 waren es zwischen 400 und 500 Frauen. Der Aufenthalt dauerte jeweils zwischen sechs Wochen und zehn Monaten.[191]

Das 1934 errichtete »Nachfürsorgeheim« sollte entsprechend der Sicht der Schwestern der Caritas Socialis den

> »aus der Heilanstalt entlassenen Frauen und Mädchen in der Gestalt eines Übergangsheimes die Möglichkeit [geben], den guten Willen zur Einordnung in genügender Zeit wirksam erreifen zu lassen. Es beherbergt aber auch jene Anstaltsentlassenen, die irgendwie defekt, nicht in der Lage sind, sich selbst ordentlich fortzubringen.«[192]

186 Vgl. ebd. In anderen Dokumenten wird als Sterbejahr von Dr. Mucha 1933 angegeben (vgl. Die Heilanstalt Klosterneuburg und ihre Geschichte, 1983, Archiv der Caritas Socialis, Bestand 3.2.3.7. Heilanstalt & Erziehungsheim Klosterneuburg [1922–1997], Karton 88/Kasten 3).

187 Vgl. Die Heilanstalt für Geschlechtskranke in Klosterneuburg, 1944, Archiv der Caritas Socialis, Bestand 3.2.3.7. Heilanstalt & Erziehungsheim Klosterneuburg (1922–1997), Karton 88/Kasten 3.

188 Vgl. Schreiben an die Niederösterreichische Landesregierung vom 16.5.1938, Archiv der Caritas Socialis, Bestand 3.2.3.7. Heilanstalt & Erziehungsheim Klosterneuburg (1922–1997), Karton 88/Kasten 3.

189 Vgl. Kurzer Überblick über den Verlauf der Übernahme der Heilanstalt Klosterneuburg aus dem Jahr 1957, Archiv der Caritas Socialis, Bestand 3.2.3.7. Heilanstalt & Erziehungsheim Klosterneuburg (1922–1997), Karton 88/Kasten 3.

190 Vgl. Übersichts-Arbeitsbericht des Hauses der Caritas Socialis in Klosterneuburg, Archiv der Caritas Socialis, Bestand 3.2.3.7. Heilanstalt & Erziehungsheim Klosterneuburg (1922–1997), Karton 88/Kasten 3.

191 Vgl. ebd.

192 Ebd.

Die Schwestern betonten damit eine »Freiwilligkeit« in der »Nachfürsorge«, die so nicht gegeben war.

Insgesamt waren von Juli 1934 bis Mai 1938 134 Mädchen und Frauen in der Nachfürsorgeanstalt untergebracht, davon waren 23 unter 20 Jahre alt.[193]

Die Heil- als auch die Arbeitsanstalt Klosterneuburg wurden von Schwestern der Caritas Socialis geführt und wirkten in einem engen institutionellen Naheverhältnis. Die im Mai 1940 eröffnete Arbeitsanstalt stand in Kontinuität zur bereits vorher existierenden, an die Heilanstalt angeschlossenen »Nachfürsorgeeinrichtung« (Seliger 1991, 416). Entsprechend (und gleichzeitig sich selbst entlastend) sagte Florian Gröll, zur Zeit des Nationalsozialismus Leiter der Abteilung A 7 (Rechtsabteilung) der Gemeinde Wien, in einer Zeugenaussage vor dem Volksgericht Wien Folgendes aus:

> »Auch vor dem Jahre 1940 haben in Österreich Fürsorgegesetze bestanden. Es war [...] ein Unterschied nur darin, dass damals nicht auf Grund eines Bescheides eine Person in ein solches Lager eingeliefert wurde. Die Frauen zum Beispiel, die in der Heilanstalt Klosterneuburg waren, wurden dann an eine Nachfürsorge überstellt. Es hat sich nun nach dem Umbruch 1938 nichts geändert, wir haben die Leute, die im Krankenhaus waren, auf Grund eines Bescheides in die Nachfürsorgeanstalt eingewiesen.«[194]

Fürsorge bzw. Nachfürsorge war für die Schwestern der Caritas Socialis eng mit der Behandlung/Vermeidung von Geschlechtskrankheiten verbunden. So wurde bereits in den 1920er Jahren in einer Abhandlung zum Thema Prostitution festgehalten: »Nicht auf die Verhütung der Geschlechtskrankheiten kommt es an, sondern auf die reine Seele im reinen Träger Leib«.[195] Aus der auf März 1921 datierten Hausordnung der Heilanstalt Klosterneuburg geht hervor, dass das Krankenhaus einen eigenen »Fürsorgedienst« hatte, an den sich die Kranken wenden konnten.[196]

193 Vgl. ebd.

194 Verfahren gegen den ehemaligen Leiter der Arbeitsanstalt Am Steinhof (Hackel) u. a., WStLA, Vg 1a Vr 3999/45.

195 Abhandlung aus dem Bestand der Caritas Socialis zum Thema Prostitution, Archiv der Caritas Socialis, Bestand 3.2.3.7. Heilanstalt & Erziehungsheim Klosterneuburg (1922–1997), Karton 88/Kasten 3.

196 Vgl. Hausordnung für die Kranken der Heilanstalt Klosterneuburg, März 1921, Archiv der Caritas Socialis, Bestand 3.2.3.7. Heilanstalt & Erziehungsheim Klosterneuburg (1922–1997), Karton 88/Kasten 3.

Traditionen einer fürsorgerischen als auch polizeilichen Herangehensweise an die Behandlung geschlechtskranker Frauen zeigt ein Artikel aus dem Jahr 1928 mit dem Titel »Beschäftigungstherapie und Fürsorge in der Heilanstalt Klosterneuburg-Wien«, den der damalige und der spätere Leiter der Heilanstalt Klosterneuburg gemeinsam verfassten.[197] Darin wurde positiv auf eine »Zwangsbehandlung für asoziale Geschlechtskranke« referiert, wie sie ein im Text erwähnter deutscher Arzt eingemahnt hatte. Die Klosterneuburger Ärzte forderten auch für Österreich entsprechende gesetzliche Grundlagen. Diese gab es auch in den 1930er Jahren noch nicht, »nur« für die reglementierte Prostitution war eine Behandlung obligatorisch. Gemäß einer Vollzugsanweisung des Staatsamtes für Volksgesundheit vom 21. November 1918 wurden »auch Geheimprostituierte, wenn sie von der Polizei aufgegriffen werden, nach amtsärztlicher Untersuchung der Heilanstalt Klosterneuburg-Wien zur Zwangsbehandlung übergeben«.[198] Man beschrieb die Heilanstalt Klosterneuburg als eine »Sonderheilanstalt für venerisch kranke Frauen, in der Beschäftigungstherapie und Fürsorgemaßnahmen dem ärztlichen Heilplane einverleibt sind«.[199] Aus einem Schreiben aus dem Jahr 1935 geht hervor, dass die geschlechtskranken Frauen und Mädchen

> »neben der Heilbehandlung […] auch Anleitung und Schulung in allen Arbeiten der Hauswirtschaft erhalten, die sie für die Wiederaufnahme eines geordneten bürgerlichen Lebens befähigen sollen. Auch nach der Entlassung werden die Pfleglinge soweit es möglich und nötig ist, weiter durch die Schwestern der Caritas Socialis befürsorgt.«[200]

Die Mädchen und Frauen sollten also auf »anständige« Arbeiten im häuslichen Bereich vorbereitet werden.

197 Vgl. Mucha, Viktor/Satke, Viktor (1928): Beschäftigungstherapie und Fürsorge in der Heilanstalt Klosterneuburg-Wien. Sonderabdruck aus »Blätter für das Wohlfahrtswesen«, 28. Jg., Nr. 272, 1928, Archiv der Caritas Socialis, Bestand 3.2.3.7. Heilanstalt & Erziehungsheim Klosterneuburg (1922–1997), Karton 88/Kasten 3.

198 Ohne Titel (Thema: Prostitution), nach 1932, Archiv der Caritas Socialis, Bestand 3.2.3.7. Heilanstalt & Erziehungsheim Klosterneuburg (1922–1997), Karton 88/Kasten 3.

199 Ebd.

200 Schreiben der Heilanstalt Klosterneuburg an die Bezirksärzte, Jänner 1935, Archiv der Caritas Socialis, Bestand 3.2.3.7. Heilanstalt & Erziehungsheim Klosterneuburg (1922–1997), Karton 88/Kasten 3.

Die Heil- und Nachfürsorgeanstalt bzw. Arbeitsanstalt zur Zeit des Nationalsozialismus

Nach der Machtübernahme der Nationalsozialisten waren es auch die fürsorgerischen Tätigkeiten, anhand derer man die Bedeutung der Anstalten in Klosterneuburg deutlich zu machen versuchte. Die Anstaltsleitung schilderte in einem Schreiben an den Polizeipräsidenten die verschiedenen in Klosterneuburg verrichteten Arbeiten und betonte:

> »Alle diese Maßnahmen zielen darauf ab, unsre Zöglinge wieder zu nützlichen Mitgliedern der Volksgemeinschaft zu erziehen und sie vor einem Rückfall in Dirnentum und Kriminalität zu bewahren. Wir können darauf hinweisen, und die Referenten der Polizeidirektion werden dies sicherlich bestätigen, dass uns dies in einer großen Zahl von Fällen gelungen ist.«[201]

In einem Memorandum vom 16. Mai 1938 wurden vom Primararzt der Heilanstalt, Dr. Rieger, die zentralen Aufgaben der Heil- und Nachfürsorgeanstalt Klosterneuburg festgehalten. Das »Erziehungswerk« bestehe aus folgenden Einrichtungen: a) Beschäftigungstherapie (sofern es der körperliche Zustand und die ärztliche Behandlung zuließen), b) Fürsorge (Erhebung der Familienverhältnisse, Ratschläge an die Verwandten, im Einvernehmen mit der Polizei Abgabe der Patientinnen nach ihrer Entlassung in eine Erziehungsanstalt) sowie c) Nachfürsorge (Kontakt mit Patientinnen nach Entlassung, Vermittlung in Arbeitsstellen, Beratung). Für »besonders schwierige Fälle« diene das Nachfürsorgeheim, welches »im Sinne der Arbeitstherapie das Erziehungswerk« fortsetze.[202] Hervorgestrichen wurde, dass die Anstalten in Klosterneuburg die einzigen Einrichtungen seien, »in der die Heilbehandlung und Erziehung der dem Dirnentum verfallenen Frauen und Mädchen Hand in Hand geht«.[203]

Das Zusammenspiel der Heil- und der Arbeitsanstalt zur Zeit des Nationalsozialismus zeigt sich auch in dieser Beschreibung von Dr. Vellguth:

201 Schreiben an den Polizeipräsidenten vom 12.3.1938, Archiv der Caritas Socialis, Bestand 3.2.3.7. Heilanstalt & Erziehungsheim Klosterneuburg (1922–1997), Karton 88/Kasten 3.

202 Schreiben an die Niederösterreichische Landesregierung vom 16.5.1938, Archiv der Caritas Socialis, Bestand 3.2.3.7. Heilanstalt & Erziehungsheim Klosterneuburg (1922–1997), Karton 88/Kasten 3.

203 Memorandum, vermutlich 1938, Archiv der Caritas Socialis, Bestand 3.2.3.7. Heilanstalt & Erziehungsheim Klosterneuburg (1922–1997), Karton 88/Kasten 3.

»Der Arbeitsanstalt ist eine Heilanstalt vorgeschaltet, in der zunächst die Behandlung der Geschlechtskrankheiten stattfindet. In diese Heilanstalt kommen daneben auch eine große Anzahl solcher Frauen, die häufigen wechselnden Geschlechtsverkehr ausüben, dabei geschlechtskrank geworden sind, aber späterhin nicht der Arbeitsanstalt zugeführt werden. Heilanstalt und Pflegeanstalt sind zusammen untergebracht und unterstehen der gleichen Anstaltsleitung.«[204]

Als der Verein Caritas Socialis laut Verfügung des Stillhaltekommissars vom 17. September 1939 aufgelöst wurde, ersuchten die Schwestern, dass die Pacht auf die religiöse Genossenschaft der Caritas-Schwestern »Schwestern der allerseligsten Jungfrau Maria, der Mutter vom guten Rat« übertragen werde.[205] Dies wurde auch genehmigt. Die Schwestern durften die Anstalt bis März 1940 unter denselben Bedingungen weiterführen, mit April 1940 übernahm allerdings die Gemeinde Wien[206] selbst den Betrieb.[207] Die Schwestern blieben jedoch weiterhin mit der Krankenpflege und der Nachfürsorge betraut und konnten unentgeltlich Wohn- und Schlafräume im Anstaltsareal nutzen. Die Personalhoheit über die Nonnen blieb bei der Leitung der Schwesternschaft, allerdings konnte auch die Anstaltsverwaltung ohne Angabe eines Grundes den Wechsel einer Schwester veranlassen.[208]

Die Heil- und die Nachfürsorgeanstalt hatten zusammen eine geplante Belegzahl von 120 Frauen und Mädchen, davon waren 34 Bet-

204 Schreiben von Dr. Vellguth an den Oberbürgermeister der Stadt Königsberg vom 20.1.1943, WStLA, 2.7.1.2., A1-6 5d.

205 Vgl. Schreiben der Generalleitung der Caritas-Schwestern an die Gemeinde Wien vom 21.10.1939, Archiv der Caritas Socialis, Bestand 3.2.3.7. Heilanstalt & Erziehungsheim Klosterneuburg (1922–1997), Karton 88/Kasten 3.

206 Am 1.4.1940 erfolgte die Eingemeindung von Klosterneuburg nach Wien (vgl. Zusammenfassender Bericht über die Arbeitsanstalt Klosterneuburg anlässlich einer Besichtigung der Asozialenkommission am 5.12.1943, Archiv der Caritas Socialis, Bestand 3.2.3.7. Heilanstalt & Erziehungsheim Klosterneuburg [1922–1997], Karton 88/Kasten 3).

207 Vgl. Schreiben der Gemeinde Wien an die Generalleitung der Caritasschwestern vom 27.11.1939, Archiv der Caritas Socialis, Bestand 3.2.3.7. Heilanstalt & Erziehungsheim Klosterneuburg (1922–1997), Karton 88/Kasten 3.

208 Vgl. Schreiben der Gemeinde Wien an die Generalleitung der Caritas-Schwestern vom 4.6.1940, Archiv der Caritas Socialis, Bestand 3.2.3.7. Heilanstalt & Erziehungsheim Klosterneuburg (1922–1997), Karton 88/Kasten 3.

ten in der Nachfürsorgeanstalt vorgesehen (Stand Juli 1939).[209] Die Nachfürsorgeanstalt wurde mit Entschließung des Regierungspräsidenten vom 22. Mai 1940 als Arbeitsanstalt für Frauen gemäß § 16 der Fürsorgeeinführungsverordnung anerkannt. Offiziell wird der Beginn der Arbeitsanstalt mit 1. August 1940 angegeben.[210]

Die Arbeitsanstalt sollte »vor allem den Charakter einer Arbeitsanstalt für besserungsfähige Frauen bekommen«[211]. Geführt wurden sowohl die Heil- als auch die Arbeitsanstalt von Dr. Walter Glas; Anstaltsfürsorgerin war eine Frau Hartmann.[212] Die Schwestern der Caritas Socialis arbeiteten weiterhin in der Aufsicht und Anleitung der Frauen. In einem Dokument aus dem Jahr 1944 hielten sie ihre pädagogischen Grundsätze fest und bezogen sich auf die Umwandlung der Nachfürsorgeanstalt in eine Arbeitsanstalt:

> »Somit ist aus unserer Nachfürsorge die erste Arbeitsanstalt der Ostmark geworden. Es war nun damals durchaus nicht beabsichtigt, eine Arbeitsanstalt ähnlich den früheren Zwangsanstalten im Altreich zu machen, es sollte auch keine Strafmaßnahme sein, sondern lediglich vorbeugend wirken. Man wollte den Menschen vor ihrem gänzlichen Abgleiten noch einmal helfend die Hand reichen.«[213]

Weiters wurde auf die mit der Umwandlung verbundenen Änderungen eingegangen:

> »Die Aufnahmen oder Einweisungen in die Arbeitsanstalt waren nun in Hinkunft nicht mehr dem freien Entschluss der zu

209 Vgl. Schreiben der Caritas Socialis an die Arbeitsgemeinschaft der freien Wohlfahrtspflege in der Ostmark vom 10.7.1939, Archiv der Caritas Socialis, Bestand 3.2.3.7. Heilanstalt & Erziehungsheim Klosterneuburg (1922–1997), Karton 88/Kasten 3.

210 Vgl. Statistik von 1940: 1.12.1943, Archiv der Caritas Socialis, Bestand 3.2.3.7. Heilanstalt & Erziehungsheim Klosterneuburg (1922–1997), Karton 88/Kasten 3.

211 Im Unterschied zur Arbeitsanstalt Am Steinhof, die »für solche Asoziale vorgesehen ist, bei denen eine Besserung ihres Verhaltens nicht ohne weiteres erwartet werden kann« (vgl. Regelung des Einweisungsvorganges in die Arbeitsanstalten Klosterneuburg und »Am Steinhof« vom 3.2.1942, WStLA, 2.7.1.2., A1-2).

212 Vgl. Schreiben des Leiters der Heil- und Arbeitsanstalt Klosterneuburg, Dr. Glas, an den Leiter des Anstaltenamtes, Dr. Klenkhart, vom 24.1.1944, WStLA, 2.7.1.2., A1-6 5e.

213 Die Arbeitsanstalt Klosterneuburg und unsere pädagogischen Grundsätze, Weihnachten 1944, Archiv der Caritas Socialis, Bestand 3.2.3.7. Heilanstalt & Erziehungsheim Klosterneuburg (1922–1997), Karton 88/Kasten 3.

befürsorgenden Mädchen anheimgestellt, sondern wurden eine gesetzliche Maßnahme der Behörden, ebenso wurde die Entlassung nur noch auf dem Weg über diese Behörden möglich. Nach dem 1.8.1940 kamen laufend, aber noch sehr mäßig weitere Aufnahmen nicht mehr allein durch die Heilanstalt, sondern auch durch die Kriminalpolizei, sodass sich bis zum Abschluss des Jahres ungefähr 30 Mädchen in der Arbeitsanstalt befanden.«[214]

Die Schwestern beschrieben später (1983) die Zusammenarbeit mit der nationalsozialistischen Fürsorgerin, die ihnen »ins Haus gesetzt« wurde: »Sie war jung, völlig unerfahren und auf uns angewiesen. Nach anfänglich forschem Auftreten wurde sie gemäßigter und überließ uns mehr und mehr ihre eigenen Befugnisse.«[215] Auch die Kontrollen durch das Anstaltenamt scheinen die Schwestern in ihre Richtung gelenkt haben zu können: Ein »netter Herr« aus der Asozialenkommission habe sie vor den Kontrollbesuchen gewarnt.[216]

Der Arbeitsbericht der Asozialenkommission über den Zeitraum Jänner 1941 bis Juli 1944 zeigt, dass rund 39 Prozent der in eine Anstalt eingewiesenen Frauen (aus dem Gau Wien) in die Arbeitsanstalt Klosterneuburg kamen.[217]

Der Einweisungsvorgang verlief gemäß den Schwestern der Caritas Socialis folgendermaßen: Einweisungen konnten »von der Fürsorgerin unserer [Klosterneuburger; Anm.] Heilanstalt, von jedem Gesundheitsamt, von der Kriminalpolizei, von der Partei, und vom Arbeitsamt«[218] beantragt werden. Anträge auf Einweisung wurden aufgrund von Anzeigen oder eigener Erhebungen gestellt. Die ab Jahresbeginn 1941 bestehende Asozialenkommission in Wien hatte die Aufgabe, das Beweismaterial zu sammeln, zu prüfen und an die Allgemeine Rechtsabteilung weiterzuleiten, welche für die weitere juristische Bearbeitung zuständig war. Eine Frau, die einen Einweisungsbescheid bekam, hatte formal die Möglichkeit, binnen 14 Tagen einen

214 Ebd.

215 Die Heilanstalt Klosterneuburg und ihre Geschichte, 1983, Archiv der Caritas Socialis, Bestand 3.2.3.7. Heilanstalt & Erziehungsheim Klosterneuburg (1922–1997), Karton 88/Kasten 3.

216 Vgl. ebd.

217 Vgl. Arbeitsbericht der Asozialenkommission Wien vom 1.1.1941 bis 31.7.1944, 7.8.1944, WStLA, 2.7.1.2., A1-6 5d.

218 Die Arbeitsanstalt Klosterneuburg und unsere pädagogischen Grundsätze, Weihnachten 1944, Archiv der Caritas Socialis, Bestand 3.2.3.7. Heilanstalt & Erziehungsheim Klosterneuburg (1922–1997), Karton 88/Kasten 3.

Einspruch zu erheben, wovon aber kaum Gebrauch gemacht wurde, da den Frauen auch keine Verteidigungsmöglichkeit gegeben wurde.[219]

Für jede aufgenommene Frau wurden sodann ein Personalbogen sowie ein Führungsbogen angelegt, in denen Daten zur Person, Aufzeichnungen zum Elternhaus, Schulbildung, Arbeitseinsatz und Vorstrafen festgehalten wurden. Außerdem beinhalteten sie eine Personenbeschreibung, die Diagnose, den Führungsbericht der Heilanstalt und monatliche Beurteilungen der Führung in der Arbeitsanstalt sowie eine abschließende Charakterisierung der Festgehaltenen.[220]

Die Schwestern der Caritas Socialis beschrieben (1944) die angehaltenen Frauen folgendermaßen:

> »Bei den Angehaltenen handelt es sich um Mädchen zwischen 18–25 Jahren, auch noch ältere, doch sind das die wenigeren oder nur einzelne Fälle. Sie kommen zum Großteil aus dem Proletariat Wiens; so bevölkert z. B. der 2., 10., 11., 12., 16. und 21. Bezirk unsere Anstalt. Aber auch aus Kärnten und Steiermark, sowie aus Norddeutschland erhalten wir Zugänge. Die Einweisungen bestanden die erste Zeit zumeist aus Geheimprostituierten, während in den letzten 2 Jahren weit überwiegend Arbeitsvertragsbrüchige eingeliefert wurden, worunter sich auch Fälle aus bürgerlichen Kreisen vereinzelt befinden. Prostituierte wurden nie eingewiesen, in 2 Fällen handelt es sich um eine virgo intacta.«[221]

Die durchschnittliche Anhaltedauer in der Arbeitsanstalt Klosterneuburg betrug elf bis 13 Monate, teilweise noch weit länger. In den ersten beiden Monaten herrschte vollkommene Besuchssperre. Bei guter Führung durften die Frauen später einmal im Monat unter Aufsicht von Angehörigen besucht werden.[222]

219 Vgl. ebd.

220 Vgl. ebd.

221 Ebd.

222 Vgl. Zusammenfassender Bericht über die Arbeitsanstalt Klosterneuburg anlässlich einer Besichtigung der Asozialenkommission am 5.12.1943, Archiv der Caritas Socialis, Bestand 3.2.3.7. Heilanstalt & Erziehungsheim Klosterneuburg (1922–1997), Karton 88/Kasten 3.

Statistische Auswertungen zu den Frauen der Arbeitsanstalt Klosterneuburg

Insgesamt wurden im Zeitraum 1940 bis 1943 322 Frauen in der Arbeitsanstalt Klosterneuburg aufgenommen und 142 entlassen. 48 Frauen waren »rückfällig« geworden. 31 Frauen wurden in die Arbeitsanstalt Am Steinhof überstellt.[223] Eine detailliertere Aufschlüsselung für die Jahre 1940 bis 1943 ergibt folgendes Bild:

Tabelle 1: Alter der eingewiesenen Frauen in der Arbeitsanstalt Klosterneuburg (n=290*)

	1940	1941	1942	1943	gesamt
18–25 Jahre	21	59	87	79	246
über 25 Jahre	8	18	6	8	40
über 40 Jahre	1	1	2	–	4
gesamt pro Jahr	30	78	95	87	290

*) Bei 32 Frauen, die 1941 ohne Bescheid eingewiesen wurden, fehlt eine Altersangabe.

Quelle: Statistik von 1940–1.12.1943, Archiv der Caritas Socialis, Bestand 3.2.3.7. Heilanstalt & Erziehungsheim Klosterneuburg (1922–1997), Karton 88/Kasten 3.

Tabelle 2: Einweisungsgründe in die Arbeitsanstalt Klosterneuburg (Mehrfachnennungen)

	1940	1941	1942	1943	gesamt
Geheimprostitution	21	31	39	22	113
Debilität	5	15	27	15	62
Tripper	9	34	40	43	126
Syphilis	6	7	10	17	40
»Paralytiker«	2	2	–	1	5
Alkoholsucht	1	1	–	–	2

Quelle: Statistik von 1940–1.12.1943, Archiv der Caritas Socialis, Bestand 3.2.3.7. Heilanstalt & Erziehungsheim Klosterneuburg (1922–1997), Karton 88/Kasten 3.

223 Statistik von 1940–1.12.1943, Archiv der Caritas Socialis, Bestand 3.2.3.7. Heilanstalt & Erziehungsheim Klosterneuburg (1922–1997), Karton 88/Kasten 3.

Tabelle 3: Anzahl der Entbindungen in der Arbeitsanstalt Klosterneuburg

	1940	1941	1942	1943	gesamt
Entbindungen	–	1	11	6	18

Quelle: Statistik von 1940–1.12.1943, Archiv der Caritas Socialis, Bestand 3.2.3.7. Heilanstalt & Erziehungsheim Klosterneuburg (1922–1997), Karton 88/Kasten 3.

Tabelle 4: Anzahl der Entlassungen, Entweichungen und Überstellungen (Arbeitsanstalt Klosterneuburg)

	1940	1941	1942	1943	gesamt
Entlassungen	–	15	71	56	142
davon »rückfällig«	–	4	29	15	48
Entweichungen	–	9	9	11	29
krankheitshalber transferiert	1	23	8	11	43
führungshalber an Steinhof	–	20	2	3	25
von Steinhof	–	–	10	5	15
Strafverbüßungen	–	9	13	15	37

Quelle: Statistik von 1940–1.12.1943, Archiv der Caritas Socialis, Bestand 3.2.3.7. Heilanstalt & Erziehungsheim Klosterneuburg (1922–1997), Karton 88/Kasten 3.

Die Statistik über die Jahre 1940 bis 1943 zeigt, dass die Zahl der Aufnahmen in die Arbeitsanstalt Klosterneuburg von 30 Frauen im Jahr 1940 auf 110 im darauffolgenden Jahr stieg und sich danach bei circa 90 Einweisungen pro Jahr einpendelte. Die meisten Frauen waren zwischen 18 und 25 Jahre alt (246 von 290), ein weitaus geringerer Teil (40 von 290) war zwischen 26 und 40 und lediglich ein sehr kleiner Anteil (4 Frauen) war zum Zeitpunkt der Einweisung bereits über 40 Jahre alt. Bei den Einweisungsgründen überwiegen Fälle von Geschlechtskrankheiten (164 Fälle), gefolgt von Fällen angeblicher Geheimprostitution. Bei nicht ganz einem Fünftel der Frauen wurde bei der Einweisung »Debilität« als Grund angegeben.[224]

224 Ebd.

Wie bereits in den statistischen Auswertungen im vorherigen Abschnitt 2.1 deutlich wurde, war das Hin- und Herschicken von Frauen zwischen den Arbeitsanstalten Klosterneuburg und Am Steinhof gängige Praxis. Die Statistik der Arbeitsanstalt Klosterneuburg verzeichnet für die Jahre 1940 bis 1943 25 Fälle, in denen Frauen »führungshalber« in die Anstalt Am Steinhof transferiert wurden, und umgekehrt 15 Überstellungen von Am Steinhof in die Arbeitsanstalt Klosterneuburg.[225]

Strafmaßnahmen

Als Strafmaßnahmen wurden laut Bericht des Anstaltsleiters von Dezember 1943 folgende Mittel angewandt: »1. Suppenkost, 2. Postsperre, 3. Besuchssperre, 4. Paketsperre, 5. Zelle, 6. Versetzung in eine niedere Gruppe, 7. Verlängerung der Anhaltezeit, 8. Die Übersetzung in die Arbeitsanstalt Am Steinhof«. Als letzter Punkt wurde festgehalten: »9. Körperliche Züchtigung, sowie irgendwelche Verabfolgung von Injektionen wie Olobintin etc. wird von mir abgelehnt.«[226] Der Jahresbericht für 1943 verzeichnet in 45 Fällen »ernstere Bestrafungen«, wobei es sich in zwei Fällen um Isolierung für einen Zeitraum zwischen zwei und acht Tagen handelte.[227]

Die Schwestern der Caritas Socialis berichteten später, die von der Asozialenkommission vorgesehenen »schweren Strafen« nicht durchgeführt zu haben. Aus diesem Grund habe es immer wieder Probleme mit dem Verwalter, dem Parteigänger Karl Dillinger, gegeben, der es darauf anlegte, die festgehaltenen Frauen »zu quälen und hart zu behandeln«. Die Schwestern erzählten in einer Rückschau 1983 auch von Erfolgen, den Mädchen und Frauen die Zwangssterilisierung erspart und die Überstellung in ein Frontbordell verhindert zu haben:

> »Einmal kam der Auftrag von der Asoz.Komm. sofort 20 hübsche Mädchen auszusuchen, sie sollten für ein Frontbordell abtransportiert werden. Wir weigerten uns mit dem Hinweis, wir hätten den Auftrag, die Mädchen für die Eingliederung in den Arbeitsprozess zu erziehen, das steht in glattem Widerspruch.«[228]

225 Ebd.

226 Ebd.

227 Jahresbericht für 1943, Archiv der Caritas Socialis, Bestand 3.2.3.7. Heilanstalt & Erziehungsheim Klosterneuburg (1922–1997), Karton 88/Kasten 3.

228 Die Heilanstalt Klosterneuburg und ihre Geschichte, 1983, Archiv der Caritas Socialis, Bestand 3.2.3.7. Heilanstalt & Erziehungsheim Klosterneuburg (1922–1997), Karton 88/Kasten 3.

Häufige Konflikte mit dem Verwalter seien für die Schwestern die Folge ihres wohlwollenderen Verhaltens gewesen, einmal habe der Verwalter sich geäußert: »Die Schwestern sind wie eine Mauer, da dringt nichts durch!«[229] Ob die späteren Schilderungen der Schwestern eine nachträgliche Beschönigung ihrer Rolle zur Zeit des Nationalsozialismus darstellen, bleibt offen, da uns keine Berichte von in Klosterneuburg festgehaltenen Frauen bekannt sind.

Schwangerschaften

Nach Angaben der Schwestern der Caritas Socialis wurden schwangere Frauen zur Entbindung in das Allgemeine Krankenhaus Klosterneuburg transferiert und kamen danach wieder zurück in die Anstalt.

> »Die Kinder bleiben für gewöhnlich über die Stillzeit in der Anstalt, in den meisten Fällen bis zur Entlassung der Mütter. Soweit es neben der Arbeit möglich ist, versorgen die Mütter ihre Kinder selbst, doch fällt die Hauptarbeit sowie die Überwachung der Mütter der Abteilungsschwester zu.«[230]

Eine Schwangerschaft wurde nicht als Unterbrechungsgrund einer Anstaltsunterbringung gesehen und auch nicht als Hindernis für die übliche Arbeitszuteilung bis kurz vor der Überstellung ins Krankenhaus.[231]

Die erste Schwangere sei 1941 eingewiesen worden, so die Schwestern der Caritas Socialis. Anfangs erschien ihnen das

> »praktisch einfach unmöglich und es wurde versucht, die Sache rückgängig zu machen. Allein es blieb dabei und wir standen vor der Tatsache, ein Kinderzimmer einrichten zu müssen, in welches bereits im Dezember 1941 das erste Baby einzog und seitdem nie mehr leer wurde.«[232]

In den Ausführungen zu den pädagogischen Grundsätzen ist außerdem festgehalten, dass zwischen Dezember 1941 und Dezember 1944 insgesamt 52 Säuglinge in der Arbeitsanstalt Klosterneuburg betreut wurden, die die Schwestern auch taufen ließen. Die Kinder wurden

229 Ebd.

230 Die Arbeitsanstalt Klosterneuburg und unsere pädagogischen Grundsätze, Weihnachten 1944, Archiv der Caritas Socialis, Bestand 3.2.3.7. Heilanstalt & Erziehungsheim Klosterneuburg (1922–1997), Karton 88/Kasten 3.

231 Vgl. Richtlinien für die Bekämpfung von Asozialen, 1942, WStLA, 2.7.1.2., A1-6 5d. Vgl. hierzu auch Zeuginnenaussagen im Prozess gegen das Personal der Arbeitsanstalt Am Steinhof, WStLA, Vg 2b Vr 3999/45 sowie Kapitel IV.

232 Ebd.

nach der Entlassung den Müttern mit- oder der Kinderübernahmestelle übergeben. Die Schwestern berichteten weiters von schwangeren Jugendlichen aus den Erziehungsanstalten Theresienfeld und Luisenheim, die zur Entbindung zugewiesen wurden, aber nicht als Angehaltene der Arbeitsanstalt galten. Sie vermuteten, dass man nicht wusste, wohin sonst diese Mädchen überstellt werden sollten. Außerdem betreute man in Klosterneuburg, so die Aufzeichnungen, auch Schwangere der Arbeitsanstalt Am Steinhof. Auf diese Weise befanden sich ständig acht bis zehn Säuglinge in der Arbeitsanstalt Klosterneuburg.[233]

Entlassungen und weitere Kontrolle

Bei Entlassung wurde den Frauen ein Arbeitsplatz zugewiesen. Nur in den seltensten Fällen wurden dabei ihre Wünsche berücksichtigt. Die Schwestern der Caritas Socialis berichteten: »Sie haben auch nicht viel Auswahl. Außer Fabrik oder Hausarbeit steht ihnen, als Asozialen, kein anderer Beruf offen.«[234]

Die Kontrolle der entlassenen Frauen oblag nicht den Schwestern, sondern (spätestens ab April 1943) dem Gesundheitsamt. Nach der Entlassung hatten die Frauen sich in bestimmten Zeitabständen (drei bis sechs Wochen) am Gesundheitsamt einzufinden und jedes Mal einen Arbeitsnachweis einer Firma vorzuzeigen. Außerdem mussten sie sich einer Kontrolluntersuchung unterziehen. Bei Nichteinhaltung dieser Vorschrift wurde eine Neueinweisung verfügt.[235]

Die Schwestern kritisierten die anhaltende Stigmatisierung der entlassenen Mädchen und Frauen als »Asoziale«:

> »Auch Heiratsbewilligungen erhalten die Mädchen im ersten Halbjahr nach ihrer Entlassung nicht, oder nur nach vielen Schwierigkeiten. Sie gelten ganz einfach auf Jahre hinaus als asozial und werden dementsprechend behandelt, oft auch trotz langer Bewährung. Wenn die Arbeitsanstalt auch nicht gleich einer Gerichtsstrafe gewertet wird und im Sittenzeugnis nicht aufscheint, so wirkt sie sich doch als ungeheuer belastend für die Mädchen aus, sodass der ehemalige Gründungszweck längst überholt ist.«[236]

233 Vgl. ebd.
234 Ebd.
235 Vgl. ebd.
236 Ebd.

Haltung der Schwestern gegenüber den internierten »asozialen« Frauen

Nicht nur hinsichtlich des Umgangs mit den entlassenen Frauen waren die Schwestern unzufrieden. In ihren pädagogischen Grundsätzen hielten sie 1944 auch fest, dass ihre Situation schwieriger geworden war, als 1941 die Arbeitsanstalt Am Steinhof »mit wesentlich anderen und schärferen Mitteln« entstand. Mit der sich immer deutlicher herausbildenden Definition von »Asozialen« konnten sie sich scheinbar ebenfalls nicht identifizieren:

> »Nachdem, wie in jedem Krieg, die Verwahrlosung junger Menschen, die vor allem dem wachsenden Arbeitszwang keine Folge leisteten und sich in Wien herumtrieben, immer mehr zunahm, wurde für diese menschliche Schichte das Wort asozial geprägt.«[237]

Die Schwestern versuchten – laut ihrer eigenen Darstellung – »den Mädchen gegenüber treu« zu bleiben:

> »Wenn nun die Behörden in der Asozialen nur den mehr oder weniger belasteten, gemeinschaftsunfähigen und völkisch wertlosen Menschen sehen, vor dem sie sich schützen wollen, so übersehen wir als Schwestern gewiss nicht die wirklich oft groben Mängel und Defekte, wir übersehen aber vor allen Dingen nicht, die unsterbliche Seele eines jeden dieser Geschöpfe und darum wollen wir <u>helfen</u> [...].«[238]

Die Haltung gegenüber den Mädchen und Frauen hatte somit »in erster Linie bewusst religiös« zu sein und »in einer ganz tiefen Gottverbundenheit« zu ankern. So wurde es in den pädagogischen Grundsätzen der Schwestern 1944 festgehalten. In der »Führung« der Mädchen sollte das beispielhafte Verhalten der Schwestern Vorbild sein; die Schwestern sollten sich keinesfalls zu »derben Redensarten und Umgangsformen« verleiten lassen.[239]

»Erziehung« und Zwangsarbeit in Klosterneuburg

Bereits vor dem Nationalsozialismus hatten die Frauen der Heil- und Nachfürsorgeanstalt Klosterneuburg Arbeiten zu verrichten. Dabei handelte es sich vor allem um eine Schulung in Hausarbeit. In

237 Ebd.
238 Ebd. Hervorhebung im Original.
239 Ebd.

einem Schreiben von März 1938 werden folgende Arbeiten genannt, zu denen Frauen der Anstalten herangezogen wurden:

> »Ich verweise hier nur auf unsere großen und fachmännisch geleiteten Gemüsegärtnereien und die damit verbundene Kleintier- und Schweinezucht, an unsere Handarbeitswerkstätte, die bei ihren jährlichen Verkaufsausstellungen durch die künstlerisch hochwertigen und feinen Produkte höchsten Anklang bei den Käufern findet. Auf unsere Wäscherei- und Nähereianlagen, in denen unsere Patientinnen beschäftigt und geschult werden. Ferner an die Heranziehung der Patientinnen zur Hausarbeit, bei welcher Beschäftigung sie in die wichtigsten Fertigkeiten von Hausgehilfinnen eingeführt werden.«[240]

In einem Bericht über die Arbeitsanstalt Klosterneuburg wurde mit folgenden Produkten, die – insbesondere in der Zwischenkriegszeit – in der Anstalt hergestellt wurden, geworben: Alljährlich würden »herrliche Handarbeiten, Stickereien, Teppiche, Gobelinarbeiten, Korbwaren« in einer Ausstellung gezeigt und verkauft.[241]

Während der Zeit des Nationalsozialismus wurden die Frauen je nach Einschätzung ihres Verhaltens und ihrer Arbeitsleistung in verschiedene Gruppen eingeteilt:

> »Die 1. Gruppe, die sogenannte Einlaufsgruppe, in welcher die Eingewiesenen die allerschwerste und schmutzigste Arbeit ausführen müssen, verschafft uns den ersten Eindruck über die Verwendungsfähigkeit und über die Wesensart der Angehaltenen. Zu diesen schweren Arbeiten zählen Maurerarbeiten, Kohlen- und Koksbeförderung, Düngungsmittel und Abfalltransporte, Hausreinigung, sowie die Arbeiten in den auswärtigen Wehrbetrieben. Ein Großteil der Wienerpartie, das ist die Gruppe, die zu Reinigungsarbeiten in Wr. Krankenanstalten Verwendung findet, setzt sich aus den Angehaltenen der ersten Gruppe zusammen.«[242]

240 Schreiben an den Polizeipräsidenten vom 12.3.1938, Archiv der Caritas Socialis, Bestand 3.2.3.7. Heilanstalt & Erziehungsheim Klosterneuburg (1922–1997), Karton 88/Kasten 3.

241 Zusammenfassender Bericht über die Arbeitsanstalt Klosterneuburg anlässlich einer Besichtigung der Asozialenkommission am 5.12.1943, Archiv der Caritas Socialis, Bestand 3.2.3.7. Heilanstalt & Erziehungsheim Klosterneuburg (1922–1997), Karton 88/Kasten 3.

242 Ebd.

Durchschnittlich drei bis vier Monate verblieben die Frauen in dieser ersten Gruppe. Nur bei guter Führung war ein Aufstieg in die nächste Gruppe möglich. Diese »Mittelstufe« unterschied sich durch den Arbeitseinsatz in der »Taschnerei, Näherei, Wäscherei, Landwirtschaft und Küche«. Sechs bis sieben Monate waren für die »Mittelstufe« vorgesehen. Nur bei »sehr guter Führung und Leistung« war ein Aufstieg in die letzte Gruppe möglich: Der Einsatz dieser Frauen erfolgte »in der Küche, im Altersheim, überhaupt auf Plätzen, die eine gewisse Selbstständigkeit und Verlässlichkeit« erforderten. In dieser Gruppe gab es auch »Vergünstigungen«: Den Frauen wurde etwa »die Möglichkeit gegeben, die meist sehr unordentlichen, oft völlig zerrissenen Kleidungsstücke in Stand zu setzen, um bei der künftigen Einreihung in den Arbeitsprozess nicht schon von vornherein einen ungünstigen Eindruck zu erwecken, wie dies unsere Erfahrung gezeigt hat.«[243] Das strenge Regime ist auch daran zu sehen, dass weitere Vergünstigungen das freie Gehen im Haus, sonntägliche Spaziergänge, häufigerer Besuch, das häufigere Schreiben von Briefen und das Wegfallen der Zensur der Briefe waren. Außerdem gab es für jede Gruppe eine gesonderte Kleiderordnung: »Einlaufsgruppe Sonntagskleid ohne Kragen, 2. Gruppe mit weißem Kragen, 3. Gruppe Winterdirndl und Sommerröcke mit weißen Blusen.« Die Schwestern goutierten die Einteilung in Gruppen: »Das Gruppensystem als solches ist schon ein gutes Hilfsmittel, da es den Ehrgeiz anspornt und von vornherein Selbstzucht fordert.«[244]

Das Arbeitspensum war enorm: Zum Zeitpunkt Dezember 1943 waren 15 Frauen in der Näherei beschäftigt. Diese erbrachten im Jahr 1943 folgende Arbeitsleistung: Sie hatten über 23.000 Windeln, über 9.000 Pölster, über 6.000 Handtücher, über 5.000 Leintücher und insgesamt tausende Hemden, Durchzüge, Operationskompressen und Männerschlafröcke genäht. Des Weiteren hatten sie 2.000 Strohsäcke geflickt und mehr als 66.000 Knopflöcher handgenäht. Die anstaltseigene Taschnerei beschäftigte zehn Frauen, die Geldbörsen und Brieftaschen herzustellen hatten.[245] Fünf Frauen waren in der Wä-

243 Ebd.

244 Die Arbeitsanstalt Klosterneuburg und unsere pädagogischen Grundsätze, Weihnachten 1944, Archiv der Caritas Socialis, Bestand 3.2.3.7. Heilanstalt & Erziehungsheim Klosterneuburg (1922–1997), Karton 88/Kasten 3.

245 Die Frauen der Arbeitsanstalt arbeiteten für die Firma Blumauer, die die Wehrmacht mit Geldbörsen versorgte (vgl. Die Heilanstalt für Geschlechtskranke in

scherei beschäftigt: Von ihnen waren im Monat über 4.000 Kilo Wäsche zu waschen. In der Garten- und Landwirtschaft arbeiteten vier Frauen: Sie hatten 10.000 Quadratmeter Fläche zu bebauen. Sechs Frauen waren in der Küche beschäftigt, wo täglich 150 bis 250 Kilo Kartoffeln und 110 bis 150 Kilo Gemüse zu verarbeiten waren. Mittags hatten sie rund 380 Portionen Essen auszufolgen. Fünf Frauen waren im Altersheim eingeteilt und hatten Reinigungs- als auch Pflegearbeiten zu verrichten. 15 oder mehr angehaltene Frauen wurden für Reinigungsarbeiten in den Wiener Krankenanstalten herangezogen. Diese Frauen verließen die Anstalt Klosterneuburg um 5:45 Uhr und kamen um 20:00 Uhr, teilweise auch erst um 21:30 Uhr zurück. Ein weiterer, aus circa 20 Frauen bestehender Trupp war mit Flaschenreinigung und Abfüllarbeiten für die Wehrmacht[246] beschäftigt und hatte täglich 10.000 bis 12.000 Flaschen zu bearbeiten. Alle übrigen in der Anstalt Klosterneuburg festgehaltenen Frauen wurden für schwere Hausarbeit herangezogen.

Im Bericht der Asozialenkommission wird weiters damit geprahlt, dass die »Einlaufsgruppe« im Jahr 1943 neben Instandsetzungs- und Erneuerungsarbeiten, Umbauarbeiten an der Heizung und diversen Stemmarbeiten zwei Beton- und Ziegelmauern in einer Länge von 160 Metern sowie einen großen Koksbunker errichtet hatte. Für den anscheinend relativ hohen Arbeitsausfall durch Krankheit rechtfertigte man sich damit, dass aufgrund einer Geschlechtskrankheit viele Frauen in Behandlung standen, zudem mit der Anzahl schwangerer oder stillender Frauen (zum Zeitpunkt des Berichts 1943 waren dies sechs Frauen). Nur bei schwerer Erkrankung wurden die Frauen in die Heilanstalt oder in ein Krankenhaus überstellt. Lag die Arbeitseinsatzfähigkeit bei einer Frau unter 30 Prozent, wurde ein Antrag auf Überstellung in die Anstalt Dauerheim gestellt. Der Bericht hebt hervor, dass die meisten Frauen »willig und auch tadellos« arbeiten

Klosterneuburg, 1944, Archiv der Caritas Socialis, Bestand 3.2.3.7. Heilanstalt & Erziehungsheim Klosterneuburg [1922–1997], Karton 88/Kasten 3).

246 Diese wurden von den Klosterneuburger Firmen Rosenwirt, Etti und Hofkirchner durchgeführt (vgl. Die Heilanstalt für Geschlechtskranke in Klosterneuburg, 1944, Archiv der Caritas Socialis, Bestand 3.2.3.7. Heilanstalt & Erziehungsheim Klosterneuburg [1922–1997], Karton 88/Kasten 3).

würden und daher nur wenige Anträge auf Überstellung in die Arbeitsanstalt Am Steinhof gestellt werden müssten.[247]

Gegen Kriegsende wurden die in der Arbeitsanstalt Klosterneuburg festgehaltenen Frauen auch für Rüstungsarbeiten herangezogen.[248] Ab Ende 1944 mussten die Frauen zudem Aufräumarbeiten bei bombardierten Spitälern der Gemeinde Wien leisten.[249]

Die angehaltenen Frauen waren äußerst billige Arbeitskräfte: Für ihre Arbeit erhielten sie zunächst (eine genauere Zeitangabe ist leider nicht möglich) ein minimales »Taschengeld« von fünf Pfennig pro Stunde. Später wurde das »Taschengeld« in eine wöchentliche »Leistungsprämie« von ein bis zwei Reichsmark (je nach Leistung) umgewandelt. Das Geld wurde jedoch erst nach Entlassung ausbezahlt, um die Zeit bis zum ersten Verdienst zu überbrücken.[250]

Für sämtliche angehaltenen Frauen[251] sah die Tageseinteilung folgendermaßen aus: Um 5:30 Uhr mussten sie aufstehen, um 6:30 Uhr gab es Frühstück. Arbeitsbeginn war für die meisten Arbeitstrupps zwischen 6:00 und 7:00 Uhr, in Landwirtschaft, Garten und Küche teilweise auch bereits um 5:00 Uhr. Um 12:00 Uhr wurde die Vormittagsarbeit beendet, um 12:15 mittaggegessen, anschließend musste das Geschirr gewaschen werden. Danach wurde ab 13:00 Uhr weitergearbeitet, Arbeitsschluss war um 17:00 Uhr. Der Zeitraum zwischen 17:00 Uhr und 18:30 Uhr war für Körperwäsche und Schuhe putzen vorgesehen. 70 Frauen hatten gemeinsam einen Waschraum mit sechs Becken. Um 18:30 bekamen die Frauen das Nachtmahl, ab 19:00 Uhr wurde weitergearbeitet (Strickarbeiten, Knopflöcher nähen, Strümpfe stopfen, Wäsche flicken). Um 21:00 Uhr wurde die Arbeit beendet, ab 21:30 Uhr herrschte Nachtruhe. Für jene Frauen, die in der Küche,

247 Vgl. Zusammenfassender Bericht über die Arbeitsanstalt Klosterneuburg anlässlich einer Besichtigung der Asozialenkommission am 5.12.1943, Archiv der Caritas Socialis, Bestand 3.2.3.7. Heilanstalt & Erziehungsheim Klosterneuburg (1922–1997), Karton 88/Kasten 3.

248 Dies ist spätestens für September 1944 belegt (vgl. Vertraulicher Rahmenbericht über die Sitzung der Asozialenkommission vom 5.9.1944, WStLA, 2.7.1.2., A1-6 5d).

249 Vgl. Die Arbeitsanstalt Klosterneuburg und unsere pädagogischen Grundsätze, Weihnachten 1944, Archiv der Caritas Socialis, Bestand 3.2.3.7. Heilanstalt & Erziehungsheim Klosterneuburg (1922–1997), Karton 88/Kasten 3.

250 Vgl. ebd.

251 Eine Ausnahme stellen jene Frauen dar, die in den Wiener Krankenanstalten Arbeiten verrichten mussten. Für sie sah die Tageseinteilung anders aus.

im Altersheim und in der Landwirtschaft tätig waren, gab es auch am Sonntag keine Ruhepause. Alle anderen Frauen wurden sonntags »nur« von 13:00 bis 16:00 Uhr zu Strick- und Näharbeiten angehalten.[252]

Einmal wöchentlich bereiteten die Schwestern »Gemeinschaftsstunden« vor, die einen besonderen erzieherischen Zweck haben sollten:

> »Hiezu wird wöchentlich ein Abend verwendet, an welchem zunächst Ordnung und Disziplin durchbesprochen werden. Außerdem aber wird in einfacher, leicht verständlicher Form zu irgendeiner für die Mädchen wichtigen Lebensfrage Stellung genommen.«[253]

Dabei wurde den Frauen und Mädchen der ersten Gruppe »das Unrecht ihrer bisherigen Lebensweise« und der Begriff »asozial« klargemacht, außerdem »die Folgen und Tragweite von Geschlechtskrankheiten und Prostitution«. Auch auf eventuelle Ursachen des »Abgleitens« – »schlechte Freundschaften, Müßiggang, ungeordnete Lebenshaltung, schlechte Lektüre usw.« – wurde eingegangen. Mit den Frauen der zweiten Gruppe behandelten die Schwestern das Thema »Charakterbildung«: »die Verschiedenartigkeit der Temperamente«, »richtiges Kameradschaftsempfinden«, »Benehmen« und »guter Ton«. In der dritten Gruppe standen Zukunftsmöglichkeiten im Zentrum:

> »Man stellt nochmals den sittlich wertvollen Menschen in den Vordergrund, unser ureigenster Beruf als Frau wird in seiner ganzen Schönheit und in seinem Aufgabenreichtum aufgezeichnet [sic!], der Mutterberuf noch an eigener Stelle, das Wichtigste über die Ehe und Erziehung des Kindes, Verhalten zur Umgebung, besonders am künftigen Arbeitsplatz. Es wird aufmerksam gemacht auf Gelegenheiten, die wieder zur Gefahr werden können. Freizeitgestaltung wird durchbesprochen, wie überhaupt vom rechten Gebrauch des Vergnügens als Entspannung und Erholung, außerdem Schönheits- und Körperpflege, Freundschaften, Korrespondenz u. dgl.«[254]

252 Vgl. Zusammenfassender Bericht über die Arbeitsanstalt Klosterneuburg anlässlich einer Besichtigung der Asozialenkommission am 5.12.1943, Archiv der Caritas Socialis, Bestand 3.2.3.7. Heilanstalt & Erziehungsheim Klosterneuburg (1922–1997), Karton 88/Kasten 3.

253 Die Arbeitsanstalt Klosterneuburg und unsere pädagogischen Grundsätze, Weihnachten 1944, Archiv der Caritas Socialis, Bestand 3.2.3.7. Heilanstalt & Erziehungsheim Klosterneuburg (1922–1997), Karton 88/Kasten 3.

254 Ebd.

In den Gemeinschaftsstunden wurde das Verhalten der Frauen in Form einer Punktevergabe bewertet: »Gut bis zu 3 roten Punkten, schlecht bis zu 3 blauen Punkten.« Nach Ansicht der Schwestern diente diese öffentliche Beurteilung dazu, dass jede Frau wisse, wofür sie die einzelnen Punkte bekomme und damit auch die entsprechenden Strafen und Vergünstigungen. In der dritten Gruppe führten die Schwestern diese Art der Verhaltensbewertung jedoch nicht durch, um die Frauen stärker zur Selbstständigkeit und Selbstbewertung zu erziehen.[255]

Die Schwestern sahen ihre wesentlichen Aufgaben in der Erziehung der Mädchen und Frauen zur Ordnung, zur Gemeinschaft, zur richtigen Freizeitgestaltung usw. Arbeit galt ihnen als therapeutisches Mittel:

> »Die Arbeitstherapie ist eine wertvolle erfahrungsgemäße Errungenschaft auf dem Gebiete der Bekämpfung der Geschlechtskrankheiten, weil Müßiggang aller Laster Anfang ist und die Arbeit als unbedingt notwendiges Erziehungsmoment in Anwendung kommt. Das Arbeiten während der Zeit des Aufenthalts in der Anstalt hat aber nicht nur den Sinn, dass die Mädchen arbeiten lernen, sondern in ihnen Lust und Freude an der Arbeit und Beschäftigung zu wecken.«[256]

Streitigkeiten rund um die Führung der Arbeitsanstalt Klosterneuburg

Immer wieder wurden die Leitung der Arbeitsanstalt Klosterneuburg und die Schwestern der Caritas Socialis von Seiten der nationalsozialistischen Verwaltung und der Asozialenkommission als zu mild angegriffen. Dr. Walter Glas, ab 1943 Leiter der »Heil- und Arbeitsanstalt Klosterneuburg«[257], rechtfertigte sich im Jänner 1944 in einem Schreiben an den Leiter des Anstaltenamtes:

255 Vgl. ebd.

256 Die Heilanstalt für Geschlechtskranke in Klosterneuburg, 1944, Archiv der Caritas Socialis, Bestand 3.2.3.7. Heilanstalt & Erziehungsheim Klosterneuburg (1922–1997), Karton 88/Kasten 3.

257 Nach Schilderung der Schwestern der Caritas Socialis war Glas Nationalsozialist und bewusst anstelle des vorherigen Primars und Leiters Dr. Otto Rieger 1943 von der Asozialenkommission eingesetzt worden, um »einen schärferen Kurs« zu gewährleisten (vgl. Die Heilanstalt Klosterneuburg und ihre Geschichte, 1983, Archiv der Caritas Socialis, Bestand 3.2.3.7. Heilanstalt & Erziehungsheim Klosterneuburg [1922–1997], Karton 88/Kasten 3).

»Mehrere Behauptungen, die in erster Linie von Frau Hauptfürsorgerin Winnisch an verschiedenen Stellen vorgetragen wurden, sowie ähnliche gegenüber der Anstaltsfürsorgerin Frau Hartmann von Herrn Ob.Med.Rat Dr. Günther gemachte Äußerungen, welche sich nur gegen die Leitung und Führung der Arbeitsanstalt Klosterneuburg richten, können den Eindruck erwecken, dass den Angehaltenen in unserer Anstalt Vorteile zukommen, die in Wirklichkeit niemals existieren.«[258]

Glas führt in seinem Schreiben auch konkrete Gerüchte gegen die Arbeitsanstalt an: »So wurde seinerzeit behauptet, dass den Asozialen am Sonntag Hühner verabreicht werden, ferner, dass die Haltung der Arbeitsanstalt einem Sanatorium gleichkäme.«[259] Abschließend bat der Leiter der Heil- und Arbeitsanstalt den Leiter des Anstaltenamtes, solchen Gerüchten energisch entgegenzutreten, immerhin habe sich die Asozialenkommission bei einer Besichtigung im Dezember 1943 von der »mustergültige[n] Führung der Anstalt« überzeugt.[260]

Dass dem Ruf nicht so einfach beizukommen war, zeigt jedoch eine Aussage von Dr. Günther, dem Leiter der Abteilung E 3 (»Erb- und Rassenpflege«), am 22. Februar 1944:

»Der Begriff Klosterneuburg hat nichts Erschreckendes an sich. Drohen wir mit einer neuerlichen Einweisung nach Klosterneuburg, so hat das kaum einen spürbaren Effekt, werfen wir aber den Begriff ›Steinhof‹ in die Debatte, so haben wir augenblicklich die mangelnde Disziplin wieder hergestellt.«[261]

Günther unterzog die Anstalten Klosterneuburg und Am Steinhof einem detaillierten Vergleich, was die »Rückfallquoten« anbelangte:

»Beide Frauenarbeitsanstalten unterscheiden sich in ihrer Wirksamkeit beträchtlich. Während der Anhaltungszweck bei nur kurzfristiger Nachkontrolle bei jeder 7. Steinhoferin nicht erreicht wird, ist das bei jeder 3. Klosterneuburgerin bereits der Fall. Dieser für Klosterneuburg festzustellende Hundertsatz ist sehr hoch. Woran liegt die Ursache dieses Unterschiedes? Die

258 Schreiben des Leiters der Heil- und Arbeitsanstalt Klosterneuburg, Dr. Glas, an den Leiter des Anstaltenamtes, Dr. Klenkhart, vom 24.1.1944, WStLA, 2.7.1.2., A1-6 5e.

259 Ebd.

260 Ebd.

261 Rede von Dr. Günther bei der Mitarbeiterbesprechung am 22.2.1944, WStLA, 2.7.1.2., A1-6 5e.

Anhaltungsdauer im Durchschnitt ist für beide Anstalten praktisch gleich. Die Beobachtungsdauer der noch nicht rückfälligen ist bei Steinhof sogar einen vollen Monat länger als bei den Klosterneuburgerinnen. Zwar werden Steinhoferinnen in wesentlich kürzerer Zeit rückfällig, als es bei den Klosterneuburgerinnen der Fall ist, das sagt aber für die augenblickliche Frage nichts. Liegt die Ursache im Material der Angehaltenen? Nach Steinhof kommen grundsätzlich die schwereren Fälle. Es würde danach das genau umgekehrte Verhältnis erwartet werden! Im Hinblick auf das Material, das in Klosterneuburg durchschnittlich besserungsfähiger sein müsste, sind die Erfolge dieser Anstalt im Gegensatz zu Steinhof beängstigend gering. Wenn es aber weder in der Anhaltungsdauer noch an den Angehaltenen selbst liegen kann, so muss man doch wohl die Ursache in der Anstalt selbst suchen.«[262]

In weiterer Folge stellte Günther Vermutungen darüber an, was in der Anstalt Klosterneuburg falsch laufe. Darunter fasste er etwa die Regelung, dass einer kleinen »Bewährungsgruppe von Angehaltenen« Ausgang gewährt werde. Er halte dies persönlich für falsch, da er »die Arbeitsanstalt einem Strafvollzug eher gleich[setze] als einer Heilanstalt«.[263] Mit Nachdruck hielt er fest: »Mir scheint im übrigen, dass die praktischen Ergebnisse meiner Anschauung recht geben! Steinhof gewährt meines Wissens keine Ausgänge, und um wieviel günstiger steht diese Anstalt Klosterneuburg gegenüber da!!«[264] Als Beweis für die »Missstände« in Klosterneuburg sah Günther weiters »ein gewisses Zugehörigkeitsgefühl«, das in Klosterneuburg Angehaltene gegenüber der Anstalt entwickelt hätten:

»Die eine lässt sich freiwillig aufnehmen, die andere macht regelmäßig Besuche in der Anstalt, die dritte schreibt regelmäßig der Anstalt und schließlich bekommt die vierte Besuch von den angestellten Schwestern der Anstalt. All das ist in Steinhof nicht der Fall. Trotzdem sind die Erfolge des Steinhofs besser als die von Klosterneuburg, wesentlich besser! Trotzdem? Nein, gerade deswegen!«[265]

Abschließend empfahl Günther eine kürzere Anhaltungsdauer, jedoch eine straffere »Haltung« der Frauen.[266]

262 Ebd.
263 Ebd.
264 Ebd.
265 Ebd.
266 Vgl. ebd.

Die Schwestern der Caritas Socialis sahen hingegen genau das, was Günther als »Zugehörigkeitsgefühl« beschrieb, als einen Erfolg ihrer Arbeit:

> »Bei allem Versagen nach der Entlassung ist die Dankbarkeit und Anhänglichkeit der Mädchen groß. Es vergeht kaum ein Tag, an dem nicht die eine oder andere auf Besuch erscheint, um sich wieder einmal ihre Sorgen vom Herzen zu reden. Wichtig ist auch die Korrespondenz mit den Entlassenen, die sehr ausgedehnt ist. So z. B. sind im Jahr 1943 allein über 600 Briefe und mehr als 300 Karten eingelaufen, die zum Großteil beantwortet wurden, was den Entlassenen oft wirklich Halt und Trost bietet. Aus dieser Korrespondenz ist zu ersehen, dass die Arbeit in der Anstalt nicht umsonst ist, dass die Mädchen mit viel Heimweh an die Zeit ihrer Anhaltung zurückdenken und immer wieder versichern, dass es die schönste Zeit ihres Lebens war.«[267]

Wiederholt äußerte das Rassenpolitische Amt, dessen Intention – wie betont wurde – es keinesfalls war, den Frauen die »schönste Zeit ihres Lebens« zu bescheren, Unzufriedenheit mit den Bedingungen in der Arbeitsanstalt Klosterneuburg: Der Charakter der Anstalt entspreche »zu wenig der bei der Asozialenbekämpfung erforderlichen Notwendigkeit«, was sich an der Zahl der Rückfälligen zeige.[268] Die Asozialenkommission versuchte deshalb ab Mitte 1944, bisher nach Klosterneuburg eingewiesene Fälle in die Arbeitsanstalt Am Steinhof zu ziehen. In Klosterneuburg sollten fortan »nicht eigentliche Asoziale, sondern Arbeitsbummelanten zur Abschreckung kurzfristig [...] lagermäßig« interniert werden.[269] Hofrat Dr. Klenkhart, Leiter des Anstaltenamtes, wies in einer Sitzung der Asozialenkommission im September 1944 jedoch darauf hin, dass die geplante Abziehung von Angehaltenen in Klosterneuburg »bei dem derzeitigen Unterbelag und insbesondere wegen der dort seit Monaten durchgeführten Rüstungsarbeiten (Kappen nähen)« nicht möglich sei.[270]

267 Die Arbeitsanstalt Klosterneuburg und unsere pädagogischen Grundsätze, Weihnachten 1944, Archiv der Caritas Socialis, Bestand 3.2.3.7. Heilanstalt & Erziehungsheim Klosterneuburg (1922–1997), Karton 88/Kasten 3.

268 Schreiben des Rassenpolitischen Amtes an Scharizer vom 7.8.1944, WStLA, 2.7.1.2., A1-6 5d.

269 Ebd.

270 Neben einer Abziehung von Frauen aus Klosterneuburg durch vermehrte direkte Überstellungen in die Anstalt Am Steinhof war geplant, ein weiteres La-

Begehrte Räumlichkeiten

Schon kurz nach Machtübernahme der Nationalsozialisten im März 1938 gab es Bestrebungen, die Heilanstalt aufzulösen und das Gebäude für den Arbeitsdienst zu nutzen.[271] Nach Interventionen durch den Direktor des Wiener Allgemeinen Krankenhauses, des Primararztes der Heilanstalt und des Landesärzteführers für Deutschösterreich sprachen sich Minister Jury und Gauleiter Bürckel jedoch gegen eine Auflösung aus (vgl. Baumgartner/Meyer 1990, 172).

1942 gab es Pläne, die Arbeitsanstalt Klosterneuburg umzufunktionieren. Aus einem Schreiben der Gemeindeverwaltung des Reichsgaues Wien, Hauptabteilung Jugendwohlfahrt und Jugendpflege, an den Leiter der Hauptabteilung H (Wohnungs- und Siedlungswesen) geht die »beabsichtigte Heranziehung eines Gebäudeteiles der Arbeitsanstalt für weibliche Erwachsene in Klosterneuburg zur Unterbringung eines Lagers asozialer weiblicher Jugendlicher«[272] hervor. Man wollte in Klosterneuburg also ein »Jugendschutzlager« (wie Uckermark und Moringen) errichten. Dies wurde jedoch von der Gemeindeverwaltung abgelehnt, die sich gesetzlich nicht zur Errichtung und Führung derartiger Einrichtungen verpflichtet sah. In einem Schreiben wies die Gemeindeverwaltung zudem darauf hin, dass eine Anstalt für Schwererziehbare in der Heil- und Arbeitsanstalt Klosterneuburg nicht möglich sei, da die Einrichtungen »für ihren ständig wachsenden Aufgabenkreis restlos die dort vorhandenen Betten« benötigten; auch das Altersheim Klosterneuburg könne aus »kriegsbedingten und sonstigen Unterbringungsschwierigkeiten nicht geräumt werden«.[273] Genaueres über diese wieder verworfenen Pläne ist nicht bekannt.

ger in Klausen-Leopoldsdorf zu errichten, in dem 80 Frauen für kriegswichtige Holzarbeiten zur Verfügung stehen sollten. Klausen-Leopoldsdorf sollte eine »Dependance« der Anstalt Am Steinhof werden (vgl. Vertraulicher Rahmenbericht über die Sitzung der Asozialenkommission vom 5.9.1944, WStLA, 2.7.1.2., A1-6 5d).

271 Vgl. Schreiben an den Polizeipräsidenten vom 12.3.1938, Archiv der Caritas Socialis, Bestand 3.2.3.7. Heilanstalt & Erziehungsheim Klosterneuburg (1922–1997), Karton 88/Kasten 3.

272 Schreiben der Gemeindeverwaltung des Reichsgaues Wien, Hauptabteilung Jugendwohlfahrt und Jugendpflege, an den Leiter der Hauptabteilung H, Heinrich Laube, vom 12.8.1942, WStLA, 2.7.1.2., A1-6 5d.

273 Schreiben des Leiters der Hauptabteilung E (Gesundheitswesen und Volkspflege), Dr. Gundel, an den Stadtrat Kowarik vom 14.9.1942, WStLA, 2.7.1.2., A1-6 5d.

Die Heil- und Nachfürsorgeanstalt Klosterneuburg nach 1945

Mit dem Kriegsende war jede fürsorgerische Tätigkeit in der Anstalt Klosterneuburg fürs erste unterbunden; die Frauen der Arbeitsanstalt konnten zurück nach Hause und nur die in der Heilanstalt befindlichen Frauen blieben. Ein deutsches und ein russisches Lazarett wurden in den Räumen der Heilanstalt eingerichtet. Bald nach Kriegsende suchten aber auch mehr und mehr geschlechtskranke Frauen die Heilanstalt (freiwillig) auf: Im Mai 1945 waren es 181 Frauen, im Juni 291, im Juli 387 – es herrschte also Hochbetrieb in der Heilanstalt. Nachdem die Polizei in Wien wieder ihre Tätigkeit aufnahm, kamen auch die ersten polizeilichen Einweisungen hinzu. Neuer Primar der Heilanstalt Klosterneuburg wurde mit 7. Mai 1945 Dr. Bruno Streitmann.[274]

Ab November 1945 wurde versucht, auch die fürsorgerische Arbeit wiederaufzunehmen, insbesondere die Arbeit mit »schwer geschädigten und gefährdeten Jugendlichen«. Erste Überstellungen minderjähriger Mädchen durch die Kinderübernahmestelle in der Lustkandlgasse folgten. 1946 intensivierten sich die Kontakte zu verschiedenen Jugendämtern in Wien.[275]

Mit einem Stadtratsbeschluss vom 6. Mai 1946 wurde die »Nachfürsorge« in Klosterneuburg neu geregelt: Fortan sollten

> »unterstandslose und milieugefährdete, aus der Heilanstalt entlassene Patientinnen aufgenommen [werden], sowie auch solche, die in den Bereich der Gefährdeten- und Gefallenen-Fürsorge fallen, wenn sie auch nicht vorher Patientinnen der Anstalt waren. Bedingung ist die zwangsfreie Zustimmung, sowie die Zuständigkeit nach Wien, weil der Wiener Fürsorgeverband nur für Wiener Fürsorgefälle die Kosten trägt.«[276]

Frauen über 18 Jahre konnten ausschließlich in der Nachfürsorgeanstalt Klosterneuburg befürsorgt werden, weshalb in Einzelfällen nun

274 Vgl. Sr. Friedburga (1951): Die Heilanstalt Klosterneuburg, Archiv der Caritas Socialis, Bestand 3.2.3.7. Heilanstalt & Erziehungsheim Klosterneuburg (1922–1997), Karton 88/Kasten 3.

275 Vgl. Fürsorgearbeit in der Heilanstalt Klosterneuburg, 1948, Archiv der Caritas Socialis, Bestand 3.2.3.7. Heilanstalt & Erziehungsheim Klosterneuburg (1922–1997), Karton 88/Kasten 3.

276 Nachfürsorge in der Heilanstalt Klosterneuburg, undatiert (1946 oder später), Archiv der Caritas Socialis, Bestand 3.2.3.7. Heilanstalt & Erziehungsheim Klosterneuburg (1922–1997), Karton 88/Kasten 3.

auch Frauen aus anderen Bundesländern aufgenommen wurden. Die Nachfürsorge wurde geschlossen geführt, die Mädchen und Frauen konnten jedoch in Begleitung der Schwestern die Anstalt verlassen und Ausflüge unternehmen. Ein wesentlicher Unterschied zur Zeit des Nationalsozialismus bestand zudem in der Freiwilligkeit der Aufnahme. Die Caritas Socialis errichtete 1947 des Weiteren in Wien ein »Jugendwerkheim« für aus der Nachfürsorgeanstalt entlassene Mädchen und Frauen. Für die Nachfürsorgeanstalt sowie für das Heim standen je 30 Betten zur Verfügung. Als Sinn und Zweck dieser Einrichtungen bezeichnete die Caritas Socialis, »in möglichst lückenloser Weise gefallenen und gefährdeten Mädchen Halt und Stärke zu bieten und alles zu tun, um sie wieder in die menschliche Gesellschaft als gesunde und vollwertige Mitglieder einzubauen«.[277]

In dem »Memorandum zur Notwendigkeit der Errichtung eines Nachfürsorgeheims« von Mai 1947 plädierte man wiederum für die Wichtigkeit der Verschränkung eines medizinischen und fürsorgerischen Zugangs zu den geschlechtskranken Frauen. Insbesondere die sozialen Verhältnisse, aus denen die Frauen stammten, sowie die schlechten Wohnverhältnisse wurden betont. Die Lebenssituation der Patientinnen der Heilanstalt wurde nunmehr aus ihrer sozioökonomischen Situation und weniger aus ihrem Charakter heraus erklärt. Die Bezeichnung »asozial« wurde nicht mehr verwendet, wohl aber der Begriff »arbeitsscheu«.[278]

In einem Arbeitsbericht der Heilanstalt Klosterneuburg über das Jahr 1947 berichtete die Caritas Socialis von den Veränderungen seit 1945: Die Einweisungen in die Heilanstalt erfolgten nun nicht mehr nur durch die österreichische Polizei und das Gesundheitsamt, sondern zu einem großen Teil durch die alliierte Militärpolizei. Obwohl die Nachkriegszeit erst kurz dauere, bestünde »ein wesentlicher Unterschied in der moralischen Verfassung der Mädchen von früher und jetzt. Sie sind vor allen Dingen weitaus verdorbener und unzugänglicher als wie wir es bisher gewöhnt waren.« Die breite Masse sei von einer »furchtbaren Vergnügungssucht« erfasst worden und »in der niedersten Form« materialistisch eingestellt. Die Mädchen

277 Ebd.

278 Vgl. Memorandum zur Notwendigkeit der Errichtung eines Nachfürsorgeheims vom 4.5.1947, Archiv der Caritas Socialis, Bestand 3.2.3.7. Heilanstalt & Erziehungsheim Klosterneuburg (1922–1997), Karton 88/Kasten 3.

hätten zudem keine Sehnsucht »nach etwas Besserem« mehr, sondern seien »mit ihrer Lebensweise durchaus zufrieden«. Die neben der pflegerischen Arbeit noch immer betriebene erzieherische Arbeit koste heute »1. eiserne Nerven, 2. ein größeres Fingerspitzengefühl denn je, weil sie in keiner Weise aufdringlich wirken darf und weil Zwangsmaßnahmen noch weniger angebracht sind«. Auch die »Arbeitstherapie« funktioniere nicht mehr wie zuvor, klagten die Schwestern: Da durch den Mangel an Arbeitsmöglichkeiten nur noch ein kleiner Teil in der »Arbeitstherapie« untergebracht werden könne, würde sich dieser Teil benachteiligt fühlen und die Arbeit als Strafmaßnahme empfinden. Die Schwestern bedauerten zudem das mangelnde öffentliche Interesse an der Geschlechtskrankenfürsorge, auch aus katholischen Kreisen. Kritisiert wird auch der »Bürokratismus der Verwaltung«. Dem neuen Primar fehle es zudem an Erfahrung und fürsorgerischem Verständnis, er sei »vorwiegend Wissenschaftler«. Aus all diesen Gründen fehle es den Schwestern an »Schwung und Antrieb«. Finanziell sei der Betrieb gut gedeckt. Als Zukunftspläne hielt man eine »Erweiterung der Arbeitstherapie« und einen »Ausbau der Nachfürsorge« fest.[279]

In den 1950er Jahren reduzierte sich die Zahl geschlechtskranker Frauen und Mädchen, die in der Heilanstalt Klosterneuburg behandelt wurden, erheblich, weshalb Räume frei wurden. Aus diesem Grund wurden im Jahr 1955 die Patientinnen in einer Abteilung zusammengelegt. In den frei gewordenen Räumen wurde neuerlich ein Erziehungsheim errichtet. Im Jahr 1957 waren im Gebäudekomplex Martinstraße 28 das Erziehungsheim (»Agnesheim«), ein Altersheim, ein Mädchenwohnheim und die Abteilung für geschlechtskranke Frauen und Mädchen untergebracht. Im Erziehungsheim wohnten zu diesem Zeitpunkt 85 Mädchen, deren Einweisungsgrund großteils mit »sittlicher Verwahrlosung« angegeben wurde. Ähnlich wie zuvor in der Arbeitsanstalt wurde das Verhalten der Mädchen mit einem Punktesystem bewertet: nach Benehmen, Fleiß und Ordnung. Abhängig von der Punktebewertung wurden Ausgang und verschiedene Begünstigungen gewährt. Die Sonderabteilung für Geschlechtskranke bestand nur noch aus 30 Betten. Durch die neuen Behand-

279 Arbeitsbericht über das Jahr 1947 in der Heilanstalt Klosterneuburg, Archiv der Caritas Socialis, Bestand 3.2.3.7. Heilanstalt & Erziehungsheim Klosterneuburg (1922–1997), Karton 88/Kasten 3.

lungsmöglichkeiten mit Penicillin verkürzte sich die Aufenthaltsdauer der Frauen erheblich, was die Schwestern kritisch betrachteten: »Die Patientinnen sind jetzt nur noch drei Wochen hier, die Prostituierten sogar nur mehr eine Woche. Der kurze Aufenthalt hat den Nachteil, dass die seelische und fürsorgerische Betreuung auf ein Mindestmaß herabgesetzt ist.« Am Grundsatz »Erziehung durch Arbeit« schien man auch in den 1950er Jahren noch festzuhalten. Tagsüber wurden die Frauen einer »Arbeitstherapie« unterzogen.[280]

Die Nachfürsorgeanstalt bestand bis 1959, das Agnesheim bis 1971. Im selben Jahr wurden das Altersheim[281] und die Sonderabteilung für Geschlechtskranke von der Gemeinde Wien übernommen, die in den Räumlichkeiten ein Pflegeheim (später: Geriatriezentrum) führte.[282]

2.3 Zusammenwirken der Anstalten Am Steinhof und Klosterneuburg

Insgesamt waren rund 650 Frauen in den beiden im Reichsgau Wien bestehenden, zuvor beschriebenen Arbeitsanstalten für Frauen in Klosterneuburg und Am Steinhof eingesperrt (vgl. Czech 2006, 78). Mit dem Betreiben von zwei räumlich getrennten, unterschiedlich funktionierenden Anstalten waren größere Differenzierungsmöglichkeiten gegeben, die Folgen für die Anhaltungsbedingungen, die angewandten Strafmaßnahmen und den weiteren Verfolgungsweg hatten. Die Arbeitsanstalt Klosterneuburg war mit der Stufe I und die Anstalt Am Steinhof mit der verschärften Stufe II versehen.[283]

Dr. Gundel hatte bereits in einer am 15. Oktober 1941 verlautbarten Regelung der Einweisungsvorgänge deutlich gemacht, dass Klosterneuburg »vor allem den Charakter einer Arbeitsanstalt für jugendliche, besserungsfähige Frauen« haben sollte, während die Arbeitsanstalt

280 Kurzer Überblick über den Verlauf der Übernahme der Heilanstalt Klosterneuburg aus dem Jahr 1957, Archiv der Caritas Socialis, Bestand 3.2.3.7. Heilanstalt & Erziehungsheim Klosterneuburg (1922–1997), Karton 88/Kasten 3.

281 Die Schwestern blieben allerdings bis 1986 weiter dort tätig und übernahmen bis Ende der 1990er Jahre auch noch die pastoralen Dienste.

282 Vgl. Findbuch, Archiv der Caritas Socialis, Bestand 3.2.3.7. Heilanstalt & Erziehungsheim Klosterneuburg (1922–1997), Karton 88/Kasten 3.

283 Vgl. Bericht über die Arbeitsanstalt »Am Steinhof« vom 8.1.1944, gez. Max Thaller, WStLA, 2.7.1.2, A1-6, 2323 Sonstige Maßnahmen/Presseveröffentlichungen.

Am Steinhof für Frauen dienen sollte, »bei denen eine Besserung ihres Verhaltens nicht ohne weiteres erwartet werden kann«.[284]

Die von Gundel vorgenommene Spezifizierung des Personenkreises zeigt nochmal deutlich, welche Differenzierungen unter den »asozialen« Frauen vorgenommen wurden:

> »Die Insassinnen der Anstalt Klosterneuburg werden zumeist ausgeheilte Personen der Heilanstalt Klosterneuburg sein, hingegen werden die Pfleglinge der Arbeitsanstalt ›Am Steinhof‹ nur aus Frauen bestehen, die als asozial bezeichnet werden müssen. In die Anstalt ›Am Steinhof‹ werden auch Frauen einzuweisen sein, welche nach ihrer Ausheilung von der Anstaltsleitung Klosterneuburg als nicht besserungsfähig erkannt [wurden] und die vor ihrer Einweisung geheime Prostitution betrieben haben. Ebenso kommen für die Anstalt ›Am Steinhof‹ jene Frauen in Betracht, die bisher gewerbsmäßig Unzucht betrieben haben und anzunehmen ist, dass sie diese auch weiterhin ausüben, doch nur dann, wenn sie bereits vorbestraft sind.«[285]

Die Unterscheidung in »noch besserungsfähige« und »nicht mehr besserungsfähige« Frauen und die entsprechende Einweisung in unterschiedliche Abteilungen oder Anstalten war kein Novum des Nationalsozialismus, sondern eine bereits im 19. Jahrhundert in Österreich gängige Praxis im Gefängnisalltag (vgl. Baumgartner 1992, 128). An die Unterscheidung waren auch Unterschiede »in der Behandlung, Arbeitszuteilung, Verköstigung u. s. w.«[286] geknüpft.

Durch die Errichtung der Arbeitsanstalt Am Steinhof Ende 1941 bestand also fortan nicht nur eine größere Zahl an Betten, das nunmehr größere Netz an Anstalten brachte auch eine Erweiterung der Sanktionierungsmöglichkeiten: Zu jedem Zeitpunkt der Anhaltung konnte die Überstellung in die jeweils andere Anstalt angeordnet werden. Entscheidungsbefugt waren die Anstaltsleitungen und die Abteilung V/4 bzw. E 8, das Anstaltenamt der Magistratsbehörde. Die Überstellung von Klosterneuburg nach Am Steinhof diente als disziplinäre Maßnahme. Der umgekehrte Weg war möglich, »wenn

284 Regelung des Einweisungsvorgangs in die Arbeitsanstalten Klosterneuburg und »Am Steinhof« vom 15.10.1941, WStLA, 2.7.1.2., A1-6 5d.

285 Ebd.

286 Ebd.

nachträglich das Verhalten der Eingewiesenen die Abgabe nach Klosterneuburg zulässt«.[287]

Die statistischen Aufzeichnungen der beiden Anstalten (vgl. dazu die Auswertungen und Tabellen in Abschnitt 2.1) zeigen, dass das Hin- und Herschicken von Frauen zwischen Am Steinhof und Klosterneuburg auch tatsächlich gängige Praxis war: Im Jahr 1941 wurden etwa drei Viertel der in der Arbeitsanstalt Am Steinhof internierten Frauen aus der Arbeitsanstalt Klosterneuburg überstellt, im Jahr 1943 kam rund die Hälfte der Frauen aus der Heilanstalt Klosterneuburg (vgl. Baumgartner/Mayer 1990, 211).

Trotz der stärkeren Differenzierungsmöglichkeit war das Rassenpolitische Amt mit der Arbeitsweise der Arbeitsanstalt Klosterneuburg allerdings nicht zufrieden, wie ein Schreiben von August 1944 zeigt:

> »Die Erfahrung hat jedoch gelehrt, dass die Zahl der Rückfälligen in der Arbeitsanstalt Klosterneuburg bedeutend höher als in der Arbeitsanstalt ›Am Steinhof‹ ist. Das heißt also, dass mit einer Besserung bei Asozialen in der Regel fast nicht zu rechnen ist. Es wird deshalb schon seit längerer Zeit versucht, eine Vergrößerung der Arbeitsanstalt ›Am Steinhof‹ durchzuführen. Ein praktisches Ergebnis konnte bisher noch nicht erreicht werden. Die Verhandlungen darüber sind jedoch im Gange.«[288]

Im gleichen Schreiben stellte man ein »zu kleines Fassungsvermögen« in den beiden Anstalten fest und äußerte große Unzufriedenheit mit dem Anstaltsbetrieb in Klosterneuburg: Die Erziehung und Unterbringung in der Arbeitsanstalt Klosterneuburg entspreche »nicht voll den Anschauungen der Asozialen-Kommission«, da der Charakter der Anstalt »zu wenig der bei der Asozialenbekämpfung erforderlichen Notwendigkeit« entspreche.[289] Dies zeige sich an der Zahl der Rückfälligen. Die Asozialenkommission wollte deshalb immer mehr Fälle nach Am Steinhof ziehen, was jedoch am Raummangel scheiterte.[290]

Die nächste Eskalationsstufe nach einer Einweisung in eine (strengere) Arbeitsanstalt stellte die Überstellung in ein Konzentrationslager dar. In der Regelung der Einweisungsvorgänge vom 21. November

287 Zl. E5-III 509/41 vom 21.11.1941, gez. Oberverwaltungsrat Dr. Bauer, Leiter des Sozialamtes, im Auftrag von Prof. Gundel, WStLA, 2.7.1.2., A1 5d.

288 Schreiben des Rassenpolitischen Amtes an Scharizer vom 7.8.1944, WStLA, 2.7.1.2., A1-6 5d.

289 Ebd.

290 Ebd.

1941 wurde diese Möglichkeit dezidiert festgehalten: »Unverbesserliche, bezw. solche Personen, bei denen die Erziehungsversuche ohne Erfolg bleiben, können eventuell in ein Konzentrationslager eingewiesen werden.«[291] Gelangten die Leitungen der Arbeitsanstalten also zur Ansicht, »dass die weitere Anhaltung in der Anstalt aussichtslos oder aus disziplinären Gründen nicht weiter zu verantworten ist«, so konnte ein »ausführlich begründetes und belegtes Ersuchen auf Abgabe in ein Konzentrationslager an die Abteilung E 5 (V/7) gerichtet werden«.[292]

Wurden die Frauen hingegen aus einer der beiden Arbeitsanstalten entlassen, sah das Prozedere folgendermaßen aus: Entlassen wurde erst, wenn ein Arbeitsplatz für die betreffende Frau gefunden war. Es galt die unverzügliche Arbeitsvermittlung, also eine Dienstverpflichtung, für die die Abteilung E 5 (V/7) in Kooperation mit dem Arbeitsamt sorgte. Die Frauen wurden weiterhin streng überwacht. Diese Kontrolle erfolgte in enger Kooperation von Arbeitsamt und Fürsorge:

> »Die Überwachung der Entlassenen am Arbeitsplatz obliegt dem Arbeitsamte, das der Abteilung E 5 (V/7) über Ersuchen hinsichtlich ihres dortigen Verhaltens berichten wird. Insbesondere übernimmt das Arbeitsamt die sofortige Verständigung in jenen Fällen, wo es ein vorzeitiges und verschuldetes Verlassen des Arbeitsplatzes feststellen konnte.«[293]

Auch die Sprengelfürsorgerin war mit der Überwachung der entlassenen Frauen betraut. Diese konnte auch einen »Antrag auf Unterbringung in ein Konzentrationslager« einbringen, wenn eine Frau aus ihrer Sicht »rückfällig« wurde.[294]

2.4 Verfolgungswege

Für sechs Mädchen und Frauen, die in den Anstalten Am Steinhof und in Klosterneuburg zwangsinterniert waren, wurden die Verfolgungswege detaillierter nachgezeichnet. Bei der Auswahl der Verfolgungsgeschichten wurde darauf geachtet, dass möglichst viele verschiedene und doch auch typische Wege in und durch die Ver-

291 Regelung des Einweisungsvorgangs in die Arbeitsanstalten Klosterneuburg und »Am Steinhof« vom 21.11.1941, WStLA, 2.7.1.2., A1-6 5d.

292 Ebd.

293 Ebd.

294 Richtlinien für die Bekämpfung von Asozialen, 1942, WStLA, 2.7.1.2., A1-6 5d.

folgungsmaschinerie präsentiert werden. Nahezu alle Frauen haben verschiedene Erziehungsheime durchlaufen, einzelne waren Am Spiegelgrund, andere standen in der Wagner v. Jauregg Heil- und Pflegeanstalt Am Steinhof in psychiatrischer Behandlung, bevor sie in eine Arbeitsanstalt kamen; zwei der Frauen waren in Klosterneuburg als auch Am Steinhof. An zwei Frauen wurden zudem Zwangssterilisationen durchgeführt. In mehreren Fällen wird von Fluchtversuchen berichtet. Bezüglich der weiteren Wege findet sich ebenfalls eine breite Streuung: Es werden Fallgeschichten nachgezeichnet, in denen die Frauen noch während der Zeit des Nationalsozialismus wieder entlassen wurden, in denen die Entlassung erst zum Zeitpunkt der Befreiung erfolgte und Fälle, in denen die Frauen in ein Jugend-KZ überstellt wurden. Auch ein »Sonderfall« wird beschrieben: Die Geschichte einer Frau, die trotz drastischer Diagnose bereits nach kurzer Zeit wieder aus einer Zwangsunterbringung entlassen wurde, da Rechtsmittel eingelegt und Parteikontakte bemüht worden waren.

Bedingt durch die Aktenlage (vorwiegend von den verschiedenen Anstalten verfasste »Krankengeschichten«) geben die folgenden Darstellungen stark die ärztliche und fürsorgerische Sicht wieder. Diese Perspektive ist geprägt von Distanzierung, Pathologisierung, Abwertung und Verurteilung. Den Mädchen und Frauen wurde durchwegs ein »verdorbener Charakter« unterstellt. Sie standen unter genauer Beobachtung, und jede Normabweichung wurde ihnen strengstens zur Last gelegt. Die ÄrztInnen und Fürsorgerinnen brachten ihnen zudem kein Verständnis für ihre großteils sehr schwierige soziale Lage entgegen und konzentrierten sich stattdessen im Detail auf das (angebliche) sexuelle Verhalten der Frauen. Nur in wenigen Fällen konnten zusätzlich zu den Kranken- und Fürsorgeakten Aussagen von den betroffenen Frauen herangezogen werden, in denen sie selbst über ihre Zwangsinternierung in der Arbeitsanstalt Am Steinhof berichteten. Diese Aussagen stammen aus dem Jahr 1946 und wurden im Zuge des Volksgerichtsverfahrens gegen den ehemaligen Leiter der Arbeitsanstalt Am Steinhof, Dr. Alfred Hackel, und andere Beschäftigte der Arbeitsanstalt erhoben. Die Frauen wurden jedoch nicht umfassend zu ihrer Lebensgeschichte befragt, sondern primär zu den Misshandlungen, die sie während ihrer Anstaltsunterbringung erleiden mussten. In den zwei Fällen, wo die Mädchen später in das »Jugendschutzlager« Uckermark und das Konzentrationslager Ravensbrück kamen, liegen zudem Einträge in der am Institut für Konfliktforschung im

Rahmen des Projekts zur namentlichen Erfassung der ehemals inhaftierten ÖsterreicherInnen im KZ Ravensbrück (inklusive KZ Uckermark) erstellten Datenbank vor. Auch diese Daten geben jedoch keinen genaueren Aufschluss über die Lebensgeschichten der Frauen, insbesondere nach 1945.[295] Aus diesen Gründen können ausschließlich die Verfolgungswege und nicht die Gesamtbiografien der Frauen nachgezeichnet werden. Soweit wie möglich wurde bei den nachfolgenden Darstellungen versucht, den fürsorgerischen oder ärztlichen Blick auf die Frauen mit gebührender Distanz zu beschreiben. Dennoch möchten wir an dieser Stelle noch einmal allgemein darauf hinweisen, dass es sich bei den getroffenen Diagnosen und Schilderungen um Zuschreibungen an die Frauen handelt und keineswegs um Wahrheiten oder Selbstwahrnehmungen der Frauen.

Vorneweg seien hier die Verfolgungsgeschichten der sechs Mädchen und Frauen kurz skizziert:

Im Fall Anna K. handelt es sich um eine junge Frau, die nach Unterbringung in mehreren Erziehungsheimen in der Wagner v. Jauregg Heil- und Pflegeanstalt interniert wurde. Nach einer Zwangssterilisation wurde sie entlassen, kam jedoch später in die Heilanstalt Klosterneuburg und von dort, unterbrochen durch einen Fluchtversuch, in die Arbeitsanstalt Am Steinhof. 1944 wurde sie entlassen.

Anna Sch. verbrachte einen Großteil ihrer Kindheit in verschiedenen Erziehungsanstalten. Im Alter von 17 Jahren wurde eine Abtreibung und gleichzeitige Zwangssterilisation an ihr durchgeführt. Danach kam sie in die Wagner v. Jauregg Heil- und Pflegeanstalt Am Steinhof, von wo sie mehrere Male flüchtete. Mit Erreichen der Volljährigkeit wurde sie in die Arbeitsanstalt Am Steinhof transferiert. Circa eineinhalb Jahre später wurde sie bedingt entlassen. Ein Dreivierteljahr danach wurde sie jedoch wieder in die Arbeitsanstalt Am Steinhof eingewiesen. Es folgte ein kürzerer Aufenthalt in der Heilanstalt Klosterneuburg, aus der sie im April 1945 entlassen wurde. Zwei Jahre nach der Befreiung vom Nationalsozialismus war sie abermals in der Heil- und Pflegeanstalt Am Steinhof untergebracht, wo die Ärzte

295 Eine wesentliche Quelle für die »Namentliche Erfassung« waren die Akten der Opferfürsorge. Aus diesen konnte zumindest teilweise das Leben vor, während und nach der Verfolgung rekonstruiert werden. Da die als »asozial« verfolgten Personen von den Leistungen der Opferfürsorge ausgeschlossen waren, stellten nur wenige Frauen Anträge. Dementsprechend sind biografische Daten für diesen Personenkreis kaum vorhanden.

unhinterfragt an die Einschätzungen ihrer Kollegen aus der Zeit des Nationalsozialismus anknüpften.

Elfriede R. verbrachte im Alter von 14 Jahren einige Wochen in einer psychiatrischen Klinik. Danach durchlief sie mehrere Heime. Schließlich kam sie in die Heilpädagogische Klinik Am Spiegelgrund[296]. Mit Erreichen der Volljährigkeit wurde sie in die Arbeitsanstalt Am Steinhof überstellt. Etwa ein Jahr später, im Juni 1944, wurde sie von dort bedingt entlassen.

Ruth P. durchlief verschiedene Erziehungsheime, ehe sie in die Wiener städtische Jugendfürsorgeanstalt Am Spiegelgrund eingewiesen wurde. Von dort wurde sie direkt in das »Jugendschutzlager« Uckermark überstellt. 1945 wurde sie aus dem KZ Ravensbrück befreit.

Sofie J. verbrachte ihre Kindheit bei der Großmutter und in einer Klosterschule. Im Alter von 15 Jahren kam sie zur Beobachtung in die Anstalt Am Spiegelgrund. Von dort wurde sie etwas mehr als ein Jahr später in das »Jugendschutzlager« Uckermark transferiert. Im Jänner 1945 wurde sie in das KZ Ravensbrück überstellt, aus dem sie Ende April 1945 befreit wurde.

Marie H. ist ein Beispiel für eine erfolgreiche Intervention gegen eine Anstaltsunterbringung: Die erwachsene Frau wurde 1941 in die Wagner v. Jauregg Heil- und Pflegeanstalt eingewiesen. Ihre Familie legte daraufhin Rechtsmittel ein und auch die NSDAP wurde bemüht, um die Reichsbahnbeamtin freizubekommen. Nach nur 17 Tagen wurde sie schließlich – trotz der Diagnose Schizophrenie – entlassen.

Im Folgenden werden die Verfolgungswege auf Grundlage des vorhandenen Aktenmaterials so detailliert wie möglich nachgezeichnet.

Anna K.

Anna K.[297] wird am 26. Juli 1922 in Markgraf Neusiedl in Niederösterreich geboren. Nach der Schule lebt sie in verschiedenen Erziehungsanstalten (Oberhollabrunn und Wiener Neudorf). In der Erziehungsanstalt habe sie eine Freundin gehabt, mit der sie sich auch

296 Die im Juli 1940 geschaffene »Wiener städtische Jugendfürsorgeanstalt Am Spiegelgrund« wurde im März 1942 in »Heilpädagogische Klinik der Stadt Wien Am Spiegelgrund« umbenannt (vgl. Krist/Lichtblau 2017, 203f.).

297 Die Informationen zu dieser Verfolgungsgeschichte beruhen auf: WStLA, Otto-Wagner-Spital, A11/3 – Krankengeschichten: Frauen: Anna K., 26.7.1922; WStLA, Zeugenvernehmung von Anna K. am 1.3.1946, Vg 2b Vr 3999/45 sowie WStLA, 1.3.2.209.2_K2, Städtische Arbeitsanstalten Frauen, Karteikarten.

»geschlechtlich eingelassen« habe, so Anna K. später bei einem ärztlichen Gespräch. Mit Männern habe sie zwecks Zuverdienstes zu ihrem Einkommen als Stubenmädchen Geschlechtsverkehr gehabt. Anna K. erkrankt an Gonorrhoe und wird in der Folge von ihrem letzten Wohnort in der Weintraubengasse 14 im 2. Wiener Gemeindebezirk in die Heilanstalt Klosterneuburg eingewiesen. In einem Führungsbericht wird Anna K.s Verhalten in der Heilanstalt Klosterneuburg folgendermaßen beschrieben: »In der Arbeit nett und sauber, moralisch und seelisch verkommen.«

Am 9. Mai 1941 untersucht sie der Spiegelgrund-Psychiater Dr. Erwin Jekelius. Er gibt an, die Patientin habe zugegeben, dass sie einen »Hang zu Frauen« habe und mit Männern nur ausgegangen sei, um Geld zu verdienen. Im Befund hält Dr. Jekelius fest: »Vollständig orientiert, geordnet, Stimmungslage stumpf, Verhalten situationsgemäß, rückständige Intelligenz, anlagemäßig bedingtes Lesbiertum, keine Wahnideen nachweisbar.« Dr. Jekelius unterstellt Anna K., »eine grenzdebile, asoziale, arbeitsscheue, lesbische Psychopathin« zu sein, der eine »Einsicht für ihr asoziales Verhalten« fehle. Da sie sowohl sich als auch ihre Umgebung gefährde, sei sie in eine geschlossene Anstalt einzuweisen. Dr. Jekelius empfiehlt dafür Steinhof.

Kurz darauf, am 21. Mai 1941, wird sie in die Wagner v. Jauregg Heil- und Pflegeanstalt aufgenommen. Auf dem Aufnahmebogen in die Anstalt werden als klinische Diagnosen »Debilität« und »sittliche Haltlosigkeit« angegeben. In einem späteren Eintrag findet sich eine ähnliche Diagnose: »asoziale Psychopathin mit Zeichen von Debilität und moralischem Schwachsinne«.

Im Juli und August 1941 suchen sowohl Annas Mutter als auch eine Familie Schröder aus Klosterneuburg mehrmals um die Entlassung oder Beurlaubung von Anna an. Maria K. verspricht, »selbst als Mutter« Anzeige zu erstatten, solle ihre Tochter etwas anstellen. Familie Schröder schreibt, sie würden das Mädel gut erziehen und hätten einen Posten in einer Weberei in Klosterneuburg für sie in Aussicht. Anna K. selbst verfasst am 21. August 1941 einen Brief an einen Herrn Hofrat, in dem sie bittet, nach ihrer Entlassung weiter in der Wäscherei der Anstalt Am Steinhof beschäftigt zu bleiben. »Wegen mangelnder Einsicht« in ihre »Vergehen« wird jedoch keines der Ansinnen gewährt.

Im Winter 1941 wird in Anna K.s Krankenakte eine »Besserung« notiert: Sie sei nun »fügsam« und »nett« geworden. Im Frühjahr 1942 finden sich Einträge, die festhalten, dass Anna K. nun »sehr arbeitsam und fleißig« sei und sich bei der Hausarbeit beschäftige. Im Mai 1942 wird Anna K. zu einer »Besprechung« zitiert: Sie sehe nun ein, »dass ihr Leben nicht recht war und verspricht, wenn sie entlassen wird, anständig arbeiten zu wollen, und zwar bei der Post.« Anna K. gibt an, sie habe schon genug gebüßt. Im Juni 1942 halten die ÄrztInnen in einem Eintrag schließlich fest: Es habe sich »nun im Verlaufe ihres Anstaltsaufenthaltes eine Einsicht für ihr früheres asoziales Verhalten eingestellt, sodass zu erwarten steht, dass sie wieder ein brauchbares Mitglied der Gesellschaft wird. Sie ist in diesem Sinne geheilt, eine weitere Anhaltung ist nicht zulässig.«

Einer Entlassung von Anna K. stehen jedoch – laut einem Eintrag von 7. Juli 1942 – die Bestimmungen der Verordnung zur Ausführung des Gesetzes zur Verhütung erbkranken Nachwuchses vom 5.12.1933, RGBl. I. S. 1021 Art. I., Abs. 2 entgegen. Diese besagen, dass »ein fortpflanzungsfähiger Erbkranker, der in einer geschlossenen Anstalt verwahrt wird, [...] nicht entlassen oder beurlaubt werden [darf], bevor der Antrag [zur Unfruchtbarmachung] gestellt und über ihn entschieden ist«[298]. Bereits im April 1942 hatte Anna K. eine Vorladung des Erbgesundheitsgerichts erhalten. Am 15. Juli 1942 wird Anna K. schließlich zwangssterilisiert und auf Pavillon 24 rücküberstellt. Sieben Tage später werden ihr die Nähte entfernt, am 27. Juli 1942 kommt sie wieder zurück auf Pavillon 10. Tags darauf wird Anna K. aus der Wagner v. Jauregg Heil- und Pflegeanstalt Am Steinhof als »geheilt« zu ihrer Schwester entlassen.

Ihrer Zeugenaussage im Prozess gegen Dr. Alfred Hackel vom 1. März 1946 nach wird Anna K. wenige Monate später, im Oktober 1942, anlässlich einer Razzia in einem Kaffeehaus im 2. Bezirk angehalten und zu einer Untersuchung auf Geschlechtskrankheiten in die Heilanstalt Klosterneuburg eingeliefert. Dort werden ihr Pulverkuren und Injektionen verabreicht. Nach drei Monaten wird sie in die Arbeitsanstalt Am Steinhof überstellt.

Am 7. Jänner 1943 wird sie dort aufgenommen und Dr. Thaller vorgeführt. Auch der Oberpfleger Raab ist dabei anwesend und wirft ihr vor, auf den Strich gegangen zu sein. Sie bestreitet das, »musste

298 Verordnung zur Ausführung des Gesetzes zur Verhütung erbkranken Nachwuchses vom 5.12.1933, RGBl. I. S. 1021 (http://alex.onb.ac.at/cgi-content/alex?apm=0&aid=dra&datum=19330004&seite=00001021&zoom=2, abgerufen am 1.3.2019).

dann aber erfahren, dass es dort üblich war, auf alles ›jawohl‹ zu sagen, weil man sich sonst größeren Unannehmlichkeiten aussetzte«, also bejaht sie. Gleich nach ihrer Einlieferung werden ihr die Haare auf Zündholzlänge geschnitten.

Am 7. Mai 1943 flüchtet Anna K. aus der Arbeitsanstalt Am Steinhof. Zwei Monate hält sie sich in Ringelsdorf in Niederösterreich auf, wird aber ausfindig gemacht und neuerlich in die Arbeitsanstalt eingeliefert, wo sie am 3. Juli 1943 ankommt. Zur Strafe für ihre Flucht bekommt sie drei Wochen Korrektion bei einer Verpflegung von 30 dkg Brot am Tag und Wasser, jeden dritten Tag bekommt sie warmes Essen. In ihrer Zeugenaussage im Prozess gegen Hackel et al. beschreibt sie, dass sie nur mit einem Hemd bekleidet sein durfte, nicht einmal Pantoffeln waren erlaubt. Im Raum befand sich lediglich ein Steinbett, für das sie nachts einen Strohsack und Decken zur Verfügung gestellt bekam.

Am 3. Februar 1944 wird Anna K. bedingt entlassen und an einen Dienstgeber überstellt. Die genauen Umstände ihrer Entlassung sind unklar, ebenso liegen keine Informationen über ihr weiteres Leben vor.

Anna Sch.

Anna Sch.[299] wird am 21. Juni 1924 in Wien geboren. Der Vater, ein ehemaliger Maurergehilfe, ist aufgrund eines Kopfschusses Kriegsinvalide, die Mutter Hausgehilfin ohne Stellung. Sieben Jahre lang besucht Anna Sch. die Hilfsschule[300] in der Uhlandgasse im 10. Bezirk, danach wird sie aus der vierten Klasse entlassen. Wegen »Straßenbettel« kommt sie kurz darauf, im Jahr 1937, in die »Anstalt für debile Kinder Rosenhof«. Einen Großteil ihrer Kindheit bzw. frühen Jugend verbringt sie in verschiedenen Kinderheimen. Dort hat es Anna Sch. nicht leicht, immer wieder eckt sie bei den Fürsorgerinnen und Heimleitungen an.

299 Die Informationen zu dieser Lebensgeschichte beruhen auf: WStLA, Otto-Wagner-Spital, A11/3 – Krankengeschichten: Frauen: Sch., Anna, 21.6.1924; WStLA, Zeugenvernehmung von Anna Sch. am 16.2.1946, Vg 2b Vr 3999/45 sowie WStLA, 1.3.2.209.2_K2, Städtische Arbeitsanstalten Frauen, Karteikarten.

300 Hilfsschulen sind Vorläufer der Sonderschulen (vgl. Leitner 1971 und darin insbes. Lustig 1971).

Am 22. November 1939 erscheint ihre Mutter Rosa Sch. bei der Hauptfürsorgerin[301] und ersucht um anderweitige Unterbringung ihrer Tochter, die zu diesem Zeitpunkt im Spezialkinderheim Pressbaum ist, »wenn möglich um Unterbringung auf einem Dienstposten«. Rosa Sch. berichtet, dass ihre Tochter geklagt habe, dass sie sehr viel arbeiten müsse, keine Freistunde nehmen könne und zudem eine Ohrfeige erhalten habe. Wenige Tage später, am 24. November 1939, rechtfertigt sich das Spezialkinderheim Pressbaum in einem Schreiben an die KÜST: Anna Sch. befinde sich seit 5. August 1938 bei ihnen. Sie werde lediglich zu »leichteren häuslichen Arbeiten« verwendet und könne viel an die frische Luft. Weiters wird – referierend auf den häufig gegenüber (als »asozial« bezeichneten) Mädchen vorgebrachten Vorwurf der »sexuellen Triebhaftigkeit« bzw. »moralischen Verkommenheit« – behauptet, man könne Anna Sch. nie allein lassen, weil sie »die Burschen und Männer liebt«. Da sich momentan gerade ein Reservelazarett im Haus befinde, sei sie besonders gefährdet. Der Vorwurf körperlicher Züchtigung entspreche nicht der Wahrheit. Die Anzeige der Mutter wird auf »Verhetzung« durch eine entlassene Hausgehilfin des Kinderheims, die Einfluss auf Anna Sch. genommen habe, zurückgeführt. Die Hausgehilfin habe Anna erklärt, wie sie flüchten könne und dass sie diese »Dinge« ihrer Mutter sagen solle. Eine Versetzung auf einen Dienstposten hält man für unmöglich. Daraufhin besucht die Mutter ihr Kind in Pressbaum und erklärt sich am 8. Dezember 1939 mit der Belassung ihrer Tochter im dortigen Heim einverstanden.

Am 18. April 1940 schreibt das Spezialkinderheim Pressbaum wiederum an die KÜST: Anna Sch. habe in der Nacht vom 16. auf den 17. April einen Selbstmordversuch begangen.

> »Das Motiv ihres Handelns ist die Sehnsucht nach Freiheit, der Umgang mit Burschen. Sie sieht und hört, da sie in der Küche

301 1926 wurde ergänzend zu den Fürsorgerinnen seitens der Gemeinde Wien eine zweite Fürsorgerinnenkategorie eingerichtet, nämlich die Hilfsfürsorgerinnen. Diese verfügten über eine geringere schulische wie berufliche Ausbildung, versahen allerdings die gleichen Aufgaben wie die Hauptfürsorgerinnen. Der Unterschied zu den bisherigen Fürsorgerinnen, nun Hauptfürsorgerinnen genannt, bestand vor allem in Entscheidungsbefugnissen. Während der NS-Zeit wurden jedoch die Hauptfürsorgerinnen den Hilfsfürsorgerinnen in Gehalt und Status gleichgestellt und damit herabgestuft. (Vielen Dank an Gudrun Wolfgruber für den diesbezüglichen Hinweis.)

> beschäftigt wird, zu viel von den Angestellten und hat den Drang auch mittun zu können. Ich habe sie sofort aus der Küche entfernt und zu einer Kindergruppe eingeteilt, so dass sie nicht mehr Gelegenheit hat, den Gesprächen der Erwachsenen mit Männern und Burschen (Milchlieferant, Bäckerbursche, Maurergehilfen u. s. w.) zuzuhören oder selbst zu sprechen.«

Die Pressbaumer Heimleitung ersucht gleichzeitig um Mitteilung, ob es besser wäre, Anna Sch. aus der Anstalt »zu entfernen«. Danach wird Anna Sch. offenbar in das Kinderheim Rosenhof überstellt. Wenige Monate später, am 8. Juni 1940, ersucht dann auch dieses Kinderheim um eine anderweitige Unterbringung der Jugendlichen. Das Mädchen befasse sich ständig mit Selbstmordabsichten. Ferner seien die Mitzöglinge »durch ihr bösartiges Wesen auf das schwerste gefährdet«. Sie werfe ihnen »bei ganz geringen Anlässen jeden beliebigen Gegenstand, wie Messer, was schon zwei Mal vorgekommen ist, Arbeitsgeräte usw. nach.« Man bittet daher

> »dringend, das Mädchen aus der Anstalt zu nehmen, weil dies nicht verantwortet werden kann. Am besten wird für dieses böse Mädchen eine Besserungsanstalt sein. Am Dienstag ist ein Kindertransport von der Küst, die würden Anna gleich mitnehmen. Bitte um telefonische Nachricht am Nachmittag, ob dies zu machen ist. Um ein Unglück zu verhüten, bitte ich um die schnellste Erledigung und danke im Voraus. Viehofen, am 8. Juni 1940. Heil Hitler! Die Heimleitung. N. S. Volkswohlfahrt, Gauverwaltung Niederdonau, Heim Rosenhof.«

Unter dem Schreiben befindet sich eine handschriftliche Notiz vom 10. Juni 1940: »Nach telef. Rücksprache mit der Leiterin von Viehofen, wird diese noch den Versuch mit St. Ägyd machen, sollte sich das Mädel nicht bewähren, wird Steinhof beantragt werden.«

Am 11. Juni 1940 kommt Anna Sch. dann in die Erziehungsanstalt St. Ägyd, doch auch dort zeigt sich die Heimleitung rasch mit ihr unzufrieden. Am 6. Juli 1940 schreibt Heimleiterin Alacaque Schuster, Anna habe sich

> »trotz aller freien, liebevollen Behandlung als unverbesserlich erwiesen. Sie ist entsetzlich frech, verlogen, unverträglich, raffiniert, arbeitsfaul, streitsüchtig (erhebt auch oft die Hand zum Schlag) und nebenbei auch schwachsinnig (man könnte manchmal sagen irrsinnig). Sie färbt sich Lippen und Augenbrauen, stellt sich in jeder freien Minute zum Fenster, um nach Burschen Ausschau zu

halten. Dann pfeift sie, klatscht oder schreit, um auf sich aufmerksam zu machen. Gestern sonntags machte sie es ebenso, sprang dann beim Fenster hinunter, ging mit einem Burschen spazieren – kam abends heim, kletterte herauf, sprang beim Fenster wieder herein, schlich sich in den Waschraum, tat, wie wenn gar nichts gewesen wäre, schminkte sich nochmals und ging ins Bett. Sie gibt sich auch nebenbei bemerkt als Hausgehilfin aus. Die unterfertigte Leitung ersucht, den Pflegling sobald als möglich in die Besserungsanstalt zu befördern, da Anni jede nur mögliche Gelegenheit zur Flucht mit Burschen benützt und sehr schlechten Einfluss auf die andern Pfleglinge ausübt.«

Offenbar kommt Anna Sch. danach wieder zu ihren Eltern nach Wien-Favoriten. Mehrmals wird sie von der Polizei aufgegriffen. Schließlich macht das Bezirksgesundheitsamt Favoriten eine Meldung betreffend Anna Sch.: Man gibt an, dass sie sich »des Nachts mit Burschen herumtreibt, fast immer von der Polizei am Morgen nach Hause gebracht werden muss, den Eltern gegenüber renitent ist, und dass diese der Erziehung des schwachsinnigen Mädchens nicht gewachsen sind.« Das Schreiben ist nicht datiert. In einem ebenfalls undatierten ärztlichen Fragebogen, der für das Bezirksjugendamt ausgefüllt wird, bezieht man gemäß der NS-Erbgesundheitspolitik die ganze Familie mit ein: Der kriegsinvalide Vater sei 1924 in der Nervenheilanstalt gewesen, zwei seiner Brüder seien »geistig minderwertig«, Eigentumsdelikte habe es auch gegeben, der Großvater sei zudem Trinker. Detailliert wird aufgeführt, wie häufig Anna Sch. angeblich schon Geschlechtsverkehr gehabt habe.

In einem amtsärztlichen Schreiben vom 7. Juni 1941 wird bei Anna Sch. »angeborener Schwachsinn mit triebhafter Sexualität« diagnostiziert, »Lebensbewährung« liege nicht vor. Zudem wird eine Schwangerschaft festgestellt:

»Sie befindet sich im dritten bis vierten Lunarmonat der Schwangerschaft. Bei dem klaren Fall wurde auf eine langwierige Sippenüberprüfung verzichtet und ich beantrage die eheste Unterbrechung der Schwangerschaft und Unfruchtbarmachung der Anna Sch.«

Am 3. Juli 1941 liegt die gerichtliche Entscheidung über die »Unfruchtbarmachung und Unterbrechung der Schwangerschaft« bei Anna Sch. vor. Circa einen Monat später, am 5. August 1941, teilt das Erbgesundheitsgericht mit, dass die Gerichtsentscheidung rechtskräftig ist. Der Antrag auf Unfruchtbarmachung kam offenbar von Anna Sch.s Mutter Rosa.

Am 5. August wird – bereits im fünften oder sechsten Monat der Schwangerschaft – die »Interruptio und Keilexcision d. plus Amputation d. Tuben«, also eine Abtreibung mit gleichzeitiger Zwangssterilisation, durchgeführt. Genau einen Monat danach, am 5. September 1941, ersucht das Bezirksgesundheitsamt, Anna Sch. »von der Heilanstalt Klosterneuburg sofort in die Wagner v. Jauregg Heil- und Pflegeanstalt der Stadt Wien zu überweisen«. Als Grund wird wiederum ihr angebliches Sexualverhalten genannt.

In einem Eintrag in die Krankenakte der Heil- und Pflegeanstalt Am Steinhof vom 9. September 1941 wird festgehalten, die Patientin zeige sich, »wenn man nicht über ihren Internierungsgrund spricht, zugänglich und beantwortet halbwegs bereitwillig die Fragen. Über ihren Internierungsgrund befragt, zeigt sie sich äußerst ablehnend und schnippisch.« Sie habe öfter mit Burschen am Ziegelteich übernachtet. Aus Angst vor ihren Eltern sei sie öfter nicht heimgekommen. Anna Sch. gibt an, im Juli 1941 in der Lazarettgasse sterilisiert worden zu sein. Sie habe nicht eingesehen, warum sie, obwohl sie ohnehin nicht mehr schwanger werden könne, sich nicht mit Burschen einlassen dürfe.

Am 10. September 1941 schreibt das Bezirksgesundheitsamt für den 10. Bezirk, dass sie sich öfter mit Burschen am Laaerberg herumgetrieben habe, schwachsinnig sei und ihre Überstellung in die Wagner v. Jauregg Heil- und Pflegeanstalt deswegen unbedingt notwendig sei. Wann genau Anna Sch. wirklich in der Anstalt aufgenommen wird, geht aus den Akten nicht eindeutig hervor. Jedenfalls entweicht sie am 2. Dezember 1941 von dort, wird aber am 11. Dezember von ihrer Mutter wieder zurück in die Anstalt gebracht. Die Diagnose, die man ihr dort gibt, lautet »Imbezillität, sexuelle Haltlosigkeit«, mit den »Hauptsymptomen«: »Sex. Hemmungslosigkeit, schwachsinnig, ordinär, streitsüchtig, aggressiv, asozial«. Sie sei »ohne besondere Leistungsfähigkeit«.

Im Mai 1942 flüchtet Anna Sch. abermals aus der Wagner v. Jauregg Heil- und Pflegeanstalt. Nach ihrer Rückbringung wird am 11. Mai 1942 im Krankenakt notiert, dass das »eigenwillig renitente und zornmütige Wesen« nun noch deutlicher zutage trete. Daher werde sie

> »der Mutter nicht in häusliche Pflege übergeben, sondern es ist beabsichtigt, sie vor ihrer Entlassung der Arbeitsanstalt am Stein-

hof zu überstellen, da ja doch immerhin angenommen werden kann, dem Mädel durch strenge Zucht mehr Sinn für Einordnung und Fügsamkeit beibringen zu können. Diese Einweisung kann aber erst, nachdem sie das 18. Lebensjahr vollendet hat, also erst nach dem 21.06.1942 durchgeführt werden.«

Am 20. Juni 1942 wird Anna Sch. dann schließlich in die Arbeitsanstalt Am Steinhof überstellt. Dort wird sie rund eineinhalb Jahre festgehalten, ehe sie am 7. Dezember 1943 bedingt entlassen wird. Sie tritt unmittelbar danach einen Dienstposten bei Dr. Alfred Tilling in der Hebragasse im 9. Wiener Gemeindebezirk an.

Am 27. Oktober 1944 wird sie jedoch abermals durch das Polizeirevier 73 in die Arbeitsanstalt Am Steinhof verbracht. Wenig später, am 1. November 1944, wird ihre Flucht gemeldet. Am 23. Jänner 1945 wird sie wieder, diesmal durch die Kripo Rossau, in die Arbeitsanstalt transferiert. Im Februar desselben Jahres ist ein Aufenthalt in der Heilanstalt Klosterneuburg (aufgrund von Lues) verzeichnet. Am 6. April 1945 wird Anna Sch. schließlich direkt aus der Heilanstalt Klosterneuburg entlassen.

Nach ihrer Entlassung wohnt Anna Sch. wieder bei ihren Eltern im 10. Bezirk. Am 16. Februar 1946 sagt sie – wie bereits ausgeführt – als Zeugin im Verfahren gegen Hackel et al. aus und berichtet von ihrer Anhaltung in der Arbeitsanstalt Am Steinhof: Nach ihrer Ankunft seien ihr die Haare geschnitten worden. Sie sei »ziemlich widerspenstig« gewesen und habe daher auch oft Strafen erhalten: Korrektionen dauerten mindestens drei, höchstens acht Tage. Es gab dabei nur Wasser und Brot. Als Kleidung war nur ein Hemd erlaubt, die Pantoffeln nahm die Aufseherin häufig weg. Anna Sch. erzählt, sie habe im Winter Erfrierungen am Fuß erlitten, da die Korrektionszellen nicht geheizt wurden. Zwei- oder dreimal habe sie außerdem »die berüchtigte Spei-Injektion« erhalten, einmal weil sie während der Arbeit auf dem Felde eine Kohlrübe genommen und gegessen hatte und einmal, weil sie vergessen hatte, die Schwester zu fragen, ob sie an ihr vorbeigehen dürfe. Anna Sch. sagt aus, ihre zweite Einweisung in die Arbeitsanstalt (1945) hatte den Grund, dass sie nicht arbeiten gegangen war, weil sie keine Schuhe hatte. Über die Pfleger und Pflegerinnen in der Arbeitsanstalt berichtet sie Unterschiedliches: Knollmüller, Merkl und Wirzinger seien »ausgesprochen gut« zu ihr gewesen, Raab habe aber »gerne herumgeschrien«, er habe auch »sehr gerne Korrektionen ausgeteilt«. Immer wieder musste sie wegen ihm in die Zelle. Sie meint, »wenn man den Leuten unsympathisch war, musste man es büßen«.

Zwei Jahre nach der Befreiung vom Nationalsozialismus, am 29. Mai 1947, wird Anna Sch. abermals in die Heil- und Pflegeanstalt Am Steinhof eingeliefert. Als Grund werden »Debilität« sowie ein demonstrativer Selbstmordversuch angegeben. Der Arzt notiert über die Kindheit und Jugend seiner Patientin:

> »Pat. habe 4 Klassen Hilfsschule gemacht, habe dann verschiedene Stellungen als Bedienerin u. ä. gehabt. Mit 12 Jahren ersten Geschlechtsverkehr mit Burschen aus der Schule, mit 14 J. menses. Mit 17 Jahren Ansteckung mit Lues, angeblich soll es ein Soldat gewesen sein, sie wisse es deshalb so sicher, weil er wegen schlechten Gewissens sich nicht mehr habe zeigen lassen. Damals schwanger geworden, das Kind sei ›abgenommen‹ worden, und Pat. sterilisiert.«

Der Arzt hält weiter fest, Anna Sch. sei vor ihrer Einlieferung wegen Syphilis in Behandlung gewesen. Vor vier Wochen habe sie am Gesundheitsamt, wo sie eine Heilkur mache, einen Burschen kennengelernt, der laut Anna Sch. ein »sehr guter, sehr netter Bursch« sei. Sie sei schon mit vielen Burschen gegangen, aber niemand sei so nett mit ihr gewesen. Sie habe ihn aber vor kurzem mit einem Bekannten betrogen, weil sie Hunger gehabt habe, er habe ihr dies auch verziehen. Nun glaube sie aber, dass er mit einer anderen gehe, und sei eifersüchtig. Sie wohne meist in seiner Wohnung, als er nicht wie üblich einen Zettel, wo er sei, hinterlassen habe, habe sie das Gas aufgedreht.

Bei der ärztlichen Befragung am 30. Mai 1947 sagt Anna Sch. abermals, dass sie in der Arbeitsanstalt gewesen sei, da sie aufgrund fehlender Schuhe nicht habe arbeiten gehen können. Ihrer Aussage wird allerdings kein Glauben geschenkt. Im Gegenteil, der Arzt gibt in seiner Zusammenfassung die Diagnosen bzw. Einschätzungen aus der NS-Zeit unhinterfragt wider: »23 jähr[ige] Ledige, die wegen angeborenem Schwachsinn und starker Triebhaftigkeit sterilisiert worden ist«. Am 24. September 1947 wird Anna Sch. (aus dem Urlaub) entlassen. Danach verliert sich ihre Spur.

Elfriede R.

Elfriede R.[302] wird am 21. Jänner 1925 in Wien geboren. Der Vater arbeitet als Vertreter. In den Akten wird er als Trinker, der immer wieder mit dem Gesetz in Konflikt gerät, beschrieben. Elfriede R. wächst bei den Eltern in Ottakring auf. Sie ist das zweitgeborene von fünf Geschwisterkindern. Als sie zehn Jahre alt ist, stirbt ihre Mutter Elisabeth an Tuberkulose. Die in den Fürsorgeakten als »sehr ungünstig« beschriebenen Verhältnisse bessern sich aus der Sicht der Behörden erst, als der Vater nach dem Tod seiner Frau eine zweite Ehe eingeht.

In einer undatierten Krankengeschichte wird über die jugendliche Elfriede R. festgehalten, die Minderjährige habe schon in der Schulzeit eine »Neigung zum Nichtstun, zu Träumereien und Romanlesen« gezeigt. In der vierten Hauptschulklasse sei sie durch ihr »unbeherrschtes, aufdringliches Wesen« sowie »absonderliches Gebahren auf der Straße« auffällig geworden. Als Elfriede R. angeblich Autos anhält und einen Tobsuchtsanfall erleidet, wird sie im Juni 1939 in eine psychiatrische Klinik[303] eingewiesen. Dort bekommt sie die Diagnose »Menstruationsdurchbruchsneurose«. Die ÄrztInnen untersuchen sie auf ihre Jungfräulichkeit und verordnen ihr eine Hormonkur, daraufhin wird sie entlassen. Danach kommt sie auf wechselnde Arbeitsplätze. Sie beginnt etwa als Küchengehilfin bei einem Gastwirt. Die Behörden vermuten dort jedoch eine »unerlaubte Beziehung« zwischen dem Dienstgeber und der Minderjährigen, woraufhin sie in den »Landdienst« geschickt wird. Nach zehn Tagen wird sie wegen angeblicher »Streitsucht und Unbrauchbarkeit« entlassen und beginnt als Hausgehilfin, wo sie jedoch abermals – den Berichten zufolge aufgrund angeblicher »Frechheit und Faulheit« – gekündigt wird.

Im Juli 1940 wird die vorläufige Erziehung von Elfriede R. durch die Fürsorgebehörden beschlossen. Ihr Verhalten wird als »verschlossen« und »einsiedlerisch« beschrieben, gegenüber anderen sei sie »unverträglich«, nur zu ihrem jüngsten Geschwisterkind sei sie freundlich. Zudem sei sie »schlampig« und »arbeitsscheu«. Der Vater kümmere

302 Die Informationen zu dieser Verfolgungsgeschichte beruhen auf: WStLA, Otto-Wagner-Spital, A11/3 – Krankengeschichten: Frauen: Elfriede R., 21.1.1925; WStLA, Zeugenvernehmung von Elfriede R. am 30.3.1946, Vg 2b Vr 3999/45 sowie WStLA, 1.3.2.209.2_K2, Städtische Arbeitsanstalten Frauen, Karteikarten, R. Elfriede.

303 Der Name der Klinik ist in den Akten unleserlich.

sich nicht um die Kinder, die Stiefmutter schaue auf »Ordnung«, sei aber mit der Minderjährigen überfordert. Zum Zeitpunkt des Beschlusses über die Fürsorgeerziehung befindet sich Elfriede R. bereits in einer Erziehungsanstalt, dem Jugendheim Juchgasse im 3. Bezirk in Wien. Als vorläufige Diagnose hält das Heim Juchgasse »Hysterie« fest – eine im 19. und beginnenden 20. Jahrhundert bei Mädchen und Frauen häufig getroffene Zuschreibung.

Im August 1940 wird Elfriede R. in die Erziehungsanstalt Theresienfeld überstellt, wo sie sich angeblich nicht ausreichend in die Heimordnung einfügt. Anlässlich der Umwidmung eines Gebäudeteils in ein »Nächtigungslager für Frauen« schickt die Heimleitung alle Jugendlichen mit »schlechter Führung« in die Erziehungsanstalt Wiener Neudorf weiter. Dort stellt man »in Bezug auf Arbeitswillen und Ordnungssinn eine kleine Besserung« fest, beschreibt die Jugendliche aber als »triebhaft« und lehnt ein Ansuchen des Vaters Max R. auf Aufhebung der Fürsorgeerziehung ab.

Im August 1942 begutachtet Dr. Hans Krenek Elfriede R. Dieser schätzt sie als »durchschnittlich intelligent« ein, sucht aber aufgrund des »psychopathischen[n] Zustandsbild[es]« um Überstellung in die Heilpädagogische Klinik Am Spiegelgrund an. Am 26. September 1942 wird sie in der Anstalt Am Spiegelgrund aufgenommen. Nach Ansicht der Ärzte und Ärztinnen zeigt sie sich dort »sehr stimmungslabil« und träge. Die Minderjährige zeige »[a]usgesprochene Antriebsarmut (möchte am liebsten: essen, schlafen, Kino gehen)«. Handschriftlich ergänzt wird: »arbeitsscheu«. Elfriede R. sei zudem »erblich belastet«: Der Vater sei Trinker und vorbestraft, der Großvater väterlicherseits habe nach dem Weltkrieg an »progressiver Paralyse«[304] gelitten und sei Am Steinhof in Behandlung gewesen. Dr. Illing konstatiert am 16. März 1943, Elfriede R. sei »nicht erziehbar«, sie eigne sich »zur Unterbringung in eine Arbeitsanstalt«.

Elfriede R. glaubt hingegen – wie aus einem Schreiben von ihr an die Fürsorgerin Dr. Michalek im Jänner 1943 hervorgeht –, sie werde in eine Pflichtjahrstelle kommen. Sie bittet die Fürsorgerin, ihre Mutter darum zu ersuchen, ihre Kleider herzurichten. Elfriede R. verbleibt allerdings in der Anstalt.

304 Unter progressiver Paralyse versteht man eine fortschreitende Lähmung. Sie war häufig ein Symptom der Neurosyphilis, worunter psychiatrische bzw. neurologische Symptome aufgrund nicht ausgeheilter Syphilis gefasst werden.

Vom Februar 1943 ist ein Brief von Elfriede R. an eine Freundin erhalten. Sie entschuldigt sich bei »Mary«, dass ihre Antwort etwas länger gedauert hat, denn »wie du weißt schließe ich nicht gerne Freundschaft! Denn ich habe schon zu viel mit Mädels erfahren, zuerst Liebe u Wonne u. dann ist man ihnen einerlei und ich bin ein Mensch, der sich etwas zu Herzen nimmt.« Elfriede R. fürchtet, dass ihre Freundin sie vergessen könne: »Nun liebe Mary, du gehst ja so schon bald in die Freiheit u. dann wirst du mich [...] leicht vergessen können, dann bist Du ja doch den ganzen Tag am 15 [Pavillon der Jugendfürsorgeanstalt Am Spiegelgrund; Anm.]. Da hast ja [...] die Hansi und die Erika.«

Am 8. Juni 1943 wird Elfriede R. von der Anstalt Am Spiegelgrund entlassen und direkt in die Arbeitsanstalt Am Steinhof überstellt. Sie ist zu diesem Zeitpunkt 18 Jahre alt. Ein Jahr später, am 22. Juni 1944, wird Elfriede R. »bedingt entlassen« und kommt auf einen Dienstposten in Döbling.

Im Jahr 1946 sagt Elfriede R. im Prozess gegen Dr. Alfred Hackel et al. als Zeugin aus. Sie ist nun 21 Jahre alt, arbeitet als »Hausarbeiterin« und wohnt in Ottakring. Sie beschreibt, wie ihr nach ihrer Überstellung vom Spiegelgrund in die Arbeitsanstalt die Haare abgeschnitten wurden. Da die vor Dr. Thaller abgelegte Intelligenzprüfung positiv ausgefallen war, sei ihr eine Sterilisation erspart geblieben. Sie beschreibt strafweisen Arrest (»3 Tage Zelle«), den sie bekommen hatte, weil sie angeblich »frech« war. »Brechinjektionen, mit denen besonders Frau Horacek sehr freigiebig war«, habe sie selbst keine bekommen.

Über das weitere Leben von Elfriede R. ist nichts bekannt.

Ruth P.

Ruth P.[305] wird am 26. Februar 1926 als außereheliches Kind in Wien geboren. Sie wächst bei ihrer Großmutter mütterlicherseits, einem ehemaligen Dienstmädchen, auf, später kommt sie zu ihrer Mutter Anna, die als Stickerin arbeitet. Der Vater ist unbekannt. Ruth P. hat einen älteren Bruder, Karl, der 1917 geboren wurde, und

305 Die Informationen zu dieser Verfolgungsgeschichte beruhen auf: WStLA, Serie 1.3.2.209.10.A1/2 – Krankengeschichten: überlebende Mädchen 1941–1945; WStLA, Aufnahmebücher Spiegelgrund; Volksgericht, A1 – Vg Vr-Strafakten: Vg 1a Vr 2365/45 (Verfahren gegen Illing, Türk, Hübsch) sowie MGR-DB.

drei jüngere Geschwister. Die Behörden halten über den in ihren Augen anstößigen Lebenswandel der Mutter fest, sie solle »früher sehr männersüchtig« gewesen sein und habe angeblich auch getrunken. Um ihre Tochter habe sie sich nie viel gekümmert. Später habe sie »den Weiss« geheiratet. Insgesamt habe sie zwei außereheliche und drei eheliche Kinder.

Ruth P. besucht vier Volksschulklassen, die sie mit durchschnittlichen Noten besteht. Eine schlechte Betragensnote mit dem Vermerk »Diebstahl an Mitschülerinnen« wird ihr zu einem späteren Zeitpunkt zur Last gelegt. Angeblich verbringt sie ihre Zeit auf der Straße mit Burschen. Mit Jänner 1939 wird schließlich der Beschluss über ihre Fürsorgeerziehung gefällt. Die Begründung lautet »Verwahrlosung« und »Schwererziehbarkeit«. Sie kommt daraufhin in die Erziehungsanstalt Klosterneuburg, wo sie zwei weitere Schulklassen besucht. Dort berichtet man über sie, sie sei nur schwach begabt, leicht ablenkbar und habe keine kritische Begabung. Man hält sie für »heiter« und »leicht beeinflussbar«. Positiv hebt man ihre »Einordnung in die Gemeinschaft« hervor, negativ »sittliche Mängel«. Da man in der Anstalt mit ihrer »Führung« zufrieden ist, wird sie auf einem Dienstplatz bei einem Arzt, Dr. Anton Stefka, untergebracht. Der Dienstgeber attestiert ihr allerdings, »lügnerisch« und »diebisch« zu sein, eine »Einordnung in die Familiengemeinschaft« sei schwer. Die Behörden halten daraufhin fest, dass Ruth P. am Dienstplatz »unzuverlässig« sei. Ruth P. selbst gibt als Grund für ihre Schwierigkeiten am Arbeitsplatz an, sie habe sich eine innere Verletzung zugezogen. Sie verlässt ihren Pflichtjahrsposten nach drei Monaten schließlich »eigenmächtig«. Die Behörden vermerken, sie sei »nicht zu bewegen, die Arbeit wieder aufzunehmen«. Hingegen treibe sie sich mit Soldaten herum und behaupte, sie werde in nächster Zeit heiraten. Die Behörden halten dagegen, dass die geplante Eheschließung Ruth P. in keiner Weise dazu berechtige, den

> »ihr zugewiesenen Dienstplatz in verantwortungsloser Weise zu verlassen und sich beschäftigungslos herumzutreiben. Vielmehr hätte sie gerade durch einen geregelten Verdienst die Möglichkeit gehabt, sich für die in Aussicht stehende Verehelichung Ersparnisse zu machen und durch treue Pflichterfüllung zu beweisen, dass sie trotz ihrer Jugend für eine Eheschließung reif ist.«

Daraufhin wird die Entlassung aus der Fürsorgeerziehung widerrufen. Die häuslichen Verhältnisse könnten eine »straffe Führung und planmäßige Erziehung« kaum gewährleisten, so die Begründung.

Ruth P. kommt in die Erziehungsanstalt Theresienfeld. 1942 flüchtet sie von dort, wird allerdings wieder aufgegriffen und danach in die Erziehungsanstalt Wiener Neudorf transferiert. In Wiener Neudorf berichtet man über sie, sie sei »äußerst triebhaft, schreibt sogar Kriegsgefangengen Briefe und lässt sich mit ihnen ein. Außer der Triebhaftigkeit keine Klagen.« Nach abermaliger Flucht aus der Anstalt Wiener Neudorf am 12. März 1943 wird Ruth P. schließlich in die Anstalt Am Spiegelgrund überstellt.

Am 17. März 1943 erfolgt ihre Einweisung in die Anstalt Am Spiegelgrund. Dort gibt man an, Ruth P. sei (unter anderen Attributen) »lebhaft, gesellig, reizbar, trotzig, liebenswürdig, ausgeglichen, unfolgsam«. Besonders hebt man hervor, dass sie nur kurzfristig Interesse aufbringe und leicht beeinflussbar sei. Sie arbeite gern, habe aber keine Ausdauer, zudem lüge sie viel und sei – wie man es bereits ihrer Mutter unterstellt hat – »männersüchtig«. Die Mutter habe dem Kind »zu viel Freiheit gelassen« und habe es verwöhnt.

In ihrem in der Anstalt verfassten Lebenslauf gibt Ruth P. zu ihren Zukunftsvorstellungen an, dass sie gern Schaffnerin bei der Reichsbahn werden würde. Sie habe einen Onkel, der bei der Bahn arbeite und ihr bei der Beschaffung eines Postens helfen könne. Bei der Bahn würde sie ihre »Pflicht treu erfüllen«. In einem Erlebnisaufsatz beschreibt sie ihre Erinnerungen an einen Ausflug mit ihrer Großmutter auf eine Alm. Dazu fertigt sie Zeichnungen an.

Am 19. Mai 1943 wird Ruth P. Am Spiegelgrund abgeholt und in das »Jugendschutzlager Uckermark« überstellt. Dr. Illing ist von dieser Überstellung offenbar überrascht. Man habe sein Gutachten nicht abgewartet, sondern die Jugendliche bereits zuvor durch die Kriminalpolizei abholen lassen. Sein Gutachten fällt (angesichts seiner sonstigen Gutachten) überraschend positiv aus: Er habe »keine Lügnereien, keine Eigentumsvergehen« beobachtet und auch keine Anzeichen für »gesteigerten Sexualtrieb«.

Erst nach der Überstellung von Ruth P. ins KZ Uckermark erfolgt am 8. Juni 1943 der Bescheid des Gaujugendamts Wien über die Aufhebung der Fürsorgeerziehung. Die Begründung lautet:

> »Die abwegige Haltung der Mj. [Minderjährigen; Anm.] führte bisher in den zur Verfügung stehenden Fürsorgeerziehungsanstalten zu keinem Erfolg. Es musste daher ihre Abgabe in das Jugendschutzlager Uckermark veranlasst werden, wodurch der Zweck der Fürsorgeerziehung anderweitig sichergestellt ist.«

Ruth P.s Transport in die Uckermark erfolgt mit Stationen im Polizeigefängnis Linz und in Prag. Am 23. Mai 1943 kommt sie im »Jugendschutzlager« an. Von dort wird sie am 24. Jänner 1945 in das Konzentrationslager Ravensbrück überstellt, wo ihr die Häftlingsnummer 102691 zugewiesen wird.

Über den weiteren Lebensweg von Ruth P. ist nichts bekannt.

Sofie J.

Sofie J.[306] wird am 15. März 1926 als eheliches Kind des Schneiders Emmanuel J. und der Hausgehilfin Sofie J. in Wien geboren. Die Eltern trennen sich, als das Kind vier Jahre alt ist. Danach kommt Sofie J. mit ihrem Vater zu dessen Mutter, der Handelsangestellten Paula (Paulina) J. 1932 stirbt der Vater an Lungentuberkulose, und Sofie wird ins Kloster von St. Margareten[307] geschickt. Bis zu ihrem 13. Lebensjahr bleibt sie dort und besucht die Schule. Nur einmal läuft sie vom Kloster weg zu ihrer Großmutter, nachdem sie eine Mitschülerin mit einem Schuh geschlagen hat. Als sie ins Kloster zurückgebracht wird, erleidet sie einen in den Akten nicht näher beschriebenen Anfall (»sie verdrehte die Glieder«). Es dauert mehrere Monate, bis Sofie J. wieder geheilt ist. Die Medikamente verträgt sie allerdings nicht gut und sie muss abermals in medizinische Behandlung. Danach wohnt sie bei ihrer Großmutter. Sie beendet die siebte Klasse und kommt im Anschluss zu ihrer Mutter. Nach vier Monaten bei ihrer Mutter wird Sofie J. ein Dienstposten zugewiesen, sie muss das Haushaltsjahr allerdings abbrechen, da ihre Dienstgeberin ins Spital muss. Sie beginnt danach als Praktikantin im Parfümeriegeschäft ihres Großonkels Guiseppe Vitello im 4. Wiener Gemeindebezirk. Auch ihre Großmutter arbeitet dort. Nach einem Streit mit ihrer Großmutter wegen einer Beziehung zu einem Soldaten bleibt sie dem Dienstposten für zwei Wochen fern. Zu dieser Zeit unterhält sie – so lautet zumindest der später gegen sie gerichtete Vorwurf – wiederum Männerbekanntschaften. Im gleichen Zeitraum bekommt sie die Nachricht vom Tod ihres Freundes, dem Soldaten, der den Streit mit ihrer Großmutter ausgelöst hatte. Schließlich wird Sofie J.

306 Die Informationen zu dieser Verfolgungsgeschichte beruhen auf: WStLA, Serie 1.3.2.209.10.A1/2 – Krankengeschichten: überlebende Mädchen 1941–1945; Sofie J.: WStLA, M.Abt. 208, A36 – Entschädigung, J 336/52 sowie MGR-DB.

307 Um welche Klosterschule es sich dabei genau handelt, ist unklar.

von der Kriminalpolizei aufgegriffen. Ihre Mutter weigert sich, das Kind wieder aufzunehmen, da Sofie »einen Hang zum Leichtsinn [...] habe, großsprecherisch und geistig nicht rege sei. Sie fürchte, dass ihre jüngere Tochter sittlich gefährdet werden könnte.« Sofie J. kommt daraufhin am 17. Mai 1941 in die Erziehungsanstalt Luisenheim im 15. Wiener Gemeindebezirk.

Am 28. Mai 1941 erfolgt die Aufnahme von Sofie J. in der Anstalt Am Spiegelgrund zum Zweck ihrer »Beobachtung«. In ihrer Krankengeschichte hält man fest, die Mutter sei »vergnügungssüchtig« und habe den Haushalt vernachlässigt und sei nächtelang ausgeblieben. Man unterstellt daher der Mutter, »zur Erziehung ungeeignet« zu sein. Die Erzieherinnen beschreiben Sofie J. als »falsch« und »unecht« sowie als »ordinär«, beim Turnen sei sie »faul« und sie schließe sich immer nur den »Schlechten« an. Des Weiteren wird ihr vorgeworfen, sexuelle Beziehungen zu einem anderen Mädchen unterhalten zu haben und anderen Mädchen dabei geholfen zu haben, dass diese »ungestört ihre unsauberen Handlungen vollziehen konnten«. Über die Großmutter, die sie hinausgeworfen habe, spreche sie schlecht. Sie behaupte uneinsichtig, erst der Rauswurf habe sie veranlasst, sich im Prater herumzutreiben. Gleichzeitig glauben die Erzieherinnen, dass die Großmutter Sofie J. gegen ihre Mutter aufhetze und das Mädchen nur deshalb wieder zu sich nehmen wolle, weil sie Hilfe im Haushalt möchte. In ihren Gutachten zu weiteren Untersuchungen halten die Spiegelgrund-Abteilungsärztin Dr. Helene Jokl und die Oberärztin Dr. Margarete Hübsch fest, dass sich Sofie offenbar reuig zeigt und den Kummer, den sie ihrer Großmutter macht, beweint.

Die Großmutter sucht Ende 1941 um Entlassung ihrer Enkelin an, diese wird jedoch nicht gewährt. Für eine unbekannte Zeit lang ist Sofie J. im Jahr 1941 auch in der Heilanstalt Klosterneuburg und wird dort wegen Gonorrhoe behandelt.

Am 14. April 1942 ersucht die Spiegelgrund-Oberärztin Dr. Hübsch die Weibliche Kriminalpolizei (WKP), Sofie J. in das »Jugendschutzlager Uckermark« zu überstellen:

> »Auf Grund des beiliegenden Gutachtens ersuchen wir um Aufnahme der J. Sofie, geb. 15.3.1926, in das Lager für asoziale Jugendliche in der Uckermark (Mecklenburg), da wir sonst über keine Anstalt verfügen, in die das Mädchen eingewiesen werden kann. Bei ihr haben sich alle Versuche, sie auf den richtigen Weg zurückzuführen, als erfolglos erwiesen.«

Im von Dr. Margarete Hübsch und Dr. Helene Jokl gezeichneten Gutachten vom 24. März 1943 steht, dass die Fürsorgeerziehung in diesem Falle aussichtslos erscheine. Der Charakter der Minderjährigen sei derart, dass eine Einreihung in eine normale Erziehungsanstalt, selbst Wiener Neudorf, eine »Gefahr für die Mitzöglinge« sei. Daher komme nur eine »Abgabe in das Lager für asoziale Jugendliche« in Betracht.

Am 29. Juni 1942 wird die 16-jährige Sofie J. aus der Anstalt Am Spiegelgrund entlassen, von der Kriminalpolizei abgeholt und über Linz und Prag in das »Jugendschutzlager Uckermark« gebracht. Im Zuge der Auflösung des »Jugendschutzlagers« wird sie am 24. Jänner 1945 in das Konzentrationslager Ravensbrück überstellt und unter der Häftlingsnummer 102559 registriert. Sie ist dort bis zu ihrer Befreiung am 30. April 1945 inhaftiert. Am 17. Juni 1945 kehrt Sofie J. mit einem Schwerkrankentransport nach Wien zurück. Als sie ihre Großmutter aufsuchen will, stellt sie fest, dass das Haus zur Gänze abgebrannt ist.

In den 1950er Jahren bittet Sofie J. die Republik Österreich um Anerkennung als Opfer im Sinne des Opferfürsorgegesetzes. Sie ist zu diesem Zeitpunkt als Küchengehilfin tätig und wohnt gemeinsam mit ihrem Lebensgefährten Ferdinand B. in einer bescheidenen Wohnung im 4. Bezirk in Wien. Als Folgen ihrer Haftzeit leidet sie an chronischen Ohren- und Hautentzündungen. Der Landeshauptmann von Wien bittet in einem Schreiben aus dem Jahr 1952 das Städtische Krankenhaus Klosterneuburg um Zusendung des Aktes zu Sofie J.:

> »Um eine gerechte Entscheidung treffen zu können, ist es von großer Wichtigkeit, über den seinerzeitigen Einlieferungsgrund Informationen zu erhalten, ob es sich um einen liederlichen sowie arbeitsscheuen Lebenswandel handelt und die Einweisung in das Konzentrationslager aus diesem Grunde erfolgte.«

Das Krankenhaus Klosterneuburg antwortet mit der Mitteilung der Diagnose Gonorrhoe. Weitere Informationen über Sofie J. werden eingeholt: Es kommt heraus, dass sie im Jahr 1948 nach § 460 StG (Diebstähle milderer Art) zu drei Wochen Strafarrest verurteilt worden ist. Ein Bericht der Polizeidirektion aus dem Jahr 1954 erklärt, dass über das sittliche und staatsbürgerliche Verhalten von Sofie J. derzeit nichts Nachteiliges bekannt sei.

Sofie J.s Inhaftierung in Ravensbrück bezeugen Hilde Zimmermann und Anna Wundsam. Sie erklären, dass sie Sofie J. nach der Befreiung im Krankenrevier des ehemaligen Konzentrationslagers kennengelernt haben. Die Zeuginnen, die Sofie J. selbst für ihre Inhaftierung in Uckermark und Ravensbrück nennt, Leopoldine Sch., Friedl K. und Anna N., werden nicht befragt.

Im Dezember 1954 erhält Sofie J. den Bescheid, dass ihrem Ansuchen auf Gewährung einer Haftentschädigung nach dem Opferfürsorgegesetz nicht stattgegeben wird:

> »Der Antrag wird abgewiesen, weil weder politische noch Abstammungsgründe der Internierung in Heimen und Lagern zugrunde liegen, sondern ihr persönliches sittliches Verhalten. Eine Schädigung im Sinne des Opferfürsorgegesetzes 1947 ist daher nicht festzustellen. Gleichzeitig wird über ihren Haftentschädigungsantrag abschlägig entschieden, da [...] der Besitz einer Amtsbescheinigung oder eines Opferausweises zwingende Voraussetzung ist.«

Die Bestätigung ihrer Inhaftierung im KZ Ravensbrück hatte Sofie J. ihren Angaben nach im Jahr 1947 verloren. Sie hatte dafür auch als Zeugen ihren damaligen Chef genannt, der beim Verlust dabei war. Der bezeugbare Verlust änderte aber offenbar nichts an der vollständigen Ablehnung aller Ansuchen von Sofie J.

Über die weitere Lebensgeschichte von Sofie J. ist nichts bekannt.

Marie H.

Marie H.[308] wird am 25. Februar 1904 in Wien geboren. Von Beruf ist sie Reichsbahnbeamtin. Als sie im Jahr 1941 erstmals behördenauffällig wird, ist sie unverheiratet und wohnt bei ihren Eltern in der Neilreichgasse im 10. Wiener Gemeindebezirk.

Sie informiert den Polizeipräsidenten, dass unbekannte Personen sie abhören und Gerüchte verbreiten würden. Man hätte im Rüstungsbetrieb, wo sie gearbeitet hat, herumerzählt, sie habe Umgang mit Juden. Daraufhin wechselt sie den Betrieb und geht zur Reichsbahn, wo abermals – ihrer Angabe nach – »unerträgliche Gerüchte« in Umlauf gebracht werden, etwa dass sie zur mosaischen Religion übertreten wolle. Marie H. gibt bei ihrer Beschwerde an, Parteimitglied zu sein. Der Polizei wird die – mutmaßlich – unter wahnhaf-

308 Die Informationen zu dieser Verfolgungsgeschichte beruhen auf: WStLA, Otto-Wagner-Spital, A11/3 – Krankengeschichten: Frauen: Marie H., 25.2.1904; WStLA, Anklage Verschleppung in das Ausrottungslager Steinhof, Vg 2b Vr 3999/45; WStLA, Zeugenvernehmung von Marie H. am 11.4.1946, Vg 2b Vr 3999/45 sowie Verstorbenensuche, Friedhöfe der Friedhöfe Wien GmbH (https://www.friedhoefewien.at/grabsuche_de, abgerufen am 1.3.2019).

tem Antisemitismus leidende Frau offenbar lästig. Man veranlasst ihre Einweisung in eine psychiatrische Anstalt.

Am 25. August 1941 wird sie in die Wagner v. Jauregg Heil- und Pflegeanstalt aufgenommen. Im am selben Tag erstellten Befund wird die Patientin als »zugänglich und freundlich« beschrieben. Sie komme aber, »wenn man auf ein anderes Gebiet ablenkt, immer wieder auf ihre Wahnideen zurück«. Zusammenfassend wird sie als 37-jährige, gut orientierte und zugängliche Patientin mit einem logisch aufgebauten Wahnsystem beschrieben. Sie werde, da sie eine Anzeige wegen Verleumdungen und Beeinträchtigungen gemacht habe, zum ersten Mal interniert.

Marie H. kommt auf Pavillon 10, am 29. August 1941 wird sie für »unheilbar« erklärt, kurz darauf, am 2. September 1941, diagnostizieren die Ärzte »Schizophrenie«. Am nächsten Tag ergänzt man: »Paranoia mit Beziehungs-, Beeinträchtigungs- und Verfolgungsideen«. Wenig später, am 12. September 1941, wird Marie H. trotzdem – auf Revers – zu ihrer Mutter in »Probe-Urlaub« geschickt, um »die weitere Entwicklung ihrer Störung außerhalb der Anstalt« beobachten und kontrollieren zu können. Der Vater verpflichtet sich, über die Patientin zu berichten und sie jederzeit auf Verlangen der Anstalt zurückzubringen. Bis 1. Dezember 1941 wird der »Urlaub« genehmigt. Nach mehreren Verlängerungen wird Marie H. am 21. Jänner 1942 »in häusliche Pflege, aus dem Urlaub entlassen«. Vom Reichsbahndienst wird sie gekündigt, da sie eine Übernahme in den Krankenstand ablehnt.

In der Zwischenzeit, im Oktober 1941, erstattet die Wagner v. Jauregg Heil- und Pflegeanstalt Bericht an die Gauleitung Wien, die Patientin sei durch das »sinnlose Anzeigen an den Polizeipräsidenten auffällig« und »wegen Geisteskrankheit« interniert worden. Der Bericht geht wohl auf die aus der Familie kommenden Beschwerden gegen die Anstaltsunterbringung von Marie H. zurück. Am 13. Oktober 1941 schreibt Gauamtsleiter Rothe an die Gemeindeverwaltung, der Bruder von Marie H., Leo H., habe bei der Partei Beschwerde eingelegt, seine Schwester sei zu Unrecht Am Steinhof untergebracht, sie sei völlig gesund. Die Partei fragt daraufhin nach, ob eine Entlassung der Patientin möglich sei. Vom 1. Dezember 1941 liegt zudem ein Rechtsanwaltsschreiben vor: Es werden Rechtsmittel gegen die Anstaltsunterbringung von Marie H. ergriffen. Der Rechtsanwalt beantragt die Streckung des Urlaubs.

Die spezifischen Umstände ihres Wahns und die Interventionen aus der Familie, der angedrohte Rechtsweg sowie die Mobilisierung der Parteigenossen sind wohl die Gründe dafür, warum Marie H. nach nicht einmal drei Wochen wieder aus der Anstalt entlassen wird, trotz der vergleichsweise drastischen Diagnose »Schizophrenie«. Ein Entmündigungsverfahren gegen Marie H. wird ebenfalls mit Beschluss vom 28. Jänner 1943 vom Amtsgericht Favoriten eingestellt.

Nach dem Ende der nationalsozialistischen Herrschaft erhebt Marie H. Anklage wegen »Verschleppung in das Ausrottungslager Steinhof«. Sie beschreibt ihre Einweisung in die Anstalt Am Steinhof folgendermaßen:

> »Als ich am 25.8.1941 in den Abendstunden aus dem Eisenbahndienst heimkehrte, erschien der Wachmann Kirschner vom Polizeirevier Angeligasse und hielt jene Beschwerde in der Hand, welche ich wegen jahrelang erduldeten Betriebsterrors (1939–1941) an die Polizei richtete, und forderte mich auf, sofort mit ihm auf das Polizeirevier zwecks Auskunft zu kommen. Dortselbst wurde ich über meine Personalien befragt, welche ein diensthabender Journalbeamter mit Schreibmaschine auf eine Drucksorte eintrug. Währenddessen telefonierte Wachmann Kirschner oftmals mit der Unfallstation und verlangte die Beistellung eines Rettungswagens. Später telefonierte er wiederholt um den Amtsarzt Dr. Müller, Zentagasse. Ich persönlich nahm von den letzteren Vorgängen keine besondere Notiz, weil sie ja mit meiner schriftlichen Beschwerde wegen Terror in keinem Zusammenhange zu stehen hatten und ich mir im Amtswege Abhilfe versprach. Man ließ mich warten, angeblich noch wegen einer Auskunftserteilung. Es verstrichen Stunden. Zwischendurch fragte man mich nach ganz belanglosen Dingen, die mit der Sache nichts zu tun hatten. Nach langer Zeit erschien der Amtsarzt, dem ich vorgeführt wurde, dieser fragte mich flüchtig über den Grund der an den damaligen Polizeipräsidenten gerichteten Beschwerde und sagte mir, ich möge draußen warten. Ich ging auf dem Gehsteig vor dem Polizeirevier auf und ab. Da plötzlich fuhr ein Rettungswagen vor, kurz darauf fassten mich 2 Mann rücklings an den Armen und schoben mich rasch in den Wagen hinein. Man fuhr längere Zeit und ich wagte infolge großer Aufregung erst jetzt die Frage, wohin man mich bringe? ›Nach Hause‹, lautete die Antwort. Ich begriff, dass ich in großer Gefahr war, einem grauenhaften unbekannten Schicksal entgegenging.«

Marie H. schildert, wie sie sich gegen die Aufnahme in der Anstalt wehrte. Als der Arzt erschien, habe sie ihn um sofortige Befreiung gebeten: »Derselbe gab jedoch die Anordnung, mich auf den ›Arbeitspavillon‹ zu überstellen. Ich erhielt übergroße Männerschuhe, ein langes Anstaltskleid und wurde mit nassem Haar gestapofotografiert.«

Marie H. klagt auch die schlechte Behandlung an. Man habe sie mit einer unbekannten Stromart gequält, zudem habe sie in überhitzten Trockenanlagen Zwangsarbeit verrichten müssen. Auch mit Kastration habe man ihr gedroht. Die anderen Frauen, kurz vor der Kastrationsdurchführung, hätten des Nachts so lautstark geschrien, dass sie nicht habe schlafen können. Bei ihrer Vorführung im Gerichtspavillon, wo sie ihrer Angabe nach zu sechs Monaten Anstaltsunterbringung verdammt wurde, habe ein weibliches Aufsichtsorgan auf eine völlig verwirrte Frau gezeigt und gesagt, dass auch diese Frau bei ihrer Einlieferung noch so klar und gesund ausgesehen habe wie Marie H. Die Anstalt Am Steinhof beschreibt sie als »Ausrottungslager […], welche[s] für eine Befreiung nicht geplant war«.

Ihr zwei Jahre jüngerer Bruder Leo H. habe sich zum Zeitpunkt ihrer Verschleppung als Soldat für einige Tage im Heimaturlaub in Wien befunden. Er habe für sie eine Anklage beim Landgericht eingereicht, die an das Bezirksgericht Hietzing abgetreten wurde, und habe sich auch bei der Obersten Militärbehörde für sie eingesetzt. Ihr Bruder sei daraufhin nach seiner Rückkehr vom Urlaub in den Irrenanstalten München und Winnenden festgehalten, vom Wehrdienst ausgeschlossen und den Wiener Gerichten übergeben worden. Die Gerichte hätten ihn daraufhin für zwei Jahre entmündigt. Marie und Leo H. hätten mit ihren kargen Einkommen Rechtsanwälte bezahlt, um nicht unter Kuratell gestellt zu werden bzw. zu bleiben und um ihre Anstellungen in einem Privatbetrieb zu behalten.

1944 habe sich Marie H. wieder an eine Ärztin gewandt und behauptet, ihr Körper werde am Arbeitsplatz mit unbekannten Stromarten gequält. Die Ärztin habe eine Diagnose, die wiederum zur Einlieferung auf den Steinhof hätte führen können, geschrieben, Marie H. habe aber auf sofortige Korrektur bestanden.

Marie H. beschuldigt in dem auf 20. März 1946 datierten Schriftstück sowohl die Ärzte, die Gerichte, die Gesundheitsämter als auch das Arbeitsamt, sie hätten mit der Diagnostizierung als »unheilbar« ihren Tod herbeiführen wollen. Sie ersucht zudem um Löschung der sie betreffenden Eintragungen bei allen Ämtern, damit sie wieder in den Eisenbahndienst aufgenommen werde könne.

Wenig später, am 11. April 1946, sagt Marie H. als Zeugin im Verfahren gegen Hackel et al. aus. Sie sei in einer »Zwangsarbeitsanstalt« untergebracht gewesen, könne sich aber an keine Namen von ÄrztInnen oder PflegerInnen erinnern, nach 17 Tagen sei sie wieder freigekommen. Trotz ihrer Angaben kann davon ausgegangen werden, dass Marie H. in der Wagner v. Jauregg Heil- und Pflegeanstalt zur Zwangsarbeit herangezogen wurde und nicht in der Arbeitsanstalt Am Steinhof. Es existiert jedenfalls keine Karteikarte über eine Aufnahme von Marie H. dort.

Der Bruder Leo H. schreibt am 14. Mai 1946 an das Landesgericht für Strafsachen Wien und beschwert sich, dass seit dem Jahre 1945 neuerlich »politisch getarnter Druck« auf ihn und seine Schwester ausgeübt werde. Das Gemeindeamt Favoriten habe sie »ungeachtet erbrachter Beweise über unsere unter dem Hitler-Regime erlittenen Schädigungen gesetzwidrig und widerrechtlich als N. S.« registriert, dadurch hätten sie für zwei Monate gekürzte Lebensmittelrationen bekommen. Sicherheitswachleute hätten zudem Russen zu ihrer Wohnungstüre geführt und sie als »Faschisti« bezeichnet, bei anderer Gelegenheit habe sie das Polizeikommissariat Götzgasse ohne Essen oder Bezahlung »zu schwerster körperl[icher] Arbeit herangezogen und zur Rechtfertigung von zwei Hilfspolizisten, welche sich am 28 Juni 45 (4.15h früh) Ausschreitungen gegen uns zuschulden kommen ließen, 2 Tage lang grundlos eingesperrt«. Er habe durch den »N. S. Einsatz« bereits einen Arbeitsplatz verloren und habe Angst, auch den zweiten zu verlieren. Seine NSDAP-Mitgliedschaft bestreitet er und stellt sich als »Nichtparteimitglied« und »Gestapo-Opfer« dar.

Über den weiteren Lebensweg der Geschwister ist nichts bekannt. Marie H. stirbt im Februar 1985 in Wien, Leo H. im September 1993.

Zusammenfassung

Bis auf den letzten beschriebenen Fall handelt es sich allesamt um Mädchen aus ärmlichen, teils schwierigen Verhältnissen, die bei ihren Großeltern, bei Pflegeeltern und in Heimen aufgewachsen waren, ehe sie in eine Arbeitsanstalt oder in ein »Jugendschutzlager« kamen. Man unterstellte ihnen »sittliche Haltlosigkeit« oder »Triebhaftigkeit«, die meisten hatten zudem Probleme auf ihren Dienstposten. Sie entsprachen also nicht den vorherrschenden Geschlechterbildern und der Sexual- und Arbeitsmoral, waren unangepasst und teils – in den Augen ihrer Erzieherinnen, Fürsorgerinnen und ÄrztInnen – widerspenstig. Dies reichte, um sie zu »Asozialen« zu machen.

Über ihren weiteren Verfolgungsweg entschieden nicht nur Gesetze und deren Auslegung durch Fürsorge- und ärztliches Personal. Auch Zufälle und Interventionen aus dem familiären Umfeld konnten ausschlaggebend sein. Umgekehrt wurde die Stigmatisierung des familiären Umfelds vielfach als Begründung für die »erbliche Belastung« der Mädchen und Frauen und deren »Unerziehbarkeit« herangezogen.

Was die nachgezeichneten Verfolgungswege ebenfalls zeigen, ist, dass die Stigmatisierung häufig nicht mit der Befreiung vom Nationalsozialismus zu Ende ging: Anerkennungen als Opfer wurden verwehrt, Diagnosen aus der NS-Zeit unhinterfragt übernommen.

3. ASOZIALENPOLITIK IN NIEDERDONAU

Der Gau Niederdonau spielte hinsichtlich der sogenannten »Asozialenpolitik« wie der Gau Wien in gewisser Weise eine Vorreiterrolle. Rasch nach der Machtübernahme der Nationalsozialisten machte man sich an die Erfassung und Internierung von »Arbeitsverweigerern« und »Gemeinschaftsfremden« im Bereich Niederdonau.[309]

3.1 Entwicklung und Implementierung der Asozialenpolitik

Die Errichtung von Anstalten und Lagern für »Asoziale«

Per Erlass wurde am 26. Mai 1939 den Landräten und Oberbürgermeistern von Niederdonau mitgeteilt, dass »Arbeitshäftlinge« in verschiedenen bayrischen Zwangsanhaltungsinstitutionen untergebracht werden könnten. Im gleichen Schreiben wies man auf die Möglichkeit zur Unterbringung von »arbeitsscheuen und asozialen Elementen« im Konzentrationslager Dachau hin. In beiden Fällen sollten die einweisenden Stellen direkt mit den Lagern Kontakt aufnehmen (vgl. Baumgartner/Mayer 1990, 182).

Bereits im Jahr 1939 wurde aber auch in Niederdonau selbst – trotz Fehlen einer rechtlichen Grundlage – ein erstes »Arbeitserziehungslager«[310] errichtet. Der Leiter des Arbeitsamtes Eisenstadt[311], Dr. Neuloh, sprach sich für ein Lager in Leitha-Prodersdorf aus, das in erster Linie für Dienstpflichtverweigerer dienen und gleichzeitig den Arbeitskräftebedarf in der Landwirtschaft sicherstellen sollte.[312] Am 20. November 1939 wurde das Lager schließlich eröffnet. Die

309 Die Begriffe wurden teils synonym verwendet. »Arbeitsverweigerer« können als eine Untergruppe der »Gemeinschaftsfremden« betrachtet werden.

310 In den Quellen werden die Begriffe »Arbeitserziehungslager« und »Arbeitslager« teils synonym verwendet, obwohl es sich um zwei verschiedene Lagertypen handelte.

311 Das Burgenland war in der NS-Zeit auf die Gaue Niederdonau und Steiermark aufgeteilt.

312 Das Lager in Leitha-Prodersdorf wurde geschlossen, als die Gestapo im Juli 1941 die Leitung des »Arbeitserziehungslagers« Oberlanzendorf übernahm (vgl.

Entscheidung über die Anhaltung wurde direkt durch Dr. Neuloh getroffen, einen förmlichen Bescheid gab es nicht. »Die Durchführung und Verbringung in das Lager geschieht über das Ersuchen des Dr. Neuloh, durch den Landrat in Eisenstadt, welcher sich zu diesem Zwecke der ihm unterstellten Gendarmerieorgane bedient«, so hielt man das Prozedere in einem Schreiben an den Reichsarbeitsminister in Berlin fest.[313] Für das gesetzlich nicht gedeckte Vorgehen rechtfertigte man sich im Schreiben an den Minister damit, dass durch Anzeigen an das Gericht »keine wirksame Abhilfe« betreffend des Problems der Dienstpflichtverweigerer erreicht werden konnte, da nur geringfügige Strafen ausgesprochen wurden:

> »Nach Ansicht des Leiters des Arbeitsamtes in Eisenstadt war daher, um den Arbeitseinsatz auf dem Gebiete der Landwirtschaft sicherzustellen, eine Einrichtung erforderlich, welche die Gewähr dafür bot, dass bei Dienstpflichtverweigerung der Tat sofort die Ahndung auf dem Fuß folge und auf diese Weise auf die Dienstverpflichteten erzieherisch einwirke, um sie vor dem Abgleiten in das Asoziale rechtzeitig zu bewahren.«[314]

Es handelte sich also gewissermaßen um eine »prophylaktische« Maßnahme. Das Schreiben schließt mit der Bitte, »diesen Bericht zur Kenntnis zu nehmen und <u>ehestens die gesetzlichen Grundlagen für die Errichtung und Erhaltung derartiger Arbeitslager zu schaffen</u>.«[315]

Auch andere Kreise verlangten nach ähnlichen Modellen wie in Leitha-Prodersdorf, etwa Oberpullendorf, wo der Landrat in Deutschkreutz gleich einen dafür geeigneten »Judenbesitz« ausmachte (vgl. Prinz 2002, 46f.). Dies zeigt, wie erpicht viele Lokalpolitiker darauf waren, Unterbringungsmöglichkeiten für »Asoziale« zu schaffen.

In einem Schreiben des Reichsstatthalters an die Landräte und Oberbürgermeister von April 1940 wurde abermals auf das Prozedere im Umgang mit den Dienstpflichtverweigernden hingewiesen: Diese seien sofort, spätestens binnen 48 Stunden, durch ein Sicherheitsor-

Schreiben des Reichsstatthalters in Niederdonau an die Landräte, Polizeidirektoren und Oberbürgermeister vom 18.7.1941 betreffend Errichtung von Arbeitserziehungslagern, NÖLA, AZ 221-1, Reichsstatthalter Niederdonau, Bd. I).

313 Schreiben des Landeshauptmanns in Niederdonau an den Reichsarbeitsminister betreffend Arbeitslager in Leitha-Prodersdorf vom 14.2.1940, NÖLA, Reichsstatthalter Niederdonau, AZ 221-1, Bd. I.

314 Ebd.

315 Ebd. Hervorhebung im Original.

gan dem Landrat zuzuführen. Nach erfolgter Vorführung sei ihnen ihr »asoziales und volksverräterisches Verhalten entsprechend vorzuhalten«. Die vorgeführten Personen hatten zu unterschreiben, dass sie innerhalb von 24 Stunden den ihnen zugewiesenen Dienst antreten würden. Bei Missachtung sei mit »Schutzhaft« und einer »Abgabe in ein Arbeitserziehungslager« zu drohen. Die Landräte wurden aufgefordert, in ihrem Vorgehen keine »Hemmungen« zu zeigen:

> »Es besteht kein Zweifel, dass das energische Zugreifen der Behörden sehr bald die beabsichtigte Wirkung erzielen wird, sodass allfällige Besorgnisse, dass die Unterbringung der Schutzhäftlinge auf Schwierigkeiten stoßen könnte, als unbegründet bezeichnet werden müssen; keinesfalls dürfen solche Bedenken zu Hemmungen führen. Schließlich besteht ja auch eine Unterbringungsmöglichkeit im Arbeitserziehungslager in Leitha-Prodersdorf.«[316]

Neben der gesetzlich nicht gedeckten Errichtung von »Arbeitserziehungslagern« wurden in Niederdonau früh weitere Schritte gesetzt, um das »Problem« der »Asozialen und Gemeinschaftsfremden« zu lösen: Im Dezember 1939 erfolgte die Besichtigung des »Zentralwanderhofes Herzog-Sägmühle« und des »Heimathofes für Frauen Bischofsried« in Bayern[317], um Anregungen für den Umgang mit »arbeitseinsatzfähigen Wanderern«, »Arbeitsscheuen« und Bettlern zu erhalten. Man kam zur Schlussfolgerung, dass die

> »bayrischen Einrichtungen [...] mustergültig und unbedingt nachahmenswert [sind]. Die in der Ostmark geltenden gesetzlichen Bestimmungen geben jedoch nicht die Voraussetzungen und Möglichkeiten, um all die auf Grund vorstehend geschilderten Maßnahmen zu betreuenden Personen zu erfassen, da insbesondere die hiezu erforderlichen polizeilichen Bestimmungen fehlen.«[318]

Dass einzelnen Landräten die gesetzlichen Möglichkeiten nicht ausreichend erschienen und sie auf erweiterte Befugnisse drängten, zeigt

316 Schreiben des Reichsstatthalters an die Landräte und Oberbürgermeister betreffend Zwangsmaßnahmen gegen Dienstpflichtverweigerung vom 13.4.1940, NÖLA, Reichsstatthalter Niederdonau, AZ 221-1, Bd. I.

317 Weitere »Wandererheime« in Bayern 1939 waren: »Heimathof für Männer Simonshof«, »Wanderarbeitsstätte Silbermühle«, »Altersheim Gundelfingen« und »Jugenderziehungsanstalt Indersdorf für Knaben und Mädchen« (vgl. Bericht über die Besichtigung der Wandererheime in Bayern vom 21.12.1939, S. 5f., NÖLA, Reichsstatthalter Niederdonau, AZ 221-1, Bd. I).

318 Bericht über die Besichtigung der Wandererheime in Bayern vom 21.12.1939, NÖLA, Reichsstatthalter Niederdonau, AZ 221-1, Bd. I.

ein Schriftverkehr zwischen dem Landrat des Kreises Baden bei Wien und Hugo Jury, dem Reichsstatthalter von Niederdonau, Ende des Jahres 1940. Der Landrat wies darauf hin, dass er wiederholt darum gebeten hatte, »eine erweiterte Möglichkeit zu schaffen, arbeitsscheue und asoziale Elemente, die in der Regel die Träger staatsfeindlicher Bestrebungen sind, in Zwangsarbeit unterzubringen«.[319] Im Dezember 1940 wurde dem Landrat schließlich mitgeteilt, dass der Reichsstatthalter bereits beim zuständigen Ministerium auf diesen Umstand hingewiesen und auf die Notwendigkeit einer Änderung der strikten Norm des § 20 RFV gepocht habe. Jury sei in Folge vom Ministerium darauf hingewiesen worden, dass »die Fürsorge auch vorbeugend eingreifen kann, um drohende Hilfsbedürftigkeit zu verhüten«. Bald werde diesbezüglich auch ein entsprechender offizieller Erlass des Reichsministers des Innern erfolgen, versprach der Reichsstatthalter dem Landrat.[320]

Das Drängen von Jury bezüglich einer Verschärfung der die konstruierte Gruppe der »Asozialen« betreffenden Regelungen in der Ostmark belegt auch ein Antwortschreiben des Reichsministers des Innern von Oktober 1940.[321] In einem Schreiben an alle Landräte wies der Reichsstatthalter im Jänner 1941 darauf hin, dass eine »ausdrückliche Regelung der vorbeugenden Unterbringung in einer Arbeitsanstalt oder sonstigen Arbeitseinrichtung im Gesetze nicht vorgesehen«[322] sei. Gleichzeitig betonte er die »Flüssigkeit der Grenzen der in Betracht kommenden Tatbestände«. So sei es dennoch möglich, Fälle, die noch nicht der öffentlichen Fürsorge anheimgefallen sind, aber bei denen die Gefahr bestehe, dass dies in absehbarer Zeit geschehen könne, einzuweisen. Zudem verwies er auf die laut Gesetz bestehende Möglichkeit, bei den zuständigen Kriminalpolizeistellen die Verhängung der polizeilichen Vorbeugungshaft gegen »Asoziale« zu beantra-

319 Schreiben des Reichsstatthalters in Niederdonau an den Landrat des Kreises Baden bei Wien betreffend Unterbringung in Zwangsarbeitsanstalten vom 10.12.1940, NÖLA, Reichsstatthalter Niederdonau, AZ 221-1, Bd. I.

320 Ebd.

321 Vgl. Schreiben des Reichsministers des Innern an den Reichsstatthalter in Niederdonau betreffend Durchführung des § 20 FV. und § 16 Fürs.EinfVO vom 5.10.1940, NÖLA, Reichsstatthalter Niederdonau, AZ 221-1, Bd. I.

322 Schreiben des Reichsstatthalters in Niederdonau an die Landräte und Oberbürgermeister betreffend Durchführung des § 20 FV. und § 16 Fürs.EinfVO vom 6.1.1941, NÖLA, Reichsstatthalter Niederdonau, AZ 221-1, Bd. I.

gen.[323] Jury bestärkte damit seine auf Maßnahmen drängenden Untergebenen darin, alle gesetzlichen Möglichkeiten in der Verfolgung der »Asozialen« auszuschöpfen.

Im Juli 1941 informierte der Regierungspräsident und Reichsstatthalter-Stellvertreter Dr. Erich Gruber, dass per Erlass vom 28. Mai 1941 die Errichtung von Arbeitserziehungslagern ausschließlich den Inspekteuren der Sicherheitspolizei und des Sicherheitsdienstes oblag. Die in der Zwischenzeit errichteten, von Arbeitsämtern und Gendarmerie geführten »Erziehungslager« wurden aufgelassen. Für die Reichsgaue Niederdonau und Wien bestand nur noch das Gestapo-geführte »Arbeitserziehungslager« Oberlanzendorf weiter.[324]

Zudem stand seit 1939 mit der Arbeitsanstalt Znaim eine auf Basis des § 20 der Fürsorgepflichtverordnung errichtete, primär für »asoziale« Frauen und Mädchen gedachte Arbeitsanstalt zur Verfügung. 1941 wurde das Gut Reuhof an die Anstalt Znaim angegliedert. Znaim diente als eine Art Einlieferungs- und Durchgangslager, wo die angekommenen Personen geprüft wurden und über ihr weiteres »Schicksal« bestimmt wurde. Andere Anstalten im Bereich Niederdonau waren das erwähnte »Arbeitserziehungslager« Oberlanzendorf (vorrangig für Männer), die Fürsorgeanstalten für Jugendliche in Korneuburg (männliche Jugendliche), Puchberg (männliche Jugendliche) und Hollabrunn (weibliche Jugendliche), die Jugendschutzlager der Kripo, die Trinkerheilanstalt Mauer-Öhling für Alkoholiker und für »leichteste Fälle« von »Asozialität« konnte zudem in die Herzog-Sägmühle in Oberbayern eingewiesen werden.[325]

Das Prozedere rund um die Entlassung aus einer Anstalt sah folgendermaßen aus: Sofern es sich um »erbkranke Asoziale« handelte,

323 Die polizeiliche Vorbeugungshaft gegen »Berufs- und Gewohnheitsverbrecher« sowie »Asoziale« war im Altreich seit dem Erlass »Vorbeugende Verbrechensbekämpfung durch die Polizei« vom 14.12.1937 möglich. In der Ostmark wurde der »Grunderlass Vorbeugende Verbrechensbekämpfung« am 26.7.1938 gültig, nachdem er in der »Aktion Arbeitsscheu Reich« jedoch bereits in großem Stil umgesetzt worden war (vgl. Ayaß 2006, 79).

324 Vgl. Schreiben des Reichsstatthalters in Niederdonau an die Landräte, Polizeidirektoren und Oberbürgermeister vom 18.7.1941 betreffend Errichtung von Arbeitserziehungslagern, NÖLA, Reichsstatthalter Niederdonau, AZ 221-1, Bd. I.

325 Schreiben von Dr. Fehringer betreffend Maßnahmen gegen Asoziale, undatiert, NÖLA, Reichsstatthalter Niederdonau, AZ 221-1, Bd. I. Das Schreiben mit dem Titel »Maßnahmen gegen Asoziale« ist zwar undatiert, muss jedoch nach dem 28.5.1941 erstellt worden sein, da ein Erlass dieses Datums zitiert wird.

sollte eine Zwangssterilisation erfolgen, eine Kastration bei Sexualverbrechern. Mit der Entlassung ging außerdem die Vermittlung an einen Arbeitsplatz einher, der Arbeitsantritt und die weitere Führung wurden im Rahmen der »Nachfürsorge« kontrolliert. »Rückfällige« seien in ein Konzentrationslager einzuweisen.[326] Quellen, die Aufschluss über die tatsächliche Anzahl der in ein Konzentrationslager Eingewiesenen geben, konnten in den gesichteten Archiven nicht gefunden werden. Es ist davon auszugehen, dass derartige Quellen nicht mehr existieren.

Die Erfassung von »Asozialen«

In einem Schreiben des Leiters des Rassenpolitischen Amtes der Gauleitung, Dr. Fehringer, aus dem Jahr 1941 beschrieb dieser das Vorgehen bei der »Erfassung und Entfernung der Arbeitsverweigerer«: Die Arbeitsämter und ihre Nebenstellen wurden veranlasst, auf Vordrucken »alle tatsächlichen oder auf Tarnung sehr verdächtigen Arbeitsverweigerer und -verweigerinnen« bekannt zu geben. Der Kreisbeauftragte für Rassenpolitik sollte danach »nach Umfragen bei Polizei, Gendarmerie, Gesundheitsamt, Krankenkassen, Ortsgruppen- u. Blockleiter usw. die Asozialität der Gemeldeten« feststellen und »über das Fürsorgeamt und den Landrat die Einweisung in ein Arbeitslager« veranlassen. Der Kreisbeauftragte für Rassenpolitik wurde zudem angehalten, die derart erfassten Personen in einer »Asozialenkartei« zu führen und eine Durchschrift dieser Kartei an das Gauamt für Rassenpolitik weiterzuleiten.[327]

Die »Erfassung der Gemeinschaftsfremden« sollte derart erfolgen, dass der Ortsgruppenleiter auf vorgefertigten Erhebungsbögen »die ihm als asozial (gemeinschaftsfremd) erscheinenden Elemente seiner Ortsgruppe« festzuhalten hatte. Dabei sollte er sich

> »einer Arbeitsgemeinschaft [bedienen], die er sich aus den Mitarbeitern des RPA in der Ortsgruppe (soweit solche bestehen, wenn sie noch nicht bestehen, sind solche namhaft zu machen), dem Ortsgruppenleiter der NSV, dem Bürgermeister (Fürsorgewart), der Frauenschaftsleiterin und dem Gendarmeriekommandanten zusammengestellt hat«.[328]

326 Vgl. ebd.
327 Vgl. ebd.
328 Ebd.

Für die Erhebungen wurden – ähnlich dem Umgang mit »Arbeitsverweigerern« – Informationen der Arbeitsämter, Fürsorgeämter (Jugendämter), Gesundheitsämter, Gendarmerie und Polizei (wegen Vorstrafen) und Kreiskrankenkassen (wegen angeblicher »Flucht in Krankmeldungen«) herangezogen.[329]

Wer als »asozial« galt, wurde differenziert in einem Merkblatt des Rassenpolitischen Amtes festgehalten. Unter »Gemeinschaftsunfähigen« wurden »Arbeitsscheue« gefasst, aber auch Personen, die fortgesetzt mit Strafgesetzen, der Polizei oder anderen Behörden in Konflikt gerieten, die den Unterhalt für ihre Kinder laufend nicht zu leisten im Stande waren, die keinen »geordneten Haushalt« führten sowie TrinkerInnen und Personen mit »unsittlichem Lebenswandel«. Biologisch sei für diese Gruppen kennzeichnend, dass ihre »Gemeinschaftsunfähigkeit« erblich bedingt sei, die Gattenwahl »aus dem gleichen schlechten Milieu« erfolge und die Kinderzahlen hoch seien.[330]

Bei der Erfassung der »Gemeinschaftsfremden« sei streng darauf zu achten,

> »dass alle Maßnahmen in gleichem Maße die Asozialen aller Stände und gesellschaftlichen Kreise erfassen. Es wäre falsch, die Asozialen nur unter den Vagabunden und Gelegenheitsarbeitern zu suchen. Auch die gemeinschaftsunfähigen ›Früchterln‹ der gehobeneren Gesellschaftsschichten (beiderlei Geschlechts!!) müssen in diesem Rahmen auf ihre Pflichten der Gemeinschaft gegenüber und der Verpflichtung zur Arbeit in dieser einzig möglichen Form aufmerksam gemacht werden.«[331]

Entgegen dieser Erklärung findet sich in den erhalten gebliebenen Fallbeschreibungen jedoch keine einzige Person aus einer höheren sozialen Schicht.

Im Februar 1942 erging eine Bekanntmachung des Reichsstatthalters in Niederdonau, Dr. Hugo Jury, an die Landräte und Oberbürgermeister, in der diese zur lückenlosen Erfassung von »gemeinschaftsfremden Elementen« aufgefordert wurden. Die nach Abschluss des Erfassungsverfahrens durch den Kreisbeauftragten für Rassenpo-

329 Vgl. ebd.

330 Vgl. Merkblatt des Rassenpolitischen Gauamtes Niederdonau »Wer ist gemeinschaftsunfähig (asozial)?«, undatiert, NÖLA, Reichsstatthalter Niederdonau, AZ 221-1, Bd. I.

331 Schreiben von Dr. Fehringer betreffend Maßnahmen gegen Asoziale, undatiert [nach Mai 1941], NÖLA, Reichsstatthalter Niederdonau, AZ 221-1, Bd. I.

litik, dem Landrat oder dem Oberbürgermeister bekanntgegebenen Fälle seien ohne Verzug dem Verwaltungsverfahren gemäß den fürsorgerechtlichen Bestimmungen oder den Bestimmungen über die polizeilichen Vorbeugemaßnahmen zuzuführen.[332]

Die Asozialenkommissionen in Niederdonau

Über eine etwaige Zwangsmaßnahme gegen »Asoziale« sollte im Anschluss an ihre Erfassung die Kreisasozialenkommission entscheiden,

> »die an einem bestimmten Tage des Monats zu regelmäßigen Sitzungen zusammentritt. Ihr gehört an: 1. der Kreisleiter und Kreisbeauftragte für Rassenpolitik, 2. der Landrat, 3. der Leiter des Arbeitsamtes, 4. der Leiter des Fürsorgeamtes, 5. der Leiter des Jugendamtes, 6. der Polizeidirektor (soweit vorhanden).«[333]

Die Kreisasozialenkommission hatte auch »eine allfällige Gemeinschaftsunfähigkeit« festzustellen. Das weitere Prozedere sah (planmäßig) wie folgt aus:

> »Der Kreisbeauftragte referiert die von ihm oder seinem Sachbeauftragten vorbereiteten Fälle. Den Entscheid der Kommission führt der Landrat durch. Der Kreisbeauftragte für Rassenpolitik verkartet auch diese Personen und führt sie in seiner Asozialenkartei. Eine durchgeschriebene Karteikarte geht an das Gauamt für Rassenpolitik.«[334]

Im Gau sei ferner eine Gauasozialenkommission einzurichten, der planmäßig folgende Personen angehörten:

> »1. Der Stellvertretende Gauleiter, vertreten durch den Gauamtsleiter für Rassenpolitik, 2. der Gauamtsleiter für Volkswohlfahrt (Pg. [Parteigenosse; Anm.] Rehling), 3. der Regierungspräsident Vertreter Abt. III, 4. der Dezernent der staatlichen Aufsicht über das Fürsorgewesen, 5. der Dezernent für Jugendwohlfahrt, 6. der Dezernent der Medizinalabteilung, 7. der Vertreter des Arbeitsamtes Wien-Niederdonau.«[335]

Dr. Fehringer beendete sein (undatiertes) Schreiben mit dem Hinweis, dass »mit dieser Erfassung und dem zwangsweisen Arbeitsein-

332 Vgl. Bekanntmachung des Reichsstatthalters in Niederdonau Dr. Jury an die Landräte und Oberbürgermeister (Wien, 6.2.1942), zit. nach Ayaß 1998, 292f.

333 Schreiben von Dr. Fehringer betreffend Maßnahmen gegen Asoziale, undatiert [nach Mai 1941], NÖLA, Reichsstatthalter Niederdonau, AZ 221-1, Bd. I.

334 Ebd.

335 Ebd.

satz der asozialen Elemente schon viel gewonnen sein« sollte, wenn auch »ein richtiges Asozialengesetz« noch fehle.[336]

In einem Schreiben von Jänner 1942 wurde die Zusammensetzung der Kreisasozialenkommission erweitert: Nun wurden auch der Kreisamtsleiter der NSV, der Leiter des Gesundheitsamtes und gegebenenfalls der Oberbürgermeister angeführt. Bezüglich der Häufigkeit der Sitzungen der Kreisasozialenkommissionen wurden in der Vereinbarung (nicht näher definierte) »regelmäßige Zeitabstände« fixiert. Darüber hinaus war auch das Tagen bei »besonderem Anlass« vorgesehen. Außerdem wurde die Rolle der Gauasozialenkommission spezifiziert:

> »Wenn der Kreisbeauftragte für Rassenpolitik oder ein erheblicher Teil der übrigen Mitglieder ernste Bedenken gegen den Beschluss des Kreisleiters vorbringen, so ist der Fall vom Kreisleiter der Gauasozialenkommission zur Entscheidung vorzulegen.«[337]

Bezüglich der Zusammensetzung der Gauasozialenkommission wurde in der Vereinbarung von Jänner 1942, abweichend zum Schreiben von Dr. Fehringer, festgehalten, diese habe aus dem Gauamtsleiter für Rassenpolitik, dem Leiter der Abteilung II, dem ständigen Berichterstatter und vier fachmännischen Beisitzern, »von denen mindestens einer Fachmann der erbbiologischen Forschung sein muss«, zu bestehen. Innerhalb der Gauasozialenkommission war der Vorsitzende bemächtigt, einen Entschluss zu fassen, bei ernsthaften Bedenken innerhalb der Kommission hatte er aber die Entscheidung an den Gauleiter zu übergeben.[338]

Die Praxis der Erfassung und Einweisung von »Asozialen«

Die »Effizienz« der einzelnen Asozialenkommissionen war sehr unterschiedlich. In manchen Kreisen trat die Asozialenkommission bis 1944 nur einmal zu einer konstituierenden Sitzung zusammen, andere Kreise zeigten sich wiederum sehr aktiv in der Verfolgung von »Asozialen«. Insgesamt wurden über Initiative der Asozialenkommissionen – soweit belegt – 1942 für 23 Personen und 1943 für 67 Personen Einweisungsanträge gestellt. 1942 wurden über die Aso-

336 Ebd.

337 Vereinbarung zwischen der NSDAP, Gauleitung Niederdonau – Rassenpolitisches Amt, und der Behörde des Reichsstatthalters in Niederdonau vom 23.1.1942, NÖLA, Reichsstatthalter Niederdonau, AZ 221-1, Bd. I.

338 Vgl. ebd.

zialenkommissionen 18 Personen und 1943 26 Personen, mehrheitlich Frauen, tatsächlich in verschiedene Lager(formen) eingewiesen (vgl. Prinz 2002, 51). Warum es 1943 zu einer gegenüber den Einweisungsanträgen vergleichsweise geringen Anzahl an tatsächlichen Einweisungen kam, kann nicht beantwortet werden, da keine Besprechungsprotokolle von Sitzungen der Asozialenkommissionen vorliegen. Nach einer ersten Phase konsequent durchgeführter Erfassungen von »Gemeinschaftsfremden« in den Jahren 1942 und in der ersten Jahreshälfte 1943 sanken die Zahlen in der zweiten Jahreshälfte 1943 und 1944 stark ab: 1944 wurden pro Kreis durchschnittlich drei Männer und drei Frauen von den Kreisasozialenkommissionen als »gemeinschaftsunfähig« erklärt.[339]

Einweisungen in Arbeitslager fanden in Niederdonau jedoch nicht nur auf Initiative der Asozialenkommissionen statt, sondern auch direkt über die Landräte und Oberbürgermeister. »In dringenden Fällen« verfügten diese eine direkte Einweisung nach Znaim.[340] Aus den erhalten gebliebenen Akten lassen sich für die Jahre 1942 und 1943 78 derartige direkte Einweisungen belegen (vgl. Prinz 2002, 51f.). Mögliche Gründe für diese Umgehungen der Kreisasozialenkommissionen könnten deren Dysfunktionalität bzw. Untätigkeit aufgrund mangelnder Initiative oder Überlastung der beteiligten Stellen und Personen sein, aber auch Kompetenzstreitigkeiten oder der Wunsch nach raschem, unbürokratischem und eigenmächtigem Handeln mancher Landräte und Oberbürgermeister.

Die Vorgänge rund um die Erfassung von »Asozialen« in Niederdonau lassen sich insgesamt gut nachvollziehen, da Reichsstatthalter Hugo Jury am 27. März 1944 ein Schreiben an alle Landräte und Oberbürgermeister richtete, in dem er um einen Bericht über die bisherigen Aktivitäten bat. In einer Vorlage hatten die Landräte sodann zu dokumentieren, wie viele Anträge auf Einweisung die Kreisasozialenkommission bereits gestellt hatte und wie viele Einweisungen durch Beschluss der Kreisasozialenkommission erfolgt waren. Hier

339 Vgl. Schreiben des Reichsstatthalters in der Westmark und Chefs der Zivilverwaltung in Lothringen betreffend die Erfassung von Gemeinschaftsfremden vom 24.2.1944, NÖLA, Reichsstatthalter Niederdonau, AZ 221-1, Bd. II 1944.

340 Direkte Einweisungen waren nur nach Znaim und nicht in andere Anstalten möglich (vgl. Schreiben des Reichsstatthalters in Niederdonau betreffend Durchführung des § 20 FV in Verbindung mit § 16 Fürs.EinfVO, Jänner 1942, NÖLA, Reichsstatthalter Niederdonau, AZ 221-1, Bd. I).

wurde differenziert, wer in die Arbeitsanstalt Znaim, wer in ein Arbeitserziehungslager der Staatspolizei (Oberlanzendorf), wer in ein Arbeitsschutzlager der Kriminalpolizei (Uckermark und Moringen), wer in ein Konzentrationslager und wer nach Gutachten der Kreisasozialenkommission in Fürsorgeerziehung übernommen worden war. In einer weiteren Rubrik musste vermerkt werden, wie viele Frauen und Männer »wegen Dringlichkeit [...] jedoch ohne einen Beschluss der Kreisasozialenkommission abzuwarten in die Arbeitsanstalt Znaim eingewiesen« worden waren. Im Frühling und Sommer 1944 erstatteten die Landräte sodann Bericht. Aus ihren Antwortschreiben geht die hohe Zahl der Einweisungen nach Znaim hervor: Mindestens 150 Einweisungen sind für die Jahre 1942 und 1943 belegt. Da manche Stellen aber nur von »zahlreichen« Einweisungen sprachen und keine Zahlen nannten oder angaben, dass »weitere Personen« direkt eingewiesen wurden, ist von einer weit größeren Zahl auszugehen. Zudem kamen nicht alle Kreise der Aufforderung zur Berichterstattung nach. Einweisungen in ein Konzentrationslager sind über die Schreiben der Landräte nur für den Kreis Neubistritz belegt (eine Frau im Jahr 1942).[341]

Grund für die Erhebung der Aktivitäten war ein Schreiben des »Reichsstatthalters in der Westmark und Chefs der Zivilverwaltung in Lothringen«[342] vom 24. Februar 1944. Dieser bat in seinem Brief den Reichsstatthalter in Niederdonau um einen Bericht betreffend die »gemachten Erfahrungen, insbesondere auch über den Umfang der verfügten polizeilichen oder fürsorgerechtlichen Maßnahmen«. Der Gau Niederdonau sei ihm als in der Bekämpfung des »Asozialenproblems« vorbildhaft genannt worden und er wolle nun ein ähnliches Verfahren im Gau Westmark anwenden. Neben einem zahlenmäßigen Überblick interessierte er sich auch für »bestimmte Richtlinien

341 Vgl. Verschiedene Antwortschreiben der Landräte und Bürgermeister von Niederdonau an den Reichsstatthalter von Niederdonau, NÖLA, Reichsstatthalter Niederdonau, AZ 221-1, Bd. II 1944.

342 Der 1940 gebildete Gau Westmark umfasste das Saarland, die bayerische Pfalz und das im Frankreichfeldzug eroberte lothringische Département Moselle. Der Reichsstatthalter in der Westmark war in Personalunion der Chef der Zivilverwaltung für Lothringen. Zum Zeitpunkt des Schreibens war Josef Bürckel, vormals »Reichskommissar für die Wiedervereinigung Österreichs mit dem Deutschen Reich«, der Reichsstatthalter der Westmark.

über den Begriff der Gemeinschaftsfremdheit (Asozialität)«, denn er halte »derartige Richtlinien für praktisch und wünschenswert«.[343]

Ende Juli 1944 antwortete Dr. Axmann, Leiter der Abteilung IIIb (Fürsorge und Wohlfahrt), schließlich dem Reichsstatthalter in der Westmark und schilderte ihm die gesetzlichen Grundlagen in der Ostmark und das Prozedere rund um die Asozialenkommissionen. Detaillierte Zahlen nannte er nicht, er hatte zu diesem Zeitpunkt auch noch nicht die Antworten aller Landräte und Oberbürgermeister vorliegen. Axmann führte lediglich den Durchschnitt von jährlich drei Männern und drei Frauen an, die von der Kreisasozialenkommission zu »Gemeinschaftsunfähigen« erklärt wurden. Betreffend die rechtlichen Grundlagen erwähnte er, dass »bei strenger Auslegung dieser Bestimmung [§ 20 Abs. 1 RFV; Anm.] [...] oft der gewollte Erfolg nicht erzielt werden [konnte]« und verwies auf den Erlass vom 5. Oktober 1940, in dem der Reichsminister selbst auf die »Flüssigkeit der Grenzen der in Betracht kommenden Tatbestände« hingewiesen habe, weshalb man sehr wohl »vorbeugend« vorgegangen sei.[344]

Vorreiterrolle?

Eine Vorreiterrolle Niederdonaus in der »Asozialenpolitik« lässt sich nicht nur am genannten Schriftverkehr zwischen den Gauen Niederdonau und Westmark festmachen, aus dem hervorgeht, dass die Praxis in Niederdonau als »vorbildhaft« bekannt war. Auch ein Schreiben des Gauhauptstellenleiters in Salzburg, Dr. Heinz Wolfer, an den Leiter des Rassenpolitischen Amtes der Gauleitung Niederdonau, Dr. Fehringer, vom 13. Jänner 1943 belegt, dass sich andere Gaue ratsuchend an den Gau Niederdonau wandten, wenn es um die Praxis der »Asozialenpolitik« ging. In Salzburg war gerade erst eine Asozialenkommission gegründet worden und Dr. Wolfer fragte

343 Schreiben des Reichsstatthalters in der Westmark und Chefs der Zivilverwaltung in Lothringen betreffend die Erfassung von Gemeinschaftsfremden vom 24.2.1944, NÖLA, Reichsstatthalter Niederdonau, AZ 221-1, Bd. II 1944.

344 Schreiben von Dr. Axmann an den Reichsstatthalter in der Westmark und Chef der Zivilverwaltung in Lothringen betreffend die Erfassung von Gemeinschaftsfremden vom 31.7.1944, NÖLA, Reichsstatthalter Niederdonau, AZ 221-1, Bd. II 1944.

um Rat, wie bei der Unterbringung von Kindern »Asozialer« vorgegangen werden sollte.[345]

Das besondere »Engagement« in der »Asozialenfrage« durch die mittleren und unteren politischen Ebenen zeigt auch das Insistieren auf schärfere Gesetze bzw. erweiterte rechtliche Möglichkeiten in der »vorbeugenden« Verfolgung von »Asozialen« durch die Landräte und Oberbürgermeister. Bemerkenswert ist auch das gesetzlich nicht gedeckte Errichten eines »Arbeitserziehungslagers« in Leitha-Prodersdorf auf Initiative des Arbeitsamtleiters.

Weitere Zeichen des »Engagements« auf einer behördlichen Ebene sind ein Schmalstummfilm zur »Asozialenfrage«, der von Niederdonau initiiert und auch dort gedreht wurde.[346] Der Leiter der Abteilung IIIb[347], Dr. Axmann, hielt zudem Vorträge zur »Asozialenpolitik«,

345 Schreiben von Dr. Heinz Wolfer, Gauhauptstellenleiter Salzburg, an den Leiter des Rassenpolitischen Amtes der Gauleitung Niederdonau, Dr. Fehringer, betreffend Unterbringung von Kindern Asozialer vom 13.1.1943, NÖLA, Reichsstatthalter Niederdonau, AZ 230-1, Bd. IIIb-1. – Geantwortet wurde Dr. Wolfer wie folgt: »Die Kinder asozialer Eltern werden bei Zerreißung der Familie, gegebenenfalls über Beschluss des Vormundschaftsgerichtes, der Fürsorgeerziehung übergeben. In den Fällen geringerer Verwahrlosung, d. h. wenn die Voraussetzung für die Einleitung der Fürsorgeerziehung nicht gegeben ist, werden die Kinder im Wege der freiwilligen Erziehungshilfe in Kinderheimen der NSV untergebracht. In solchen Fällen, in denen die Eltern als Gemeinschaftsunfähige, beide oder ein Teil von ihnen, in Fürsorgearbeits- oder durch die Polizei in Arbeitserziehungslager eingewiesen werden müssen, die Kinder selbst aber keinen auffallenden Grad der Verwahrlosung zeigen, genügt auch die Unterbringung der Kinder auf geeigneten Pflegeplätzen, wo sie dann einer besonderen nachgehenden Fürsorge zugeführt werden. Letztere Aufgabe hat die NSV (Jugendhilfe) im Rahmen der zwischen dem Leiter der Parteikanzlei und dem Reichsminister des Innern getroffenen Vereinbarungen übernommen.« In Niederdonau standen für Buben die Fürsorgeerziehungsanstalten Korneuburg und Puchberg am Schneeberg, für Mädchen die Anstalt Hollabrunn und für »hilfsschulbedürftige« Knaben und Mädchen eine Anstalt in Allentsteig zur Verfügung. Für den Fall, dass bei Jugendlichen die Fürsorgeerziehungsanstalten keine Erfolge erzielen können, wurde auf die Möglichkeit der Internierung in den Jugendschutzlagern Uckermark und Moringen hingewiesen. Männliche Jugendliche wurden außerdem im Wanderhof Herzog-Sägmühle untergebracht (vgl. Schreiben von Dr. Axmann an das Amt für Rassenpolitik der NSDAP Salzburg vom 25.1.1943, NÖLA, Reichsstatthalter Niederdonau, AZ 230-1, Bd. IIIb-1).

346 Vgl. diverse Schreiben von Jänner 1941, NÖLA, Reichsstatthalter Niederdonau, AZ 230-1, Bd. IIIb-1.

347 Zur Abteilung IIIb gehörten: Öffentliche Fürsorge und Jugendwohlfahrt (IIIb-1), Gaufürsorgeverband und Gaufürsorgeamt (IIIb-2), Wohlfahrtsanstalten (IIIb-3)

etwa vor dem nationalsozialistischen »Rechtswahrerbund Berlin« bei einem Lehrgang für Juristen in der Reichsschule für Rassenpolitik in Babelsberg. Die eigene »Vorreiterrolle« wurde jedoch auch strategisch aufgewertet: Den Bericht über seinen Vortrag nutzte Dr. Axmann etwa, um gegenüber Gauamtsleiter Dr. Fehringer ausgiebig mit den »allgemein anerkannten« Regelungen in Niederdonau zu prahlen.[348]

3.2 Die Arbeitsanstalt Znaim

Die »Zwangs- und Besserungsanstalt in Znaim« wurde mit Weisung vom 28. Juni 1939 an den Reichsgau Niederdonau übergeben (vgl. Tröbinger 2008, 662). Bis zum »Anschluss« handelte es sich um eine Zwangsarbeitsanstalt für gerichtlich Verurteilte, von denen sich im Juli 1939 noch 40 in der Anstalt befanden.[349] Znaim sollte nun zur »Bewahrungsanstalt für asoziale Frauen und Mädchen«, schwerpunktmäßig aus Niederdonau, ausgebaut werden (vgl. Baumgartner/Mayer 1990, 124). Es wurden zwar auch Männer dort interniert, sie wurden allerdings (ab 1941) bevorzugt in das »Arbeitserziehungslager Oberlanzendorf« eingewiesen[350]. Während Znaim auf der Basis des § 20 der Fürsorgepflichtverordnung entstand, war das Lager Oberlanzendorf der Gestapo unterstellt.

In einem mit »Maßnahmen gegen Asoziale« betitelten Schreiben des Gauamtsleiters für Rassenpolitik in Niederdonau, Dr. Fehringer, wurde das »Arbeitshaus (vorzugsweise für Frauen) für den Reichsgau Niederdonau in Znaim« kurz und knapp wie folgt beschrieben:

und Jugendwohlfahrt/Gaujugendamt (IIIb-4).

348 Vgl. Schreiben von Dr. Axmann an Dr. Fehringer vom 22.11.1943, NÖLA, Reichsstatthalter Niederdonau, AZ 230-1, Bd. IIIb-1.

349 Schreiben des Landesfürsorgeverbandes Oberdonau vom 20.7.1939 an die Landräte in Oberdonau und die Oberbürgermeister von Linz und Steyr, OÖLA, BH Grieskirchen II, Fürsorge 1941–47, Sch. 186, 4401–4402, Arbeitsanstalt Znaim, zit. nach Tröbinger 2008, 662.

350 Der Beschluss für die Errichtung des »Arbeitserziehungslagers« Oberlanzendorf wurde am 3.9.1940 durch den Bürgermeister von Wien im Auftrag des Reichsstatthalters Baldur von Schirach gefasst. Im Juli 1941 wurde die Leitung und Einweisungskompetenz von der Gestapo übernommen. War zuvor vor allem an eine Einweisung von »Arbeitsunwilligen« und »Asozialen« (Männern) gedacht, so verschob sich nun der Fokus auf Fremd- bzw. Zwangsarbeiter aus den besetzten Ländern (vgl. Prinz 2005, 31f.). 1942 und 1943 fanden Erweiterungen des Lagers statt, u. a. um ein eigenes »Frauenlager« für ca. 100 Personen (vgl. ebd., 35). Laut Prinz (2002, 59) wurde das »Frauenlager« Ende 1943 in Betrieb genommen.

> »Dauer des ›Umschulungskurses‹ 6 Monate. Tageskosten derzeit 1.30 RM, die sich aber bei Mehrbelag auf einen Bruchteil erniedrigen werden. Einweisungen durch den Landrat auf Grund § 20 RFV. Kosten trägt der Fürsorgeverband.«[351]

Vermutlich 1941 wurde das Gut Reuhof im heutigen Niederösterreich an die Arbeitsanstalt Znaim angegliedert. Die Saatzuchtanstalt Reuhof bei Wolkersdorf stand bereits zuvor unter Verwaltung des Gaues Niederdonau (vgl. Prinz 2002, 47). Für 1941 ist erstmals eine Überstellung von 40 in Znaim internierten Personen zum Ernteeinsatz auf das Gut Reuhof überliefert. Der Plan des Gaukämmerers war es, ständig 40 bis 50 »Zwänglinge« in Reuhof zu »halten«.[352] Dass die landwirtschaftliche Zwangsarbeit im Betrieb Reuhof auch wirtschaftlichen Überlegungen entsprach, zeigt sich in der Dienstanweisung: Es wird »tunlichst die Einweisung so zu treffen sein, dass der Stand der Arbeitsbefürsorgten den anfallenden landwirtschaftlichen Arbeiten angepasst wird«.[353] Die Anzahl der Festgehaltenen sollte sich also entsprechend der Jahreszeit ändern.

Im Unterschied zu Znaim wurden die in Reuhof internierten Personen nicht hinter Gitter und Stacheldraht gesperrt, die Arbeit am Gut Reuhof sollte als »Belohnung« empfunden werden. In den Augen der Nationalsozialisten handelte es sich um einen

> »Versuch [...], den Gemeinschaftsfremden noch einmal in geordnete Lebensverhältnisse zu bringen. Wenn auch die anlagebedingten Gemeinschaftsfremden eine Besserung nicht erwarten lassen, so kann doch durch die unmittelbare Beschäftigung in der Landwirtschaft, die ständige Vermittlung der großen Geschehnisse der Natur, in einem gewissen Maße die Arbeitswilligkeit geweckt werden.«[354]

Gleichwohl sollte auch die »Arbeiterkolonie in Reuhof« unter »straffe Disziplin« gestellt werden. Die »erbbiologischen Maßnahmen«, etwa Zwangssterilisationen, sollten ebenfalls von den erleichterten Bedin-

351 Dr. Fehringer, »Massnahmen gegen Asoziale«, undatiert [nach Mai 1941], NÖLA, Reichsstatthalter Niederdonau, AZ 221-1, Bd. I.

352 Vgl. Schreiben von Dr. Axmann an Dr. Fehringer betreffend »Asoziale-Arbeitsanstalt« vom 18.11.1941, NÖLA, Reichsstatthalter Niederdonau, AZ 221-1, Bd. I.

353 Dienstanweisung für Reuhof, undatiert, NÖLA, Reichsstatthalter Niederdonau, AZ 221-1, Bd. I.

354 Schreiben von Dr. Axmann an Dr. Fehringer betreffend »Asoziale-Arbeitsanstalt« vom 18.11.1941, NÖLA, Reichsstatthalter Niederdonau, AZ 221-1, Bd. I.

gungen in Reuhof unberührt bleiben. Die Anträge dafür hatten aber in Znaim gestellt zu werden.[355]

Die (Haupt-)Anstalt in Znaim fungierte als Einlieferungs- und Arbeitslager, wo erst die Feststellung des »Grades der Asozialität« und dann die Entscheidungen über die weiteren Maßnahmen erfolgten, fasst Prinz (2002, 50) zusammen. In der Znaimer Anstalt verbleiben sollten neben den Neuaufgenommenen nur die »Professionisten (Schuster, Schneider, Tischler, Schlosser) und die Arbeitsunwilligen oder absolut Unverbesserlichen«[356].

Tröbinger (2008, 659) beschreibt die Arbeitsanstalt Znaim als die größte derartige Anstalt in der Ostmark, da sie aus allen (ostmärkischen) Gauen Einweisungen aufnahm. Die Behörden der verschiedenen Gaue wurden aufgefordert, nach Maßgabe freier Plätze »asoziale« Personen nach Znaim einzuweisen. Besonders aus Oberdonau kamen – nach Rücksprache mit dem Anstaltsleiter über die Kapazitäten der Anstalt – viele Personen nach Znaim (vgl. ebd., 661f.). In einem Schreiben des Landesfürsorgeverbandes Oberdonau an die Landräte und Oberbürgermeister von Linz und Steyr von September 1939 wird die Anlage in Znaim auch genauer beschrieben:

> »Die Anstalt selbst ist ein weitläufiges Gebäude für rund 250 Insassen und besitzt eine gut eingerichtete Wäscherei für die weiblichen sowie eine Korbflechterei für die männlichen Zwänglinge. Für die Bewachung sowie auch für die Einhaltung einer strengen Hausregel sind alle erforderlichen Vorkehrungen getroffen.«[357]

Dass es rund um die Zwangsarbeitstätigkeiten in Znaim Streitigkeiten zwischen den verschiedenen Stellen gab, belegt ein Schreiben von Februar 1941. Darin äußert ein Vertreter der NSDAP, Grundei, dass sich der Lagerleiter aus

> »nicht klaren Gründen gegen den Einsatz der Männer bei öffentlichen Arbeiten [weigere], auch wenn dieser Einsatz geschlossen und unter Bewachung vor sich geht. Die Leute mit Flechten von Matten zu beschäftigen, die dann womöglich nicht anbringbar

355 Vgl. ebd.

356 Ebd.

357 Schreiben des Landesfürsorgeverbandes Oberdonau vom 7.9.1939 an die Landräte und Oberbürgermeister von Linz und Steyr (div. Beihilfen, Zwangsarbeitsanstalt Znaim, Niederdonau, Einweisung, Verpflegungskosten und Einrichtungen), OÖLA, BH Grieskirchen II, Fürsorge 1941–47, Sch. 186, zit. nach Tröbinger 2008, 661f.

sind, halte ich dann für unrichtig, wenn es sich um einigermaßen körperlich einsatzfähige Menschen handelt; abgesehen davon, dass Flechtarbeiten usw. doch vor allem den Blinden vorbehalten bleiben sollen.«[358]

Auch rund um die Einweisung in die Anstalt in Znaim/Reuhof scheint es Streitigkeiten gegeben zu haben. In einem Erlass vom 27. Oktober 1939 wurden die Landräte darauf hingewiesen, dass sich unter den als »gemeinschaftsunfähig« eingewiesenen Personen auch »Krüppel, schwangere Frauen und kranke Personen« befänden. Offenbar hatten die Fürsorgeverbände die Anstalt Znaim als billigeren »Aufbewahrungsort« den Krankenanstalten vorgezogen. Dieser Vorgangsweise wurde nun ein Riegel vorgeschoben, indem noch einmal betont wurde, dass derartige Personen künftig nicht mehr aufgenommen werden sollten. Arbeitsfähigkeit galt als ein unbedingtes Aufnahmekriterium.[359] Im März 1943 wies Dr. Jury neuerlich die Landräte und Oberbürgermeister zurecht. Zu viele Einweisungen nach Znaim seien ohne die erforderlichen Anträge der Fürsorgeverbände erfolgt, wodurch die Kostenübernahme durch die Fürsorgeverbände nicht gesichert sei.[360]

Zeitweise war die Anstalt Znaim nicht ausgelastet, wie ein Schreiben des Reichsstatthalters in Niederdonau an den Reichsstatthalter der Steiermark belegt. Letzterer hatte darüber informiert, dass in das Arbeitserziehungslager Frauenberg eingewiesen werden konnte. Hugo Jury nahm von einer Information seiner Landräte aber Abstand, da – im Mai 1940 – die gaueigene Anstalt Znaim »noch nicht voll belegt« war.[361]

Über die genauen Lebensbedingungen in der Arbeitsanstalt Znaim ist nichts Näheres bekannt, außer dass die Festgehaltenen, wie oben

358 Schreiben von Grundei an Axmann vom 26.2.1941, NÖLA, Reichsstatthalter Niederdonau, AZ 230-1, Bd. IIIb-1.

359 Vgl. Schreiben der Landeshauptmannschaft Niederdonau vom 27.10.1939 an alle Landräte von Niederdonau, gez. Palham, NÖLA, BH Scheibbs, zit. nach Baumgartner/Mayer 1990, 186f.

360 Vgl. Runderlass des Reichsstatthalters in Niederdonau betreffend Einweisung in die Arbeitsanstalt Znaim vom 10.3.1943, NÖLA, Reichsstatthalter Niederdonau, AZ 221-1, Bd. I.

361 Schreiben der Landeshauptmannschaft Niederdonau an den Reichsstatthalter in der Steiermark betreffend Einweisungen in das Arbeitserziehungslager Frauenberg durch BFVe außerhalb Steiermarks vom 11.5.1940, NÖLA, Reichsstatthalter Niederdonau, AZ 221-1, Bd. I.

bereits erwähnt, in Znaim für Korbflechterei und Wäschereiarbeiten herangezogen wurden und in Reuhof für landwirtschaftliche Tätigkeiten. Dass es eine Hausordnung gab, deren Nichteinhaltung zu drastischen Sanktionen führte, belegt ein Schreiben des Anstaltsleiters, Spurny, an einen nicht benannten Regierungsdirektor von März 1941: Bei einem Besuch eines Vertreters des Rassenpolitischen Amtes in Znaim hatte eine Inhaftierte, Ursula P., diesem auf die Frage, wie lange sie in der Anstalt angehalten sei, angeblich geantwortet: »Das geht Sie nichts an, ich frage Sie auch nicht, wie lange Sie da bleiben oder wann Sie wieder weggehen.«[362] Obwohl der Anstaltsleiter die Frau als einen »asoziale[n] Auswurf« und daher als »nicht beleidigungsfähig« betrachtete, teilte er mit, dass er sie – aufgrund dieser Übertretung der Hausordnung – zu acht Tagen Arrest, verschärft durch vier Tage Fasten mit Verdunkelung der Zelle bestraft habe.

Zeugnis über die körperliche Züchtigung von in Znaim festgehaltenen Personen gibt auch der Fall Anna L. aus Kittsee. Die 1922 Geborene wurde als »arbeitsscheu«, »liederlich« und »männersüchtig« bezeichnet, zudem wolle sie sich »keiner Ordnung und Disziplin einfügen«.[363] Wegen »ständige[m] Arbeitsvertragsbruch und Arbeitsverweigerung« wurde Anna L. Mitte Jänner 1943 von der Schutzpolizei in Engerau inhaftiert.[364] Ende Jänner wurde sie in die Arbeitsanstalt Znaim eingewiesen, diverse Berufungen ihrer Mutter Juliana L. verliefen erfolglos.[365] Der Kreisbeauftragte für Rassenpolitik, Dr. Kittinger, hatte um eine »Blitzverfügung« angesucht, um Anna L. schnellstmöglich in die »Zwangsarbeitserziehungsanstalt Znaim« zu überstellen.[366] Die Anhaltung in Znaim wurde immer wieder verlängert, trotz einer Vielzahl an Bittgesuchen der Mutter. Aus den Briefen der Mutter geht auch eine körperliche Misshandlung ihrer Tochter durch das Anstaltspersonal hervor. Der Anstaltsleiter dementierte diese Züchtigungen

362 Schreiben des Leiters der Arbeitsanstalt Znaim an einen nicht benannten Regierungsdirektor vom 20.3.1941, NÖLA, Reichsstatthalter Niederdonau, AZ 230-1, Bd. IIIb-1.

363 Schreiben des Arbeitsamtes Eisenstadt, Nebenstelle Engerau, betreffend »Bekanntgabe von Asozialen; L. Anna« vom 14.1.1943, NÖLA, BH Bruck/L., Gruppe XI, Karton 550.

364 Vgl. ebd.

365 Vgl. diverse Dokumente zu Anna L., BH Bruck/L., Gruppe XI, Karton 550.

366 Schreiben von Dr. Kittinger, Kreisbeauftragter für Rassenpolitik, an den Landrat des Kreises Bruck a. d. Leitha vom 20.1.1943, NÖLA, BH Bruck/L., Gruppe XI, Karton 550.

auch nicht.[367] Erst im Juni 1944, nach fast eineinhalb Jahren, durfte Anna L. die Arbeitsanstalt Znaim wieder verlassen.[368]

Fluchtversuche sind besonders für Reuhof belegt, etwa im Fall von Rosa K., die zweimal die Flucht unternahm. Aus einem »Antrag auf Verlängerung der Anhaltungsdauer« der Arbeitsanstalt Znaim an den Landrat des Kreises Bruck an der Leitha geht hervor:

> »K. Rosa, die bei landwirtschaftlicher Arbeit außerhalb der Anstalt eingesetzt war, ist entwichen und kehrte nach einer Woche wieder selbst auf ihren Arbeitsplatz zurück. Ein Arbeitseinsatz der K. ist nur bei ständiger Aufsicht halbwegs zufriedenstellend. Die moralisch und sittlich arg Verkommene wird noch länger unter Arbeits- und Ordnungszwang gehalten werden müssen, um vielleicht doch den Einweisungszweck zu erreichen.«[369]

Einweisungspraxen und -gründe

In die Arbeitsanstalt Znaim eingewiesen wurde entweder über Beschluss der Kreisasozialenkommissionen oder direkt durch die Landräte (heute: Bezirkshauptleute). Diverse Schreiben belegen die Umgehung der Asozialenkommissionen in Fällen von »Dringlichkeit«. Aus einem Schreiben des Landrats von Mistelbach geht etwa hervor, dass in den Jahren 1942 und 1943 »[i]m Einvernehmen mit dem Kreisamtsleiter für Rassenpolitik [...] die Einweisungen in Arbeitslager direkt durch den Landrat« erfolgt seien.[370] Aus einem Schreiben des Oberbürgermeisters von Krems wird deutlich, dass zwar die Kreisasozialenkommission 1943 vier Anträge auf Einweisung gestellt hatte, aber niemand davon tatsächlich eingewiesen wurde. Dagegen wurden im Jahr 1942 drei Frauen und im Jahr darauf ein Mann, ohne den Beschluss der Kreisasozialenkommission abzuwarten, in die Arbeitsanstalt Znaim eingewiesen: »Diese Personen wurden nachträglich und zwar zum Großteil erst im Jahre 1944 von der Kreisasozialenkommis-

367 Vgl. undatiertes Schreiben des Leiters der Arbeitsanstalt Znaim, NÖLA, BH Bruck/L., Gruppe XI, Karton 550.

368 Vgl. Bescheid über die Entlassung der Anna L. aus der Arbeitsanstalt Znaim vom 14.6.1944, NÖLA, BH Bruck/L., Gruppe XI, Karton 550.

369 Schreiben der Arbeitsanstalt Znaim an den Landrat des Kreises Bruck a. d. Leitha betreffend Rosa K. vom 6.7.1943, NÖLA, BH Bruck/L., Gruppe XI, Karton 550.

370 Schreiben betreffend die »Erfassung von Gemeinschaftsfremden« des Landrates Mistelbach a. d. Zaya an den Reichsstatthalter in Niederdonau vom 19.5.1944, NÖLA, Reichsstatthalter Niederdonau, AZ 221-1, Bd. II.

sion gemeinschaftsunfähig erklärt.«[371] Der Landrat von Waidhofen an der Thaya berichtete ebenfalls, dass in seinem Kreis vielfach die Anträge »erst nach vorheriger Einweisung durch den Landrat [von der Kreisasozialenkommission; Anm.] in Bearbeitung genommen« wurden.[372] Auch aus den Berichten zur »Erfassung der Gemeinschaftsfremden« weiterer Landräte geht die häufige Praxis der direkten Einweisung nach Znaim hervor[373], worin sich die Macht der Landräte in Bezug auf die Verfolgung »Asozialer« deutlich zeigt. Die Landräte selbst wurden wiederum auf Betreiben einzelner Bürgermeister, der Gendarmerie oder der Fürsorgeämter aktiv.

Unangepasste Frauen als »öffentliches Ärgernis«

Die Gründe für eine Einweisung nach Znaim waren bei den meisten Frauen ähnlich: Einerseits handelte es sich um Vergehen gegen die Dienstpflichtverordnung und um den daraus abgeleiteten Vorwurf, die Frauen seien »arbeitsscheu«, andererseits wurde ihr Lebenswandel als »unsittlich«, »liederlich« oder »unmoralisch« betrachtet. Verheiratete Frauen erregten oft Anstoß, wenn sie (angeblich) mit anderen Männern flirteten bzw. beschuldigt wurden, sich mit anderen Männern zu treffen oder gar Geschlechtsverkehr zu haben. Daran knüpfte sich meist der Vorwurf, »männersüchtig« zu sein und die Kinder verwahrlosen zu lassen. In manchen Fällen reichte es aber auch, sich über den abwesenden Mann »lustig« zu machen, so etwa bei Leopoldine H.: Die 1909 geborene Frau aus Bruck an der Leitha wurde beschuldigt, »Spottlieder« über ihren Ehemann zu singen:

> »Seitdem ihr Mann in Stalingrad geblieben ist, soll sie Spottlieder singen: Wer wird sich kränken, wenn der Franzl nicht mehr kommt. Sie soll die Götz-Zitate über ihren Mann gebrauchen und in ihrem Benehmen derart ärgerniserregend sein, dass die Disziplin und das Ansehen der Partei gefährdet erscheint.«[374]

371 Schreiben betreffend die »Erfassung von Gemeinschaftsfremden« des Oberbürgermeisters der Stadt Krems an den Reichsstatthalter in Niederdonau vom 29.4.1944, NÖLA, Reichsstatthalter Niederdonau, AZ 221-1, Bd. II.

372 Schreiben betreffend die »Erfassung von Gemeinschaftsfremden« des Landrates des Kreises Waidhofen a. d. Thaya an den Reichsstatthalter in Niederdonau vom 5.4.1944, NÖLA, Reichsstatthalter Niederdonau, AZ 221-1, Bd. II.

373 Teils auch, weil die Kreisasozialenkommissionen abgesehen von einer konstituierenden Sitzung noch nicht zusammengetreten waren.

374 Der Kreisamtsleiter für Rassenpolitik an den Landrat des Kreises Bruck a. d. Leitha am 30.9.1943, NÖLA, BH Bruck/L., Gruppe XI, Karton 550.

Dr. Kittinger, der Kreisamtsleiter für Rassenpolitik, ersuchte aus diesem Grund um eine »Blitzverfügung«, ihr die drei Kinder abzunehmen und sie nach Znaim einzuweisen, was im Oktober 1943 auch geschah. Bis April 1944 wurde sie in der Arbeitsanstalt festgehalten. Im Fall von Leopoldine H. zeigt sich die Verantwortung, die die Partei für den Schutz der Ehre der abwesenden Ehemänner/Soldaten übernahm. Eine Frau, die die Ehre ihres Mannes »beschmutzte«, indem sie (angeblich) über ihn spottete oder ihn betrog, war der nationalsozialistischen Gemeinschaft nicht würdig, sondern ein »öffentliches Ärgernis«, und musste weggesperrt werden.

Die Beurteilungen über den Lebenswandel der Frauen stammten häufig aus dem engeren sozialen Umfeld, wie etwa der Nachbarschaft, und zeigen damit die weitverbreitete Praxis der Denunziation. So auch im Fall von Maria D.: Die 1912 geborene, in Kittsee wohnhafte Frau wurde von ihren Nachbarinnen angezeigt. Während ihr Mann im Osteinsatz sei, gehe sie nachts aus und lasse ihre vier Kinder allein, so der Vorwurf. Die Nachbarin Veronika M. bat stellvertretend für sich und andere Nachbarinnen: »Es möge Abhilfe geschafft werden.«[375] Das Kreiswohlfahrtsamt wandte sich daraufhin an den Landrat von Bruck an der Leitha: Marie D. solle nach Znaim und die Kinder sollen in Pflege kommen.[376] Wie aus einem Schreiben des Postenführers der Gendarmerie Kittsee an den Landrat hervorgeht, sei Maria D. bereits vom Ortsleiter der NSDAP und vom Leiter der NSV Kittsee

> »auf ihr unsoziales u. unerlaubtes Verhalten aufmerksam gemacht [worden]. Diese Ermahnungen stießen bei Maria D. auf taube Ohren. Wie mir Maria D. gelegentlich der Erhebungen in trotzigem Tone erklärte, habe sie ein Anrecht auf Unterhaltung. Ihr Gatte war schon 15 Monate nicht bei ihr auf Urlaub und er habe ihr geschrieben, dass er ihr alles erlaube. Es habe daher niemand ein Recht, sie dieserwegen zu beanstanden oder gar zu bestrafen.«[377]

Maria D. gestand, öfters nach Engerau gefahren zu sein und sich mit Soldaten unterhalten zu haben. Sie sei aber stets gegen 22 bis 23 Uhr

375 Niederschrift der Aussage von Veronika M., aufgenommen in Kittsee am 30.4.1942, NÖLA, BH Bruck/L., Gruppe XI, Karton 524.

376 Vgl. Schreiben des Kreiswohlfahrtsamtes an den Landrat des Kreises Bruck a. d. Leitha vom 18.5.1942, NÖLA, BH Bruck/L., Gruppe XI, Karton 524.

377 Schreiben des Postenführers von Kittsee an den Landrat des Kreises Bruck a. d. Leitha vom 2.6.1942, NÖLA, BH Bruck/L., Gruppe XI, Karton 524.

in die Wohnung zurückgekehrt. Dem Postenführer gab sie zu verstehen, dass man »sich als Frau mit Männern oder Soldaten unterhalten könne, ohne dass man deshalb schlecht sein müsse«.[378] Dieser attestierte jedoch: »Für die pflichtvergessene Mutter Maria D. […] würde die Einweisung in die Arbeitsanstalt Znaim eine verdiente Zurechtweisung bedeuten«, darüber hinaus könne man ihr damit »auch zu Bewusstsein bringen, dass im Nationalsozialistischen Staate der Einzelne gar nichts, die Gemeinschaft aber alles« sei. Weiters führte er aus: »Die Einweisung der Maria D. in die Arbeitsanstalt Znaim würde […] für so manche andere Frau (Mutter), die im Begriffe steht, dieselben Wege zu gehen oder ähnliche zu beschreiten, ein warnendes Beispiel sein.«[379] Im Juli 1942 wurde Maria D. in die Arbeitsanstalt Znaim überstellt. Ihr Einspruch gegen die Einweisung wurde abgelehnt: Die Einweisung erfolge zu Recht, so die nationalsozialistischen Behörden, denn sie müsse »zu dem Zwecke erfolgen, um die Genannte in die Lage zu versetzen, sich wiederum gemeinschaftswürdig zu verhalten«, damit künftig nicht die Gefahr bestehe, dass öffentliche Befürsorgung der Kinder einzutreten habe. Außerdem sei das Verhalten von Maria D. »einer Soldatenfrau unwürdig«. Die Einweisung in die Arbeitsanstalt Znaim stelle damit »gegenüber dem Manne, der als Obergefreiter an der Ostfront für Führer und Reich seine Pflicht erfüllt und derzeit verwundet im Lazarett ist, einen gerechten Ausgleich dar«.[380]

Der Ehemann von Maria D. intervenierte wiederholt gegen die Einweisung bzw. Festhaltung seiner Frau. Die Behauptungen gegen seine Frau seien unrichtig und von »missgünstigen Nachbarinnen« getroffen worden, er selbst habe seiner Frau geraten, öfters ins Kino zu gehen. Die Kinder seien zwar öfters allein gewesen, dies sei aber auch vor dem Krieg schon so gewesen, da seine Frau arbeiten musste.[381] Als Reaktion auf seine Interventionen wurde Maria D. im Dezember 1942 mit der Begründung aus der Arbeitsanstalt Znaim entlassen, der Ehemann solle während seines Urlaubs seine familiären

378 Ebd.

379 Ebd.

380 Bescheid über die Berufung von Maria D. vom 22.7.1942, gezeichnet von Dr. Axmann im Auftrag des Reichsstatthalters in Niederdonau, NÖLA, BH Bruck/L., Gruppe XI, Karton 524.

381 Vgl. Obergefr. D. Mathias, Rechtsauskunft, an den Landrat in Bruck a. d. Leitha, 15.9.1942, NÖLA, BH Bruck/L., Gruppe XI, Karton 524.

Verhältnisse klären. Die Partei übergab damit das Schicksal der Frau wieder von öffentlichen in private, (ehe-)männliche Hände.

»Sippenmäßige Belastung«

In manchen Fällen handelte es sich bei den eingewiesenen Personen auch um Frauen aus Familien, die den Vorstehern der Gemeinden und NachbarInnen schon länger ein Dorn im Auge waren. Ein Beispiel hierfür sind die Zwillingsschwestern Anna Le. und Maria A. Der Antrag auf Einweisung der 1915 in Neusiedl am See geborenen Schwestern erfolgte im Herbst 1943 durch den Bürgermeister. Über Anna Le. heißt es im Einweisungsantrag:

> »Obengenannte ist als arbeitsscheu bekannt, kümmert sich nicht um ihre drei Kinder, steht unter Diebstahlsverdacht, treibt sich mit fremden Männern herum und erregt durch ihren unmoralischen Lebenswandel öffentliches Ärgernis. Durch ihr unsittliches Benehmen sind die Kinder gefährdet und ist deren Erziehung in Frage gestellt. Es ist daher dringend notwendig, Genannte von hier zu entfernen, sie einer Zwangsarbeit zuzuführen und so die arbeitsfreudige und opferbereite Bevölkerung von solchen Elementen zu säubern.«[382]

Über Maria A. heißt es im Einweisungsantrag ähnlich: »Diese gilt allgemein als arbeitsscheues Individuum, die unter Diebstahlsverdacht steht, herumhurt und selbstverständlich für die Erziehung ihrer Kinder nichts übrig hat.«[383] Auch bei Maria A. wurde argumentiert, dass ihr Benehmen ein öffentliches Ärgernis darstelle. Aus einem Erhebungsbogen über die beiden Schwestern wird deutlich, dass die ganze Familie als »asozial« konstruiert wurde und wohl schon länger unter Beobachtung stand:

> »Aus dem vorliegenden Erhebungsbogen ist ersichtlich, dass beide eineiige Zwillingsschwestern [...] aus einer Viehhirtenfamilie stammen und nicht sesshaft sind. Beide Frauen haben drei Kinder. Die Sippe ist belastet durch Diebstahl und Schwarzschlachtung. In der Sippe sind drei Ehescheidungen. Die Ehescheidungsgründe

382 Antrag auf Einweisung der Anna Le. in das Arbeitshaus Znaim vom Bürgermeister der Stadt Neusiedl am See an den Landrat in Bruck a. d. L. vom 3.9.1943, NÖLA, BH Bruck/L., Gruppe XI, Karton 550.

383 Antrag auf Einweisung der Maria A. in das Arbeitshaus Znaim vom Bürgermeister der Stadt Neusiedl am See an den Landrat in Bruck a. d. L. vom 3.9.1943, NÖLA, BH Bruck/L., Gruppe XI, Karton 524.

als solche liegen noch nicht auf. Da aber der Bürgermeister beide als unter Diebstahlsverdacht stehend und den Lebenswandel der beiden für die allgemeine Öffentlichkeit als untragbar bezeichnet, stelle ich den Antrag auf Grund des vorliegenden Erhebungsbogens des Gesundheitsamtes und des Gendameriepostens, beide als dringend in die Arbeitsanstalt einzuweisen. Es werden beide der nächsten Asozialenkommission vorgestellt.«[384]

Auch in einem späteren Schreiben wurde die Familie als »sippenmäßig belastet« dargestellt. So schrieb der Kreisamtsleiter für Rassenpolitik, Dr. Kittinger, es sei zwar

»aus der Sippe keine Erkrankung zu erheben, dagegen ist einwandfrei der Wandertrieb und die Unstetigkeit festgestellt. Fast wäre man versucht einen Einschlag von Zigeunerblut anzunehmen. Da sie [Anna Le.; Anm.] vom Bürgermeister der Stadt Neusiedl a. See als asozial gemeldet worden ist, genauso wie ihre Zwillingsschwester, Maria A., mit den gleichen Belastungen, wie Triebhaftigkeit im sexuellen Leben, eheliche Untreue und Wanderlust, so bitte ich Sie, mit Rücksicht auf die Belastung der Sippe, durch Diebstahl und Schwarzschlachtung und auf Grund ihrer Neigung zur geheimen Prostitution [...], um Überweisung der Arbeitsanstalt Znaim, als umweltgeschädigt, von einer Moral insanity.«[385]

Das Beispiel der beiden Schwestern zeigt die Zuschreibung antiziganistischer Ressentiments an die als »asozial« konstruierten Frauen. Ein Lebenswandel, der als unstet und moralisch/sexuell unangepasst wahrgenommen wurde, erinnerte die NS-Behörden an ihr Bild von »Zigeunerinnen«.

Aus den Beschreibungen der Zwillingsschwestern Anna Le. und Maria A. geht des Weiteren – einer Tendenz in der Asozialenpolitik folgend – hervor, »dass die Asozialenkommission sich nur mit jenen Asozialen befassen soll, welche sippenmäßig belastet sind«.[386] Dies

384 Schreiben von Dr. Kittinger, Kreisamtsleiter für Rassenpolitik, an den Landrat des Kreises Bruck a. d. Leitha vom 2.12.1943, NÖLA, BH Bruck/L., Gruppe XI, Karton 550.

385 Schreiben von Dr. Kittinger, Kreisamtsleiter für Rassenpolitik, an den Landrat des Kreises Bruck a. d. Leitha vom 20.3.1944, NÖLA, BH Bruck/L., Gruppe XI, Karton 550.

386 Ebd.

teilte zumindest der Kreisamtsleiter für Rassenpolitik, Dr. Kittinger, dem Landrat des Kreises Bruck an der Leitha im März 1944 mit.

Anna Le., die laut Bescheid im Jänner 1944 nach Znaim hätte kommen sollen, wurde aus Krankheitsgründen erst im April 1944 eingewiesen. Im Oktober 1944 kam sie auf Antrag des Leiters der Arbeitsanstalt Znaim wieder frei, da sie sich als »fleißige Arbeiterin bewährt« habe.[387] Maria A. sollte ebenfalls im Jänner 1944 nach Znaim kommen, war zu diesem Zeitpunkt aber im siebten Monat schwanger. Das Kind wurde im Februar 1944 geboren und starb unter nicht näher beschriebenen Umständen Mitte März 1944. Gemeinsam mit ihrer Schwester wurde sie unmittelbar darauf in die Arbeitsanstalt Znaim verbracht. Da sie angeblich nur geringen Arbeitswillen zeigte und Krämpfe simulierte, beantragte der Anstaltsleiter eine Streckung ihrer Haftzeit um weitere drei Monate. Ihr Ehemann reichte währenddessen die Scheidung ein. Ende November 1944 wurde Maria A. aus der Anstalt in Znaim entlassen.[388] Über beide Frauen ist nichts Weiteres bekannt.

Schwangerschaft

Schwangere Frauen durften grundsätzlich nicht in die Arbeitsanstalt Znaim eingewiesen werden. Dass Zwangsabtreibungen[389] durchgeführt wurden, um Frauen nach Znaim überstellen zu können, zeigt der Fall Magdalena K. Der 1912 geborenen, in Halbthurn wohnhaften Frau wurde im Frühjahr 1944 vorgeworfen, sie führe einen unordentlichen Haushalt und kümmere sich nicht um die Kinder, zudem liege eine »erbmäßige Belastung« vor, da eine Schwester in der psychiatrischen Heil- und Pflegeanstalt Gugging sei, eine andere sich mit einem französischen Kriegsgefangenen eingelassen habe und ein Bruder vorbestraft sei. Entsprechend dem Bescheid wurde sie im April 1944 in die Arbeitsanstalt Znaim eingeliefert. Im Mai 1944 wurde sie

387 Vgl. verschiedene Dokumente zu Anna Le., NÖLA, BH Bruck/L., Gruppe XI, Karton 550.

388 Vgl. verschiedene Dokumente zu Maria A., NÖLA, BH Bruck/L., Gruppe XI, Karton 524.

389 Mit einer Änderung des GzVeN vom 26.6.1935 waren fortan auch »Schwangerschaftsunterbrechungen« gesetzlich möglich. Wenn ein Beschluss auf »Unfruchtbarmachung« vorlag, konnte bis zum 6. Schwangerschaftsmonat auch eine Abtreibung durchgeführt werden. Dafür war formal die »Einwilligung« der Schwangeren nötig.

jedoch von dort entlassen, da sie im dritten Monat schwanger war. Sie kam in ein Armenhaus, ihre Kinder wurden ihr nicht zurückgegeben. Anfang Juni schrieb der Kreisamtsleiter für Rassenpolitik, Dr. Kittinger, an den Landrat von Bruck an der Leitha, dass er »beauftragt wurde, das Schwangerschaftsmonat für eine eventuelle Unterbrechung feststellen zu lassen«.[390] Im Juli 1944 teilte Dr. Kittinger mit, »dass diese körperliche Nichteignung [Schwangerschaft; Anm.] im Auftrage der Gauleitung beseitigt wurde und Obengenannte somit körperlich einweisungsfähig ist«.[391] Zehn Tage später wurde Magdalena K. nach Znaim überstellt, von wo sie im Jänner 1945 wieder frei kam. Auch über Magdalena K. ist nichts Weiteres bekannt.

Ehepaare

Dass in einigen Fällen auch Eheleute gemeinsam nach Znaim eingewiesen wurden, zeigen etwa die (zeitlich eher früh angesiedelten) Fälle von Marie und Jakob H. oder Anna und Karl S. Für Marie und Jakob H. aus der Gemeinde Gaindorf wurde im November 1939 ein Antrag auf Einweisung nach Znaim gestellt. Der Bescheid auf Einweisung erfolgte im Februar 1940. Grund war der Alkoholkonsum der Eheleute, ihr Kinderreichtum (sieben Kinder) und die angebliche Verwahrlosung der Kinder. Die Familie falle damit der öffentlichen Fürsorge zur Last.[392] Auch gegen eine Tochter, Maria H., wurden Vorwürfe erhoben: Sie lungere in der Umgebung herum und errege damit öffentliches Ärgernis. Der Kreisleiter beantragte daher Ende 1939 mit einem ökonomischen Argument, der Familie die Kinder wegzunehmen und dem Erziehungsheim Hollabrunn zu übergeben, »da es ja sinnwidrig ist, dass so eine asoziale Familie eine Kinderbeihilfe von RM 120.– bekommt«.[393] Im Februar 1940 wurde das Ehepaar H. in die Arbeitsanstalt Znaim überstellt. Im August 1940 schrieb der An-

390 Schreiben von Dr. Kittinger an den Landrat von Bruck a. d. Leitha betreffend Magdalena K., Entlassung aus der Arbeitsanstalt Znaim vom 7.6.1944, NÖLA, BH Bruck/L., Gruppe XI, Karton 550.

391 Schreiben von Dr. Kittinger, Kreisamtsleiter für Rassenpolitik, an den Landrat des Kreises Bruck a. d. Leitha betreffend Magdalena K. vom 14.7.1944, NÖLA, BH Bruck/L., Gruppe XI, Karton 550.

392 Vgl. Schreiben des Fürsorgeamts Hollabrunn an den Landrat in Hollabrunn betreffend Jakob und Marie H. vom 28.11.1939, NÖLA, Hollabrunn, Gruppe XI, Karton 257.

393 Schreiben des Kreisleiters an das Fürsorgeamt Hollabrunn betreffend Jakob H. vom 20.12.1939, NÖLA, Hollabrunn, Gruppe XI, Karton 257.

staltsleiter an den Landrat von Hollabrunn, Marie H. könne entlassen werden, sie habe »stets willig, fleißig gearbeitet, sich ruhig und anständig verhalten«. Jakob H. fehle hingegen »der volle Ernst zur Arbeit, obwohl er unter Aufsicht Zufriedenstellendes als geschickter Korbflechter zu leisten vermag«; der Mann solle daher nur bedingt entlassen werden.[394] Ende August 1940 befürwortete der Fürsorgeverbund Hollabrunn die Entlassung der Eheleute.[395] Im November desselben Jahres verunglückte Jakob H. tödlich.[396] Über das weitere Schicksal seiner Frau und Kinder ist nichts bekannt.

Das Ansuchen um Einweisung von Anna und Karl S. erfolgte ebenfalls im November 1939. Es handle sich um

> »ausgesprochen asoziale Menschen, die keiner Arbeit nachgehen, der Trunksucht verfallen sind und ihre 4 ehelichen Kinder körperlich und sittlich verkommen lassen. Als ehemals umherziehende Siebmacher versuchen sie noch heute, durch Umherziehen und Betteln ihren Unterhalt zu bestreiten«,

so das Fürsorgeamt Hollabrunn an den Landrat.[397] Die Bittgesuche von Karl S. blieben erfolglos, er und seine Frau wurden, gleich wie das Ehepaar H., im Februar 1940 nach Znaim eingewiesen. Im August 1940 schrieb der Anstaltsleiter von Znaim, Karl S. sei nun seit sechs Monaten in der Korbflechterei der Anstalt beschäftigt, arbeite aber nur unter Aufsicht »halbwegs zufriedenstellend«. Weiters: »Vorige Woche hat er sich eine Strafe zugezogen, weil er – ohne Aufsicht – sein Tagespensum nicht bewältigte. S. fehlt der nötige sittliche Ernst zur Arbeit, geschweige denn, dass ihm der Sinn über den ethischen Wert der Arbeit aufgegangen wäre.«[398] Aus diesem Grund ersuchte der Anstaltsleiter um eine dreimonatige Verlängerung der Unterbringung von Karl S. Die Arbeitsleistung von Anna S. wurde zwar als zufriedenstellend beurteilt, dennoch wurde »die Entlassung

394 Schreiben der Landesarbeitsanstalt Znaim an den Landrat von Hollabrunn vom 13.8.1940, NÖLA, Hollabrunn, Gruppe XI, Karton 257.

395 Vgl. Schreiben des Landrats des Kreises Hollabrunn vom 29.8.1940, NÖLA, Hollabrunn, Gruppe XI, Karton 257.

396 Vgl. Schreiben betreffend den Unfalltod von Jakob H. vom 2.11.1940, NÖLA, Hollabrunn, Gruppe XI, Karton 257.

397 Schreiben des Fürsorgeamts Hollabrunn an den Landrat in Hollabrunn betreffend Karl und Anna S. vom 28.11.1939, NÖLA, BH Hollabrunn, Gruppe XI, Karton 257.

398 Schreiben der Landesarbeitsanstalt Znaim an den Landrat von Hollabrunn vom 13.8.1940, NÖLA, BH Hollabrunn, Gruppe XI, Karton 257.

der Anna S. zur selben Zeit verfüg[t], zu der deren Ehemann Karl S. entlassen werden soll«.[399] Im November 1940 entließ man die Eheleute aus der Arbeitsanstalt Znaim, zuvor hielt der Landrat des Kreises Hollabrunn in einem Schreiben an Karl und Anna S. jedoch noch fest: »Sobald Sie nach Ihrer Entlassung wieder der Trunksucht, der Arbeitsscheu verfallen und Ihre Kinder keiner geregelten Erziehung unterwerfen, wird Ihre neuerliche Einweisung sofort verfügt.«[400]

Internierungsdauer, Interventionen und Entlassung

Das »Verfahren zur Feststellung der Gemeinschaftsunfähigkeit« wurde entweder vorab oder während der Internierung in Znaim eingeleitet. Im Dezember 1942 schrieb Dr. Fehringer, Leiter des Rassenpolitischen Amts im Gau Niederdonau, diesbezüglich an Dr. Vellguth, Leiter der gleichen Einrichtung in Wien:

> »Ich habe mit dem Direktor der Arbeitsfürsorgeanstalt des Reichsgaues Niederdonau Znaim, Pg. [Parteigenosse; Anm.] Spurny, vereinbart, dass bei allen Insassen der Arbeitsanstalt Znaim, die aus dem Gau Niederdonau eingeliefert werden, soweit es nicht schon geschehen ist, das Verfahren zur Feststellung der Gemeinschaftsunfähigkeit eingeleitet wird und die Eingewiesenen vor Abschluss des Feststellungsverfahrens nicht entlassen werden.«[401]

Die Einweisungsbescheide nach Znaim sahen grundsätzlich eine Internierungsdauer von sechs Monaten vor. Der Aufenthalt konnte jedoch mehrfach verlängert werden. Die bestimmenden Instanzen bei diesen »Verlängerungsanträgen« scheinen der Anstaltsleiter und die zuständigen Landräte gewesen zu sein. In vielen Fällen wandten sich Ehepartner, Mütter oder andere Verwandte der internierten Frauen an diese beiden Instanzen, um deren Freilassung zu erwirken. In man-

399 Schreiben der Landesarbeitsanstalt Znaim an den Landrat von Hollabrunn vom 30.8.1940, NÖLA, BH Hollabrunn, Gruppe XI, Karton 257.

400 Schreiben des Landrats des Kreises Hollabrunn an Karl S. vom 28.10.1940, NÖLA, BH Hollabrunn, Gruppe XI, Karton 257. Einen Hinweis darauf, dass das Ehepaar S. wieder nach Znaim eingewiesen wurde, stellt der Erbgesundheitsgerichtsakt der Tochter Marie S. dar. 1943 wurde beantragt, dass sie zwangssterilisiert werde, u. a. damit begründet, dass sich beide Eltern als »Vaganten, Trinker und Asoziale« in der Anstalt Znaim befänden. (Wir danken Claudia Spring für den Hinweis auf diesen Akt.)

401 Schreiben von Dr. Fehringer an Vellguth vom 11.12.1942 betreffend Gemeinschaftsunfähige in der Arbeitsfürsorgeanstalt des Reichsgaues Niederdonau Znaim, WStLA, 2.7.1.2., A1-6 5d.

chen Fällen waren sie dabei auch erfolgreich, so etwa im Fall von Gabriele M.: Die 1911 geborene, in Engerau wohnhafte Frau wurde im April 1943 von der Asozialenkommission in die Arbeitsanstalt Znaim eingewiesen, wo sie für sechs Monate, also bis Oktober 1943 festgehalten werden sollte. Grund für ihre Einweisung war die Unterstellung eines »unordentlichen Lebenswandels« seit der Einrückung ihres Mannes. Sie kümmere sich zudem nicht ausreichend um die drei Kinder. Im Juni 1943 suchte der Ehemann, der sich gerade im Kriegseinsatz befand, in einem mehrseitigen Brief beim Landrat des Kreises Bruck an der Leitha um die Halbierung der Haftzeit seiner Frau an.[402] Bereits im Mai 1943 hatte der Mann während seines Sonderurlaubes seine Ehefrau in der Anstalt in Znaim besucht und dort auch ein Gespräch mit dem Anstaltsleiter geführt. Er nannte in seinem Ansuchen mehrere Gründe: Es seien zum einen im Sommer noch die notwendigen Vorkehrungen für den Winter (das Sammeln von Brennmaterial, das Einkochen von Obst und Gemüse usw.) zu treffen, zum anderen habe er seine Frau im Mai als »völlig zusammengebrochen« erlebt. Ausführlich schilderte er in der Folge die Misere eines Mannes an der Front, der sich zuhause nicht ausreichend um die familiären Verhältnisse kümmern könne:

> »Ich habe meine Frau unter 13 Jahren selbst am besten kennengelernt. Leider kann man sie zu den Menschen zählen, die ein wenig geistesgestört sind, was sie von ihrem Vater erbte. Solange ich bei ihr war, konnte ich sie im Leben richtig lenken und [wir] haben auch gut gelebt miteinander.«

Er beschrieb seine Frau als leidenschaftliche und gute Mutter, die sich immer mehr Kinder gewünscht hätte, was aufgrund der finanziellen Verhältnisse nicht möglich war. Seiner Frau habe seine 20-monatige Abwesenheit nicht gutgetan: Sie habe sich von Menschen, »die nicht zu ihr passen [...], den Kopf verdrehen lassen und [...] auf ihre Kinder vergessen«. Offenbar hatte der Mann zuhause den romantischen Brief eines Feldwebels entdeckt, der nicht davor zurückschreckte, »eine zurückgelassene Frau so zu belästigen oder für sich zu gewinnen wollen, wenn der Mann im Felde ist«. Pathetisch und systemkonform schloss er den Brief ab: Seine Frau habe ihn gebeten, sie nicht zu verlassen und er habe sich geschworen, solange er lebe für die Fa-

402 Vgl. Julius M. an den Landrat des Kreises Bruck a. d. Leitha am 30.6.1943, NÖLA, BH Bruck/L., Gruppe XI, Karton 524.

milie zu kämpfen. Sein Wunsch sei »ein baldiges siegreiches Ende und glückliche Heimkehr« zur Familie.

Anstaltsleiter Spurny dementierte daraufhin in einem Brief an den Landrat, dass Gabriele M. völlig zusammengebrochen sei. Sie halte sich seit drei Monaten in der Anstalt auf, sei »gesund, sehr gut genährt«. Weiters führte er aus:

> »Sie scheint ein sexuell starkes Triebleben zu beherrschen; sie soll nach Angabe des Ehemannes Kinder sehr gerne haben, lässt diese aber im Stich, um mit fremden Männern zu flirten. Um den gut gearteten, scheinbar etwas einfältigen Mann innerlich zur Ruhe zu bringen, beantrage ich: Der Landrat wolle die M., die sich ziemlich gut hier führte, urlaubsweise mit einer Bewährungsfrist von 6 Monaten aus h. o. [hierortige; Anm.] Anstalt entlassen.«[403]

Vier Tage später wurden die »Unterbrechung der Anhaltung mit sofortiger Wirksamkeit« und eine »Bewährungsfrist von 6 Monaten« beschlossen: »Falls die Genannte innerhalb dieser Frist ihren unmoralischen Lebenswandel, welcher zu der Anhaltung Anlass gegeben hat, wieder aufnehmen sollte, würde ich die sofortige Fortsetzung der Anhaltung verfügen.«[404]

Wer aus der Anstalt entlassen wurde, stand dennoch weiter unter Beobachtung.[405] So liegt im Fall von Gabriele M. ein Schreiben von Jänner 1944 vor, in dem berichtet wird, dass sie »nunmehr in geregelten Verhältnissen lebt und ihren unmoralischen Lebenswandel aufgegeben hat«.[406] Im Februar 1944 berichtete das Bürgermeisterbüro der Stadt Engerau abermals über Gabriele M.:

403 Brief des Anstaltsleiters der Arbeitsanstalt Znaim an den Landrat des Kreises Bruck a. d. Leitha am 17.7.1943, NÖLA, BH Bruck/L., Gruppe XI, Karton 524.

404 Bescheid gegen Rückschein vom 21.7.1943 betreffend Gabriele M., NÖLA, BH Bruck/L., Gruppe XI, Karton 524.

405 Im Schreiben »Maßnahmen gegen Asoziale« wurde festgehalten: »Der Entlassung aus dem Arbeits-Erziehungslager oder dem Arbeitshaus und der weiteren Überwachung des einmal erfassten Asozialen ist, wenn die Einweisung auf die Dauer einen Sinn haben soll, besonderes Augenmerk zuzuwenden und wird in Form der ›Nachfürsorge‹ beim Arbeitserziehungslager durch die Staatspolizei bzw. beim Arbeitshaus durch das Fürsorgeamt durchgeführt« (vgl. Schreiben von Dr. Fehringer betreffend Maßnahmen gegen Asoziale, undatiert [nach Mai 1941], NÖLA, Reichsstatthalter Niederdonau, AZ 221-1, Bd. I).

406 »Erlaß an den Herrn Bürgermeister, Schutzpolizeidienstabteilung in Engerau«, gezeichnet von Dr. Stromenger i. V. des Landrats des Kreises Bruck a. d. Leitha vom 14.1.1944, NÖLA, BH Bruck/L., Gruppe XI, Karton 524.

> »Nach durchgeführten Erhebungen der Schutzpolizeidienstabteilung Engerau führt Gabriele M. einen geordneten, sittlich u. moralisch einwandfreien Lebenswandel, betreut ihre Kinder gewissenhaft u. ist an ihrer Lebensführung in jeder Hinsicht Nachteiliges nicht festzustellen.«[407]

»Nachfürsorge« im nationalsozialistischen Sinne bedeutete, dass aus der Arbeitsanstalt entlassene Personen an einen Arbeitsplatz vermittelt wurden und ihr Dienstantritt und ihre dortige Führung kontrolliert wurden. Die ArbeitgeberInnen wurden verpflichtet, Unregelmäßigkeiten sofort zur Anzeige zu bringen und besondere Kontrolle walten zu lassen. »Rückfällige« sollten in ein Konzentrationslager eingewiesen werden.[408] In welchen und in wie vielen Fällen eine solche Überstellung in ein Konzentrationslager nach Entlassung aus der Arbeitsanstalt Znaim erfolgt ist, geht aus dem vorhandenen Aktenmaterial nicht hervor.

407 Schreiben des Dienstellenleiters der Schutzpolizeiabteilung der Stadt Engerau an den Landrat in Bruck a. d. Leitha vom 23.2.1944, NÖLA, BH Bruck/L., Gruppe XI, Karton 524.

408 Vgl. Schreiben von Dr. Fehringer betreffend Maßnahmen gegen Asoziale, undatiert [nach Mai 1941], NÖLA, Reichsstatthalter Niederdonau, AZ 221-1, Bd. I.

4. GAUERZIEHUNGSANSTALT GLEINK IM GAU OBERDONAU

4.1 Warum Gleink? – Anlass und Möglichkeiten der Recherche

Im Zuge der Namentlichen Erfassung der österreichischen Häftlinge im Konzentrationslager Ravensbrück recherchierten wir auch in den Bundespolizeidirektionen.[409] Die Einsichtnahme in die Haftbücher – sofern erhalten geblieben – erwies sich dabei oftmals als durchaus ergiebig. Besonders in den Haftbüchern in Linz, die aus der NS-Zeit nahezu vollständig vorhanden sind,[410] fielen die Einträge »Überstellung aus Gleink« und »Entlassen nach Uckermark« auf. Dies war bei fünf Frauen der Fall. Dieser Umstand war der Ausgangspunkt für eine genauere Beschäftigung mit der Gauerziehungsanstalt Gleink.

Wichtigste Quelle für die nachstehenden Ausführungen ist das Ermittlungsverfahren, das ab 1946 gegen den Leiter der Gauerziehungsanstalt, Heinrich Lenzenweger, und drei weitere ErzieherInnen geführt wurde.[411] Hierin befinden sich Zeugen-Einvernahmen von ehemaligen Gleinker Zöglingen in der NS-Zeit, Einvernahmen von Erziehungspersonal, aber auch eine Dienstanweisung zu Gleink aus dem Jahr 1943. Primärdokumente aus der NS-Zeit, wie sie im Oberösterreichischen Landesarchiv aufbewahrt sind, ergänzten die behördliche Perspektive auf Gleink.[412] Im Zuge der Literaturrecherche, deren

409 Vgl. Amesberger/Halbmayr/Schmid 2013, Abschnitt Quellen und Quellenlage.

410 Bis dato konnte nicht geklärt werden, warum in den Haftbüchern des Polizeigefängnisses Linz ab Februar 1944 keine weiblichen Häftlinge mehr aufscheinen. Die Hypothese, dass alle Frauen ab diesem Zeitpunkt eventuell im Gefängnis des Landesgerichts inhaftiert wurden, bestätigte sich nicht. In den Haftbüchern des Landesgerichts scheinen für den gesamten Untersuchungszeitraum Frauen auf, es gibt aber keinen sichtbaren Anstieg bei den weiblichen Häftlingen ab Februar 1944. Die eventuelle Errichtung eines eigenen Frauengefängnisses konnte ebenfalls nicht verifiziert werden.

411 Vgl. OÖLA, Akt LG Steyr Vr 315/1956. Das Ermittlungsverfahren wird in Kapitel IV analysiert.

412 Vgl. OÖLA, Reichsstatthalterei, MF 436: IIIb/FA 588 aus 1941; OÖLA, Reichsstatthalterei, MF 480: IIIb/FA 570 aus 1943.

Ausbeute insgesamt gering war[413], stießen wir auf die Hauschronik zu Gleink, die in den Jahren des Nationalsozialismus von Schwester Barbara, Verantwortliche für das Krankenrevier, geführt und uns von den Kreuzschwestern freundlicherweise zur Verfügung gestellt wurde.[414] Schließlich erhielten wir über das Diözesanarchiv Linz wertvolle Unterlagen zu den Besitz- und Nutzungsverhältnissen von Gleink vor, während und nach der nationalsozialistischen Zeit.[415]

4.2 Gleink in der NS-Zeit – Versuch einer Rekonstruktion

Vorgeschichte zur »Gauerziehungsanstalt«

Im ehemaligen Benediktinerkloster, das unter Josef II. 1784 säkularisiert wurde und später als Sommersitz der Bischöfe von Linz fungierte, herrschten im Jahr der Machtübernahme durch die Nationalsozialisten folgende Besitz- und Nutzungsverhältnisse[416]: Im Südtrakt hatte der Linzer Bischof noch einige Zimmer reserviert, in denen die Einrichtung der ehemaligen Sommerresidenz aufbewahrt war (Garstner-Saal), die übrigen Räume des Südtraktes und einige angrenzende Räume dienten laut Mietvertrag vom 1. September 1919 dem »Seraphischen Liebeswerk«[417] unter Leitung der Kreuzschwestern als Anstalt für etwa 100 Kinder (Knaben und Mädchen). Nahezu der gesamte Ost-, West- und Nordtrakt waren von den Schwestern des Hl. Franz von Sales vom Orden der Heimsuchung Mariens, kurz Salesianerinnen, inklusive päpstlicher Klausur bewohnt und bewirtschaftet. Bereits 1832 nach Gleink berufen, hatten sie ein Pensionat

413 Eine Ausnahme stellt Dirngrabner 2002 dar.

414 Band 1 der »Chronik Erziehungsheim Gleink« dokumentiert die Geschehnisse der Jahre 1919 bis 1950. Die Aufzeichnungen aus der NS-Zeit, aus denen wir im Folgenden zitieren, finden sich auf den Seiten 91 bis 140. (Unser Dank geht hier an Sr. Klara Maria Katzensteiner im Kloster Linz für die unkomplizierte Übermittlung der relevanten Kopien.)

415 »pro memoria« zur Begehung in Gleink 1946: Diözesanarchiv Linz, CDL-A/1, Sch. 316, Fasz. 1, im Folgenden kurz mit »pro memoria« 1946 zitiert. (Besten Dank an Archivleiter Mag. Klaus Birngruber M.A. für die Erläuterungen zum Dokument.)

416 Vgl. im Folgenden »pro memoria« 1946.

417 Das »Seraphische Liebeswerk« wurde 1889 gegründet und bezeichnet das Kinderhilfswerk des Kapuzinerordens. In den ersten Jahrzehnten fand es in zehn Ländern Europas und in den USA Verbreitung. Heute bestehen Einrichtungen des Liebeswerkes nur noch in Südtirol, Österreich und der Schweiz. In Oberösterreich ging das »Seraphische Liebeswerk« 1946 in der Caritas Oberösterreich auf.

für junge Frauen geführt, das sie aber 1909 auflösten. Die Schwestern verschrieben sich dem kontemplativen Leben.

Unter dem Titel des Religionsfonds zog das Deutsche Reich das gesamte Gut Gleink (samt Forst und Meierei) und das Klostergebäude ein und wies es am 17. Juli 1940 dem Gau Oberdonau zu. Bischof Gföllner musste sämtliche Räume freigeben. Die Salesianerinnen ließ Gauleiter August Eigruber am 27. September 1940 samt ihrer Einrichtung ins Kloster Beuerberg im Isartal bei München abtransportieren.

Zuvor schon, im Jahre 1939, übernahmen die NS-Behörden das gesamte Eigentum der Liebeswerk-Anstalt Gleink ohne jegliche Entschädigung. Die bislang dort untergebrachten Kinder wurden auf verschiedene Anstalten und Familien verteilt. Ab nun war Gleink eine »Gauerziehungsanstalt« und fungierte als eine geschlossene Anstalt für sogenannte schwererziehbare Kinder und Jugendliche.[418]

Zahl und Zusammensetzung der in Gleink angehaltenen Kinder und Jugendlichen

Die Ausrichtung der Gauerziehungsanstalt (GEA) wurde in § 3 der Dienstanweisung aus 1943 definiert: »Die Erziehungsanstalt ist eine geschlossene Anstalt mit eigener Schule für schwererziehbare, gefährdete oder bereits verwahrloste Kinder beiderlei Geschlechts. In eigenen Abteilungen werden auch schulentlassene Mädchen geführt.«[419]

Nach Angaben des Anstaltsleiters Heinrich Lenzenweger waren zeitweise über 350 Zöglinge in Gleink untergebracht. Die geistliche Schwester Barbara Huemer, Leiterin des Krankenreviers, notiert zu Jahresbeginn 1944: »Es waren durchschnittlich 370–380 Kinder hier.« Und zwar waren dies 250 Buben zwischen 8 und 15 Jahren, 70 Mädchen zwischen 8 und 14 Jahren und 60 Mädchen zwischen 14 und 20 Jahren.[420]

418 Vgl. hier und im Folgenden, wenn keine andere Quelle für die Belege angegeben: OÖLA, Gerichtsakt LG Steyr Vr 315/1956.

419 Vgl. OÖLA, Akt LG Steyr Vr 315/1956, darin: Dienstanweisung gemäß § 69, Absatz 1 der Verordnung über Jugendwohlfahrt in der Ostmark vom 20.3.1940, RGBl. I, S. 519 für die Erziehungsanstalt Steyr-Gleink des Reichsgaues Oberdonau (15 Seiten) [im Folgenden: Dienstanweisung 1943].

420 Vgl. Hauschronik Gleink, 1. Bd., 112; Dirngrabner 2002, 85 (dort wird diese Statistik allerdings für das Jahr 1942 angegeben). Waren die Salesianerinnen vom Gauleiter weggewiesen worden, zog im Fall der Kreuzschwestern das Ordensstammhaus die in Gleink lebenden Schwestern ab. Nur Sr. Barbara blieb als einzige geistliche Schwester in der Gauerziehungsanstalt tätig.

Zumindest für die Mädchen lässt sich sagen, dass sie in vier Gruppen eingeteilt wurden, und zwar »die vor der Entlassung Stehenden, die Gebesserten, die die Absicht hatten, sich zu bessern, und jene, bei denen eine Besserung aussichtslos war. Die vor der Entlassung Stehenden und die Gebesserten wurden in der Küche und bei der Gartenarbeit verwendet. Die anderen Gruppen wurden zur Reinigung der Räume verwendet«, so Anna Silber, von Februar 1941 bis April 1942[421] Erzieherin in Gleink (und später im Strafverfahren Lenzenweger et al. Beschuldigte). Laut Aussage Lenzenwegers wurden in Gleink nur solche Kinder eingewiesen,

> »die bereits in irgendeiner Form straffällig geworden sind, oder bei denen eine häusliche Züchtigung seitens ihrer Eltern nicht mehr zweckentsprechend war. Dass unter diesen Kindern sich auch schon sogenannte ›Asoziale‹ befanden, sei nur nebstbei vermerkt. Andererseits hatte ich stets viel zu wenig Aufsichtspersonal, obzwar die Anzahl der Zöglinge sich auf ca. 350 und noch mehr erhöhte.«[422]

Die Zeit der Anhaltung in Gleink war nicht begrenzt. Prinzipiell war eine Entlassung möglich, »wenn dies auf Grund der Führung und Charakterfestigung erzieherisch verantwortet werden kann« (vgl. § 35 der Dienstanweisung für Gleink). Sie musste vom Anstaltsleiter bei der Gaufürsorgebehörde beantragt werden. Ob bzw. wie oft es zu Entlassungen in die Freiheit kam, dazu gibt es keinerlei Zahlen, auch nicht dazu, wie lange die Zöglinge durchschnittlich in Gleink angehalten oder wie viele Überstellungen in andere Anstalten durchgeführt wurden (abgesehen von einzelnen Überstellungen in die Uckermark, vgl. dazu Abschnitt 4.4).

Unterbringung durch die Fürsorge

In der Dienstanweisung vom September 1943 heißt es dazu:

> »§ 1: Die Erziehungsanstalt des Reichsgaues Oberdonau dient der Unterbringung und Erziehung solcher Schulkinder und schulentlassener Mädchen, die durch Gerichtsbeschluss der Fürsorgeerziehung überwiesen wurden oder für welche die Erziehungsfürsorge zugelassen ist.«[423]

421 So ihre Angaben in ihrer Einvernahme am 1.8.1946 in Gmunden.

422 So verantwortete sich Lenzenweger im Verfahren 1946/47 gegen ihn nach schweren Beschuldigungen wegen von ihm verursachter unerträglicher Zustände in Gleink (vgl. OÖLA, Akt LG Steyr Vr 315/1956 und Kapitel IV.3.3).

423 Vgl. OÖLA, Akt LG Steyr Vr 315/1956, Dienstanweisung 1943.

Für die Durchführung der Fürsorgeerziehung wurden entsprechende Anweisungen vom Gaujugendamt erteilt, auch in der Führung des Schulbetriebes war mit dem Gaujugendamt als Fürsorgeerziehungsbehörde ein Einvernehmen zu finden.

Ziel der Fürsorgeerziehung war gemäß Dienstanweisung die Wiedereingliederung der eingewiesenen Minderjährigen durch entsprechende nationalsozialistische Erziehung in die deutsche »Volksgemeinschaft«. Der Leiter der Erziehungsanstalt war dem Gaujugendamt als öffentliche Behörde der Gauselbstverwaltung berichtspflichtig und ihm gegenüber weisungsgebunden.

Hausordnung

Für die »Zöglinge«, wie die in Gleink Untergebrachten durchgängig in den NS-Dokumenten genannt werden, herrschten strenge Regelungen, wie allein die Besuchsregeln – das früheste für die NS-Zeit erhalten gebliebene Verwaltungsdokument zur GEA Gleink[424] – aus dem Jahre 1941 nahelegen: Nur alle drei Monate war sonntags einem eingeschränkten BesucherInnenkreis (nächste Verwandte, Pflegeeltern oder Vormund) ein Kommen erlaubt, dabei betrug die genehmigte Sprechzeit 20 Minuten, und dies unter Aufsicht. Das Herumgehen in der Anstalt war für die BesucherInnen verboten. Sollte den Anweisungen zuwidergehandelt werden, drohte eine Einschränkung der Besuchsrechte.

1943 kam es zu einer Verschärfung der Hausordnung: In der Dienstanweisung, die mit 10. September 1943 datiert ist, wurden die Geschwister vom Besuchsrecht ohne Sondergenehmigungen durch den Anstaltsleiter ausgenommen, nur die Eltern bzw. Pflegeeltern und der Vormund blieben als BesucherInnen berechtigt. Zusätzlich wurde dort der Briefverkehr als Kontakt zur Außenwelt reglementiert: Ein Schreiben pro Monat war erlaubt, die Post der Zöglinge war zu überwachen. Die Zensur des Briefverkehrs lässt sich als Kennzeichen einer »totalen Institution« (Goffman 1973) lesen.

424 Vorläufige Regelung des Besuchsrechts an der Gauerziehungsanstalt Gleink, ausgestellt von der Fürsorgeerziehungsbehörde (Sachgebiet III/GJ) im Jahre 1941 [gezeichnet: Ing. Breitenthaler], OÖLA, Reichsstatthalterei, MF 436: IIIb/FA 588 aus 1941.

Erziehungsgrundsätze

Die ErzieherInnen und Aufsichtsorgane waren in den Erziehungsgrundsätzen (§ 12) der Dienstordnung (als Teil der Dienstanweisung) aufgefordert,

> »nicht allein durch zielbewusste und gewissenhafte Einzelarbeit die ihnen anvertrauten Zöglinge wieder der Volksgemeinschaft einzuordnen, sondern denselben auch die fehlende Heimat und Familie zu ersetzen. Heimerziehung ist Erziehung zur Gemeinschaft in der Gemeinschaft, sie muss daher die Grundsätze der Kameradschaft und Hilfsbereitschaft der Ein- und Unterordnung stärkstens betonen. Straffste Disziplin, Ordnung und Anerkennung der Autorität müssen als Grundlagen der Gemeinschaft besonders gefördert werden. […] Während der Unterbringung in der Erziehungsanstalt ruht die Zugehörigkeit zur HJ. Die Gauerziehungsanstalt betrachtet es aber als ihre Aufgabe, die Zöglinge auf den Eintritt in die HJ nach der Anstaltsentlassung vorzubereiten. Dies wird durch Einreihung der Leichtverwahrlosten in Heimgruppen oder Heimscharen zu erreichen getrachtet, für deren äußere Form und innere Gestaltung von der HJ-Gebietsführung die notwendigen Anweisungen erteilt bzw. Veranlassungen getroffen werden.«[425]

Als wesentliche Erziehungsmittel (§ 13) galten die Weckung der Arbeitsfreude und der Freude über die eigene Leistung. Bei den Beschäftigungsmitteln (§ 15) wurden die Arbeitsbereiche der schulentlassenen Mädchen ausgeführt:

> »Die schulentlassenen Mädchen sind für die verschiedenen Hausarbeiten einzusetzen und sollen im Haushalt kochen, waschen, bügeln, nähen, flicken, stricken sowie in der Säuglings- und Kinderpflege Anleitung erhalten. Nach Möglichkeit soll für sie ein eigener Haushaltungs- und Kinderpflegeunterricht erteilt werden. Zur Aufklärung über Verhütung und Gefahren der Geschlechtskrankheiten ist nach Möglichkeit halbjährlich ein Vortrag unter Benützung von Bildmaterial der Gesellschaft zur Bekämpfung der Geschlechtskrankheiten in Zusammenarbeit mit dem Gesundheitsamt Steyr abzuhalten.«[426]

425 Vgl. OÖLA, Akt LG Steyr Vr 315/1956, Dienstanweisung 1943. Hervorhebungen im Original.

426 Ebd. Hervorhebungen im Original.

Die Erziehungs- und Beschäftigungsmittel für Mädchen geben damit deutlich die Stereotype des NS-Frauenbilds wieder, inklusive der Annahme der besonderen sexuellen Gefährdung von jungen Frauen.

Behandlung der Zöglinge und Strafmaßnahmen

Über die Zustände in Gleink lässt sich in erster Linie durch die Anzeigen, die zum Ermittlungsverfahren gegen Lenzenweger et al. führten, sowie durch die Zeugenaussagen, die im Zuge des Verfahrens erhoben wurden, etwas erfahren. Zahlreiche Zeugenaussagen stützen die Anschuldigungen, es sei in Gleink zu schweren Misshandlungen der anvertrauten Kinder und Jugendlichen gekommen.

Laut Dienstanweisung waren folgende Strafmaßnahmen erlaubt (vgl. §14, Strafmittel): Verwarnungen, Ehrenstrafen und Entzug einzelner Begünstigungen; strenge Verwarnung durch den Leiter; Ausschließung von Spaziergängen, Spiel und Sport oder sonstigen Veranstaltungen; Beschränkung des Briefverkehrs; Besuchsverbot; Entzug des Rechtes, monatlich ein Lebensmittelpaket (1 kg) zu empfangen; öffentlicher Verweis durch den Leiter der Fürsorgeerziehungsbehörde (über Antrag des Anstaltsleiters); Isolierung (Arrest) unter entsprechender Aufsicht im Sinne der Bestimmungen der Jugendarrestordnung, und zwar für 12- bis 14-jährige Zöglinge bis zu zwölf Stunden und für schulentlassene Zöglinge bis zu drei Tagen, Dunkelhaft war nur nachts gestattet; bei schwerwiegenden Fällen war die Anwendung mehrerer Strafen möglich; und schließlich: körperliche Züchtigung. Dabei hatten sich Art und Ausmaß der Züchtigung im Rahmen des elterlichen Züchtigungsrechtes zu halten. Der/die ErzieherIn hatte von der Anwendung einer Züchtigung dem Anstaltsleiter unverzüglich Anzeige zu erstatten. Zudem hielt die Dienstanweisung fest: »Keinesfalls darf die Heranziehung zu einer Arbeit als Strafmaßnahme Anwendung finden, sofern diese nicht der Wiedergutmachung oder der Allgemeinheit dient.«

Die Realität sah nach Aussagen der Betroffenen anders aus. Insbesondere Fluchtversuche wurden erheblich bestraft. »Immer neue Strafen wurden für das Durchbrennen erdacht«, so Sr. Barbara Huemer in ihren Aufzeichnungen.[427]

427 Die Aufzeichnungen fanden später in der Hauschronik Eingang (vgl. Dirngrabner 2002, 84). Wiederholt berichtet Sr. Barbara von den Fluchtversuchen: »1940: Es hat traurige Szenen gegeben. So stürzte sich ein großes Mädchen aus einem Fenster des 2. Stockes. [...] Zwei Wirbel gebrochen, Schädelbruch, Gehirnerschütterung. Aber sie kam mit dem Leben davon. [...] Ein andermal

Die erste Anzeige im Nachkriegs-Prozessakt stammt von Johanna K. Sie hatte von sich aus im November 1940 eine Einweisung ihrer damals 15-jährigen Tochter Maria angestrebt, weil sie sich in deren Erziehung überfordert sah.[428] Bereits am Tag nach ihrer Einweisung ließ Lenzenweger dem Mädchen die Haare kurz schneiden und stellte es den Maurern barfuß zum Mörteltragen zur Verfügung.[429] Eine Woche später versuchte Maria zu flüchten. Sie sprang aus einem Fenster im ersten Stock, dabei verletzte sie sich am Fuß. Zuhause angekommen musste die Mutter einen Arzt holen, der Maria ins Krankenhaus in Steyr schickte, von wo sie nach vier Tagen entlassen und zurück in die Erziehungsanstalt Gleink gebracht wurde. Als Strafe für ihren Fluchtversuch wurde Maria an das Fußende ihres Bettes gekettet, zu diesem Zeitpunkt soll sie aufgrund einer Mittelohrentzündung bereits hochgradig fiebrig gewesen sein. Sie kam abermals ins Krankenhaus, von dort entließ man das Mädchen in häusliche Pflege. Daheim verschlechterte sich Marias Zustand weiterhin. Maria starb am 29. Dezember 1940. Die Mutter Johanna machte aufgrund der schweren Strafmaßnahmen in der GEA Gleink Direktor Lenzenweger für den Tod ihrer Tochter mitverantwortlich.[430]

wollte K. M. durchbrennen. Sie sprang aus dem 1. Stock, verletzte sich dabei den Fuß. […] 1942: Die strenge Zucht im Heim behagte vielen nicht. Auch in diesem Jahr gab es wieder eine Anzahl Ausreißer. Man hat für sie wieder neue Strafen erfunden. […] 1943: Wir erleben die Auswirkungen einer gottfernen Zeit. Bei uns Ausreißer wie jedes Jahr, aber nicht so tragische Fälle. […] 1944: Erste Bomben in Oberösterreich – sie fielen in Steyr. Und hier in Gleink ist die Flack [sic!] (Fliegerabwehr) stationiert. Viele Stunden im Keller bei Tag und bei Nacht. […] Unsere Buben und Mädchen geben auch unter diesen Umständen ihre Fluchtversuche nicht auf. Sie lassen sich an zusammengebundenen Leintüchern von Fenstern herunter. Bringt die Polizei sie zurück, gibt es so viele Tage Arrest, wie sie fort waren.«

428 Vgl. Anzeige Johanna K. am 28.9.1945.

429 »Am 25.11.1940 brachte ich meine Tochter persönlich in die Anstalt. Als Direktor Lenzenweger ihrer ansichtig wurde, sagte er sofort zu ihr: ›Du Mensch [Dialektausdruck für Mädchen; Anm.], wenn du nicht folgsam bist, wirst du deine schönen Locken bald verloren haben.‹ Ich ersuchte Lenzenweger, von dieser Drohung nicht Gebrauch zu machen. Am nächsten Tag, den 26.11.1940, als mein Sohn Franz K. seine Schwester in der Gauerziehungsanstalt besuchte, bzw. dieser Wäsche überbrachte, sah er seine Schwester bereits mit abgeschnittenen Haaren.« (Vernehmung Johanna K. am 29.1.1946)

430 Vgl. Anzeige und Vernehmung von Johanna K., 28.9.1945 bzw. 29.1.1946; Aussage Barbara Huemer, geistliche Schwester und Krankenschwester in der GEA Gleink, 28.1.1946.

Eine weitere Anzeige, und zwar von einer ehemaligen Wärterin in Gleink, Else G., führt aus, Lenzenweger habe an seine Untergebenen Aufträge erteilt, die Kinder bei den geringsten Vergehen schwer zu bestrafen. Sie schilderte einige Beobachtungen, darunter auch Kollektivstrafen als Disziplinierungsmaßnahme:

> »Ich konnte bemerken, dass verschiedene Kinder mit dem Kopfe an die Mauer angelehnt wurden und dann auf sie so eingeschlagen wurde, dass die Kinder blutüberströmt waren. Ich weiß auch von einem Falle, dass einem 7-jährigen Knaben so viele Hiebe erteilt wurden, dass dabei ein Fuß gebrochen war. Der Knabe ist dann nicht mehr gesehen worden. Mädchen mussten im Winter mit nackten Knien Steinfliesen waschen, so dass sie Erfrierungen erlitten. Die Anordnungen sind von dem Direktor ergangen.«[431]

Annemarie P. gab über selbst erlittene Strafen zu Protokoll:

> »Ich wurde im März 1941 als Zögling in die Gauerziehungsanstalt in Gleink eingeliefert und wurde sofort für Küchenarbeiten verwendet. Nach ca. 4 Wochen habe ich einmal einem anderen Mädchen außertourlich Speisen verabreicht, weshalb ich vom Dir. Lenzenweger gerügt wurde. Auch meine Abteilungsschwester Anna Silber hat mich diesertwegen gerügt und mir Vorwürfe gemacht. Als Strafe wurde der ganzen Abteilung, wo ich untergebracht war, das Mittagsmahl entzogen und das Nachtmahl zur Hälfte gekürzt. Diese Maßnahme wurde von der Schwester Anna Silber befohlen. Weiters forderte die Sr. Anna Silber die übrigen Abteilungsinsassen (ca. 30–40 Zöglinge) auf, mich als Urheberin dieser Strafmaßnahme zu schlagen, weshalb ich aus der Anstalt geflüchtet bin. Bei meiner Rückeinlieferung wurden mir von der Sr. Silber die Haare abgeschnitten und wurde ich hierauf in ein Strafkleid mit roten Streifen gesteckt. Weiters wurden mir über Auftrag der Sr. Silber am bloßen Hinterteil von einer anderen Wärterin 25 Stockhiebe verabfolgt, sodass mein Gesäß fast schwarz gefärbt war. Hiebei legte man mich auf einen Sessel, während ich von zwei anderen Zöglingen gehalten wurde. Nachträglich wurde ich wieder in der Küche beschäftigt und erlitt ich in der Folge keine weiteren Misshandlungen mehr. Mir war bekannt, dass auch die übrigen Zöglinge bei jedem gering-

431 Eidesstattliche Erklärung der Else G. auf der Sicherheitswache der Stadt Ried im Innkreis, 16.1.1946.

fügigen Vergehen geschlagen und geohrfeigt wurden und zwar vom Direktor selbst und dem Aufsichtspersonal. Speziell die Knaben wurden vom Direktor Lenzenweger in der Kanzlei mit dem Stock geschlagen. Am gemeinsten waren die Schwestern Anna Silber und Irene Koslowsky, die die weiblichen Zöglinge nicht nur grausam geschlagen haben, sondern solche auch mit dem Kopf in eine Badewanne untergetaucht [haben]. Auch wurden Zöglinge, die von der Anstalt entwichen waren, nach ihrer Rückeinlieferung mit einer Kette mehrere Tage und Nächte am Fuß beim Bettgestell angehängt. Die Kette wurde hiebei mit einem Vorhängeschloss abgesperrt.

In der Regel wurden die Zöglinge bei den geringsten Vergehen mit Entzug bzw. Kürzung von Essen bestraft.«[432]

Einige weitere Beispiele an Strafmaßnahmen, wie sie in den Zeugenaussagen geschildert werden: Kinder wurden strafweise in ein Zimmer gesperrt, ein bis zwei Tage bekamen sie nur eine Tasse warmes Wasser und ein dünnes Stück Brot zu essen; ein Zögling musste mit bloßen Händen einen ganzen Tag die Jauchegrube ausleeren und erhielt dabei nichts zu essen, zwei weitere Zöglinge mussten mit bloßen Händen den Abort reinigen, insgesamt fünf Klosette, und anschließend die Exkremente im Garten um die Obstbäume herum verteilen; zu zweit und unter Aufsicht von anderen Zöglingen eine Trage mit Baumaterial in den dritten Stock hinauftragen und von dort abgeräumten Schutt herunterbringen.

Die Niederschrift der letzten einvernommenen Belastungszeugin, Maria W., ehemaliger Gleink-Zögling aus Linz, endet mit einem Postskriptum: »Während der Vernehmung bekam die Zeugin nervöse Herzbeschwerden, die derartige Krampferscheinungen zur Folge hatten, dass die Zeugin das Protokoll nicht fertigen konnte. Die Zeugin wurde durch das Rettungsauto in das Krankenhaus geschafft.«

Strafanstalt statt Erziehungsanstalt?

Die Verhältnisse in Gleink hatten sogar während der NS-Zeit bei den verantwortlichen Gau- und Parteibehörden für Aufsehen gesorgt.[433] Insbesondere zwischen dem Gaujugendamt als übergeord-

432 Vermutlich aufgrund dieser Zeugenaussage von Annemarie P. am 28.1.1946 in Steyr wurden auch zu Anna Silber und Irene Koslowsky Ermittlungen durchgeführt.

433 Vgl. im Folgenden OÖLA, Reichsstatthalterei, MF 480: IIIb/FA 570 aus 1943.

nete Verwaltungsbehörde und der GEA kam es ab Jahresende 1941 und im Laufe des Jahres 1942 zu immer stärker werdenden Spannungen, die sich im darauffolgenden Jahr weiter zuspitzten. Dabei ging es um sachliche wie persönliche Differenzen zwischen Regierungsinspektor Josef Klug, dem leitenden Sachreferenten im Gaujugendamt, und dem Anstaltsleiter Direktor Lenzenweger.

Im Schreiben vom 7. Juni 1943 an den Leiter der Abteilung III (Volkspflege), Regierungsdirektor Dr. Hanns Baumgartner, schildert Regierungsrat Haider die Unstimmigkeiten zwischen Lenzenweger und Klug, wobei seine Parteinahme für Lenzenweger unverkennbar ist. Klug mache Stimmung gegen Lenzenweger, würde Gerüchte über ihn verbreiten und sich über ihn mit anderen Amtsinhabern beraten, wobei er Regierungsrat Schallert, Jugendhilfesachbearbeiter des NSV-Kreisamtes Linz-Stadt, mit den Worten gegenüber Klug zitiert: »Direktor Lenzenweger ist kein Pädagoge und kein Direktor. Gleink ist eine Strafanstalt und nicht eine Erziehungsanstalt und unter diesen Verhältnissen ist es besser, wenn diese Anstalt gesperrt wird.« Klug selbst behauptete, die Ansichten und Methoden, die in der Erziehungsanstalt herrschten, würden einer nationalsozialistischen Erziehung Hohn sprechen.

Haider seinerseits verwies auf Beschwerden seitens der Zöglinge und deren Angehörigen, die sich bei der Führung einer geschlossenen Anstalt zweifellos ergeben würden, sich aber bei genauerer Prüfung als haltlos und maßlos übertrieben erwiesen hätten. Er erkenne zudem Absichten von Regierungsinspektor Klug, Direktor Lenzenweger abzusetzen und an seine Stelle einen Lehrer der Schule in Gleink namens Kosch, den er für die weitaus geeignetere Führungsperson halten würde, zu bestellen. Der Kritik am Führungsstil von Lenzenweger hielt er entgegen, dass dieser unlängst seine Ernennung zum Rektor und Einweisung in den stellenplanmäßig vorgesehenen Leiterposten erhalten habe.

Gut eine Woche später kam es zu einer Besprechung zwischen mehreren Partei- und Regierungsamtsinhabern, um über Gleink zu beraten. Regierungsdirektor Lippe, Leiter der Unterabteilung IIIb, Öffentliche Fürsorge, Jugendwohlfahrt und Jugendpflege, vertrat den Standpunkt, dass an den zahlreichen Beschwerden, die bei der NSV über den Anstaltsbetrieb in Steyr/Gleink eingelangt seien, doch etwas dran sein müsse. Deren Tenor: die angewandten Erziehungsmethoden seien zu streng und hätten eher strafanstaltsähnlichen Charakter. Regierungsinspektor Klug führte aus, dass auf »zwei ungeheuer wichtige Erziehungsfaktoren« zu wenig Wert gelegt bzw. überhaupt darauf verzichtet werde, nämlich die Freude und die entsprechende Berücksichtigung von Spiel und Sport. Die GEA müsse den Zöglingen tunlichst die Familie ersetzen und dürfe nicht in einem straffen, strafanstaltsähnlichen Betrieb ersticken. Gaukämmerer Danzer und Schulrat Metz – beide kannten die Anstalt von Besuchen – stützten diese Sichtweise. Der Leiter des städtischen Jugend- und Fürsorgeamtes, Oberverwaltungsrat Dr. Humer, betonte, er könne sich die Arbeit seiner Behörde ohne Fürsorgeerziehungsanstalt »gar nicht vorstellen« und ersuche daher, die scheinbar doch vorhandenen Mängel zu beseitigen.

Lenzenweger betonte in seinen Ausführungen die schlechte Personalausstattung der Anstalt: Er habe keinerlei geschulte Fachkräfte zur Verfügung, sondern die Aufgaben der Heimerziehung läge durchwegs in den Händen von Laienerzieherinnen und Laienhelferinnen, die zudem in ungenügender Zahl vorhanden wären. Die Anstalt sei reichlich überbelegt, so würde zum Beispiel für die erzieherische Betreuung von circa 60 schulentlassenen Mädchen nur eine Erzieherin zur Verfügung stehen, die überdies ebenfalls keine erzieherische Vorbildung habe, sondern ursprünglich als Wäschebeschließerin in die Anstalt kam. »Ich habe den Anstaltsbetrieb seinerzeit schon unter den ungünstigsten Bedingungen in dem total verwahrlosten Kloster aufgenommen und bin nunmehr seit Jahren unermüdlich tätig, die Anstalt auszubauen.«

Regierungsrat Haider unterstützte auch hier die Position Lenzenwegers, indem er die Beschwerden über die GEA, denen er nachzugehen verpflichtet war, als unbegründet sah bzw. »kriegsbedingte Schwierigkeiten maßlos übertrieben wurden«. Zudem stellte er die zahllosen, bei der NSV eingegangenen Beschwerden generell in Frage, zumindest wurde ihm nicht eine konkrete Beschwerde über Gleink im Wege der NSV übermittelt.

Gaukämmerer Danzer merkte an, dass u. a. infolge der überstürzt vorwärts getriebenen Erweiterung des Anstaltsbetriebes für die Unterbringung des Personals nicht die geeigneten Wohnräume vorhanden seien.[434] Vielfach würde es in Zwei- oder Mehrbettzimmern unterge-

434 Über die regen Bautätigkeiten in den ersten Jahren notierte Sr. Barbara Huemer im Jahr 1940: »Es gab große bauliche Veränderungen. Die Klosterräume der

bracht sein. Er sei überzeugt, dass bei entsprechender Verbesserung der Lebenshaltung der Angestellten auch bessere Fachkräfte als Erzieherinnen zu bekommen und im Anstaltsbetrieb zu halten seien.

Abschließend hielt man die Notwendigkeit folgender Maßnahmen fest: die Verminderung der Zöglingszahl, geschultes Personal anstelle von Hilfskräften, Verbesserung der Personalunterkünfte und die Einstellung einer dem Direktor untergeordneten Fachkraft. Das Verhältnis zwischen Regierungsrat Klug und Direktor Lenzenweger sollte nach dieser Aussprache wieder belastbar sein, Lehrer Kosch habe selbst seine Versetzung angeregt.

Allerdings: Klug wurde in den Nachkriegsermittlungen gegen Lenzenweger selbst grober Misshandlungen beschuldigt. »Ich bemerke noch, dass ein gewisser Reg. Rat Klug aus Linz, der den Direktor Lenzenweger während seines Urlaubes vertreten hat, einmal einen zk. 14–15 jährigen Knaben im Keller persönlich derart geschlagen hat, dass der Knabe bewusstlos liegen geblieben ist«, so die in Gleink als Köchin tätige Josefa Strauß am 26. Jänner 1946. Diesen Vorwürfen wurde jedoch vonseiten der Ermittlungsbehörden nicht nachgegangen.

Die Verhältnisse in Gleink mögen sich nach dieser Krisensitzung etwas gebessert haben, die schweren bezeugten Misshandlungsvorwürfe fallen in die ersten Betriebsjahre, insbesondere in die Jahre 1940/41. Die Ausarbeitung der Dienstanweisung für die Gauerziehungsanstalt erfolgte in diesen Krisenjahren, möglicherweise sollten Lenzenweger seine Grenzen damit deutlich aufgezeigt werden. Schwester Barbara Huemer sagte über ihn aus: »[Er] war im Allgemeinen sehr streng und berief sich stets darauf, dass er die Misshandlungen über höheren Auftrag durchführen musste.«[435]

ausgesiedelten Salesianerinnen wurden in Schulklassen, Schlafsäle, Erzieher-, Kranken- und Badezimmer sowie in Wirtschaftsräume umgewandelt, nicht immer günstig. Hauptsache, alles war umgekrempelt! Im früheren Baderaum wurden Haftzimmer eingerichtet – diese waren sehr oft besetzt. Aus einem großen Schlafsaal entstand eine sehr schöne Wohnung für Herrn Direktor Lenzenweger und seine Gemahlin. Die Arbeiten verrichteten großteils unsere Zöglinge.« (zit. nach Dirngrabner 2002, 84f.)

435 Aussage von Sr. Barbara Huemer am 28.1.1946 in Steyr.

Das Personal

Die Leitung der GEA hatte die ganze NS-Zeit hindurch – von einer kurzen Unterbrechung wegen Fronteinsatz im Frühjahr 1945 abgesehen – Heinrich Lenzenweger inne.[436]

Lenzenweger, geboren am 21. Juni 1898 in Freistadt, Oberösterreich, verheiratet und mit Wohnort Garsten bei Steyr, wurde im Sommer 1939 als Erziehungsbeauftragter für die Kinderheime Steyr, Wieserfeld und für das Kinderheim in Gleink bestellt.[437] Gleichzeitig wurde er beauftragt, das Kinderheim Gleink einzurichten bzw. dieses als Erziehungsanstalt umzuorganisieren. Anschließend wurde er zum Anstaltsleiter der Erziehungsanstalt bestellt. Er war ab 1938 Mitglied der NSDAP, allerdings ohne Funktionen; er war auch keiner Teilorganisation wie SS und SA angehörig.

Seine erste Aufgabe in Gleink bestand darin, so Lenzenweger, die bereits in der Anstalt anwesenden Kinder in leicht- und schwererziehbare zu trennen.[438] Zu diesem Zeitpunkt standen ihm noch ausschließlich Ordensschwestern des früheren Kinderheims Gleink als Personal zur Verfügung. »Im Laufe des Jahres 1941 wurden dann die Ordensschwestern infolge der Schwere des Dienstes zum größten Teil abgezogen und durch weltliche Schwestern, bzw. durch zivile Hilfskräfte ersetzt.«[439] Diese hätten allerdings keinerlei pädagogische Fachkenntnisse besessen, weshalb er genötigt war, sie zu schulen.

Als Erzieherinnen in der Gauerziehungsanstalt sind aufgrund des Nachkriegs-Verfahrens Anna Silber und Irene Koslowsky bekannt. Beide wurden schwerer Misshandlungen und des Quälens von Heimzöglingen beschuldigt. Sie bestritten aber jegliche Verfehlungen, und

436 Lenzenweger leitete die Anstalt bis über den »Umbruch« im Mai 1945 hinaus, und zwar bis zu seiner vorübergehenden Verhaftung im Jänner 1946.

437 Vernehmung von Heinrich Lenzenweger am 30.1.1946 von der Kriminalpolizei Steyr.

438 Laut »pro memoria« waren alle davor in Gleink untergebrachten Kinder in andere Heime überstellt worden. Es dürfte sich hier also bereits um von der NS-Fürsorgebehörde eingewiesene Kinder und Jugendliche handeln.

439 Schwester Barbara Huemer nannte als Grund für die Abberufung der damals 12 in Gleink tätigen Kreuzschwestern durch den Orden die zunehmend unhaltbar gewordenen Zustände in Gleink, womit sie die nationalsozialistische Erziehungsweise meinte. Dabei betonte sie die antireligiöse Haltung Lenzenwegers, die er mit großem Ehrgeiz und entsprechender Agitation umzusetzen gewillt war. Sie selbst setzte als einzige verbliebene Geistliche ihre Arbeit im Krankenrevier fort (vgl. Dirngrabner 2002, 83).

die Verfahren wurden frühzeitig eingestellt. In der Vernehmung gab Anna Silber Einblick in ihre Sichtweise auf die ihr untergebenen Kinder und Jugendlichen: »Ich bemerke, dass sämtliche Kinder verdreckt und verlaust sowie geschlechtlich angesteckt in die Erziehungsanstalt kamen und ich größte Mühe hatte, sie körperlich zu reinigen.« Lediglich ab und zu Ohrfeigen hätte sie verpasst, und zwar jenen entwichenen Zöglingen,

> »die mir verlaust und verdreckt zurückgebracht worden sind. [...] Welche Mutter hätte dies nicht getan, wenn sie erfuhr, dass das Kind sich wochenlang in Flaklagern bei den Soldaten herumgetrieben hat. Es ist dies aber nicht zu oft vorgekommen, denn meistens grauste mir davor, solche Mädchen anzurühren.«[440]

Irene Koslowsky war von Anfang März 1941 bis Ende März 1945 in der GEA Gleink als Erzieherin beschäftigt. Auch sie bestritt jegliche Vorwürfe. »Ich bin den Kindern gegenüber zwar sehr streng gewesen, kann aber nur wiederholen, dass ich mich nie zu Misshandlungen hinreißen ließ. Ich kann mich auch an keinen Fall erinnern, dass sich Kinder über mich beklagt hätten.«[441]

Auch gegen Adolf Schneider wurde wegen § 3 KVG (Quälereien und Misshandlungen) ermittelt, er konnte jedoch nicht ausfindig gemacht werden. Konkrete Anschuldigungen gegen ihn werden im Akt nicht erwähnt. Es gibt Hinweise, dass er von der Kriegsfront nicht zurückgekehrt war.

In der Hauschronik finden sich weitere Namen von ErzieherInnen oder LehrerInnen, selten wird ihnen liebevolles Verhalten zugeschrieben. Vielmehr berichtet Schwester Barbara von Misshandlungen weiterer Personen, wie etwa Herrn Ganhör, bis Oktober 1942 in Gleink tätig:

> »Er hatte mit den Kindern viel in der Bastelwerkstatt gearbeitet. Im persönlichen Verkehr war er nicht ungut, aber im Strafen schier unmenschlich. Für Bettnässen gab er 25 bis 70 Schläge mit dem Spanischen [eine Art biegsame Gerte; Anm.]. Da musste ich oft mit Umschlägen zu Hilfe kommen.« (zit. nach Dirngraber 2002, 85)

440 Vernehmung von Anna Silber beim LG Linz, 14.8.1946.

441 Vernehmung von Irene Kozlowsky am 17.8.1948 am Landesgericht für Strafsachen Wien.

4.3 Gleink 1945 und danach

Die Wochen vor dem »Umbruch«

Lenzenweger musste seinen Worten zufolge im Februar 1945 strafweise [sic!] zu einem Parteieinsatz [sic!] nach Istrien einrücken. Laut eines Vermerks auf seiner Meldekarte wurde er am 28. Februar 1945 zum Volkssturm eingezogen.[442] In dieser Zeit übernahm ein junger HJ-Führer die Leitungsaufgaben.[443] Oberinspektor Comintzky, ein Flüchtling aus Wien, wurde neuer Verwalter. Anfang März kamen die ersten Flüchtlinge aus dem Osten nach Gleink, darunter ein Transport mit 300 Leuten aus Siechenheimen in Schlesien. Hatte die neue Leitung die Kinder und Jugendlichen bis auf 40 von ihnen bereits entlassen, wollte man nun auch die Siechen und Kranken möglichst schnell entfernen, um Platz für verwundete Soldaten zu schaffen, ein Lazarett war geplant (wurde aber nicht verwirklicht). Dabei wurde auch vor Tötungsinjektionen nicht zurückgeschreckt.[444] Anfang Mai kehrte Lenzenweger zurück. »Am 5. Mai 1945 zogen die Amerikaner in Gleink ein. Kurz vorher war Memminger verschwunden. Auch Comintzky, der mit einem Rucksack gekommen war, hatte sich mit einem Leiterwagen voll Sachen aus dem Staub gemacht.«[445] Lenzenweger übernahm nach seiner Rückkehr wieder die Führung der Anstalt. Zum Zeitpunkt seiner Verhaftung war Gleink ein Notlazarett für Sieche und Kranke.

442 Meldekarte Heinrich Lenzenweger, Stadtarchiv Steyr.

443 Lenzenweger nennt den Namen Kaufmann. Sr. Barbara in ihren Erinnerungen: »Im April kam als Ersatz für Direktor Lenzenweger Herr Memminger, ein junger Deutscher.« (zit. nach Dirngrabner 2002, 87)

444 So sind Sr. Barbaras Andeutungen wohl zu lesen: »Ein gewisser Dr. P. ordnete an, eine größere Anzahl von Patienten ›schleinigst [schleunigst; Anm.] weiterzubringen‹, denn man brauche das Haus für wichtigere Zwecke als für diese unnützen Leute. Herr Memminger gab auch mir diese Weisung. Ich erklärte ihm klipp und klar, dass ich meine 25 Patientinnen allein betreuen und auch den Nachtdienst versehen würde. Eine andere Pflegerin kam nicht in mein Revier. Anderswo wurden abends Injektionen gegeben; in der Früh gab es 4 bis 5 Leichen. Das ging beiläufig eine Woche so, dann gab es schon großes Gerede im Ort.« (zit. nach Dirngrabner 2002, 87)

445 Angaben von Schwester Barbara (zit. nach Dirngrabner 2002, 88).

Weiterer Werdegang des ehemaligen Gleink-Personals

Über die weitere berufliche Tätigkeit von Heinrich Lenzenweger nach dem Ermittlungsverfahren gegen ihn, welches zu keiner Anklage führte, ist nichts bekannt. Als noch vor der Jahrhundertwende geboren mag er eventuell frühzeitig in den Ruhestand getreten sein. Anna Silber, Jahrgang 1907, war zum Zeitpunkt ihrer Einvernahme am 1. August 1946 Leiterin des Kinderheims Gmundnerberg. Irene Koslowsky, geboren 1922, wurde am 17. August 1948 am Landesgericht für Strafsachen in Wien einvernommen, zu diesem Zeitpunkt stand sie bei der Stadt Wien als Kindergärtnerin unter Vertrag.

In den Zeugenaussagen, die im Gerichtsakt zu finden sind, spiegelt sich die Sichtweise des ehemaligen NS-Erziehungspersonals auf die ihnen untergebenen Kinder und Jugendlichen wider, gegenüber denen sie zum Teil Abscheu empfunden zu haben scheinen. Maria Kastner, seit 1919 am Jugendamt tätig und seit Juli 1946 Leiterin des Bezirksjugendamtes Steyr, äußerte Verständnis für die Aufgaben Lenzenwegers mit folgenden Worten: »Der Beschuldigte hat als Leiter der Anstalt bei dem minderwertigen Material der Zöglinge einen sehr schweren Standpunkt, sodass es klar ist, dass er seine Zöglinge sehr strenge behandeln musste, um sie zu einigermaßen brauchbaren Menschen zu erziehen.«[446] Auch Grete Kern, von 1940 bis 1945 Leiterin des Jugendamtes Steyr/Land, trägt die nationalsozialistische Unterscheidung in wertvolle und wertlose Gesellschaftsmitglieder weiter:

> »Unter den Zöglingen, die das Jugendamt zu betreuen hatte, befanden sich solche, denen jede Erziehung fehlte, die verlogen und sogar kriminell waren, die von den Eltern nichts Gescheites gesehen haben und die immer wieder Anlass gaben, dass das Jugendamt einschreiten musste. Es ergab sich daher die Notwendigkeit, dass solche moralisch verkommenen Kinder in die Anstalt eingewiesen wurden. Dass eine strenge Behandlung dieser Zöglinge notwendig war, ist selbstverständlich.«[447]

Die Institution Gleink nach 1945

Nach dem »Umbruch« im Mai 1945 stellte das Bischöfliche Ordinariat auch für Gleink einen Antrag auf Wiedergutmachung bei den staatlichen Behörden, und zwar 1.) unter dem Titel der Rück-

446 Zeugenvernehmung von Maria Kastner am 21.3.1946.

447 Zeugenvernehmung von Grete Kern am 21.3.1946.

gabe der bischöflichen Dotation, 2.) unter dem Titel der Wiederherstellung des Salesianerinnenklosters mit seinem stiftbrieflich gesicherten Rechten und 3.) unter dem Titel der Entschädigung für die eingezogene Gleinker Liebeswerkanstalt.[448] Der Fürsorgeverband Linz zeigte Interesse daran, die Führung der Anstalt an den Bischof bzw. an die Caritas der Diözese Linz zu übertragen. Die Salesianerinnen waren bereits aus Bayern zurückgekehrt, die Kreuzschwestern sagten die Übernahme der Anstaltsleitung zu. Eine erste Begehung der Räumlichkeiten durch den Kapitelvikar (also den Diözesanverwalter) fand im September 1945 statt. Am 12. Juni 1946 traten die zuständigen Institutionen in Verhandlungen, wer welche Aufgaben in Zukunft übernehmen werde, wer welche Räumlichkeiten beanspruchte bzw. abgeben konnte und welche baulichen Änderungen daher notwendig wären. Das Protokoll zu diesem Treffen hält über Gleink in der NS-Zeit fest:

> »In der nationalsozialistischen Ära wurde das ganze Haus als Gau-Erziehungsheim für schwer erziehbare Kinder eingerichtet. Mit einem Kostenaufwand von angeblich 300.000 RM wollte man aus dem alten Gebäude eine moderne Erziehungsanstalt schaffen. Zum Teil ist es gelungen; das Parterre wurde trockengelegt, eine moderne Küche (für 300–400 Personen), eine moderne Wäscherei, Badeanlagen etc. geschaffen, ein schönes Krankenrevier eingerichtet usw. Im Osttrakt wurde am wenigsten geleistet und durch Abmauerung der alten Abortanlagen, ohne andere dafür einzubauen, eine große Verlegenheit geschaffen. In den ersten Jahren wurden von der Gauselbstverwaltung, Abteilung Fürsorge, 300 und mehr Kinder in Gleink versorgt; ab 1943 die Zahl der Kinder immer mehr herabgesetzt, um Raum für die Flüchtlinge und Umsiedler namentlich aus Schlesien zu gewinnen. Derzeit erhält der Fürsorgeverband in Gleink etwa 30 Kinder und 180 alte, zum Großteil bettlägrige Schlesier. Eine Krankenschwester machte für das Krankenrevier die ganzen Jahre Dienst, sonst bestand das gesamte Leitungs-, Erziehungs- und Dienstpersonal aus Laien [gemeint hier: kein geistliches Personal; Anm.].«

Am 1. Oktober 1946 übernahm die Caritas das Kinderheim Gleink. Die Kreuzschwestern arbeiteten bis 1968 als Erzieherinnen, Lehrerinnen und im Anstaltsbetrieb. Wie die Hauschronik für die ersten

448 Vgl. hier und im Folgenden »pro memoria« 1946.

Nachkriegsjahre zeigt, führte auch der neue Leiter, Heinrich Rogmann, gegenüber den Anstaltskindern ein strenges Regime und hatten Zucht und Ordnung weiterhin oberste Priorität in der Erziehung.[449] Bis circa 2000 bestand das Erziehungsheim der Caritas für schwererziehbare Knaben, dann wurde auf Wohngruppen umgestellt. Im Zuge der Missbrauchsdebatten in kirchlichen wie weltlichen Erziehungseinrichtungen ist auch diese Institution in die Schlagzeilen gekommen, von exzessiver Gewalt bis zu Zwangsarbeit reichten die Vorwürfe gegenüber den Herz-Jesu-Missionaren, die nach den Kreuzschwestern bis 1989 die Heimleitung innehatten (die Caritas blieb der Träger der Einrichtung). Im Zuge der rezenteren Flüchtlingsbewegungen betrieb das Rote Kreuz im Klostergebäude Gleink eine Flüchtlingsunterkunft (Stand 2015).

4.4 Überstellungen Gleink – Uckermark

Im Zuge unserer Recherchen konnten wir für zehn Jugendliche eine Überstellung von der Gauerziehungsanstalt Gleink in das Jugend-KZ Uckermark belegen. Die Zahl, für die dieser Verfolgungsweg nun bekannt ist, konnte insbesondere durch die Suche in den Meldekarten im Stadtarchiv Steyr nach den Namen jener jungen Frauen, für die eine Überstellung aus Oberösterreich in die Uckermark belegt ist, verdoppelt werden.[450] Schließlich sind noch zehn weitere Frauen namentlich bekannt, die zwar während der NS-Zeit als Zöglinge in Gleink waren, deren Deportation in die Uckermark ausgeschlossen bis sehr unwahrscheinlich ist. Sie sind als Jugendliche daheim verstorben (wie etwa Maria K.) oder haben in ihrer Zeugenaussage gegen Lenzenweger et al. nichts von einer KZ-Haft erwähnt (und eine solche lässt sich für sie auch nicht belegen). Für zwei weitere Namen, zugänglich über Aktenmaterial der Sicherheitsdirektion Linz, ließ sich ebenfalls keine KZ-Haft nachweisen.

Die Datenlage zu ehemaligen Gleink-Zöglingen bzw. Uckermark-Häftlingen bleibt leider sehr dürftig. Eine vollständige Lebensgeschichte lässt sich daher zu keiner der aus Gleink überstellten Ju-

449 Welche Missstände Rogmann 1949 eine Untersuchungskommission einbrachten, lässt sich aus den Aufzeichnungen nicht erkennen (vgl. Hauschronik Gleink für die Jahre 1947–1949, 129–139).

450 Unser Dank geht an Ing. Dr. Raimund Ločičnik vom Stadtarchiv Steyr für die Sichtung der Meldekarten.

gendlichen nachzeichnen.[451] Insbesondere zu ihrem Weiterleben nach 1945 fehlen Informationen fast vollständig. Die wenigen Angaben lassen sich in (negativ beschiedenen) Anträgen, als Opfer des Nationalsozialismus nach dem Opferfürsorgegesetz anerkannt zu werden, finden. Bei den folgenden biografischen Ausschnitten von zehn der ehemaligen Gleink- und Uckermark-Zöglinge ist zu bedenken, dass aufgrund mangelnder anderer Quellen zumeist die behördliche Perspektive auf sie dominiert.

Maria I. wurde 1923 in Saxen, Bezirk Perg, geboren und war laut Meldekartei vom 10. Jänner 1942 bis 26. Juni 1942 Fürsorgezögling in der Gauerziehungsanstalt Gleink. Sie wurde über das Polizeigefängnis Linz am 2. Juli 1942 ins Jugend-KZ Uckermark (damals »Jugendschutzlager« genannt) überstellt. Gemäß ihren eigenen Angaben war sie ab 1939 bis zur Überstellung in die Uckermark in Gleink:

> »Meine Einlieferung erfolgte vom Bauernhof weg nach Auseinandersetzungen mit der Bäuerin und einem Burschen. Die damalige Erzieherin überstellte mich gleich in das Erziehungsheim Gleink mit dem Hinweis, dass ich etwas lernen soll. Es erfolgte aber, wie schon erwähnt, die Überstellung nach Uckermark. Den Grund dafür konnte ich nie in Erfahrung bringen. Mein Vater, Johann I., ist im Jahr 1943 verstorben. Meine Mutter, Theresia I., ist schon früher verstorben. Ich ersuche um Prüfung meines Antrags [auf eine Amtsbescheinigung; Anm.] und stelle gleichzeitig den Antrag auf eine Haftentschädigung.«[452]

Beide Anträge wurden negativ beschieden. Im Opferfürsorgeakt findet sich noch eine Anfrage der oberösterreichischen Landesregierung an das »International Tracing Service« Arolsen (ITS) um Bestätigung der Haftzeiten, aber keine Auskunft dazu. Weder in den Linzer Haftbüchern noch im Archiv der MGR ließen sich weitere Informationen zu Maria I. finden.

Die aus Linz stammende Charlotte M. war Jahrgang 1923. Der Hinweis auf einen Zwangsaufenthalt in Gleink stammt aus den Haftbüchern des Polizeigefängnisses in Linz. Als Haftgrund dort wurde »Transport Gleink« angegeben. Ab wann sie in der Gauerziehungs-

451 Laut telefonischer Auskunft vom Magistrat Steyr sind Fürsorgeakten erst ab 1952 archiviert. Auch bei der Polizei sind keine Akten aus der NS-Zeit vorhanden (beide Telefonate am 9.11.2017).

452 OÖLA, OF-Akt F/OF, 305-84, Schreiben vom 7.5.1984.

anstalt untergebracht war, lässt sich nicht eruieren, da keine Meldedaten zu ihr auffindbar sind. Die Einweisung ins Polizeigefängnis erfolgte über das Gaujugendamt Linz, und zwar am 27. Juni 1942. Knapp eine Woche später wurde Charlotte M. ins »Jugendschutzlager Uckermark, Kreis Fürstenberg« überstellt.

Laut eigener Angaben in ihrem Antrag auf Opferfürsorge[453] war sie von der Gestapo verhaftet worden, weil sie im Mai 1942 in einem Restaurant in Linz mit einem Offizier ein Gespräch führte, in dessen Verlauf sie Hitler und die NSDAP beleidigt habe. Der Offizier veranlasste ihre Verhaftung, sie wurde durch die Gestapo zwei Wochen lang verhört und geschlagen und dann ins Polizeigefängnis Linz überstellt. Dort verblieb sie sechs Wochen. Am Landesgericht Linz folgte eine »Verhörung«. Im Juli 1942 wurde sie dann ins KZ Ravensbrück verbracht. Ihr Alter (19 Jahre), ihre niedrige Haftnummer (53) und die Formulierung »wurde ich von drei Männern (Polizei) zu der Jugendamtsschwester ins KZ Ravensbrück gebracht« sind deutliche Hinweise auf eine Einweisung ins Jugend-KZ Uckermark. Im Jahre 1944 wurde Charlotte über Intervention ihrer Mutter – Genaueres dazu ist nicht bekannt – entlassen. Ihr Ansuchen um Opferrente nach dem Opferfürsorgegesetz scheiterte. Zunächst lautete die Begründung, Charlotte habe eine Frist übersehen; später war »kein politischer Widerstand« für die Behörden ersichtlich. Zudem wies ihr Vorstrafenregister im Zeitraum von 1945 bis 1961 fünf Vorstrafen auf. Gemäß ärztlichen Zeugnissen wurde sie wegen »Trunksucht beschränkt entmündigt«. Ihren eigenen Angaben zufolge litt sie an einer »Nieren-Lungen-Rippenfellentzündung«. Ihre KZ-Haft konnte weder durch Unterlagen in Ravensbrück noch vom ITS Bad Arolsen bestätigt werden. Die seit 1951 verwitwete Frau und Mutter einer Tochter wohnte zur Zeit der Antragstellung (1967) auf dem Invalidenhof in Schlüßlberg als Rehabilitandin.[454]

Die zu Jahresbeginn 1924 geborene Linzerin Maria R. wurde am 21. November 1941 der GEA Gleink zugewiesen. Vier Wochen später entwich sie. Die Polizei brachte sie Ende Jänner 1942 jedoch neuerlich nach Gleink. Am 26. Juni 1942 kam sie mit dem »Gleink-Trans-

453 Vgl. OÖLA, FOF 179-1967.

454 Aktuell ist der Hof Schlüßlberg eine Einrichtung des oberösterreichischen Zivil-Invalidenverbandes und bietet Arbeits- und Wohnbegleitung für Menschen mit Beeinträchtigung.

port« nach Linz ins Polizeigefängnis. Sehr wahrscheinlich wurde sie mit ihren Mithäftlingen – wie auch Charlotte M. – Anfang Juli in die Uckermark transportiert. Belegt ist ihre Überstellung von Uckermark nach Ravensbrück am 24. Jänner 1945 (mit über 200 weiteren Frauen im Zuge der Räumung der Uckermark, welches zu einem Todeslager für Ravensbrück umfunktioniert wurde). Danach verliert sich ihre Spur.

Eine weitere Jugendliche, Frau R., geboren im Mai 1924, ist lediglich durch die in diesem Fall sehr rudimentären Angaben im Haftbuch des Polizeigefängnisses in Linz als Gleink-Zögling und Uckermark-Häftling bekannt. Ihr Vorname ist nicht angegeben, die Angaben zum Geburtsort sind unleserlich. Am 26. Juni 1942 wurde sie (wie Maria R.) als 18-Jährige von Gleink ins Gefängnis in Linz überstellt und am 2. Juli weiter nach Uckermark. Weitere Lebensdaten sind von Frau R. nicht erhalten geblieben.

Anders verhielt es sich bei Juliane R. Sie wurde im Februar 1923 im oberösterreichischen Eggerding im Bezirk Schärding geboren. Gemäß Meldedaten kam sie am 29. Mai 1941 als 18-jährige Jugendliche nach Gleink. Auch sie wurde (wie Maria I., Frau R. und vermutlich auch Charlotte M.) von dort über Linz im Juli 1942 in die Uckermark transferiert. Nach gut zwei Jahren wurde sie nach Ravensbrück überstellt. Aussagen eines ehemaligen Mithäftlings in der Uckermark lassen darauf schließen, dass sie aufgrund von Lungentuberkulose nach Ravensbrück ins Krankenrevier überstellt wurde. »Danach habe ich sie nicht mehr gesehen und acht Tage später kamen ihre Kleider herauf, so dass wir wussten, dass sie gestorben war.«[455] Für Juliane R.s uneheliche Tochter Gertrude suchte die Jugendfürsorgeabteilung der Bezirkshauptmannschaft Ried im Innkreis als Vormund um Ausstellung eines Opferausweises an. Das Ansuchen wurde jedoch mit der Begründung abgelehnt, eine Einlieferung in ein Jugendschutzlager wegen drohender Verwahrlosung sei nicht Tatbestand einer vom Opferfürsorgegesetz erfassten politischen Verfolgung. Die Jugendfürsorge legte dagegen Berufung ein. Doch das Bundesministerium für soziale Verwaltung beschied abermals abschlägig. Gut ein Jahr später versuchte die Arbeiterkammer Linz, für Gertrude R. eine Rente nach dem Opferfürsorgegesetz zu erwirken. Die Behörde lehnte aber erneut mit der Begründung ab, die Mutter »[wurde] nicht aus po-

455 Anna R. in OÖLA, OF-Akt, FOF-58-1959, Sch. 41.

litischen, rassischen, nationalen oder religiösen Gründen in das KZ Ravensbrück eingeliefert, sondern, da sie wegen drohender Verwahrlosung aufgegriffen und in das Jugendschutzlager Ravensbrück eingeliefert wurde«.[456]

Dass Helene L. Gleink-Zögling und Uckermark-Häftling war, geht aus dem Prozess gegen Gleink-Anstaltsleiter Heinrich Lenzenweger, für den sie als Entlastungszeugin aussagte, hervor. Sie wurde circa 1926 in Graz geboren und war von Beruf Artistin. Die rund zwei Jahre, die sie in der GEA Gleink verbrachte, waren für sie eine Zeit, die sie – wohl in Abgrenzung zu den darauffolgenden Verwahrungsanstalten – in guter Erinnerung hatte. Sie konnte keinerlei Misshandlungen bestätigen. Ihr selbst war nach einem Fluchtversuch lediglich eine schwerere Arbeit zugeteilt worden (Waschküche statt Aufräumen der Schulklassen), von anderen Zeuginnen während der Vernehmung behauptete Bestrafungsmaßnahmen sah sie als erlogen an.

> »Ich war anschließend an die Anstaltszeit in Gleink im Arbeitshaus Bischofsried, im Jugendschutzlager in Uckermark und schließlich im KZ Ravensbrück. In das Arbeitshaus kam ich, weil ich in Gleink ein politisches Lied gedichtet und gesungen hatte. Ich habe oft an die Anstaltszeit in Gleink zurückgedacht, wo ich wirklich anständig behandelt wurde, und habe vom Arbeitshaus an den Direktor noch geschrieben.«[457]

Über die Datenbank der Mahn- und Gedenkstätte Ravensbrück (MGR-DB) ließ sich ihre Haft in den beiden KZ leider nicht bestätigen. Jedoch sind Dokumente zu ihr aus dem Wanderhof Bischofsried erhalten geblieben, die über ihr Vorleben – aus Sicht der NS-Behörden – Auskunft geben (vgl. hier und im Folgenden Schikorra 2000, 66ff.). Demnach verbrachte Helene L. ihre Kindheit sowohl bei ihrer Mutter als auch bei ihrem Vater, die getrennt lebten und jeweils neue Familien hatten. Ab ihrem vierten Lebensjahr war sie wiederholt in Kinderheimen und anderen Erziehungsanstalten untergebracht. Im Beschluss des Amtsgerichts Steyr zur Wiedereinsetzung des Fürsorgeerziehungsverfahrens (erstmals 1931 in Graz festgesetzt) wird sie als »sehr verlogen und diebisch« beschrieben. Aufgrund zweier Diebstahlsdelikte erschien eine Weiterbeschäftigung bei ihren

456 Ebd.

457 Zeugenvernehmung von Helene L. am 21.3.1946, OÖLA, Gerichtsakt Vg 11 Vr 312/46.

jeweiligen Dienststellen nicht möglich. Zur »Beseitigung der Verwahrlosung wegen Unzulänglichkeit ihrer Erziehung« wurde sie Anfang 1941 durch das Jugendamt im Einvernehmen mit den Eltern in die GEA Gleink gebracht. Im August 1943 wurde Helene L. nach Bischofsried überstellt.

Der dortige Anstaltsleiter verfasste am 3. April 1944 einen Bericht an die Fürsorgeerziehungsbehörde beim Reichsstatthalter Oberdonau. Darin schildert er die Schwierigkeiten mit dem Zögling seit dessen Ankunft, insbesondere aber in den letzten zwei Wochen: »Ihr Plan war, eine Gruppe von Mädchen anzuwerben zum Durchgehen. Sie hatte bereits vier dafür gewonnen. Nur durch das Aufmerksammachen eines Mädchens konnte der Plan im letzten Augenblick vereitelt werden.« Detailliert beschreibt der Leiter die Vorbereitungen, die Helene bereits für den Ausbruch getätigt hatte, und folgert:

> »Alle besonderen Freundlichkeiten, die sie zeigte, waren aber immer ein Zeichen eines Plans im Hintergrund. [Auf] Grund dieser Umstände muss die L. als grundsätzlich erziehungsunfähig angesehen werden. Ich stelle hiermit den Antrag, mit der Bitte um sofortige Versetzung in das Jugendschutzlager. Bitte Sie diese Versetzung sofort zu veranlassen. L. bleibt isoliert bis zur Abholung.«

Weiters enthält die Personenakte zu Helene L. eine »psychiatrische Beurteilung« durch Dr. Katharina Hell[458] vom 8. Mai 1944. Darin wurde L.s Überstellung von Gleink nach Bischofsried beschrieben:

> »Insbesondere war sie durch stille Opposition und Renitenz Urheberin von Anstaltsmeuterei, sodass sie für die dortige Anstaltsgemeinschaft bald untragbar wurde. Man überstellte L. daraufhin in den Heimathof Bischofsried [...]. Dort verstand sie es in äußerst geschickter Weise, unter dem Deckmantel freundlicher Zuvorkommenheit und Hilfsbereitschaft ihre Brunnenvergiftereien zu tätigen und die Arbeitskameradinnen zu Opposition und Renitenz allen autoritären Maßnahmen gegenüber aufzuwiegeln.«

Für Dr. Hell lag dieses Verhalten in einem starken »Intelligenzdefekt« begründet,

> »eine gewisse hyperthyme Betriebsamkeit täuscht über das ärmliche intellektuelle Inventar hinweg. [...] Aber auch andere Schich-

458 Dr. Katharina Hell verfasste sämtliche psychiatrischen Gutachten über die Bischofsrieder »Insassinnen«. Ihr Spezialgebiet war die »kriminalbiologische Sippengeschichte« (vgl. Schikorra 2000, 68).

ten ihrer Seele sind äußerst primitiv angelegt. Ihre Erlebnisfähigkeit im Sinne einer Ansprechbarkeit und Beeindruckbarkeit sind völlig verkümmert. Vorhaltung und Ermahnung finden daher keinen Resonanzboden in ihrer Seele.«

Derart veranlagt zog Dr. Hell einen durchgreifenden Erziehungserfolg stark in Zweifel. »Es ist abzuwarten, inwieweit schärfste Maßnahmen im Sinne eines Jugendschutzlagers oder Arbeitserziehungshauses ihr noch zu imponieren vermögen.« Damit endet die Personenakte von Helene L. in Bischofsried. Ihre anschließende KZ-Haft ist aufgrund ihrer Zeugenaussage beim Prozess gegen Lenzenweger in der Uckermark und in Ravensbrück bestätigt.

Für die 1926 in Linz geborene und spätere Hilfsarbeiterin Berta E. sind insgesamt drei Aufenthalte in Gleink belegt: Erstmals musste sie ab Mitte Oktober 1938 vier Monate dort verbringen, dann annähernd die gesamte erste Jahreshälfte 1942 und abermals zwei Monate zu Jahresmitte 1943. Wegen Arbeitsverweigerung wurde sie drei Monate ab Anfang November 1943 zuerst im Polizeigefängnis Linz und dann weitere zwei Monate im Frauengefängnis Kaplanhof in Linz inhaftiert, bevor sie im März 1944 nach Uckermark überstellt wurde. Ihre Mutter Berta K. erklärte später eidesstattlich, dass ihre Tochter stets für ein freies Österreich eingetreten sei und »auf Grund dessen bei ihrer Arbeitsverpflichtung im Rüstungsbetrieb der Eisenwerke, welche damals den ehemaligen Hermann-Göring-Werken angeschlossen waren, jede Arbeitsleistung verweigerte.«[459] Berta E. wurde gemäß ihres »Delikts« und Aufenthalts in der Uckermark dennoch als »asozial« eingestuft, entsprechend wurde der Antrag auf Anerkennung als Opfer des Nationalsozialismus von den Nachkriegsbehörden abgelehnt.

459 Vgl. OÖLA, OF-Akten, FOF-337-1971, Sch. 122. Das Schreiben der Mutter ist eine eindrucksvolle Auflehnung gegen die Zuschreibung von »Asozialität« durch die NS-Behörden und deren Aufrechterhaltung auch durch die Nachkriegsbehörden. Dabei, so argumentierte die Mutter, könne jeder Mensch, der die NS-Zeit im reiferen Alter miterlebte, bestätigen, »wurde jeder Mensch als ›asozial‹ bezeichnet, der nicht nach der Pfeife Hitlers tanzte, seiner Partei und seinen Vasallen wohlgefällig war, jeder Mensch, der nicht mit ›Heil Hitler‹ grüßte, lauthals ›Heil mein Führer‹ schrie und ›Sieg Heil‹ brüllte, jeder Mensch, der politisch anders dachte und religiös gesinnt war, jeder Mensch, der nicht begeistert für die ›Befreiung der Ostmark‹ eintrat und mit der Besetzung Österreichs einverstanden war, jeder Mensch, der Kriegsdienst und Rüstungseinsatz für ›Großdeutschland‹ und das ›Tausendjährige Reich‹ verweigerte und den politischen Machthabern nicht ins Konzept passte.« (Berta K., 2.6.1970)

Wenngleich das letzte Lebenszeichen von Berta E. vom 26. Dezember 1944 stammt – ein Brief von ihr an ihre Mutter (leider völlig verblasst und daher unleserlich) – und sie ab diesem Zeitpunkt bis zum Jahresende 1969 als verschollen galt, lässt sich nachträglich belegen, dass sie am 24. Jänner 1945 von der Uckermark nach Ravensbrück überstellt wurde. Mit rund 300 anderen Jugendlichen wurde sie weiter nach Bergen-Belsen transferiert; wann, ist nicht bekannt. Der Internationale Suchdienst Bad Arolsen bestätigte am 4. Dezember 1969 den Tod von Berta E. am 5. Mai 1945 im Glyn Hughes Hospital Hone in Bergen-Belsen. Auch diese Bestätigung ihres Todes als unmittelbare Folge ihrer KZ-Haft und die Erklärungen der Mutter über die Gründe der Arbeitsverweigerung ihrer Tochter konnten das zuständige Amt nicht zur Abänderung ihrer negativen Bescheide bewegen.

Nur wenige Informationen ließen sich zu Stephanie E. finden: Sie wurde Anfang des Jahres 1925 in Linz geboren. Mit siebzehneinhalb Jahren kam sie im September 1942 in die GEA Gleink, zwei Wochen später ins Jugendheim Ottensheim. Bald darauf kam sie nach Gleink zurück, abermals für nur kurze Zeit. Datiert mit 25. November 1942 findet sich der Vermerk »Uckermarkt [sic!] Mecklenburg« auf ihrer Meldekarte. Am 15. Dezember 1942 erfolgte ihr Zugang ins Polizeigefängnis Linz, »Ottensheim anher Vorbg. [Vorbeuge; Anm.]« ist als Ursache der Haft angeführt. D. h., dass sie von Gleink abermals zur Überbrückung bis zur KZ-Überstellung ins Jugendheim Ottensheim verbracht worden war und anschließend im Polizeigefängnis Linz in Vorbeugehaft genommen wurde. Erst zwei Monate später, Ende Februar 1943, wurde sie »entlassen«, und zwar ins »Jugendschutzlager Uckermark«. Über die KZ-Haft und ihr weiteres Schicksal ist nichts bekannt.

Noch spärlicher ist die Datenlage zu Helene F.: Im August 1924 in Enns geboren, wurde sie zu Jahresende 1941 von Linz in die GEA Gleink eingewiesen. Dort verblieb sie bis August 1942. Auf der Meldekarte ist ihr Abgang über Linz nach Wien vermerkt. Im 9. Bezirk arbeitete sie ein Jahr lang bei einer Familie in der Liechtensteinstraße als Hausgehilfin. Am 3. August 1943 wurde sie nach »unbekannt« abgemeldet. Die nächsten Informationen zu Helene F. stammen aus dem Archiv der Mahn- und Gedenkstätte Ravensbrück: Laut der »Liste Leipzig« wurde Helene F. vom Leipziger Polizeigefängnis am 31. August 1944 in die Uckermark überstellt. Mit über 200 weiteren jungen Frauen gelangte sie am 24. Jänner 1945 ins Frauenkonzentrationslager Ravensbrück. Auch von Helene F. gibt es keine Informationen zu ihrem weiteren Schicksal.

Anders verhält es sich bei Elfriede B. Dank ihres Antrags um Opferfürsorgehilfe sind Lebensdaten von ihr bis in die 1980er Jahre erhalten. Elfriede B. wurde im März 1925 in Linz geboren. Sie kam als 15-Jährige in die Erziehungsanstalt nach Gleink. Dort verblieb sie nahezu drei Jahre – im Vergleich zu den anderen uns bekannten Frauen ein sehr langer Zeitraum. Nach ihrer Entlassung lebte sie bis zu ihrer Verhaftung neun Monate später in Linz, wo sie in verschiedenen Betrieben dienstverpflichtet war. Die ersten drei Monate der Haft verbrachte sie im Gefängnis des Landesgerichts Linz, nach ihrer Verurteilung wegen Arbeitsvertragsbruchs wurde sie zunächst im Polizeigefängnis Kaplanhof (für weibliche Häftlinge) und dann im allgemeinen Polizeigefängnis Linz festgehalten. Laut Haftbuch wurde sie am 16. April 1944 »nach Ravensbrück abgemeldet«, allerdings erst ein Monat später auch tatsächlich dorthin deportiert. Im Frauenkonzentrationslager verbrachte sie einen Monat, bevor sie 19-jährig ins Jugendkonzentrationslager Uckermark überstellt wurde.

Ihren eigenen Angaben im Opferfürsorgeakt zufolge[460] kam sie ins Konzentrationslager, weil sie sich aus Gewissensgründen weigerte, in einem Rüstungsbetrieb, den damaligen Hermann-Göring-Werken, zu arbeiten. Die oberösterreichische Landesregierung ließ daraufhin ihre Arbeitgeber während der NS-Zeit eruieren, sodass für zwei Monate zu Jahresmitte 1943 das Postamt Linz und anschließend die »Eisenwerke-Oberdonau« als Arbeitgeber bekannt sind.

Den roten Winkel im KZ – Kennzeichnung für die politischen Häftlinge – bestätigt auch die Zugangsliste des KZ Ravensbrück. Bad Arolsen gab im Juli 1973 nicht nur über die KZ-Einweisung von Elfriede B. und über den Haftgrund Auskunft, sondern listete auch die Überstellung von Elfriede B. ins Jugend-KZ auf. Dies führte zur endgültigen Ablehnung des Ansuchens von Elfriede B., als Opfer des Nationalsozialismus anerkannt zu werden. In einem Schreiben der oberösterreichischen Landesregierung an die Pensionsversicherungsanstalt wird darauf verwiesen, dass Frau B. nicht Inhaberin einer Amtsbescheinigung gemäß § 4 Opferfürsorgegesetz sei. Die KZ-Haft in Ravensbrück und Uckermark sei zwar bestätigt, da »aber Jugendschutzlager zur Anhaltung asozialer und krimineller Jugend-

460 Vgl. OÖLA, OF (SH)–278–1983, Sch. 194.

licher (Personen vor Erreichung des 21. Lebensjahres) gedient haben, musste der politische Charakter dieser Haft verneint werden«. Der letzte Eintrag im Opferfürsorgeakt stammt von 1983, zu diesem Zeitpunkt lebte Elfriede B. in Linz.

4.5 Ultimatives Strafmittel »Jugendschutzlager Uckermark«?

War nun eine Überstellung in das Jugend-KZ Uckermark die »ultima ratio« im Umgang mit Jugendlichen, denen die NS-Behörden Unerziehbarkeit bescheinigten? Diese Frage lässt sich anhand der Ausschnitte von Lebensgeschichten nicht beantworten, zu gering ist die Fallzahl und zu gering sind die vorliegenden Informationen. So zeigt sich etwa, dass alle ehemaligen Gleink-Zöglinge, die im Gerichtsverfahren gegen Lenzenweger ausgesagt haben, mindestens einmal aus Gleink geflohen sind – was nicht automatisch eine Überstellung in die Uckermark nach sich zog. Gleichzeitig lässt sich bis auf einen Fall für die aus Gleink überstellten Uckermark-Häftlinge nicht belegen, dass sie vorher mehrfach aus der Anstalt ausgebrochen seien.

In der Dienstanweisung vom September 1943 ist von einer zwangsläufigen Überstellung besonders »schwererziehbarer« oder »unerziehbarer« junger Frauen in ein »Jugendschutzlager« nicht die Rede. (Die Uckermark war seit Juni des Vorjahres in Betrieb). Allerdings sind die vielen brutalen und erniedrigenden Strafmaßnahmen, wie sie in den Zeugenaussagen wiedergegeben werden, dort ebenfalls nicht als erlaubt erwähnt – und dennoch fanden sie statt: Strafmaßnahmen, die uns für ein Konzentrationslager geläufig sind, wurden bereits bei jugendlichen Zöglingen in einer Erziehungsanstalt angewandt: Haare ganz kurz schneiden (gerade bei den Mädchen besonders häufig angewandt); bis zu 25 Stockhiebe auf das nackte Gesäß, der/die Geschlagene musste dabei die Anzahl der Schläge laut mitzählen; Demütigungen wie das Anbinden ans Fußende des Bettes, und zwar so, dass die Jugendliche am Boden schlafen musste; Verrichten diverser Schwerarbeiten; Essensentzug; Schikanen; Arrest; Kennzeichnung durch eine Art Sträflingskleid.

Fürsorgeerziehungsanstalten wie Gleink galten als Unterbringungsmöglichkeiten für jene Kinder, die im nationalsozialistischen Sinne nicht als »wertvoll« und damit als förderwürdig galten, die aber auch nicht als »gänzlich unerziehbar« eingeschätzt wurden (Ralser et al. 2017, 713). Die Dienstanweisung für Gleink aus dem Jahr 1943 differenzierte die Zöglinge in schwererziehbare, gefährdete oder bereits verwahrloste Kinder beiderlei Geschlechts. Auch der Anstaltsleiter Lenzenweger unterschied zwischen jenen, die bereits straffällig geworden waren, bei denen elterliche Erziehung nicht mehr fruchtete oder auch »schon sogenannte ›Asoziale‹«. Letztere wurden bei den weiblichen Zöglingen in erster Linie anhand ihrer »sexuellen Triebhaftigkeit« und »Verwahrlosung« ausgemacht, wie auch obige Aussagen von ehemaligen Erzieherinnen in Gleink zeigen. Angestrebt war die Rückführung der Kinder und Jugendlichen in die nationalsozialistische »Volksgemeinschaft« – die auch scheitern konnte, war doch die Entwicklung in beide Richtungen möglich. Bei denen, für die eine Rückführung als »aussichtslos« eingeschätzt wurde, konnte, wie wir an den Schicksalen einiger Zöglinge sehen, eine Einweisung in ein »Jugendschutzlager« erfolgen.

Auch wenn keine gaubezogenen Anordnungen dazu erhalten geblieben sind: Die Überweisungen der von Fürsorgebehörden als »asozial« eingestuften Jugendlichen (»asozial« im Sinne von »unerziehbar«, nicht in die »Volksgemeinschaft« integrierbar) in ein Konzentrationslager entsprechen dem allgemeinen Verfahren der Verwahrung von als asozial Stigmatisierten bis hin zu deren Vernichtung durch Arbeit.

III.

»ASOZIALE« FRAUEN IN DEN KONZENTRATIONSLAGERN RAVENSBRÜCK UND UCKERMARK

1. »ASOZIALE« IM KZ RAVENSBRÜCK

Nach Inkrafttreten des Erlasses zur vorbeugenden Verbrechensbekämpfung (Dezember 1937), der die Möglichkeit der Vorbeugehaft auf »Asoziale« ausdehnte, wurden in erster Linie Prostituierte bzw. Frauen, denen Prostitution unterstellt wurde, in Konzentrationslager eingewiesen. Bald änderte sich die Zusammensetzung der »Asozialen« aufgrund der Verschärfung der Arbeitsbestimmungen: Ab Februar 1938 mussten unverheiratete Frauen unter 25 Jahren ein »Pflichtjahr« in der Land- oder Hauswirtschaft leisten (vgl. Hamburger Gruppe [2015], Abschnitt Fürsorge, 5). Im Juni 1938 wurde in einer gemeinsamen Aktion von Kriminalpolizei und örtlichen Fürsorgestellen die »Aktion Arbeitsscheu Reich« durchgeführt, nach der über 10.000 Personen in KZ-Haft kamen. Diese großangelegte Aktion wurde durch den (ab 1938 erfolgten) Aufbau einer reichsweiten zentralen »Asozialenkartei« erleichtert, in der die Daten aller Behörden und Arbeitgeber zusammenflossen. Solchermaßen Erfasste wurden überwiegend in Arbeitshäuser und Konzentrationslager eingewiesen oder der Jugendfürsorge überantwortet (vgl. Kalkan 2009, 166; vgl. hierzu ausführlicher Kapitel I.2).

Mit Kriegsbeginn nahm die Verfolgung abermals zu. Das bedeutete für das Frauenkonzentrationslager Ravensbrück eine Verdoppelung der Häftlingszahlen von »Asozialen«, 1939/40 bildeten sie die größte Häftlingsgruppe. War bis Ende 1939 noch jeder dritte Häftling eine Zeugin Jehovas, stieg ab dann die Zahl von Frauen, die wegen vermeintlicher oder tatsächlicher Arbeitsverweigerung und wegen Verdachts auf Prostitution inhaftiert wurden. Die meisten Neueinlieferungen bis zum Frühjahr 1940 betrafen »asoziale« Frauen. Im letzten Quartal 1940, für das die Zugangslisten lückenlos vorliegen, machte der Neuzugang von »Asozialen« in Ravensbrück 38 Prozent aus. Später wurden vermehrt Frauen aus den besetzten Ländern inhaftiert, sie alle trugen den roten Winkel der »politisch« Verfolgten (vgl. Strebel 2003, 107ff.). Insgesamt schätzt Schikorra die Anzahl der als »Asoziale« inhaftierten Frauen auf etwa 5.000 (vgl. Schikorra 2009b, 59f.).

In der von uns erstellten Datenbank zu österreichischen Häftlingen im Frauenkonzentrationslager Ravensbrück und seiner Nebenlager[461] sind die Schicksale von insgesamt 176 Frauen und Mädchen dokumentiert, die als sogenannte »Asoziale« in diesem Lagerkomplex inhaftiert waren. Unter ihnen waren 79 junge Frauen, die ins Mädchenkonzentrationslager Uckermark deportiert wurden (vgl. dazu Kapitel III.2). Für 97 Österreicherinnen war das Stammlager Ravensbrück der primäre Inhaftierungsort. Im Folgenden beschreiben wir diese Gruppe unter Bezugnahme auf jene 2.145 in der Datenbank erfassten Frauen, von denen wir den Verfolgungsgrund kennen (vgl. Amesberger/Halbmayr/Lercher 2012). Bezogen auf diese Gruppe wurden demnach rund acht Prozent der Österreicherinnen im Lagerkomplex Ravensbrück als »Asoziale« kategorisiert.[462]

1.1 Soziografische Beschreibung und Aspekte der Verfolgung

Um eventuelle Spezifika in der Verfolgung von als »asozial« stigmatisierten Frauen herausarbeiten zu können, stellen wir im Folgenden diese Opfergruppe der Gesamtgruppe der in Ravensbrück inhaftierten Österreicherinnen gegenüber.[463]

Soziografische Beschreibung

Die regionale Herkunft lässt sich zum einen anhand des Geburtsorts, zum anderen anhand des Wohnorts unmittelbar vor der Inhaftierung festmachen. Von 67 als »asozial« verfolgten Frauen wissen wir, dass sie in Österreich geboren wurden, 13 wurden außerhalb des heutigen österreichischen Staatsgebiets geboren (mehrheitlich in Deutschland und der Tschechoslowakei) und bei weiteren 17 Frauen ist der Geburtsort unbekannt. Damit sind 83,8 Prozent in Österreich

461 Vgl. http://www.ravensbrueckerinnen.at, abgerufen am 1.3.2019. – Alle im Folgenden genannten Datenbankhinweise beziehen sich auf diese Quelle.

462 Nicht einberechnet sind hier Angehörige der Roma und Sinti unter den Häftlingen, die ebenfalls mit dem schwarzen Winkel gekennzeichnet waren.

463 Vgl. im Folgenden bei Angaben in Bezug auf die Gesamtgruppe Amesberger/Halbmayr/Lercher 2012. Die Daten der Gesamtgruppe beziehen sich auf 2.446 Frauen (Stand Dezember 2011). Durch die laufende Aktualisierung der Datenbank – so konnten beispielsweise in diesem Projekt weitere 16 Frauen als »Ravensbrückerinnen« erfasst werden – entsprechen möglicherweise die angegebenen Zahlen/Statistiken nicht mehr ganz dem aktuellen Bestand, in der Grundtendenz haben sie jedoch sicher noch Gültigkeit.

und 16,2 Prozent im Ausland geboren (n=80). Hierin besteht kein Unterschied zur Gesamtgruppe.

Aus Tabelle 5 ist ersichtlich, dass sowohl in der Gesamtgruppe als auch in jener der als »asozial« Verfolgten die Wienerinnen die größte Gruppe darstellen, wobei der Anteil der »asozialen« Frauen mit Geburtsort Wien leicht höher ist. Da wir Angehörige der Roma und Sinti, die im Konzentrationslager den schwarzen Winkel der »Asozialen« tragen mussten, aus unserer Untersuchung ausklammerten – sie wurden im Unterschied zu den anderen als »asozial« Stigmatisierten aufgrund ihrer Herkunft und rassistischen Zuordnung per se als »arbeitsscheu« und »asozial« eingestuft (vgl. dazu auch Kapitel I) – kommt es bei der Gruppe der »Asozialen« zu einer Verschiebung in der Reihung nach dem Anteil pro Bundesland. Keine der in unserer Datenbank befindlichen »asozialen« Frauen und Mädchen war im Burgenland oder in Vorarlberg geboren. Die Bundesländer Steiermark, Kärnten und Oberösterreich sind in beiden Gruppen stark vertreten. Auffallend ist jedoch, dass unter den »asozialen« Frauen anteilsmäßig nahezu doppelt so viele Steiermärkerinnen sind wie in der Gesamtgruppe. Auch die Anteile der Kärntnerinnen und Oberösterreicherinnen sind deutlich höher als in der gesamten Gruppe.

Tabelle 5: Regionale Herkunft nach Geburtsbundesland

Bundesland	Frauen gesamt (n=1.419)		»Asoziale« Frauen (n=67)	
	Anzahl	Prozent	Anzahl	Prozent
Wien	373	26,3 %	19	28,4 %
Steiermark	180	12,7 %	16	23,9 %
Kärnten	164	11,6 %	12	17,9 %
Oberösterreich	174	12,3 %	11	16,4 %
Salzburg	65	4,6 %	4	6,0 %
Niederösterreich	116	8,2 %	3	4,5 %
Tirol	37	2,6 %	2	3,0 %
Burgenland	301	21,2 %	0	0,0 %
Vorarlberg	9	0,6 %	0	0,0 %

Quelle: Amesberger/Halbmayr/Lercher 2012, 17 und eigene Berechnungen

Betrachtet man nun die regionale Herkunft anhand des letzten Wohnortes vor der Verfolgung, steigt der Anteil der Wienerinnen unter den »Asozialen« sowohl im Vergleich mit allen »Ravensbrückerinnen« als auch im Vergleich mit dem Geburtsbundesland und dem Wohnort vor der Haft (vgl. Tabelle 6 und 7). Fast ein Drittel der »asozialen« Frauen lebte zum Zeitpunkt der Inhaftierung in Wien, gefolgt von Oberösterreicherinnen (27,4 Prozent) und Steiermärkerinnen (21,9 Prozent). Ein gravierender Unterschied besteht bezüglich des Anteils der Oberösterreicherinnen und der Steiermärkerinnen unter allen »Ravensbrückerinnen« und der Gruppe der »Asozialen«. Der Anteil unter letzteren beträgt im Vergleich zur gesamten Gruppe das Dreifache bei den Frauen mit Wohnort Oberösterreich und nahezu das Doppelte bei den Frauen aus der Steiermark (vgl. Tabelle 6).[464]

Tabelle 6: Regionale Herkunft nach Wohnort vor der Haft

Bundesland	Frauen gesamt (n=1.419)		»Asoziale« Frauen (n=73)	
	Anzahl	Prozent	Anzahl	Prozent
Wien	408	28,8 %	23	31,5 %
Steiermark	175	12,3 %	16	21,9 %
Kärnten	192	13,5 %	10	13,7 %
Oberösterreich	131	9,2 %	20	27,4 %
Salzburg	49	3,5 %	0	0,0 %
Niederösterreich	69	4,9 %	2	2,7 %
Tirol	35	2,5 %	2	2,7 %
Burgenland	354	24,9 %	0	0,0 %
Vorarlberg	6	0,4 %	0	0,0 %

Quelle: Amesberger/Halbmayr/Lercher 2012, 31 und eigene Berechnungen

464 Den Gründen hierfür muss in einem weiteren Forschungsprojekt nachgegangen werden. Eine mögliche Ursache könnte sein, dass für die Steiermark und Oberösterreich noch Haftbücher verschiedener Gefängnisse vorlagen und so möglicherweise auch jene Frauen eruiert werden konnten, die nach der Befreiung aufgrund des rechtlichen Ausschlusses nicht um Opferfürsorge ansuchten (vgl. Kapitel IV.2). Die Verschiebungen wären damit weniger auf Abweichungen/Unterschiede im Verfolgungsausmaß als vielmehr auf solche in der Quellenlage zurückzuführen.

Tabelle 7: Gegenüberstellung Geburtsbundesland und Wohnort vor Haft – Gruppe »Asoziale«

Bundesland	Geburtsbundesland »Asoziale« Frauen (n=67)		Wohnort vor Haft »Asoziale« Frauen (n=73)	
	Anzahl	Prozent	Anzahl	Prozent
Wien	19	28,4 %	23	31,5 %
Steiermark	16	23,9 %	16	21,9 %
Kärnten	12	17,9 %	10	13,7 %
Oberösterreich	11	16,4 %	20	27,4 %
Salzburg	4	6,0 %	0	0,0 %
Niederösterreich	3	4,5 %	2	2,7 %
Tirol	2	3,0 %	2	2,7 %
Burgenland	0	0,0 %	0	0,0 %
Vorarlberg	0	0,0 %	0	0,0 %

Quelle: Amesberger/Halbmayr Lercher 2012, 31 und eigene Berechnungen

Die Altersstruktur der wegen »Asozialität« verfolgten Frauen entspricht weitgehend jener aller in Ravensbrück inhaftierten Österreicherinnen. In der Gesamtgruppe beträgt der Altersdurchschnitt rund 30,5 Jahre (vgl. Amesberger/Halbmayr/Lercher 2012, 30). Die Gruppe der »asozialen« Frauen war mit 31,2 Jahren nur geringfügig älter.[465] In beiden Vergleichsgruppen ist die Hälfte 29 Jahre oder jünger bzw. älter. Die jüngste wegen »Asozialität« Inhaftierte war zum Zeitpunkt der Haft 16 Jahre alt, die älteste 59 Jahre. Der Umstand, dass das Mädchenkonzentrationslager Uckermark für jugendliche »Asoziale« gedacht war, darf nicht darüber hinwegtäuschen, dass Mädchen und junge Frauen ebenso im Frauenkonzentrationslager inhaftiert waren. Der Grund hierfür ist, dass zum Einlieferungszeitpunkt dieser Min-

465 Von vier der 97 Frauen ist uns das Alter zum Zeitpunkt der Inhaftierung nicht bekannt. Die Prozentangaben beziehen sich daher auf 93 Frauen. 92 Prozent aller in unserer Datenbank dokumentierten weiblichen Ravensbrück-Häftlinge hatten zum Inhaftierungszeitpunkt ein Alter zwischen 16 und 60 Jahren. 6,6 Prozent waren jünger und die restlichen 1,1 Prozent älter (vgl. Amesberger/Halbmayr/Lercher 2012, 31).

derjährigen das Jugend-KZ Uckermark noch nicht existierte. Mehr als ein Drittel der Inhaftierten (37,7 Prozent) war 25 Jahre oder jünger, wovon wiederum rund die Hälfte erst zwischen 16 und 20 Jahre alt war. Ein weiteres gutes Viertel war zum Zeitpunkt der Inhaftierung zwischen 26 und 35 Jahre alt (vgl. Tabelle 8).

Tabelle 8: Alter zum Zeitpunkt der Inhaftierung

Altersgruppe	Frauen gesamt (n=1.630)		»Asoziale« Frauen	
	Anzahl	Gültige Prozent	Anzahl	Gültige Prozent
16–20 Jahre	359	22,0 %	17	18,3 %
21–25 Jahre	226	13,9 %	18	19,4 %
26–30 Jahre	188	11,5 %	12	12,9 %
31–35 Jahre	186	11,4 %	13	13,9 %
36–40 Jahre	188	11,5 %	12	12,9 %
41–45 Jahre	152	9,3 %	10	10,8 %
46–50 Jahre	121	7,4 %	8	8,6 %
51–60 Jahre	85	5,2 %	3	3,2 %
Gesamt	1.505	92,2 %	93	100,0 %

Quelle: Amesberger/Halbmayr/Lercher 2012, 31 und eigene Berechnungen

Die Bekämpfung der »Asozialität« war vor allem gegen die unteren, einkommensschwachen Schichten gerichtet. In erster Linie waren davon Menschen betroffen, die »ausgesteuert« waren, von Fürsorgeleistungen abhängig waren oder keinen Zugang zu solchen hatten. Die Mehrzahl von ihnen ging Berufen nach, mit denen man kaum ein ausreichend existenzsicherndes Einkommen erzielen konnte. Dies trifft auch auf die in Ravensbrück inhaftierten »asozialen« Österreicherinnen zu. Am häufigsten wurde als Erwerbstätigkeit vor der Haft Hausgehilfin, Dienstmädchen, Hilfs- und Landarbeiterin angegeben. Soweit dies aus den Akten hervorgeht, hatte nur eine Minderheit der Frauen einen Beruf erlernt. Fast ausschließlich waren dies traditionelle Frauenberufe (z. B. Schneiderin, Köchin, Weberin oder Verkäuferin).

Aspekte der Verfolgung

Die Verfolgung der »Asozialen« setzte in der Ostmark, wie in Kapitel II.1 ausgeführt, im verschärften Ausmaß ab Herbst 1940 ein. Dies ist auch in unseren Daten zum Inhaftierungszeitpunkt sichtbar. Nahezu ein Drittel der als »asozial« verfolgten Mädchen und Frauen, von denen wir den Zeitpunkt der Inhaftierung wissen, wurde im Jahr 1940 in Gefängnissen oder Arbeitsanstalten eingesperrt. Die Tabelle 9 illustriert, dass in den Folgejahren die Anzahl der Inhaftierungen stetig zurückging. Das heißt auch, dass mehr als die Hälfte der nach Ravensbrück deportierten »asozialen« Österreicherinnen zwischen 1938 und 1940 in die nationalsozialistische Verfolgungsmaschinerie gelangte. Bei der Gruppe aller »Ravensbrückerinnen« war 1939 mit der Deportation von 440 Roma aus dem Burgenland ein erster Höhepunkt in der Verfolgung erreicht. In den Folgejahren wurden anteilig deutlich weniger Frauen verhaftet. Im Unterschied zu den »asozialen« Frauen stieg die Zahl der Inhaftierungen dann aber bis zum Jahr 1944 wieder sukzessive an, während bei der Gruppe der »asozialen« Frauen ein stetiger Rückgang zu verzeichnen ist. Eine ähnliche Entwicklung gab es bei der Einweisung von Jugendlichen in das Mädchenkonzentrationslager Uckermark, wohin im Jahr 1942, also im Jahr der Eröffnung des Jugend-KZ, bereits 38 Prozent aller österreichischen jungen Uckermark-Frauen deportiert wurden (vgl. Kapitel III.2).

Mögliche Erklärungsansätze für diese Entwicklungen sind zum einen in der behördlichen Logik und zum anderen in strukturellen Problemlagen zu finden. Behörden haben das Bestreben, das, was als Problem konstruiert und wahrgenommen wird, einer Lösung zuzuführen. Die anfänglichen Spitzenwerte bei der Deportation von sogenannten »Asozialen« lassen sich daher zum Teil mit dem von Ayaß (2006, 81) diagnostizierten Elan von Kriminalpolizei und Fürsorge bei der Bekämpfung von »Asozialität« erklären. Die Behörden der Ostmark hatten nun endlich die gesetzliche Möglichkeit, die »asozialen Elemente« loszuwerden (vgl. hierzu auch Kapitel I.2). Es konnte aufgrund der Implementierung von verschiedenen Arbeitsgesetzen und dem Grunderlass zur vorbeugenden Verbrechensbekämpfung also zunächst ein »Rückstau« abgebaut werden. Der Rückgang an Deportationen von »Asozialen« in die Konzentrationslager nach 1940 (bzw. 1942 bzgl. Überstellungen ins Mädchenkonzentrationslager Uckermark) steht vermutlich auch mit dem strukturellen Problem des zunehmenden Arbeitskräftemangels durch die Mobilmachung der männlichen wehrfähigen Bevölkerung in Zusammenhang. Vor Ort herrschte ein Arbeitskräftemangel, dem man mit rigiden Arbeitspflichtgesetzen und der Dienstverpflichtung Herr zu werden versuchte. Die Überstellung in Konzentrationslager ist daher der Behebung des Arbeitskräftemangels entgegengestanden.

Tabelle 9: Inhaftierungszeitpunkt Frauen gesamt und »asoziale« Frauen

Inhaftierungsjahr	Frauen gesamt (n=1.648)		»Asoziale« Frauen (n=67)	
	Anzahl	Gültige Prozent	Anzahl	Gültige Prozent
1938	45	2,7 %	3	4,5 %
1939	588	35,7 %	12	17,9 %
1940	95	5,8 %	21	31,3 %
1941	132	8,0 %	12	17,9 %
1942	183	11,1 %	10	14,9 %
1943	282	17,1 %	7	10,4 %
1944	315	19,1 %	2	3,0 %
1945	8	0,5 %	0	0,0 %
Gesamt	1.648	100,0 %	67	100,0 %

Quelle: Amesberger/Halbmayr/Lercher 2012, 35 und eigene Berechnungen

Für 37 der 97 in Ravensbrück inhaftierten »asozialen« Frauen können wir Aussagen zur gesamten Haftdauer treffen, wobei bei den folgenden Berechnungen im Falle von unterschiedlichen Angaben die geringere Inhaftierungsdauer angenommen wurde. Bei diesen Kalkulationen handelt es sich daher um Mindestinhaftierungszeiten. Die durchschnittliche Haftdauer beträgt bei der Gruppe der wegen »Asozialität« Verfolgten 31,14 Monate und ist damit nur geringfügig (um rund zwei Monate) kürzer als in der Gesamtgruppe (durchschnittliche Haftdauer 33,4 Monate). Auch der Median ist mit 25 Monaten um einen Monat niedriger als in der Vergleichsgruppe, womit die eine Hälfte der »asozialen« Frauen bis zu 25 Monaten während der NS-Zeit inhaftiert war, die andere Hälfte mehr als 25 Monate (vgl. Amesberger/Halbmayr/Lercher 2012, 35).

Die Haftwege sind schwierig nachzuzeichnen, und die uns zur Verfügung stehenden Informationen sehr lückenhaft. Nur in Bezug auf jene Frauen, die nach der Befreiung um Leistungen der Opferfürsorge ansuchten, konnten genauere Daten generiert werden. Allerdings ist auch hier festzustellen, dass Haftorte, die vom Gesetzgeber nicht als entschädigungswürdig galten, oftmals auch nicht angeführt wurden.

Die Haftwege, die in der KZ-Haft mündeten, waren äußerst vielfältig. Im Wesentlichen können grob vereinfachend zwei Muster herausgearbeitet werden: Eine Gruppe gelangte über diverse Gefängnisse, in denen sie wegen kleinerer Diebstähle, Arbeitsvertragsbruchs, Verdachts auf Geheimprostitution und Kuppelei etc. einsaßen, ins Konzentrationslager. Die zweite, kleinere Gruppe passierte zwar meist unmittelbar vor der Überstellung ins Konzentrationslager ebenfalls ein Gefängnis, war aber zuvor in mindestens einer Arbeitsanstalt (Klosterneuburg oder Am Steinhof) oder im oberbayrischen »Wanderhof Bischofsried« festgehalten worden.[466] Insgesamt wissen wir von 14 Frauen, die mindestens in einer dieser geschlossenen Arbeitsanstalten waren. Den Verfolgungsverläufen dieser Gruppe wird im nächsten Abschnitt »Verfolgungsgrund ›Asozialität‹« näher nachgegangen. Hier sei nur erwähnt, dass von den sieben Frauen, die in Klosterneuburg und/oder Am Steinhof waren, drei, teils mehrmals, in beiden Anstalten inhaftiert waren. Josefine F. beispielsweise war zunächst in Klosterneuburg und anschließend drei Mal in der Arbeitsanstalt Am Steinhof, bevor sie ins Frauenkonzentrationslager deportiert wurde.[467] Es lässt sich zudem ein geografisches Muster analysieren. Die Frauen aus den Gauen Wien und Niederdonau wurden mit einer Ausnahme alle in die Arbeitsanstalten Klosterneuburg und/oder Am Steinhof eingewiesen, während die nach Bischofsried überstellten aus den Bundesländern Kärnten, Steiermark und Oberösterreich kamen. Noch eine Anmerkung zu den einweisenden Behörden: Die Angaben hierzu sind nicht nur in den OF-Akten sehr lückenhaft; für den Großteil der Frauen liegen keine entsprechenden Informationen vor. Bei den übrigen scheinen Gestapo und Kriminalpolizei gleicherma-

466 »In Bischofsried waren hauptsächlich Frauen untergebracht, gegen die nach § 20 Reichsfürsorgeverordnung Arbeitszwang in einem geschlossenen Arbeitshaus angeordnet worden war. Ebenso wurden Mädchen, für die die übliche Fürsorgeerziehung in Erziehungsanstalten als nicht ausreichend angesehen wurde, nach Bischofsried überstellt.« (Schikorra 2000, 63) Vgl. hierzu einige in Kapitel III.2 zum Jugend-KZ Uckermark beschriebene Schicksale.

467 Vgl. Städtische Arbeitsanstalten Frauen, Karteikarten, WStLA, 1.3.2.209.2_K2.

ßen auf.[468] In Bezug auf nicht mehr jugendliche Frauen spielte auch die Fürsorge eine Rolle. So scheint etwa der Bezirksfürsorgeverband bei zwei Frauen aus Graz und einer Frau aus Linz, die in Bischofsried festgehalten wurden, als einweisende Behörde auf. Die Antragstellungen für die Einweisung, ob in eine Arbeitsanstalt oder in ein KZ, kamen von den Fürsorge- und Sozialämtern der Gemeinden, der Asozialenkommission, aber auch – wie die weiter unten beschriebenen Fallgeschichten von Helene O. und Josefine F. belegen – vom Arbeitsamt und von der Arbeitsanstalt selbst.

Die Einweisung in ein Konzentrationslager bedeutete nicht immer, dass es danach keine weiteren Überstellungen mehr gegeben hat. Die Häftlinge wurden zum einen entsprechend des Arbeitskräftebedarfs in andere Konzentrationslager oder in Nebenlager von Ravensbrück verschickt. Wegen des Bedarfs an Arbeitskräften wurden ab 1943 direkt bei kriegswichtigen Industrien Außenlager von Ravensbrück errichtet.[469] Letztlich umfasste das KZ-System Ravensbrück 70 weitere Lager. Ravensbrück galt ab 1943 als Drehscheibe für Einweisungen in Außenlager. Zum anderen kam es im Zuge der Auflösung von anderen Konzentrationslagern zu »Evakuierungen« nach Ravensbrück. Der Großteil der als »asozial« verfolgten Frauen, nämlich 78 von 97, war jedoch entsprechend unserer Daten ausschließlich im Stammlager Ravensbrück inhaftiert.[470] Für fünf Frauen war Auschwitz-Birkenau die erste Station ihrer KZ-Haft. Weitere 14 Frauen deportierte man von Ravensbrück in andere Konzentrations- und Vernichtungslager, darunter Auschwitz-Birkenau, Flossenbürg, Sachsenhausen, Buchenwald, Bergen-Belsen und Mauthausen sowie in das Vernichtungslager Uckermark. Das Schaubild 2 zeigt auch, dass einige Frauen in mehreren Konzentrationslagern inhaftiert waren und drei Frauen von Ravensbrück nach Mauthausen bzw. Auschwitz und schließlich wieder zurück nach Ravensbrück deportiert wurden. Bei jenen zwei Frauen,

468 Zu bedenken ist, dass die Unterscheidung von Gestapo und Kripo für manche der Verhafteten nicht klar war oder später einfach auch nicht mehr erinnert wurde. Möglicherweise gaben einige Frauen auch an, von der Gestapo festgenommen worden zu sein, um in den Anträgen um Leistungen der Opferfürsorge eine politische Inhaftierung glaubhaft zu machen.

469 Dies gilt auch für andere Konzentrationslager.

470 Eine Frau, Emilie W., war im KZ Lichtenburg, dem Vorläufer-KZ von Ravensbrück, inhaftiert und wurde schließlich im Mai 1939 von dort nach Ravensbrück verlegt.

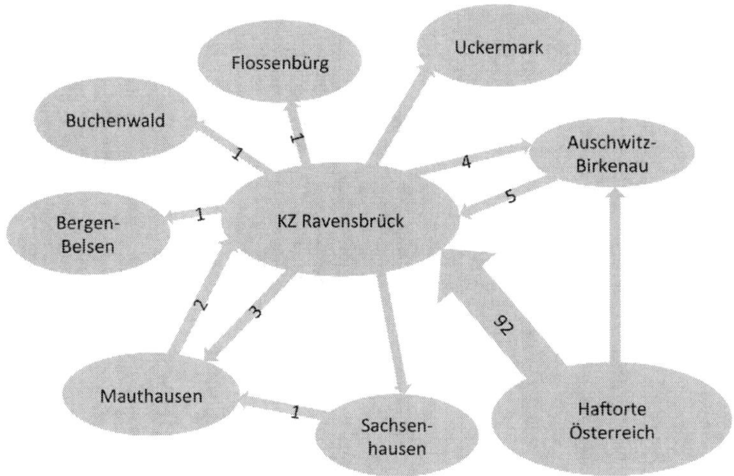

Schaubild 2: Überstellungen aus österreichischen Haftorten (inkl. Bischofsried) ins Konzentrationslager

die nach Mauthausen wieder nach Ravensbrück kamen, dürfte es sich um Frauen handeln, die zur Arbeit im Häftlingsbordell von Mauthausen gezwungen worden waren.

Für die Gesamtzahl der in Ravensbrück inhaftierten 123.000 bis 132.000 Frauen liegen nach wie vor keine gesicherten Todeszahlen vor und es wird sie vermutlich nie geben. Strebel (2003, 505ff.) schätzt ihre Zahl auf rund 25.000 bis 26.000 Frauen. Das wäre eine Todesrate von rund 20 Prozent.

Von fast der Hälfte der österreichischen Ravensbrückerinnen (1.105 Personen) können wir nicht sagen, ob sie überlebten oder während der nationalsozialistischen Verfolgung zu Tode kamen – eine bedauerlich hohe Zahl. Gemäß unserer Datenbank liegt die Todesrate für die Österreicherinnen deutlich unter obiger für alle Haftgruppen geltenden Zahl: 17,6 Prozent der von uns erfassten Frauen sind während der Verfolgung umgekommen; ein gutes Drittel hat sicher überlebt (vgl. Tabelle 10). Dies deutet auf die doch erhöhten Überlebenschancen von »Reichsangehörigen« hin, da zudem zu berücksichtigen ist, dass in unserer Datenbank alle Haftgruppen, also auch die rassistisch Verfolgten, inkludiert sind, die deutlich geringere Überlebenschancen hatten.

In Bezug auf die Gruppe der als »asozial« verfolgten Frauen haben wir von knapp 44 Prozent (42 Frauen) Informationen über deren Schicksal. Der Vergleich mit der Gesamtgruppe zeigt, dass die Todesrate bei den als »asozial« Verfolgten gravierend höher ist (vgl. Tabelle 10). Demnach haben weniger als die Hälfte der Frauen, über die gesicherte Daten vorliegen, überlebt (47,6 Prozent).

Tabelle 10: Überlebt oder umgekommen während der Verfolgung: Alle Frauen und »asoziale« Frauen

	Alle Frauen			»asoziale« Frauen		
	Anzahl	Prozent	Valide Prozent	Anzahl	Prozent	Valide Prozent
Sicher während der Verfolgung umgekommen	431	17,6	32,1	22	22,7 %	52,4 %
Sicher überlebt	910	37,2	67,9	20	20,6 %	47,6 %
Gesamt	1.341	54,8	100,0	42		100,0 %
Fehlende oder unklare Angaben	1.105	45,2		55	56,7 %	
Gesamt	2.446	100,0		97	100,0 %	

Quelle: Amesberger/Halbmayr/Lercher 2012, 39 und eigene Berechnungen

Das Alter zum Zeitpunkt der Inhaftierung scheint keinen Einfluss auf die Überlebenschancen gehabt zu haben, denn das durchschnittliche Alter der Überlebenden und der Umgekommenen liegt bei rund 28 Jahren.

Gemeinhin wird ein Zusammenhang zwischen der Dauer der Inhaftierung und den Überlebenschancen hergestellt. Durchaus plausibel scheint die Annahme, dass je länger die Inhaftierung dauerte, die Überlebenschancen aufgrund einer zunehmenden Auszehrung durch Schwerstarbeit in Kombination mit vollkommen unzureichender Versorgung mit Nahrung und Hygienemitteln sowie medizinischer Betreuung umso geringer waren. Jedoch lässt sich dies weder für die Gesamtgruppe noch für die Gruppe der »Asozialen« bestätigen. Durchschnittlich waren die während der KZ-Haft umgekommenen

»asozialen« Häftlinge 23,5 Monate inhaftiert, während die Überlebenden eine durchschnittliche Haftzeit von 33,5 Monaten aufweisen. Dies könnte ein Hinweis darauf sein – und ist so auch immer wieder in ZeitzeugInneninterviews nachzulesen –, dass es länger inhaftierten Personen möglich war, eine Art »Lagerroutine« zu entwickeln, sich den verschärfenden Haftbedingungen im Laufe der Jahre aufgrund von Erfahrung besser anzupassen, teilweise sich auch in Funktionen hinaufzuarbeiten bzw. solche übertragen zu bekommen und damit die Überlebenschancen zu erhöhen.

Leider wissen wir nur von einer Minderheit der »asozialen« österreichischen Häftlinge den Befreiungszeitpunkt. Aus diesen Daten ergibt sich jedoch, dass – sofern die Frauen überlebt haben – gar nicht wenige »nur« für eine befristete Zeit im Konzentrationslager inhaftiert waren, also vor der Befreiung durch die alliierten Truppen enthaftet wurden. Entsprechend unserer Datenbank sind zwölf Frauen, so wie Helene O., aus Ravensbrück entlassen worden. Derartige befristete Inhaftierungen lassen sich für alle Jahre belegen, allerdings lässt sich kein Muster bezüglich der Länge der Befristung feststellen. Zu einem ähnlichen Ergebnis kommt auch Christa Schikorra (2001b, 132ff.) in ihrer Auswertung der Akten der Kripo Köln und Duisburg. Die vor Kriegsende entlassenen Frauen waren demnach zwischen zehn Monaten und drei Jahren in Ravensbrück inhaftiert. Sie zitiert in diesem Zusammenhang eine »Änderung des Beschlusses der Vorbeugenden Verbrechensbekämpfung«, am 23. Jänner 1941 von Reinhard Heydrich erlassen, wonach spätestens nach 24 Monaten, aber nicht vor Ablauf eines Jahres, eine Haftprüfung vorzunehmen sei. Wurde die Fortdauer der Inhaftierung als notwendig erachtet, musste nach zwölf Monaten neuerlich die Notwendigkeit der Fortführung geprüft werden. Die schlussendlich entlassenen Frauen scheinen damit als »gebessert« eingestuft worden zu sein. Die Entlassung bedeutete jedoch nicht, dass die Frauen fortan nicht mehr überwacht wurden; vielmehr war die Entlassung an die Auflage, sich regelmäßig bei der Polizei des Wohnortes zu melden, geknüpft.

Entscheidend für die Überlebenschancen war der Verfolgungsgrund. Das zeigen zum einen die obigen Berechnungen, zum anderen die Schicksale der auch als »Jüdinnen« verfolgten »asozialen« Ravensbrück-Häftlinge. Das Sterbedatum einiger der als »asozial« und als Jüdin verfolgten Frauen weist darauf hin, dass sie der Vernichtungsaktion 14 f 13[471] zum Opfer fielen: Sechs der elf »asozialen Jüdinnen« kamen 1942 um. Jene zwei als »jüdische Mischlinge« kategorisierten »asozialen« Frauen starben 1944 bzw. 1945. Während nur wenige Jüdinnen unter den »Asozialen« das Jahr 1942 überlebt haben, erhöhte sich die Todesgefahr für die »nicht-jüdischen asozialen« Frauen ab Herbst 1944. Sie stieg aufgrund der Überfüllung des Lagers bei gleichzeitig schlechter werdender Versorgung der Häftlinge in den letzten Kriegsmonaten. Sieben von 18 Frauen, von denen wir das Todesdatum wissen, starben zwischen Herbst 1944 und der Befreiung Ravensbrücks Ende April 1945. Das heißt, sowohl der Verfolgungsgrund wie der Zeitpunkt der Haft waren maßgeblich für die Wahrscheinlichkeit zu überleben.

1.2 Verfolgungsgrund »Asozialität«

In Ravensbrück galt das gleiche Kennzeichnungssystem wie in den anderen Konzentrationslagern. Die größte Gruppe stellten die mit einem roten Winkel gekennzeichneten »politischen« Häftlinge. Wie Sofsky (1999, 145) zu Recht anmerkt, handelt es sich hierbei um eine »Restkategorie«. Fast alle Personen aus den besetzten Gebieten, die in ein KZ deportiert wurden, bekamen den roten Winkel. Dies verdeutlicht, dass die Kennzeichnung allgemein mehr ein Mittel zur Stigmatisierung von Häftlingen und Festlegung der sozialen Position in der sogenannten Häftlingsgesellschaft durch die SS war denn ein Hinweis auf die tatsächlichen Verfolgungsgründe. Die Überlebenschancen waren wesentlich determiniert von dieser Kategorisierung. Die Hierarchisierung der Häftlinge (nach Häftlingskategorie und Nationalität) war gekoppelt mit unterschiedlicher, von der SS zugestandener Funktionsmächtigkeit, also dem Zugang zu bestimmten Positionen innerhalb der sogenannten Häftlingsselbstverwaltung. An oberster Stelle standen in diesem System deutsche »Kriminelle« und »Politische«. »Asoziale« und »Bibelforscher« waren im Mittelfeld angesiedelt (vgl. Suderland 2009, 228). Am anderen, unteren Ende der Skala standen Jüdinnen/Juden, sowjetische Kriegsge-

471 Die Aktion 14 f 13 stellte eine Fortsetzung der unter der Tarnbezeichnung »Aktion T 4« bekannten Euthanasie-Massenmorde an ca. 120.000 Geisteskranken und Behinderten dar. Nach Protesten der Kirche wurde »Aktion T 4« offiziell gestoppt, aber in der Aktion 14 f 13 insgeheim weitergeführt (vgl. Benz et al. 1998, 355f.). Dieser »Aktion« fielen aber auch als Juden/Jüdinnen und als »Asoziale« kategorisierte Menschen zum Opfer.

fangene, Roma und Sinti sowie Homosexuelle. Auf dieser untersten Hierarchieebene bestand ständiger und unmittelbarer Vernichtungsdruck. Dieser Versuch der Vereinfachung der sozialen Ordnung darf nicht über die dennoch bestehende Komplexität in der Häftlingsgesellschaft hinwegtäuschen. Nationale, regionale, politische und verwandtschaftliche Bindungen waren wesentliche Grundlage für soziale Netzwerke in einem Konzentrationslager (vgl. Amesberger/Halbmayr 2001a, 147–201). Für die als »Zigeunerinnen« und »Jüdinnen« Verfolgten war jedoch, wie Suderland (2009, 267) beschreibt, »ihre Klassifikation derart dominant, dass sie nationale und kulturelle Aspekte in der Wahrnehmung vollkommen überwog«. Dies kann beispielhaft anhand der Verfolgungsgeschichte von Katharina L. illustriert werden. Sie war österreichische Staatsbürgerin und sogenannte Glaubensjüdin und wurde wegen »fortgesetzter Rassenschande« inhaftiert. In Ravensbrück trug sie den Winkel der »Asozialen«. Sie wurde im Zuge der Aktion 14 f 13, als alle Lager auf deutschem Staatsgebiet »judenfrei« gemacht werden sollten, in der Tötungsanstalt Bernburg vergast. Ihre Nationalität schützte sie also nicht vor der Ermordung aufgrund rassistischer Zuschreibungen.

So wie die farbliche Kennzeichnung oft wenig über den tatsächlichen Verfolgungsgrund Auskunft gibt, so sind die in den nationalsozialistischen Dokumenten angeführten Gründe ebenso kritisch zu hinterfragen. Beispielsweise wurden alle »Zigeunerinnen« als »asozial« eingestuft; in den Ankunftslisten von Ravensbrück ist als weiterer Haftgrund bei den »Jüdinnen« auch immer »politisch« angeführt. Inwiefern letztere tatsächlich im politischen Widerstand aktiv waren, geht aus diesen Listen nicht hervor.

In der wissenschaftlichen Befassung ist man insbesondere bei der Benennung der Verfolgungsgründe mit dem Problem der Kategorisierung und der Gratwanderung zwischen Wiedergabe der historischen Fakten und der damit unter Umständen auftretenden Übernahme von nationalsozialistischen Klassifizierungen und Denkschemata konfrontiert. Wie in den vorangegangenen Kapiteln mehrfach dargelegt wurde, klassifizierten die nationalsozialistischen Behörden eine große Bandbreite an Verhaltens- und Lebensweisen als »asozial«. Die Kategorie selbst gibt daher wenig Aufschluss darüber, was den verfolgten Frauen und Mädchen zur Last gelegt wurde. Bei 53 der 97 Frauen, die als »Asoziale« in Ravensbrück inhaftiert waren, waren in den recherchierten Dokumenten keine Spezifizierungen zu finden. Allerdings, und dies gilt für alle 97 Frauen, sind vielfach weitere Haftgründe angeführt, sowohl was die NS-Dokumente als auch die Nachkriegsdokumente betrifft. Da sind zum einen Vermerke wie »Vorbeugehaft«, »Verwahrungshaft«, »Schutzhaft« oder »rückfällig«, die wiederum keine Informationen über die zur Last gelegten Vergehen erlauben. Zum anderen sind konkrete Straftatbestände (z. B. Diebstahl, leichte Körperverletzung, abfällige Äußerungen über das Deutsche Reich, den Führer oder die NSDAP, Rundfunkvergehen und weitere politische Vergehen) sowie Aspekte erwähnt, die Indikatoren für die sozioökonomische Deprivation sind (z. B. Obdachlosigkeit). »Trunkenheit« wurde in weiteren fünf Fällen als Zusatzvermerk angeführt. Auffallend ist auch, dass bei elf Frauen als weiterer Haftgrund »Jüdin«, bei weiteren zwei Frauen »Mischling« angeführt ist. Bei jenen Verfolgten, wo näher bezeichnet wird, was unter »Asozialität« subsummiert wurde (insgesamt 44), scheinen in den Dokumenten zum überwiegenden Teil mehrere Haftgründe auf. Entsprechend der gängigen nationalsozialistischen Definitionen dominieren (vermeintliche) Vergehen und Verhaltensweisen im Konnex nationalsozialistischer Arbeits- und Sexualnormen (vgl. Kapitel I.2 sowie Kapitel II.1), wobei Verletzungen der Dienstpflicht, Arbeitsvertragsbruch und der Vorwurf, »arbeitsscheu« zu sein, vorherrschen. Inhaftierungen ausschließlich wegen sexuellen und »sittlichen« Fehlverhaltens sind in der Minderzahl. Einige Frauen wurden jedoch eines »liederlichen Lebenswandels« und der Verletzung der Dienstpflicht beschuldigt.

Ob daraus geschlossen werden kann, dass es zur Konzentrationslagerhaft vorwiegend dann kam, wenn mehrere Haftgründe vorlagen, muss aufgrund der lückenhaften Datenlage und der Qualität der vorliegenden Dokumente offenbleiben. Zum einen legen die Informationen nahe, dass diesbezüglich ein positiver Zusammenhang besteht, wenn es etwa wiederholte Einweisungen in Arbeitsanstalten oder Mehrfachverurteilungen wegen vorwiegend kleinerer Delikte gab. Zum anderen versuchten die Überlebenden – nicht zuletzt wegen des mit »Asozialität« verbundenen Stigmas und der (wie im Kapitel IV beschriebenen) fortgesetzten Ausgrenzung –, Arbeitsvertragsbruch oder sonstige Verhaltensweisen als politisch motiviert und als Ausdruck ihrer antinazistischen Haltung darzustellen. Damit soll nicht prinzipiell eine solche Motivation in Zweifel gezogen werden, fraglich ist jedoch, ob sie im Kontext der Verfolgung schlagend wurde.

Im Folgenden sollen am Beispiel von zwei Biografien – entsprechend der (diskursiven) Hauptstränge in der Verfolgung und den Zwangsmaßnahmen – zwei Gruppen von »Asozialen« genauer analysiert werden: Erstens jene, deren Verfolgungsgrund (ausschließlich) mit widerständigem Verhalten in Bezug auf nationalsozialistische Arbeitsnormen und Dienstpflichtgesetzen spezifiziert ist. Dieser ersten Gruppe stellen wir die Gruppe von Frauen gegenüber, die vorwiegend wegen ihres (unterstellten) sexuellen Verhaltens in die nationalsozialistische Verfolgungsmaschinerie gerieten und die vor ihrer Konzentrationslagerhaft in Arbeitsanstalten eingewiesen worden waren.

Die »Arbeitsscheuen«: Die Verfolgungsgeschichte von Helene O.

Helene O.s Biografie steht für Verfolgungsgeschichten von Frauen, die wegen Arbeitsvertragsbruch strafrechtlich verurteilt wurden und nach der Haftverbüßung weitere Zwangsmaßnahmen erfuhren.[472] Helene O. war zum Zeitpunkt ihrer ersten Verurteilung wegen Arbeitsvertragsbruchs (Art. II/1 der 2. Verordnung zur Durchführung des Vierjahresplanes) durch das Landesgericht Wien am 31. März 1942 bereits 39 Jahre alt.[473] Sie war damit älter als der Durchschnitt der in Ravensbrück inhaftierten »asozialen« Österreicherinnen. Sie war unverheiratet, hatte keine Kinder, als Beruf war im ersten Gerichtsurteil »Weberin«, im Gefangenenbuch des Landgerichts bei der zweiten Verhaftung »Kanzleiangestellte« vermerkt. Die Bestätigung der Versicherungs- bzw. Krankenstandzeiten listet ab 1927 verschiedene Beschäftigungsverhältnisse auf.[474] Soweit dies aus den Firmennamen eruiert werden kann, war sie sowohl in Webereien als auch anderen (Industrie-)Betrieben wie etwa einem holzverarbeitenden Unternehmen beschäftigt.

472 Die Darstellung der Verfolgungsgeschichte von Helene O. beruht im Wesentlichen auf ihrem Opferfürsorgeakt (vgl. OF-Akt von Helene O., WStLA, M.Abt. 208, A36, G. Zl. E/00510/61).

473 Auskunft aus dem Strafregister des Strafregisteramtes Wien vom 28.3.1947. Die Aktenzahl des Strafaktes lautet: 103b E Vr 527/42.

474 Bestätigung über die Versicherungs- bzw. Krankenstandzeiten ausgestellt von der Wiener Gebietskrankenkasse für Arbeiter und Angestellte am 18.8.1959, OF-Akt von Helene O., WStLA, M.Abt. 208, A36, G. Zl. E/00510/61. – Krankenstandstage sind im Jahr 1929 und 1940 nur wenige vermerkt.

Das Zusammenspiel der Behörden

Im ersten Strafverfahren wurde Helene O. zu einer zweimonatigen bedingten Gefängnisstrafe und zum Ersatz der Kosten des Strafverfahrens sowie des Strafvollzugs verurteilt. In der Urteilsausfertigung des vereinfachten Verfahrens heißt es, dass die Angeklagte sowohl der Verordnung zur Sicherstellung des Kräftebedarfs für Aufgaben von besonders staatspolitischer Bedeutung vom 13. Februar 1939 als auch der Dienstpflichtdurchführungsanordnung vom 2. März 1939 zuwidergehandelt habe, weil sie ihre Arbeitsstelle als Näherin bei der Firma Tapezierer Lago, Wien 3, Paulusgasse 13 nicht antrat. Der Argumentation von Helene O. folgte das Gericht nicht:

> »Sie versucht ihr Vorgehen damit zu entschuldigen, dass ihr vom Amtsarzt gesagt worden wäre, sie sei nicht dienstpflichtfähig. Sie weist auch darauf hin, dass sie bereits zweimal dienstverpflichtet worden war und wieder entpflichtet wurde. Dieses Vorbringen vermag sie nicht zu entschuldigen. Ihre Angaben mögen richtig sein, doch beziehen sie sich auf vorherige Dienstverpflichtungen. Vor Ausspruch dieser Dienstverpflichtung wurde die Angekl[agte] neuerlich untersucht und diesmal für leichte bis mittlere Arbeiten für tauglich bezeichnet. […]
>
> Erschwerend war bei Bemessung der Strafe nichts, mildernd das Geständnis, Unbescholtenheit.
>
> Die Strafe entspricht daher dem Verschulden. Sie wurde nur als eine bedingte ausgesprochen, weil das Gericht hofft, dass die Androhung der Strafe hinreichen wird, sie zu bessern.«[475]

Diese Darlegung des Vergehens von Helene O. gibt insbesondere Aufschluss über die gesetzlichen Grundlagen des Urteils und damit über die Bedeutung arbeitsmarktpolitischer Maßnahmen. Es zeigt, dass die Arbeitskräfte mehrfach zwangsweise rekrutiert wurden. Auch gibt der zitierte Ausschnitt Aufschluss über das bürokratische Vorgehen. Dem Arbeitsamt kam in der Umsetzung der Dienstpflichtverordnung eine bedeutende Rolle zu, aber ebenso den Amtsärzten, die über körperliche Tauglichkeit und Einsatzfähigkeit befanden. Der Richter begründete die bedingte Haftstrafe schließlich mit einem erhofften erzieherischen Effekt, dem die Idee der Resozialisierung zugrunde liegt.

475 Urteil vom 31.3.1942, 103b E Vr 527/42, OF-Akt von Helene O., WStLA, M.Abt. 208, A36, G. Zl. E/00510/61.

Doch bereits vier Monate später (4. August 1942) verurteilte dasselbe Gericht Helene O. zu fünf Monaten Gefängnis wegen des gleichen Delikts. In diesem Fall war sie ihrer Dienstverpflichtung als Ausfertigerin bei der Firma Lutteri & Co, Strumpf- u. Wirkwaren, Wien VI, Millardgasse 50, nicht nachgekommen. Aus diesem Urteil geht nicht hervor, womit Helene O. ihr Fernbleiben begründete. Mit 23. Dezember 1942 wurde sie aus der Haft am Wiener Landesgericht entlassen, wo sie seit 24. Juli 1942 inhaftiert war.[476]

Helene O. gab in ihrem 1952 gestellten Antrag auf eine Amtsbescheinigung an, wegen »Wehrkraftzersetzung« und nach dem »Heimtückegesetz« verurteilt worden zu sein, was darauf hindeutet, dass sie den Arbeitsvertragsbruch als politische Handlung betrachtete. In den zitierten Gerichtsakten ist davon keine Rede. In ihren Berufungen gegen die ablehnenden Bescheide der Opferfürsorge ging sie lediglich auf die Zeit nach dieser Gefängnishaft ein. Demnach war sie nach ihrer Entlassung in die Kantine der Pionierkaserne Klosterneuburg dienstverpflichtet worden. Doch bereits am 12. Jänner 1943 verhaftete sie die Gestapo erneut. Weswegen sie neuerlich inhaftiert wurde, gab Helene O. nicht an und geht auch aus anderen Dokumenten nicht hervor. Es kann angenommen werden, dass mit der Dienstverpflichtung lediglich die Zeit überbrückt werden sollte, bis über die weitere Behandlung von Helene O. entschieden wurde.

Ein Gauakt legt allerdings auch unkoordiniertes Vorgehen zwischen Gestapo und Asozialenkommission nahe. Die dem OF-Akt beiliegende auszugsweise Abschrift des Gauaktes 284776 illustriert das (nur zum Teil funktionierende) Zusammenspiel von Asozialenkommission, Gestapo, Kripo und NSDAP-Organisationen. Demnach gab es einen Entscheid der Asozialenkommission vom 2. März 1943, dass Helene O. ins Arbeitslager Am Steinhof eingeliefert werden sollte. Die Abteilung E 5 (Sozialamt) bat um Aufhebung dieses Entscheides, dem die Kommission am 2. November 1943 auch stattgab, weil Helene O. in der Zwischenzeit in Schutzhaft genommen und am 29. Juni 1943 ins KZ Ravensbrück überstellt worden sei.

Aus den zeitlichen Spannen ergeben sich einige Fragen: Warum ist Helene O. nicht unmittelbar nach der Beschlussfassung der Asozialenkommission in die Arbeitsanstalt Am Steinhof eingewiesen worden?

476 Vgl. OF-Akt von Helene O., WStLA, M.Abt. 208, A36, G. Zl. E/00510/61.103b E Vr 1411/42.

Zu diesem Zeitpunkt hatte sie sich noch in Wien in Haft befunden. Gab es Meinungsverschiedenheiten bzw. Kompetenzstreitigkeiten zwischen Asozialenkommission und Gestapo bezüglich der zu setzenden Zwangsmaßnahmen und der Entscheidungshoheit über solche? Oder war die Einweisung in eine Arbeitsanstalt wegen Überfüllung nicht möglich? Das Arbeitsamt hatte zuvor einen Antrag auf Einweisung in ein »Arbeitserziehungslager oder in ein KZ« gestellt.[477] Hatte sich zunächst die Asozialenkommission, aber schlussendlich die Gestapo als zuständige Stelle für die Einweisung in ein Konzentrationslager durchgesetzt? Warum kam es zur Deportation nach Ravensbrück, obwohl Erhebungen der NSDAP-Ortsgruppe Arbesbach ergaben, dass O. »sehr zurückgezogen« lebe und nichts über politische Betätigung in Erfahrung zu bringen gewesen sei und selbst MitbewohnerInnen des Hauses nichts Nachteiliges über sie geäußert hätten?

Laut Auskunft der Bundespolizeidirektion Wien wurde Helene O. am 16. Jänner 1943 im Landesgericht II inhaftiert und von dort genau zwei Monate später wieder entlassen.[478] Am 14. April, also einen Monat später, wurde sie erneut von der Gestapo verhaftet und erkennungsdienstlich als »Arbeitsscheue« erfasst.[479] Helene O. gab jedoch an, durchgehend seit Jänner 1943 bis zu ihrer Überstellung nach Ravensbrück in Haft gewesen zu sein. Frau O. wurde schließlich Ende Juni 1943 nach Ravensbrück überstellt, wo sie am 7. Juli 1943 einlangte.[480]

Was könnte nun ausschlaggebend für die Deportation ins Konzentrationslager gewesen sein? Neben den oben bereits diskutierten Punkten in Hinblick auf Kompetenzen der Gestapo in Bezug auf

477 Vgl. Auszugweise Abschrift des Gau-Aktes 284774, OF-Akt von Helene O., WStLA, M.Abt. 208, A36, G. Zl. E/00510/61. – Über die genaue Zusammensetzung der Asozialenkommission, ihre Befugnisse, ihr Zustandekommen etc. vgl. Kapitel II.1.

478 Vgl. Bundespolizeidirektion Wien – Z. M. A. vom 15.4.1959, OF-Akt von Helene O., WStLA, M.Abt. 208, A36, G. Zl. E/00510/61.

479 Vgl. https://www.doew.at/personensuche, abgerufen am 1.3.2019. – Laut einer Auskunft des Bundesministeriums für Inneres vom 7.3.1959 wurde Helene O. am 14.4.1943 von der Gestapo in Schutzhaft genommen und am 29.6.1943 nach Ravensbrück deportiert. Helene O. gab an, bereits Ende Mai 1943 ins KZ Ravensbrück überstellt worden zu sein (vgl. OF-Akt von Helene O., WStLA, M.Abt. 208, A36, G. Zl. E/00510/61).

480 Entlassungsschein des Konzentrationslagers Ravensbrück, Kommandantur II/20 742 [handschriftlicher Vermerk Block 6] vom 24.2.1945, OF-Akt von Helene O., WStLA, M.Abt. 208, A36, G. Zl. E/00510/61.

arbeitsrechtliche Vergehen kann lediglich die zweite Verurteilung wegen Arbeitsvertragsbruchs – Helene O. hat sich damit als nicht »erziehungsfähig« erwiesen – als ausschlaggebender »Scheidepunkt« identifiziert werden, der den weiteren Verfolgungsweg determinierte. Damit wäre die These belegt, dass das Zusammentreffen mehrerer Verfolgungsgründe und/oder mehrerer Verurteilungen ausschlaggebend für die Verschärfung der Verfolgung war. Wie oben ausgeführt, wurden bei vielen »asozialen« Ravensbrück-Häftlingen mehrere Haftgründe genannt. Dem steht jedoch entgegen, dass mehrere Frauen aus den Arbeitsanstalten mehrfach entwichen sind und erneut inhaftiert oder auch »rückfällig« wurden. Dennoch wurden sie nicht in ein Konzentrationslager deportiert. Es obliegt weiteren Forschungen, der Frage nachzugehen, ob dies mit der Art und Schwere des Delikts oder mit infrastrukturellen Engpässen (z. B. Auslastung der jeweiligen Arbeitsanstalt) im Zusammenhang stand.

Die KZ-Haft

Aus den dem OF-Akt beiliegenden Dokumenten erfahren wir nur wenig über den Transport ins und ihre Haft im Frauenkonzentrationslager. In einem Brief an das Sozialministerium schreibt Helene O., dass der Transport über Zwischenstationen in Brünn, Breslau und Berlin nach Ravensbrück erfolgte.[481] Höchstwahrscheinlich erging über sie die gleiche Aufnahmeprozedur wie über andere Häftlinge.

> »Alle nach Ravensbrück deportierten Frauen mussten sich zuerst einer entwürdigenden Inspektion durch SS-Chargen unterziehen. Zu diesem Zweck mussten sie sich nackt ausziehen und so oft stundenlang warten – den Blicken und Handlungen der SS ausgesetzt. […] Bei der Aufnahmeprozedur verloren die Frauen auch ihre Namen. Diese mussten sie gegen eine Nummer und einen Winkel eintauschen. […] Die meisten Gefangenen verbrachten dann einige Wochen im Zugangsblock, bevor sie auf verschiedene Blöcke aufgeteilt wurden.« (Amesberger/Halbmayr 2001a, 139)

Da für den Zeitraum 23. Juni 1943 bis 30. August 1943 keine Zugangslisten erhalten geblieben sind (Philipp 1999, 264), können wir Frau O.s Registrierungsnummer nur eingrenzen; es muss eine Nummer zwischen 20523 und 22331 gewesen sein. Auf welchen Block sie nach

481 Brief von Helene O. an das Bundesministerium für soziale Verwaltung vom 4.2.1959, OF-Akt von Helene O., WStLA, M.Abt. 208, A36, G. Zl. E/00510/61.

dem Zugangsblock zugeteilt wurde, wissen wir nicht. Theresia D., die ebenfalls wegen Verletzung der Dienstpflichtverordnung in Ravensbrück inhaftiert war, gibt an, zunächst auf Block 10, dem Block für »Asoziale«[482], und dann auf Block 5 untergebracht gewesen zu sein. Laut Strebel (2003, 185) waren die Blöcke 2, 8 und 14 fast ausschließlich mit »Asozialen«, »Kriminellen« und Sinti und Roma belegt. Es fanden nicht nur ständig Verlegungen von einem Block zum anderen statt, sondern auch die Funktionen der Blöcke änderten sich mitunter; vorherige Unterbringungsbaracken wurden etwa zu einem Krankenblock umfunktioniert. Auf Helene O.s Entlassungsschein des KZ Ravensbrück ist handschriftlich vermerkt, dass sie auf Block 6 untergebracht war. Dies wäre zum Zeitpunkt ihrer Entlassung im Februar 1945 ein Krankenblock gewesen, was wiederum mit ihren Angaben zu ihrem gesundheitlichen Zustand übereinstimmen würde.[483] Zum einen berichtete Helene O., aufgrund ihres sehr kritischen Gesundheitszustands im Februar 1945 ins Vernichtungslager Uckermark gebracht worden zu sein, zum anderen verwies sie darauf, sich durch die KZ-Haft einen chronischen Bronchialkatarrh und ein Nervenleiden zugezogen zu haben.[484] Ob sie nun tatsächlich in der Uckermark inhaftiert war, kann nicht verifiziert werden. Möglicherweise war sie von der Uckermark wieder auf Block 6 des Krankenreviers verlegt worden.[485]

In Bezug auf die Zwangsarbeit erfahren wir aus den Akten, dass sie einer leichten Tätigkeit, nämlich dem Zigarettenstopfen, zugeteilt wurde. Damit hatte sie mehr Glück als andere Frauen. Die bereits erwähnte Theresia D. gibt etwa an, dass sie vorwiegend Außenarbeiten verrichten musste. Sie musste Ziegel abladen, Steine und Sand ins Lager transportieren und in der Baukolonne arbeiten. Ob »asoziale« Häftlinge schwerere Arbeiten als andere Häftlinge zugewiesen bekamen, lässt sich anhand der uns zur Verfügung stehenden Daten

482 Ob Block 10 tatsächlich einmal der Block war, in dem ausschließlich als »asozial« Verfolgte untergebracht wurden, kann nicht verifiziert werden.

483 Vgl. Entlassungsschein des Konzentrationslagers Ravensbrück, Kommandantur II/20 742 [handschriftlicher Vermerk Block 6] vom 24.2.1945, OF-Akt von Helene O., WStLA, M.Abt. 208, A36, G. Zl. E/00510/61.

484 Vgl. Ansuchen um Genehmigung einer Opferfürsorgerente vom 22.3.1947, OF-Akt von Helene O., WStLA, M.Abt. 208, A36, G. Zl. E/00510/61.

485 Fest steht jedoch, dass sie im Februar 1945 aus der KZ-Haft entlassen wurde, denn sie war vom 19.3.1945 bis 8.7.1949 in Wien 19, Lannerstraße 9, polizeilich gemeldet (vgl. Bundespolizeidirektion Wien – Z. M. A. vom 15.4.1959, OF-Akt von Helene O., WStLA, M.Abt. 208, A36, G. Zl. E/00510/61).

nicht erschließen. Christa Schikorra (2001b, 154) zufolge wurden für schwere und schmutzige Arbeiten – wie Bauarbeiten oder die Säuberung der Kläranlage und Kanäle – bevorzugt, wenn auch nicht ausschließlich, »asoziale« Häftlinge herangezogen. Die Einteilung zu leichteren und geschützteren Arbeitsbereichen konnte das Leben verlängern, dennoch blieb, wie Sofsky (1999, 198) schreibt, die Gefahr der Vernichtung:

> »So widersprüchlich die Maßnahmen zur Erweiterung des Arbeitseinsatzes zunächst erscheinen mögen, der Gegensatz von Arbeit und Vernichtung, von Ökonomie, rassistischer Ideologie und Terrormacht bestand in Wahrheit gar nicht. Die Intensivierung der Häftlingsarbeit war lediglich ein Wechsel des Terrormittels.«

Helene O. wurde am 24. Februar 1945 entlassen. Ob diese vorzeitige Enthaftung bereits bei der Einweisung ins KZ festgelegt worden war, entzieht sich unserer Kenntnis. Helene O. lebte ab März 1945 wieder in Wien. Ihr weiterer Lebensweg, ihre prekäre ökonomische Situation und vor allem ihr erfolgloser Kampf um die Anerkennung als Opfer des Nationalsozialismus sind im Kapitel IV.2 zu Entschädigungspolitik und -praktiken genauer beschrieben.

Die (scheinbar) sexuell Unangepassten: Die Verfolgungsgeschichte von Josefine F.

Mädchen und Frauen, denen »Asozialität« zugeschrieben wurde, unterstellten die nationalsozialistischen Behörden auch häufig einen als liederlich bezeichneten Lebenswandel, wobei vor allem deren (vermeintliches) sexuelles Verhalten Grundlage für die Einschätzung war. Der »liederliche«, auch »leicht« oder »haltlos« genannte Lebenswandel wurde festgemacht an zahlreichen Männerbekanntschaften, (der Unterstellung) der Geheimprostitution, Sexarbeit, einem scheinbar gesteigerten sexuellen Interesse (v. a. bei Mädchen), »hemmungsloser Triebhaftigkeit«, »sittlicher Verwahrlosung« oder daran, von mehr als einem Mann Kinder zu haben. In einigen Fällen zog man als weitere »Beweise« für den »leichten« Lebenswandel mangelnde Arbeitsmoral oder kleinkriminelle Delikte, Obdachlosigkeit oder staatsfeindliche Äußerungen hinzu. Ebenso galten antisemitische Stereotype als »Beleg«. So findet sich beispielsweise in einem NS-Dokument zu Katharina L. aus Ravensbrück der Zusatzvermerk »geschlechtskranke jüdische Vollblutdirne in Wien«, oder bei Emilie W. der Zusatz, »[v]öllig verkommene jüdische Dirne und Gewohnheitsverbrecherin«.

Anhand der im Folgenden dargestellten Geschichte von Josefine F.[486] kann nicht nur die Verfolgung wegen (unterstellter) sexueller Devianz illustriert werden. Die »Asozialen« dieser Gruppe weisen einen besonderen Verfolgungsverlauf auf. Viele von ihnen wurden vor ihrer Deportation in ein Konzentrationslager in der Heilanstalt Klosterneuburg und/oder in den Arbeitsanstalten Klosterneuburg und Am Steinhof festgehalten.

Die Verfolgungsgeschichte von Josefine F.

Die am 7. März 1919 in Wien geborene Josefine F. geriet früh ins Visier der Fürsorge, der Polizei und der Justiz. Laut Melderegister war sie ab dem Jahr 1933 nicht mehr bei ihrem Vater, Adam St., in Favoriten gemeldet, sondern im Mädchenerziehungsheim Juchgasse 22 im 3. Wiener Gemeindebezirk.[487] Außerdem scheint sie ab 24. August 1934 am Jugendgericht inhaftiert gewesen zu sein. Danach ist als Wohnort Hirtenberg vermerkt. Vermutlich wurde Josefine F. ins dortige Erziehungsheim eingewiesen. Bis 1937 ist mehrmals »Hirtenberg« als vorheriger Wohnort angeführt. Danach scheint Josefine F. keinen festen Wohnsitz gehabt zu haben. Als 18-Jährige wurde sie 1937 drei Mal von der Polizei aufgegriffen und für jeweils vier bis fünf Tage im Polizei-Gefangenenhaus inhaftiert. Der Grund für die Inhaftierung geht aus dem Dokument nicht hervor, jedoch, dass sie vom Gefängnis immer in ein Obdachlosenheim überstellt wurde. Dem Melderegister ist ebenfalls zu entnehmen, dass sie bei den ersten zwei Verhaftungen am Polizeikommissariat I in Gewahrsam war und dann ins Obdachlosenheim im 10. Wiener Gemeindebezirk in der Gänsbachergasse 3 untergebracht wurde.[488] Die mehrtägige In-

486 Wir wählten die Geschichte von Josefine F. aus, weil sich aus ihrem OF-Akt gut die Verfolgungsgeschichte bis zur Deportation in das Frauenkonzentrationslager nachzeichnen lässt (vgl. OF-Akt von Josefe F., WStLA, M.Abt. 208, A36 – Entschädigung, F-1296/52 bzw. 1297/52).

487 Vgl. Melderegister Polizeidirektion (Z. M. A.) in Wien vom 30.9.1953, OF-Akt von Josefe F., WStLA, M.Abt. 208, A36 – Entschädigung, F-1296/52 bzw. 1297/52.

488 Laut diesem Melderegister liegt die Gänsbachergasse im 10. Bezirk. Heute befindet sich das Übergangswohnhaus für wohnungslose Frauen, Männer, Paare »Obdach Gänsbachergasse« in der Gänsbachergasse 7 im 3. Bezirk. Vermutlich handelt es sich hierbei um dasselbe Obdachlosenheim (vgl. https://www.wien.gv.at/sozialinfo/content/de/10/InstitutionDetail.do?it_1=2098608, abgerufen am 1.3.2019).

haftierung im Juni 1939 scheint im Melderegister nicht auf. Im Jahr 1940 gibt es nun den ersten Hinweis auf eine Einweisung der mittlerweile verehelichten Josefine F. in die Heilanstalt Klosterneuburg, Martinstraße 28–30, und damit einen Hinweis auf eine Geschlechtskrankheit. Es folgen weitere Einträge im Juli 1941 und am 2. Jänner 1942, wo als vormalige Adresse ebenfalls die Martinstraße angegeben ist. Daraus geht nicht hervor, wie lange sich Josefine F. jeweils in der Heilanstalt befand.[489] Allerdings können wir aus einem weiteren Dokument schließen, dass Josefine F. sich von 7. Oktober 1941 bis Jahresbeginn 1942 in Klosterneuburg befand.[490]

Nicht nur die Asozialenkommission wird tätig

In einem Schreiben – vermutlich des Wiener Sozialamtes (Abteilung E 5) – an den Kreisleiter II der NSDAP, Johann Griessler, vom 17. September 1941 geht hervor, dass das Arbeitsamt Wien eine Einweisung von Josefine F. in ein Arbeitslager beantragte.[491] Weiters heißt es darin:

> »Genannte wurde am 30. August 1941 von der Kriminalpolizeileitstelle vorgeführt, mit der Mitteilung, dass sie seit Monaten die Polizeibehörde beschäftige, da sie immer wieder wegen geheimer Prostitution verhaftet werden müsse und keinem ordentlichen Erwerb nachgehe.«[492]

Aus der unklaren Formulierung geht nicht hervor, ob Josefine F. von der Kripo, dem Arbeitsamt Wien oder – dies ist wahrscheinlicher – dem Sozialamt vorgeführt wurde. Diesem Brief folgend, hatte Jose-

489 Vgl. Melderegister Polizeidirektion (Z. M. A.) in Wien vom 30.9.1953, OF-Akt von Josefe F., WStLA, M.Abt. 208, A36 – Entschädigung, F-1296/52 bzw. 1297/52.

490 Vgl. Abschrift des Bescheids der Gemeindeverwaltung des Reichsgaus Wien, Hauptabteilung A: Allgemeine Verwaltung Abt. A 7 Allg. Rechtsabteilung vom 19.12.1941, OF-Akt von Josefe F., WStLA, M.Abt. 208, A36 – Entschädigung, F-1296/52 bzw. 1297/52.

491 Vgl. Abschrift eines Schreibens vom 17.9.1941 an den Kreisleiter Pg. Johann Griessler, Kreisleiter II der NSDAP. – Aus dem darauffolgenden Bescheid kann geschlossen werden, dass der Absender des genannten Schreibens das Wiener Sozialamt ist (vgl. OF-Akt von Josefe F., WStLA, M.Abt. 208, A36 – Entschädigung, F-1296/52 bzw. 1297/52).

492 Abschrift eines Schreibens vom 17.9.1941 an den Kreisleiter Pg. Johann Griessler, Kreisleiter II der NSDAP, OF-Akt von Josefe F., WStLA, M.Abt. 208, A36 – Entschädigung, F-1296/52 bzw. 1297/52.

fine F. eine ihr zugewiesene landwirtschaftliche Tätigkeit nicht aufgenommen und angeblich zugegeben, »von dem Verkehr mit Männern zu leben«. Daraus wurde geschlossen, »sie [ist] offensichtlich nicht gewillt, diese Lebensführung aufzugeben«. Der Brief endete mit dem Ersuchen, Erhebungen einzuleiten und den beigelegten Erhebungsbogen mit der Antragstellung »raschestens« zu übermitteln. Drei Monate später, am 19. Dezember 1941, verfügte die Allgemeine Rechtsabteilung A 7 der Gemeindeverwaltung des Reichsgaus Wien per Bescheid die Einweisung von Josefine F. in die Arbeitsanstalt für Frauen Am Steinhof für den 2. Jänner 1942. Ihre Einweisung wurde so begründet:

> »Josefine F. ist seitens der Kriminalpolizeileitstelle Wien bereits mehrfach wegen geheimer Prostitution verhaftet worden. Sie hat sich zuletzt seit 7. Oktober 1941 auf öffentliche Kosten in der Heilanstalt Klosterneuburg in Pflege befunden. Sie wurde durch das Arbeitsamt Wien am 1. September 1941 in einen landwirtschaftlichen Betrieb zur Arbeit vermittelt, hat aber diese Arbeit nicht angenommen. Nach ihrer eigenen Angabe lebt sie von Männerbekanntschaften. Sie ist daher als asozial im Sinne der Richtlinie des Reichsministers des Innern zu werten.«[493]

Der vom Abteilungsleiter Dr. Gröll gezeichnete Bescheid und auch der Antrag des Sozialamtes verdeutlichen, dass sowohl die Kriminalpolizei als auch das Arbeitsamt Wien Interesse daran hatten, Josefine F. los zu werden. Als rechtliche Basis für die Zwangseinweisung in die Arbeitsanstalt werden § 16 der Fürsorgeeinführungsverordnung sowie § 20 der Fürsorgepflichtverordnung und ihr Aufenthalt in einer Heilanstalt auf »öffentliche Kosten« angegeben. Damit wird ihr angelastet, was durch eine Zwangsmaßnahme entstand. In den gerichtlichen Nachkriegsprozessen gegen das Personal der Arbeitsanstalt Am Steinhof (vgl. Kapitel IV.3.2) gaben viele ehemalige Inhaftierte der Arbeitsanstalt an, nie einen Bescheid von der Abteilung A 7 bekommen zu haben. Der Abschrift zufolge erging dieser Bescheid an die Arbeitsanstalt, an die Abteilungen des Sozialamtes E 7 und E 5, an das Erb- und Rasseamt E 3 und an die Gauleitung Wien der NSDAP zu Handen des Gaugeschäftsführers Laube ebenso wie an Josefine F.

493 Abschrift des Bescheids der Gemeindeverwaltung des Reichsgaus Wien, Hauptabteilung A: Allgemeine Verwaltung Abt. A 7 Allg. Rechtsabteilung vom 19.12.1941, OF-Akt von Josefe F., WStLA, M.Abt. 208, A36 – Entschädigung, F-1296/52 bzw. 1297/52.

Ob sie diesen tatsächlich erhalten hat, kann nicht gesagt werden. Sie scheint auf jeden Fall nicht berufen zu haben; dieses Recht hätte sie innerhalb von 14 Tagen gehabt, wobei eine solche aber keine aufschiebende Wirkung gehabt hätte (vgl. Kapitel II.2.1).

Wie es Josefine F. in der Arbeitsanstalt ergangen ist, wissen wir nicht. Aus den Akten geht nicht hervor, welche Form der Zwangsarbeit sie dort verrichten musste, ob sie Opfer von Straf- und Disziplinierungsmaßnahmen war, wie sie von anderen in die Arbeitsanstalt Am Steinhof eingewiesenen Frauen berichtet wurden (vgl. Kapitel II.2.1 sowie Kapitel IV.3.2).

Die zwangsweise Verwahrung in der Arbeitsanstalt endete erst 18 Monate später. Damit gehört Frau F. zu jenen rund vier Prozent der Arbeitsanstalt-Insassinnen, die 15 Monate und mehr dort festgehalten wurden (vgl. Kapitel II.2.1). Josefine F. wurde am 22. Juni 1943 bedingt aus der Anstalt Am Steinhof entlassen. Dem OF-Akt liegt schließlich die Abschrift eines weiteren Bescheids der Allgemeinen Rechtsabteilung A 7 vom 19. April 1944 bei. Aus diesem erfahren wir, dass Josefine F., die im Rahmen ihrer Dienstpflicht in der Werkküche Hauk am Wiedner Gürtel 34 im 4. Wiener Gemeindebezirk arbeitete, am 8. Jänner 1944 widerrechtlich ihren Arbeitsplatz verließ und danach »häufig betrunken« am Dienstplatz erschienen sei und »Szenen« gemacht habe.[494]

Hierbei handelt es sich um einen nachträglich erlassenen Bescheid, denn Josefine F. wurde laut Karteikarte der Arbeitsanstalt bereits zwei Wochen vorher, am 5. April 1944, von der Kripo Rossau erneut in die Arbeitsanstalt Am Steinhof eingewiesen.[495] Begründet wird diese Einweisung mit ihrem rückfälligen Verhalten: »Aus diesem Verhalten geht hervor, dass der Anhaltezweck noch nicht erreicht wurde. Es wird daher die bedingte Entlassung widerrufen und in Ergänzung des noch aufrechten Bescheides die Zulässigkeit der weiteren Anhaltung hiermit ausgesprochen.«[496] Josefine F. widersetzte

494 Vgl. Abschrift des Bescheids der Gemeindeverwaltung des Reichsgaus Wien, Hauptabteilung A: Allgemeine Verwaltung Abt. A 7 Allg. Rechtsabteilung vom 19.4.1944, OF-Akt von Josefe F., WStLA, M.Abt. 208, A36 – Entschädigung, F-1296/52 bzw. 1297/52.

495 Vgl. Städtische Arbeitsanstalten Frauen, Karteikarten, WStLA, 1.3.2.209.2_K2.

496 Abschrift des Bescheids der Gemeindeverwaltung des Reichsgaus Wien, Hauptabteilung A: Allgemeine Verwaltung Abt. A 7 Allg. Rechtsabteilung vom 19.4.1944, OF-Akt von Josefe F., WStLA, M.Abt. 208, A36 – Entschädigung, F-1296/52 bzw. 1297/52.

sich dieser Inhaftierung mit Flucht. Sie entwich am 9. Mai aus der Arbeitsanstalt, wurde allerdings sechs Wochen später von der Kripo aufgegriffen und in die Arbeitsanstalt zurückgebracht.[497] Lediglich eine Woche später wurde sie jedoch vom Polizeirevier 113 zur Verfügung der Gestapo von der Arbeitsanstalt abgeholt.

Über die Umstände der Flucht, ihren zwischenzeitlichen Aufenthalt und die Umstände ihres Aufgriffs gibt es keine Informationen. Sie dürfte während dieser Zeit wieder der Sexarbeit nachgegangen sein, denn am 10. Juli 1944 wurde sie zur Behandlung einer Geschlechtskrankheit vom Polizeigefängnis in die Heilanstalt Klosterneuburg verbracht. Zwischenzeitlich hatte Dr. Thaller, der Leiter der Arbeitsanstalt Am Steinhof, beim Rassenpolitischen Amt den Antrag auf Einweisung von Josefine F. in ein Konzentrationslager gestellt. Also auch die Arbeitsanstalt wollte mit Josefine F. nichts mehr zu tun haben, so wie zuvor das Arbeitsamt Wien und die Kriminalpolizei. Im Antwortschreiben des Rassenpolitischen Amtes an Max Thaller wurde ihm schließlich mitgeteilt, dass der Einweisungsbescheid in ein Konzentrationslager bereits erfolgt sei, aber Josefine F. sich aufgrund der Behandlung einer Geschlechtskrankheit noch in der Heilanstalt Klosterneuburg befinde.

Inhaftierung im Frauenkonzentrationslager Ravensbrück

Am 3. Oktober 1944 setzte die Gestapo ihr Vorhaben um. Josefine F. wurde nach Ravensbrück überstellt, wo man sie am 11. Oktober unter der Nummer 77509 registrierte. Zu diesem Zeitpunkt war sie 25 Jahre alt. Sie kam in einer Phase nach Ravensbrück, wo das Lager aufgrund der Evakuierungen aus anderen Konzentrationslagern und der Deportation der ungarischen Jüdinnen bereits hoffnungslos überfüllt war (vgl. hier und im Folgenden auch Strebel 2003). »Anfang 1944 waren dreimal, Ende 1944 viermal so viel Häftlinge inhaftiert als ursprünglich vorgesehen. Das hieß auch, dass sich im Durchschnitt 1.000 Gefangene z. B. einen Waschraum teilen mussten.« (Amesberger/Halbmayr 2001a, 139) Dementsprechend katastrophal waren die hygienischen Bedingungen, Epidemien traten gehäuft auf und auch die Verpflegung verschlechterte sich nochmals:

> »1944 erhielten die Häftlinge nur mehr einen Becher schwarzen, ungesüßten Ersatzkaffee am Morgen, ½ Liter dünne Steckrüben-

497 Vgl. Städtische Arbeitsanstalten Frauen, Karteikarten, WStLA, 1.3.2.209.2_K2.

oder Erdäpfelsuppe mittags und abends sowie etwa 200 g Brot. [...] Noch schlechter war die Verpflegung für die Frauen im vormaligen Jugend-KZ Uckermark, sie bekamen nur die Hälfte der Tagesration.« (ebd.)

Die Überlebenschancen verringerten sich im letzten Quartal des Jahres 1944 rapide. Waren auch zuvor schon gezielte Vernichtungsaktionen durchgeführt worden – wie etwa im Rahmen der Mordaktion 14 f 13, also der Fortführung der Euthanasie in den Konzentrationslagern, und in den rund 60 sogenannten »Schwarzen Transporten«, mit denen jeweils 60 bis 1.000 Frauen in die Vernichtungslager Auschwitz, Majdanek und Hartheim bei Linz deportiert wurden –, so wurden ab Ende 1944/Anfang 1945 Massenermordungen direkt im Lager vorgenommen. Hierzu wurde eine provisorische Gaskammer errichtet und das Jugendkonzentrationslager Uckermark in ein Vernichtungslager für alte und kranke Frauen umfunktioniert (vgl. ebd., 141–143).

Josefine F. überlebte. Viele ihrer Leidensgenossinnen kamen um, ein Teil von ihnen in den eben erwähnten Vernichtungsaktionen. Wie weiter oben ausgeführt, fand mehr als die Hälfte der »asozialen« Österreicherinnen, über die gesicherte Daten über ihr weiteres Schicksal vorliegen, in Ravensbrück den Tod (vgl. Tabelle 10).

Der Versuch, als Opfer des Nationalsozialismus anerkannt zu werden

Wie und wann Josefine F. nach Wien zurückkam, entzieht sich ebenfalls unserer Kenntnis. Erstmals war sie im September 1945 wieder polizeilich in Wien gemeldet.[498] Ende 1952 suchte sie um Ausstellung einer Amtsbescheinigung an, mit der sie im Falle einer Zuerkennung als Opfer des nationalsozialistischen Regimes anerkannt worden wäre und ihr Leistungen nach dem Opferfürsorge-Gesetz zugestanden wären.[499] Gut zwei Jahre später wurde sie, mit der Aufforderung Meldezettel, Belege für ihre Inhaftierung und Haftzeiten mitzubringen, vom Referat für Opferfürsorge für den 7. März 1955

498 Vgl. Melderegister Polizeidirektion (Z. M. A.) in Wien vom 30.9.1953, OF-Akt von Josefe F., WStLA, M.Abt. 208, A36 – Entschädigung, F-1296/52 bzw. 1297/52.

499 Vgl. Wahrungsantrag von Josefine F. vom 12.12.1952 an die MA 12 – Referat Opferfürsorge, WStLA, M.Abt. 208, A36 – Entschädigung, F-1296/52 bzw. 1297/52. Vgl. zum Thema Anerkennung und Entschädigung von Opfern des Nationalsozialismus durch die Republik Österreich Kapitel IV.2.

vorgeladen.[500] Bei diesem Amtsbesuch, der auf ihren 36. Geburtstag fiel, unterschrieb sie schließlich folgenden Aktenvermerk: »Ich ziehe vorliegenden Antrag sowie meinen HE Antrag [Haftentschädigungsantrag; Anm.] nach Aufklärung zurück.«[501] Vermutlich wurde Josefine F. erklärt, dass sie als »asozial« Verfolgte nicht als Opfer des Nationalsozialismus im Sinne des OFG anerkannt werde und ihr deshalb weder Haftentschädigung noch andere Leistungen nach dem OFG zustehen. Über den weiteren Lebensverlauf von Josefine F. ist in den Verwaltungsakten nichts mehr zu finden.

1.3 Zusammenfassung

Die Analyse der Daten zu den im Frauenkonzentrationslager inhaftierten »asozialen« Frauen hat mehrere Besonderheiten ans Tageslicht befördert – auch im Vergleich zur Gesamtgruppe der österreichischen »Ravensbrückerinnen«:

Der Höhepunkt der Deportationen von »Asozialen« in das Konzentrationslager Ravensbrück war bereits 1940 erreicht. Dies korrespondiert mit den Zahlen für den Lagerkomplex Ravensbrück, aber ebenso mit strukturellen Gegebenheiten, wie etwa dem politischen Fokus auf die Bekämpfung von »Asozialität«, dem zunehmenden Arbeitskräftemangel und den infrastrukturellen Ausbau (Stichwort Errichtung von Arbeitsanstalten) für die Verfolgung von »Asozialen« in den Gauen der Ostmark.

Die Todesrate unter den »asozialen« Österreicherinnen im Frauenkonzentrationslager ist enorm hoch, was auf die mehrfachen Verfolgungsgründe zurückzuführen ist, wobei die »Jüdinnen« unter den »Asozialen« aufgrund der nationalsozialistischen Vernichtungspolitik gegenüber den als »Juden« kategorisierten Menschen äußerst geringe Überlebenschancen hatten. Hierbei sind zwei kritische zeitliche Muster festzustellen. Die Mehrzahl der »jüdischen Asozialen« fiel bereits 1942 den Vernichtungsaktionen zum Opfer. Viele der nichtjüdischen »Asozialen« starben in den letzten Kriegsmonaten.

Bei jenen, die überlebt haben, fällt auf, dass viele von ihnen vorzeitig, also vor der Befreiung im April 1945, aus dem KZ Ravensbrück

500 Vgl. Ladung von Josefine F. vom 24.2.1955, WStLA, M.Abt. 208, A36 – Entschädigung, F-1296/52 bzw. 1297/52.

501 Aktenvermerk vom 7.3.1955, WStLA, M.Abt. 208, A36 – Entschädigung, F-1296/52 bzw. 1297/52.

entlassen wurden. Ob ihre Einweisung von vorneherein befristet war, konnte nicht eruiert werden.

Eines unserer zentralen Forschungsinteressen war es, herauszufinden, was zu einer Deportation ins Konzentrationslager führte. Die Informationen aus unserer Datenbank sowie die rekonstruierten Verfolgungsgeschichten von Helene O. und Josefine F. legen nahe, dass Einweisungen in ein Konzentrationslager vorgenommen wurden, wenn vorherige Zwangsmaßnahmen nicht zu dem von den Behörden erhofften Erfolg führten; etwa nach einer weiteren Verurteilung wegen Arbeitsvertragsbruch. Außerdem waren bei der Mehrzahl der als »asozial« verfolgten Frauen mehrere Haftgründe angeführt. Insbesondere Frauen und Mädchen, die den nationalsozialistischen Sexualnormen nicht entsprachen, wurde auch »Faulheit« oder »Arbeitsscheue« zugeschrieben oder es fanden sich Einträge über kleinere Vergehen (z. B. Diebstahl).

Tendenziell kamen Frauen, die ausschließlich wegen Arbeitsvertragsbruchs verfolgt wurden, bei »Rückfälligkeit« meist ohne den Umweg über eine Arbeitsanstalt ins Konzentrationslager, während diejenigen, die in der Diktion der Nazis einen »liederlichen« Lebenswandel führten, zuvor meist mehrmals in eine Arbeitsanstalt eingewiesen wurden.

Offensichtlich wurde zum einen, dass es Interessenskonflikte zwischen den Behörden gab; insbesondere zwischen Gestapo und Asozialenkommission in Bezug auf die Zuständigkeit und Entscheidungsmacht. Zum anderen wurde das enge, wenn auch nicht immer funktionierende Zusammenspiel vieler Behörden und Einrichtungen in der Verfolgung von »Asozialen« deutlich. Fürsorge, Gesundheitsamt, Sozialamt, Arbeitsamt, Asozialenkommission ebenso wie die Kriminalpolizei, Gestapo, die Partei und die Gerichte arbeiteten Hand in Hand.

2. DAS JUGENDKONZENTRATIONSLAGER UCKERMARK

2.1 Die Anfänge des Mädchenkonzentrationslagers

Am 30. März 1942 erschien ein Erlass des Chefs des Reichssicherheitshauptamts Reinhard Heydrich an die Kriminalpolizei(leit)stellen:[502] Darin kündigte er an, dass mit der Unterbringung einer vorläufig beschränkten Anzahl weiblicher Minderjähriger im »Jugendschutzlager Uckermark, Post Fürstenberg (Mecklenburg)« voraussichtlich ab 1. Juni 1942 begonnen werden könne. Es gelten die gleichen Richtlinien wie für die Unterbringung männlicher Minderjähriger.[503] Des Weiteren heißt es: »Die Vorarbeiten für die Anträge auf Einweisung in das Jugendschutzlager[504] für weibliche Minderjährige sind beschleunigt aufzunehmen und die dringlichsten Anträge spätestens bis zum 30.4.1942, weitere laufend, vorzulegen.« Es gab also das Bestreben, die neue Einrichtung möglichst rasch zu nutzen.

Das Jugend-KZ Uckermark wurde in direkter Nachbarschaft zum Frauenkonzentrationslager errichtet. Häftlinge des Ravensbrücker Männerlagers mussten in den Monaten vor der Eröffnung eine Baracke für Häftlinge und eine für Aufseherinnen errichten, später kamen weitere Baracken hinzu. Insgesamt waren es gegen Kriegsende 15 bis 17 Baracken, die einzeln wie auch das gesamte Areal mit einem

502 Vgl. BArch R 122/1176, zit. nach Ayaß 1998, 300f.

503 Für als »asozial« stigmatisierte männliche Jugendliche wurde 1940 das KZ Moringen eingerichtet. Während seines fünfjährigen Bestehens waren darin insgesamt 1.400 Jugendliche im Alter von 13 bis 22 Jahren inhaftiert (vgl. Sedlacek 2004; Fritz 2004 und 2007; Halbmayr 2010).

504 »Jugendschutzlager« war die NS-Diktion im öffentlichen Schriftverkehr; in der internen Korrespondenz war durchaus auch von Konzentrationslager die Rede. Wir verwenden die Bezeichnungen Mädchen- oder Jugendkonzentrationslager gemäß den tatsächlichen Haftbedingungen in diesem Lager. 1970 wurde die Uckermark von der Bundesrepublik Deutschland als »KZ-ähnliches Lager« anerkannt, in der DDR 1972 als Konzentrationslager (vgl. Hamburger Gruppe [2015], Zeitlicher Überblick // Erlasse // Verordnungen).

Stacheldrahtzaun umgeben waren.[505] Außerhalb der Umzäunung befanden sich noch weitere Baracken und Gebäude, die vom KZ Uckermark genutzt wurden, wie etwa Unterkünfte für die Lagerleitung und die AufseherInnen sowie Gewächshäuser und eine Kaninchenzucht.

Zu den ersten Aufseherinnen zählten zwei Beamtinnen der weiblichen Kriminalpolizei (WKP): Maria Charlotte Toberentz[506], die Leiterin des Jugend-KZ, und Johanna Braach.[507] Ihr vorheriger Dienstort war die Reichszentrale zur Bekämpfung der Jugendkriminalität. Beide blieben sie bis zur Befreiung des Jugend-KZ dort tätig (vgl. Philipp 1999, 93).

Im Juni 1942 wurden die ersten 70 Mädchen und jungen Frauen in die Uckermark überstellt.[508] Das Lager füllte sich rasch. Zu den sehr früh Eingewiesenen zählte auch die Österreicherin Käthe Anders. »Wie ich raufgekommen bin, warens grad 77. Ich hab die Nummer 78 gekriegt. Später warn fünf-, sechshundert dort oben.« (Anders, zit. nach Berger et al. 1987, 101) Im August desselben Jahres waren bereits insgesamt 200 Mädchen in vier Blöcken eingewiesen, im Mai des darauffolgenden Jahres hatte sich die Zahl bereits auf 400 Zöglinge verdoppelt (vgl. Merten/Limbächer 2000, 22 und 29).

Insgesamt waren rund 1.200 Jugendliche inhaftiert. Offiziell war das Lager für junge Frauen von 16 bis 21 Jahren gedacht, doch wurde diese Altersgrenze unter- wie überschritten (vgl. Limbächer 2014, 36).

505 Vgl. Hamburger Gruppe [2015], o. S. [Einführung]. Genaues Ausmaß und Topografie des Lagers sind bis heute nicht hinreichend erforscht.

506 Maria Charlotte Toberentz, zumeist Lotte Toberentz, Jahrgang 1900; Polizeibeamtin, Mitglied der NSDAP ab Mai 1937, Tätigkeit bei der WKP in Berlin und anschließend in der Reichszentrale zur Bekämpfung der Jugendkriminalität, von Beginn bis zur Auflösung (Juni 1942 bis April 1945) Leiterin im »Jugendschutzlager Uckermark«; Angeklagte im dritten Ravensbrück-Prozess (»Uckermark-Prozess«), Freispruch (die Anklage lautete auf Verbrechen gegenüber alliierten Häftlingen); in der Nachkriegszeit abermals als leitende Beamtin der Kripo tätig.

507 Johanna Braach, Jahrgang 1907; Polizeibeamtin, NSDAP-Mitglied seit März 1937, wie Toberentz bei der WKP in Berlin und anschließend in der Reichszentrale zur Bekämpfung der Jugendkriminalität tätig; stellvertretende Leiterin im Jugend-KZ Uckermark während der gesamten Bestandszeit; wie Toberentz im »Uckermark-Prozess« im April 1948 angeklagt und freigesprochen; nach 1945 Kriminalhauptkommissarin in Essen.

508 Das Landesarbeitshaus Güstrow konnte die Eröffnung des Jugend-KZs nicht erwarten. Bereits am 29.5.1942 überstellte es eine Frau dorthin. Sie erhielt die Markierung eines »asozialen« Häftlings, also den schwarzen Winkel, und zudem eine Nummer des Frauen-KZ Ravensbrück (Nr. 11 196) (vgl. Philipp 1999, 92).

2.2 Wer kam in die Uckermark?

Eine große Anzahl der jungen Frauen wurde von Fürsorgebehörden eingewiesen, da sie als »unerziehbar« galten. Zuschreibungen wie »Renitenz« oder »Kriminalität« über »Arbeitsverweigerung«, »Arbeitsbummelei« und »Sabotage«, »sittliche oder sexuelle Verwahrlosung« und Vorwürfe der »Rassenschande« bis hin zur Verweigerung des BDM-Dienstes fanden sich in der großen Gruppe der als »asozial« oder »kriminell« stigmatisierten Fürsorgezöglinge. Sie mussten als Gefahrenquelle für die »gesunde Volksgemeinschaft«, die einem zunehmenden Homogenisierungsdrang unterworfen war, weggesperrt werden.[509] Neuesten Forschungen zufolge (vgl. Limbächer 2014, 236) war eine unterstellte »Beziehung zu Fremdarbeitern« bei ebenfalls sehr vielen Jugendlichen der Einweisungsgrund. Weiters führte eigene Widerständigkeit (politisch oder religiös) oder jene von Angehörigen (Sippenhaft) zu einer KZ-Einweisung, darunter fiel auch der Kontakt zur »Swing-Jugend« bzw. zu den »Schlurfs«. Auch wurden Mädchen und junge Frauen aufgrund »rassischer Zugehörigkeit« (Sinti und Roma, Juden/Jüdinnen) sowie jugendliche Sloweninnen wegen des Vorwurfs der Unterstützung von PartisanInnen im österreichisch-slowenischen Grenzgebiet in der Uckermark inhaftiert. Die Deportationen erfolgten durch die Kriminalpolizei oder Gestapo, letztere vor allem beim Vorwurf Beziehung der Jugendlichen zu »Fremdvölkischen«.

Bei den Einweisungsgründen dominieren Zuschreibungen eines nichtkonformen sexuellen Verhaltens. »Sexuelle Verwahrlosung« und »sexuelle Triebhaftigkeit« waren vorherrschende Vorhaltungen. Insbesondere Geschlechtskrankheiten galten als Beleg für »sexuelle Verwahrlosung«. So berichtete die Lagerleiterin Toberentz in einem zu Jahresbeginn 1945 erstellten Bericht zur Uckermark, dass in 220 Fällen die eingewiesenen Mädchen geschlechtskrank waren.[510] Vielfach wurde den in polizeilichen Razzien auf der Straße oder in Lokalen aufgegriffenen Jugendlichen Prostitution unterstellt. Aufgrund der geforderten »Reinhaltung« des deutschen »Volkskörpers« stand insbesondere auch der Kontakt zu den sogenannten »Fremdarbeitern«

509 Diese Zuschreibungen finden sich allerdings bei vielen Mädchen und jungen Frauen, die als »asozial« oder kriminell stigmatisiert und dennoch nicht in ein Jugend-KZ eingewiesen wurden.

510 Vgl. Toberentz, Mitteilungsblatt des RKPA 1945, 622.

oder anderen »rassisch minderwertigen« Personen (Roma und Sinti, Juden) unter Beobachtung. Im Unterschied zu den männlichen Jugendlichen in Moringen, deren »Verwahrlosung« anhand ihrer Straffälligkeit festgemacht wurde (vgl. Merten/Limbächer 2000, 24), wurde die Devianz bei Mädchen im Bereich der Sexualität gesucht.[511] Das Festmachen der weiblichen »Asozialität« an der »sexuellen Verwahrlosung« bedurfte für die obersten NS-Jugendkriminalisten keiner Erklärung, vielmehr galt diese Zuschreibung unhinterfragt. So meinte etwa Paul Werner, stellvertretender Leiter des Reichskriminalpolizeiamtes und engagiert in der Konzeption der Jugend-Konzentrationslager, in Ausführungen zum deutschen Jugendrecht über die inhaftierten Jugendlichen in der Uckermark:

> »Der Prozentsatz der Lagerzöglinge, die von der Geheimen Staatspolizei zugewiesen wurden, ist jedoch größer [als in Moringen; Anm.], weil hierunter in beträchtlicher Anzahl Mädchen fallen, die wegen Geschlechtsverkehrs mit fremdvölkischen Arbeitern eingewiesen werden. Es kann überdies gesagt werden, dass die Struktur der Insassen in Uckermark eine andere ist, als in Moringen; denn begreiflicherweise spielt bei den Mädchen die sexuelle Verwahrlosung eine beträchtliche Rolle.«[512]

Alle Entscheide über Einweisungen in die Uckermark fällte das Reichskriminalpolizeiamt, und zwar war dafür die weibliche Kriminalpolizei zuständig (vgl. Limbächer 2014, 235 und 248; Schikorra 2000, 65). Vielfach geriet die Behörde dahingehend in Kritik, dass die Bearbeitung der Anträge sehr lange dauere, was einen Rückstau in den Erziehungsanstalten an nicht »erziehungsfähigen« Zöglingen ergäbe und weshalb Vorgehensweisen überlegt wurden, den Entscheid in Berlin zu umgehen.[513] Dennoch gab es immer wieder Aufrufe, die

511 Vgl. Schikorra 2009a. Zudem war bei jungen Männern Homosexualität ein Haftgrund, dessen Bedeutung bei den Mädchen geringer gewesen zu sein scheint. Zur Verfolgung von Jugendlichen allgemein vgl. Halbmayr 2010 sowie Schikorra 2009b.

512 Paul Werner in: Deutsches Jugendrecht – Beiträge für die Praxis und Neugestaltung des Jugendrechts, H. 4, Berlin 1944, 104, zit. nach Merten/Limbächer 2000, 25.

513 Vgl. Sitzungsprotokoll über die am 31.8.1943 stattgefundene Sachbearbeiterbesprechung der Asozialenkommission bei der Gauleitung Wien, DÖW 21.288/18 sowie WStLA, 2.7.1.2., A1-6, 2322. Darin bedauert der Kommissionsleiter Dr. Illing vom Rassenpolitischen Amt der NSDAP (sowie Leiter der städtischen Nervenklinik für Kinder), in Wien keine Einrichtung für schwerst- oder

Erziehungsanstalten nach überstellungsfähigen Jugendlichen zu sichten (vgl. Erlass Heinrich Himmlers vom 26. April 1944).[514]

2.3 Einweisungsprozedur

In den Erzählungen der wenigen Überlebenden des Jugendkonzentrationslagers Uckermark, die jemals über ihre Hafterfahrungen befragt wurden, gibt es Hinweise darauf, dass die Mädchen und jungen Frauen sich einer erniedrigenden Aufnahmeprozedur im Konzentrationslager Ravensbrück unterziehen mussten, bevor sie in das Jugendlager gebracht wurden. So erzählte etwa Eva Rademacher (zit. nach Hepp 1996, 254f.):

> »Ich weiß noch, als ich eingeliefert wurde, kam ich zuerst ins KZ Ravensbrück. Da mussten wir uns ausziehen und dann unter die eiskalte Dusche. Anschließend mussten wir vor zwei oder drei SS-Ärzten aufmarschieren, die uns ganz oberflächlich anschauten. Der eine schaute nur mal kurz auf meine schönen langen Haare und sagte: ›Läuse!‹ Ich hatte bestimmt keine Läuse. Aber die haben erst alles abgeschnitten und den Rest mit dem Rasierapparat. Eine totale Glatze. Da stand ich nun splitternackt vor diesen SS-Leuten mit einer Glatze. Bisher hatte mich ja noch niemand außer meinen Eltern nackt gesehen. Das war grauenhaft.«

Auch Käthe Anders blieb die Aufnahmeprozedur in schmerzhafter Erinnerung:

> »Zu mir habens gesagt, niedersetzen! Ich hab net gewusst, was passiert. Habens mir die Haar geschert. Ich hab geschrien, na, meine Haar, ich hab doch keine Läus! Für ein junges Mädel ist das ja ein Schock. Dann hinein ins Bad, unter die Dusche. Ge-

unerziehbare Jugendliche unter 16 Jahren zu haben. Die Einweisung in ein Jugendschutzlager (über 16 Jahre) dauere in der Regel 9 Monate. Zudem gäbe es auch für diese Altersgruppe keine ausreichende Unterbringungs- und Beaufsichtigungsmöglichkeit, wie Frau Hess von der WKP der Kripoleitstelle Wien ergänzte. Als zukünftige Handhabung wurde daraufhin die zwischenzeitliche Überstellung der Jugendlichen in die Arbeitserziehungsanstalt Klosterneuburg vorgeschlagen und dass die Einweisungsanträge bei Jugendlichen knapp vor ihrem 18. Geburtstag nicht mehr vom Gaujugendamt gestellt, sondern im Rahmen der Asozialenkommission behandelt werden.

514 Vermutlich ging der Aufruf zur vermehrten Überstellung der Jugendlichen in die Konzentrationslager mit dem gesteigerten Bedarf nach Arbeitskräften in den in deren Nähe angesiedelten und im Umland liegenden Betriebe (z. B. Rüstungsindustrie, Leder- und Textilverarbeitung, Landwirtschaft) einher.

fürchtet hab ich mich. Die Hände hab ich am Kopf gehalten, ich hab gedacht, wenn ich keine Haar hab, tut mir das weh auf der Glatze. Im Bad sind zwei SS-Ärzte gestanden, links einer, rechts einer, und wir mussten nackt, in Reih und Glied, zu denen hingehen. Ich hab nicht gewusst, soll ich da halten, soll ich dort halten, soll ich die Glatze halten. So geniert hab ich mich!« (Anders in Berger et al. 1987, 100)

Die erniedrigende »Begutachtung« der SS-Ärzte, die bei dieser Tätigkeit auch vor Handgreiflichkeiten nicht zurückschreckten, ist als physische, sexualisierte Gewalt zu bezeichnen: »Als ich an die Reihe gekommen bin, hat mich der SS-Arzt in die Brustwarze gezwickt und hergezogen und gesagt: ›Aha, eine Jüdin!‹ Ich war nicht einmal im Stande, darauf was zu sagen. Vor lauter Angst konnte ich kein Wort sagen. Ja, dass ich keine Jüdin bin«, so Käthe Anders (zit. nach Hepp 1996, 255). Anita Köcke erinnerte sich an die gynäkologischen Untersuchungen: »Man musste auf einen Stuhl und wurde untersucht, ob man nicht geschlechtskrank war.[515] Furchtbar. Und dann wurden die Haare rasiert. [...] meine Sachen hab ich nie mehr gesehen, dann ging es den Berg hoch, und dann ging es ins Jugendlager.« (zit. nach Hamburger Gruppe [2015], Kap. 4, 2) Die meisten Frauen mussten einige Tage in Ravensbrück bleiben, einige wochenlang, bevor sie in das KZ Uckermark überstellt wurden.

Wie Anita Köcke weiter berichtet, wurden auch in der Uckermark die Frauen zu Nummern degradiert. »Ich weiß noch, dass ich damals als Einzelne da hoch kam. Und da kriege ich die Nummer 817. So war das. Das war 1942/43.« Die Nummer war deutlich sichtbar am rechten Arm zu tragen. Obgleich die gesamte Aufnahmeprozedur (Kleiderabgabe, Dusche, gynäkologische Untersuchung, Rasur, Lagerkleidung) im Frauenkonzentrationslager Ravensbrück stattfand, wurde die Nummer, scheint es, erst im Lager Uckermark vergeben. Dies würde auch erklären, warum die jungen Frauen und Mädchen in keinen Aufnahmelisten für Ravensbrück vorkommen und es keine Registrierungsnummern zu ihnen gibt (was die Dokumentation der KZ-Haft für die Uckermark-Häftlinge besonders schwierig macht).

515 Hinweise darauf, wo und wie Geschlechtskrankheiten von Uckermark-Inhaftierten behandelt wurden, existieren nicht.

2.4 Kriminalbiologische Untersuchungen

An den jugendlichen Häftlingen in der Uckermark wurden kriminalbiologische Untersuchungen durchgeführt. Es wird vermutet, dass diese in erster Linie während der Aufnahmeprozedur im Zusammenhang mit den gynäkologischen Untersuchungen in Ravensbrück stattfanden (vgl. Limbächer 2014, 247) und sie daher bei den Überlebenden in ihrer Erzählung keine Erwähnung finden. Dass sie tatsächlich an den Jugendlichen begangen wurden, ist durch den (bereits erwähnten) Bericht der Lagerleiterin bestätigt (vgl. Toberentz 1945).[516]

Durchgeführt wurden sie vom kriminalbiologischen Institut der Sicherheitspolizei unter der Leitung von Dr. Robert Ritter. Ritter, ab 1936 Leiter der Rassenhygienischen Forschungsstelle im Reichsgesundheitsministerium und als solcher verantwortlich für die rassistische Erfassung der reichsdeutschen Sinti und Roma (als Grundlage für deren Vernichtung), war überzeugt von der genetisch bedingten Veranlagung zu Kriminalität und »Asozialität«, die nicht unbedingt im Phänotyp eines Menschen ablesbar war. Daher waren Untersuchungen zur Feststellung des Erbmaterials notwendig. Diese Ansicht eröffnete die Möglichkeit, Personen mit nur geringen Verhaltensauffälligkeiten als »Asoziale« zu internieren, denn sie stellten gemäß Ritter den genetischen Pool für potenzielle Kriminelle, die die »Volksgemeinschaft« bedrohten (vgl. Limbächer 2014, 242).

Die kriminalbiologischen Untersuchungen an den Jugendlichen dienten zur Feststellung von deren Erziehungsfähigkeit. An ihr orientierte sich die Blockzuweisung, deren Einteilung ebenfalls von Ritter stammte. Diese war für Moringen sehr differenziert, für die Uckermark fiel sie einfacher aus (vgl. Darstellung von Werner 1944).

Über die kriminalbiologischen Untersuchungen geben (lediglich) Personenakten der Heil- und Pflegeanstalt Görden (in Brandenburg) Auskunft, die erst vor wenigen Jahren von Katja Limbächer wissenschaftlich aufgearbeitet wurden (vgl. im Folgenden Limbächer 2014). Zwischen Jänner 1943 und Juni 1944 waren 17 Jugendliche von der Uckermark nach Görden überstellt worden.[517] Zu neun weiteren Personen, die im Zeitraum November 1942 bis Dezember 1943 aus der

516 Sowie durch Personenakten aus der Heil- und Pflegeanstalt Görden (vgl. Limbächer 2014). Im Jugend-KZ Moringen für männliche Jugendliche gab es einen eigenen Block (KBI-Block) für die kriminalbiologischen Untersuchungen.

517 Ebenso überstellt wurden 30 männliche Jugendliche aus Moringen.

Uckermark nach Görden verschickt wurden, konnten ebenfalls Akten gefunden werden. Diesen Personenakten liegen Unterlagen der kriminalbiologischen Untersuchungen bei, die allesamt von Dr. Willy Lindstaedt unterschrieben wurden.[518] Lindstaedt folgte, so ließ sich nachzeichnen, stets den Empfehlungen der Lagerleiterin Toberentz für eine Überstellung und kommentierte deren Charakterisierungen der Häftlinge, die stets negativ und abwertend ausfielen, nie. So beschrieb sie etwa eine Jugendliche als »kleines, körperlich und geistig degeneriertes Mädchen mit starrem, stumpfem, Blick, undifferenzierten Gesichtszügen, lässiger Körperhaltung und schwerfälligem, plumpen Gang« (zit. nach ebd., 253). Seine Gutachten enthielten genealogische Aussagen wie auch Beschreibungen aufgrund von ihm selbst in Görden vorgenommenen »charakterologischen Untersuchungen«. Dabei nahm er oft auf angeblich erblich bedingte Veranlagungen Bezug, beurteilte an den Zöglingen vorgenommene Zwangssterilisationen als Beleg für »angeborenen Schwachsinn« und sparte nicht mit geschlechtsspezifischen Zuschreibungen, indem er »Asozialität« bei den Mädchen – ähnlich den Dokumenten der Fürsorgebehörden – in erster Linie an sexueller »Verwahrlosung« festmachte. Über die 19-jährige Hertha T. befand er: »Bei ihrem angeborenen Schwachsinn, welcher gepaart ist mit sexuellen Verwahrlosungserscheinungen, ist sie gedanklich derart beengt, unkritisch und urteilsunfähig, dass sie nur zu leicht ihren triebhaften Neigungen hemmungslos unterliegt.« (zit. nach ebd., 254) Über die 20-jährige Wilhelmine R. urteilte er: »Bei ihrer willensmäßigen Schwäche jedem Einfluss leicht zugänglich, erweist sie sich insbesondere nach der sexuellen Seite hin als labil und gefährdet.« (ebd.) Die Unterlagen zu den Jugendlichen verweisen auf eine schlechte körperliche Verfassung, die eine Mangelernährung in der Uckermark nahelegen. Die 20-jährige Bertha U. etwa hatte nach sechsmonatigem Aufenthalt im Jugend-KZ lediglich 34 kg Körpergewicht. Das auffällige Verhalten mancher Jugendlicher lässt zudem auf eine Traumatisierung während der Haft in der Uckermark schließen (vgl. ebd., 252f.).

518 Zur Tätigkeit von Lindstaedt vgl. Limbächer 2014, 243f. Des Weiteren finden sich in den Personenakten Unterlagen anderer Behörden wie etwa der Fürsorge-, Jugend- und Gesundheitsämter, Aufzeichnungen der Kriminalpolizei, Berichte der Uckermark-Lagerleiterin Toberentz sowie medizinische Daten und ärztliche und psychiatrische Beurteilungen der Gördener Anstalt.

2.5 Lebens- und Überlebensbedingungen

Das »Jugenderziehungslager«, wie die Uckermark von den Nationalsozialisten auch genannt wurde, war von Beginn an mehr als Konzentrationslager denn als Erziehungslager angelegt. Zwar wurde in diversen Dokumenten immer wieder der Aspekt der Erziehung betont, die eine »Rückführung« in die »Volksgemeinschaft« zum Ziel habe. Doch gleichzeitig ist durch Gutachten von Fürsorgeeinrichtungen oder Begründungen der Kriminalpolizei für die Überstellung in die Uckermark vielfach von »Aussichtslosigkeit« in den Erziehungsbemühungen die Rede, sodass hier ein eklatanter Widerspruch vorliegt.

Dennoch war das Jugend-KZ in mehrere Abschnitte geteilt. Die Zuteilung der Jugendlichen erfolgte gemäß der angenommenen »Erziehbarkeit«, wie sie mithilfe der oben genannten »kriminalbiologischen Untersuchungen« festgestellt worden war.

Somit gab es folgende Blockeinteilung in der Uckermark: Einmal den Beobachtungsblock, dem zu Beginn alle neu eingelieferten Häftlinge zugewiesen wurden. Dort wurden vermutlich die kriminalbiologischen Untersuchungen durchgeführt, sofern dies nicht bereits während der Aufnahmeprozedur im KZ Ravensbrück geschah. In die unteren Blocks kamen die sogenannten »pädagogisch hoffnungslosen Fälle«, darunter »die hemmungslos Triebhaften«, »die ewigen Querulanten« und »die Uneinsichtigen« (Merten/Limbächer 2000, 26). In den mittleren und höheren Blocks wurden die »Erziehungsfähigen« untergebracht. Zudem gab es den sogenannten »Sonderblock« für die von der Gestapo eingewiesenen politischen Häftlinge. In ihm waren etwa die Sloweninnen (ca. 30 bis 40 jugendliche Frauen) untergebracht[519] (vgl. Limbächer 2014, 251). Die geringere Differenzierung des Blocksystems im Vergleich zu jener im Jugend-KZ Moringen[520] wurde von der Lagerleiterin Toberentz damit erklärt, dass der »Typ des verwahrlosten und asozialen Mädchens« einheitlicher ge-

519 Auch Polinnen waren unter den Häftlingen des Sonderblocks (vgl. Hamburger Gruppe [2015], Kap. 1).

520 Im »Jugendschutzlager« Moringen galt folgende Blockeinteilung von Robert Ritter: Nach dem Zugangsblock wurden die Jugendlichen auf weitere sieben Blocks verteilt, mit Bezeichnungen wie »U-Block (Block der Untauglichen)«, »S-Block (Block der Störer)«, »D-Block (Block der Dauerversager)«, »G-Block (Block der Gelegenheitsversager)«, »F-Block (Block der Fraglich Erziehungswürdigen)«, »E-Block (Block der Erziehungswürdigen)«. Im »Stapo-Block« wurden die von der Gestapo eingelieferten Häftlinge festgehalten (vgl. dazu die Erläuterungen bei Werner 1944, 103).

prägt sei als der des Jungen: »Ursache und Art des Entgleisens sind immer wieder entscheidend geprägt durch Triebhaftigkeit, die in Verbindung mit Hemmungslosigkeit und Minderbegabung zur sexuellen Verwahrlosung führt.« (Toberentz 1945, 622)[521]

Die räumliche Segregation – Stacheldraht rund ums Lager, Zäune um die einzelnen Blöcke – diente dazu, den Kontakt der Mädchen und jungen Frauen untereinander möglichst zu verhindern. Zudem herrschte absolutes Sprechverbot. Eva Rademacher erzählte über ihre Erfahrungen in der Uckermark: »Wir durften ja nicht sprechen. Sobald man Kontakt suchte mit jemandem, hagelte es Strafen. Ich musste nur Strafstehen. Aber ich weiß, dass auch geschlagen wurde. Wir haben die Mädchen ja abends beim Duschen gesehen, wie sie grün und blau waren.« (Rademacher, zit. nach Hepp 1996, 261) Der Alltag der Häftlinge war geprägt von Angst, Gewalt, Drill, Hunger, Kälte und Schikane. Alle mussten sie Zwangsarbeit verrichten, zehn bis zwölf Stunden täglich.

2.6 Zwangsarbeit der Jugendlichen

Die Zwangsarbeit war von Beginn an wesentlicher Bestandteil der angewandten »Erziehungsmaßnahmen«. Die als »asozial« oder »kriminell« klassifizierten Jugendlichen waren nicht nur wegzusperren, um die zunehmend homogenisierte deutsche Jugend vor deren Einfluss zu schützen (»Jugendschutzlager«). Diese Jugendlichen waren auch dazu angehalten, sich ihre »Existenzberechtigung« in Form von Zwangsarbeit zu erwirken. Ausnützung ihrer Arbeitskraft hatte in den »Erziehungsmaßnahmen« oberste Priorität. Dies bestätigte Himmler (nochmals) in einem Erlass vom 25. April 1944. Die vorrangige Aufgabe der Jugendkonzentrationslager sei es,

> »ihre Insassen nach kriminalbiologischen Gesichtspunkten zu sichten, die noch Gemeinschaftsfähigen so zu fördern, dass sie ihren Platz in der Volksgemeinschaft ausfüllen können und die

521 Und tatsächlich konnten sich die Mädchen im Stufensystem »hocharbeiten«, wenngleich »nur in seltenen Fällen mit einer grundlegenden Besserung zu rechnen« war, so Lagerleiterin Toberentz, da »eine Verwahrlosung auf sexuellem Gebiet eine Frau gründlich zu zerstören pflegt«. Dennoch sei in 58 Fällen eine »Freiheitsbewährung gewagt worden«, was eine Arbeitsverpflichtung in ausgewählten Haushalten oder Rüstungsbetrieben bedeutete, 80 Mädchen seien zu ihren Eltern entlassen worden (vgl. Toberentz, Mitteilungsblatt des RKPA, Jänner 1945, 622ff.).

> Unerziehbaren bis zu ihrer endgültigen anderweitigen Unterbringung (in Heil- und Pflegeanstalten, Bewahrungsanstalten, Konzentrationslagern usw.) unter Ausnutzung ihrer Arbeitskraft zu verwahren.«[522]

Dafür fanden sich viele Einsatzmöglichkeiten im Lager selbst sowie in der näheren, aber auch weiteren Umgebung. Körperliche Schwerarbeit musste etwa bei der Urbarmachung von Sümpfen, dem Be- und Entladen von Lastkähnen auf der Havel, beim Baumfällen, Transport der schweren Baumstämme ins Lager und Herstellung von Heizmaterial geleistet werden. Käthe Anders erzählte über ihre Zwangsarbeiten:

> »Zuerst war ich in der Kleiderkammer. Im Juli oder August haben wir dann angefangen, das Sumpfgebiet trockenzulegen. Schwerarbeit war das. Über dem Sumpf ist Gras gewachsen, bist eingesunken einen halben Meter. Mit dem Spaten mussten wir so Vierecke ausstechen, abheben und auf einen Haufen schichten. Dann haben wir Gräben gezogen, richtige Rinnen, die Erde ist weggeschafft worden. Bis November sind wir im Sumpf gestanden, bis der Boden gefroren war. Die Holzschlapfen haben wir ausgezogen, wir hätten sonst am Abend eine halbe Stunde reiben müssen, damit wir sie wieder rein kriegen. Barfuß drin gestanden! Rheuma, Arthrosen haben wir alle davon, das ist uns geblieben. War ja eiskalt. Und nie was zum Aufwärmen. [...] Wenn ich nur an das Sandführen denk. Die Gruben, wo wir die Grasziegel ausgehoben haben, mussten ja wieder ausgefüllt werden mit Sand und Erde. Der Sand ist in eisernen Loren angeliefert worden, Kippwagerl sind das, die auf Schienen laufen. Die haben wir runtergeführt, den Sand in Scheibtruhen umgeschaufelt und in Gruben geleert. Wehe, wenn die Scheibtruhe nicht voll war! Hast Hände wie ein Aff kriegt, so schwer waren die. Dazu der Kräfteverlust. Bei dem Essen war die Arbeit schon gar nicht zu machen. Wehe, wenn ein Wagerl umgekippt ist. Essensabzug! Die Finger sind uns an den eisernen Loren angefroren. [...] Wir haben keine Handschuhe gehabt, nur ein Kopftuch, ein Kleidel und eine Jacke, die Ärmel sind grad übern Ellbogen gegangen. Von Schneesturm heim ins Kalte, unters kalte Wasser.« (zit. nach Berger et al. 1987, 101 und 103)

522 Erlass des Reichsführers SS und Chef der Deutschen Polizei Heinrich Himmler an die Polizeibehörden, zit. nach Ayaß 1998, 374–378.

Weitere Arbeitskommandos waren die lagereigene Kaninchenzucht, die Wäscherei, Strickerei und Gärtnerei, eine Bastelwerkstatt und eine Nähstube. Sehr häufig waren auch der Einsatz bei der Ernte sowie der Dienst in Haushalten der Umgebung. Dazu berichtete die Lagerleiterin Toberentz: »Zur diesjährigen Kartoffel- und Rübenernte waren wochenlang täglich 255 Zöglinge eingesetzt, die mit der Bahn, Treckern und Gespannen in Entfernungen bis zu 45 km abgeholt wurden.«[523] Weitere 58 wurden laut Toberentz »in sorgfältig ausgewählten Haushaltsstellen untergebracht, die schwierigsten möglichst in der Nähe des Lagers, das die weitere Überwachung in diesen Fällen selbst durchführt« (ebd.). Dazu zählte Zwangsarbeit als Dienstbotinnen in SS-Haushalten oder in der SS-Verwaltung.

Auch in der Kriegsindustrie wurden die Mädchen ausgebeutet. Dafür mussten sie entweder im Siemens-Werk in der Nähe des KZ Ravensbrück oder – etwa 100 von ihnen – in zwei Fertigungsbaracken direkt auf dem Uckermark-Gelände, in denen Überlandtelefone und Kehlkopfmikrofone hergestellt wurden, Zwangsarbeit verrichten (vgl. Merten/Limbächer 2000, 30).[524]

Es ist zu vermuten, dass die Einteilung zur Zwangsarbeit stark von der Blockzuteilung abhängig war. So erinnert sich etwa die Slowenin Stanka Simoneti in einem Brief 2010, dass sie fünf Monate lang in verschiedene Blocks und Arbeitskommandos versetzt worden sei, bevor sie in den Sonderblock kam. Dort wurden die Frauen zu leichteren Zwangsarbeiten herangezogen, wie etwa in der Bastelwerkstatt, in der Kammer [gemeint ist der Stubendienst; Anm.] oder in der Effektenkammer.[525] Die Zwangsarbeit der Jugendlichen brachte der SS einträgliche Gewinne.

Auch sollen manche der jungen Mädchen zur Prostitution gezwungen worden sein (vgl. Hamburger Gruppe [2015], Kap. 4, 11). Einen Hinweis darauf gibt der vom ehemaligen Häftling Maria Potrzeba

523 Lotte Toberentz in: Parteikanzlei (Hg.), 1943, zit. nach Merten/Limbächer 2000, 29f.

524 Zwangsarbeit musste auch in Rüstungsfirmen des Lagers Dallgow-Döberitz (am Ostrand von Berlin gelegen) verrichtet werden (vgl. Hamburger Gruppe [2015], Kap. 4, 12).

525 Vgl. Hamburger Gruppe [2015], Kap. 2, 18. Laut Stanka Simoneti gab es auf dem Sonderblock jedoch besonders starke Bemühungen zur politischen Umerziehung: vollkommene Nachrichtensperre über den Kriegsverlauf, absolutes Verbot der slowenischen Sprache, Überhöhung Hitlerdeutschlands, dazu Ordnung und Drill jeder Art.

2007 gezeichnete Lageplan zur Uckermark. Auf dem Plan beschrieb sie ein Gebäude gleich außerhalb des Tores als »Freudenhaus«. Dies ist allerdings die einzige Erwähnung einer solchen Institution im Zusammenhang mit dem Jugend-KZ Uckermark und ist als Erinnerung doch anzuzweifeln.[526]

Die tägliche Zwangsarbeit war nicht die alleinige durchgängige Disziplinierungsmaßnahme. Der Tag begann bereits um 5 Uhr morgens mit sogenanntem »Frühsport«. Dabei mussten die jungen Frauen meist leicht bekleidet und ohne Rücksicht auf Wind und Wetter um die Baracke laufen, wer nicht mitkam oder zu langsam war, musste strafweise Liegestütze ausführen. Dem folgte eine kalte Dusche und der für viele peinigende »Bettenbau«: »Rasch, rasch anziehen, geschwind, geschwind Betten bauen. Die Kante hat müssen sein wie beim Militär, nur ärger. Wenn eine von den Aufseherinnen schlecht gelaunt war, hat sie das Bett wieder aufgerissen, hast kein Nachtmahl gekriegt, strafweis.« (Anders, zit. nach Berger et al. 1987, 101) Nach dem kargen Frühstück, das aus wässrigem Kaffee-Ersatz und einem Stück Brot bestand, folgte ein oft mehrstündiger Appell, der mit der Einteilung in die Zwangsarbeitskommandos endete. Ein langer Arbeitstag wurde mit Abendappell und einem kargen Abendessen beschlossen. Die Lagerleiterin Toberentz (1945, 622) erläuterte die Tagesstruktur und die Motivation dafür folgendermaßen:

> »Der Tagesablauf ist in allen Blocks der gleiche. Täglicher Frühsport im Freien trägt zur Abhärtung bei. Besonderer Wert wird auf Sauberkeit, Ordnung und tadellosen Bettenbau gelegt. Die Hauptzeit des Tages ist mit den Arbeiten in den Betrieben ausgefüllt. Die Abende und Sonntage bleiben für Ordnungsübungen, Appelle und Schulungen.«

Neben der Zwangsarbeit war also bedingungslose Unterordnung gefordert und sollten »Tugenden« wie Sauberkeit, Pünktlichkeit, Ordnung und Disziplin vermittelt werden.

526 Anzuzweifeln ist diese Erinnerung, weil in bisherigen Forschungsarbeiten zu Sexzwangsarbeit in NS-Konzentrationslagern jeglicher Hinweis auf eine derartige Institution neben dem Jugend-KZ Uckermark fehlt (vgl. Sommer 2009; Halbmayr 2008a und 2008b). Die SS hat durchaus heuchlerisch gehandelt, zum einen wurden die Frauen und Mädchen wegen ihrer »Triebhaftigkeit«, sexuellen Devianz verfolgt, zum anderen gibt es zahlreiche Belege, dass gerade unter den als »asozial« Inhaftierten und unter inhaftierten Sexarbeiterinnen für die KZ-Bordelle rekrutiert worden ist.

2.7 Strafen und Schikanen

Überlebende des KZ Uckermark berichten von vielfältigen Strafen, die zur Anwendung kamen, sobald sich die Häftlinge nicht nach den Vorstellungen der Aufseherinnen und der Lagerleitung verhielten. Dazu gehörten Essensentzug, Strafstehen oder Strafsport (auch nachts), Arrest und verschärfter Arrest sowie Prügelstrafen im KZ Ravensbrück, nächtliche Kontrollgänge durch die Schlafsäle mit bellenden Hunden und starken Stablampen und Misshandlungen.

Manche Schikanen verletzten das Schamgefühl der Mädchen zutiefst. So berichtete Stanka Simoneti (vgl. Hamburger Gruppe [2015], Kap. 4, 9), dass Toilettenbesuch nur nach ausdrücklicher Bitte und Genehmigung erlaubt war. Da ihr der Gang zur Toilette aber untersagt blieb, wässerte sie ein, was wiederum zur Meldung beim Abendappell führte. Die Strafe war ein Fasttag. »Aussätzig, kahl geschoren und in der Werkstatt ausgelacht fühlte ich mich schrecklich erniedrigt.« (ebd.) Auch Käthe Anders erinnerte sich an die Pein des reglementierten Toilettenbesuchs:

> »Ab zehn Uhr hast du net mehr aufs Klo raus dürfen, ein SS-Weib ist davor im Dienstzimmer gesessen. Aber ich kann doch net ins Bett machen! Habe ich probiert, mich rauszuschleichen. Nur einmal hab ich das gemacht, der Hund hat mich gleich gehabt. Zum Glück hat er nicht ins Fleisch gebissen, sondern nur das Hemd erwischt.« (Anders, zit. nach Berger et al. 1987, 102)[527]

Martha Schwarz erzählte über physische Brutalität bei Strafmaßnahmen:

> »... wir waren ungefähr 4 Mädels beim Arbeiten. Die Männer [Häftlinge des Männerlagers in Ravensbrück; Anm.] steckten uns nach unseren Fragen Zigaretten zu. Wir rauchten auch und irgendjemand aus unserer Gruppe hat das gemeldet. Daraufhin wurde der Block praktisch abgesperrt und die Lagerleiterin samt Gefolge erschien – und die ging dann mit ihren Stiefeln, d. h. sie schlug uns erst und als wir am Boden lagen, ging sie mit ihren Stiefeln über uns her. [...] Das Ende vom Lied war, dass ich 4 oder 5 Tage Bunkerarrest in Ravensbrück kriegte.« (zit. nach Hamburger Gruppe [2015], Kap. 4, 10)

527 Die Mädchen wussten sich jedoch zu helfen: »Na, was haben wir gemacht? Wir haben uns beim Fenster raufgestellt und hinausgemacht: in den Sand.« (Anders, zit. nach Berger et al. 1987, 102)

Dass Strafen zum Tod führen konnten, wurde in Kauf genommen, wenn nicht sogar bewusst herbeigeführt. So wird von einem Mädchen berichtet, das mit mehreren Kübeln kalten Wassers überschüttet wurde, nachdem sie sich der kalten Dusche frühmorgens verweigert hatte. Wenige Tage darauf starb es an Lungenentzündung (vgl. Merten/Limbächer 2000, 29; Anders, zit. nach Berger et al. 1987, 102).

Selbst Hinrichtungen fanden in der Uckermark statt.

> »Eines Tages kamen wir von der Arbeit zum Appellplatz. Dort war ein Galgen aufgestellt, an dem drei Mädchen hangen. Wir mussten auf dem Appellplatz stehen und die getöteten Mädchen anschauen. Eine Aufseherin sprach zu uns und sagte: ›Seht genau hin, so geht's euch, wenn ihr nicht spurt!‹ Das werde ich mein Lebtag nicht vergessen!« (Hildegard Lažik, zit. nach Hamburger Gruppe [2015], Kap 3, 17)

Die Frauen litten stark an der sozialen Isolation, die innerhalb des Lagers durch das Sprechverbot erzwungen wurde. Auch nach außen hin wurde die Kontaktmöglichkeit – wie in anderen Konzentrationslagern auch – streng reglementiert, wie der Briefvordruck aus dem »Jugendschutzlager Uckermark« zeigt:

> »Jeder Zögling darf im Monat 2 Briefe oder Postkarten absenden und empfangen. Briefe an die Zöglinge dürfen nicht mehr als 2 Seiten mit je 15 Zeilen enthalten. Geldsendungen dürfen nur durch Postanweisung erfolgen. Dabei ist die obenstehende Nummer des Zöglings anzugeben. Sonstige Mitteilungen auf Postanweisungsabschnitten sind verboten. Pakete dürfen nur zu Weihnachten und zum Geburtstag an die Zöglinge gesandt werden. Bei Postsendungen, die den Vorschriften nicht entsprechen, wird die Annahme verweigert. <u>Besuche sind nicht gestattet</u>!«[528]

Neben der sozialen Isolation setzten den jungen Frauen besonders auch die Kälte und der andauernde Hunger zu. War die Versorgung generell minderwertig (schlechte und zu wenig Nahrung), wurde der Essensentzug auch als Strafmaßnahme eingesetzt. Käthe Anders erzählte von ihrem Protest gegen die über eine Bettnässerin verhängte Strafe, sich im Hemd am Appellplatz vor allen aufstellen zu müssen. »Das ist ein Wahnsinn, hab ich rausgeschrien« (Anders, zit. nach Berger et al. 1987, 102). Das brachte ihr ein paar Ohrfeigen, sechs Monate

528 WStLA, 1.3.2.208 A36, OF-Akt MA 12 – F 110/49; Briefvordruck auf einem Schreiben aus Uckermark am 27.7.1944. Hervorhebung im Original.

Schreibverbot und acht Tage kein Nachtmahl ein: »Ich will nur zeigen, man war ohnmächtig. Nur dieser kleine Protest hat mir das eingebracht. Was das heißt, acht Tage kein Nachtmahl nach der Arbeit! Wennst da nix kriegst, hängt dir der Magen bis dorthinaus.« (ebd.) Infolge Unterernährung[529] und auch mangelnder medizinischer Versorgung litten die Mädchen an verschiedenen Erkrankungen (Typhus, Tuberkulose, Diphterie, Hepatitis, Blasenentzündungen), bei manchen führte der versehentliche Verzehr giftiger Pflanzen aus Hunger zum Tod (vgl. ebd., 103). Kopfläuse und Krätze waren weitere Plagen.

Die Strafmaßnahmen verfehlten ihre Wirkung auf die Psyche der Mädchen nicht:

> »Psychisch haben sie uns fertiggemacht, körperlich sowieso. Hungerödeme an den Beinen hab ich gehabt. Die letzten Monate, vom Winter 43 weg, war ich kein Mensch mehr. Durch das Brom und durch die Schwäche machst du alles nur mehr wie eine automatische Puppe. [...] Ich war schon so apathisch, bin nur mehr dahingetrottet. Du hast nix mehr gedacht, nix mehr gemacht, nur das, was sie dir angeschafft haben. Das psychische Zusammenbrechen war ein langsamer Prozess: durch Strafen und durch das Medikament, das Brom. Du weinst nicht mehr, du lachst nicht mehr. Zum Schluss, wenn du schon ganz mager und kraftlos bist, hast du keine Energie mehr. Da kommt dir der Gedanke nicht mehr, dich zu wehren.« (ebd., 104)

Fraglich ist, ob eine Erzählung einer Überlebenden als Beleg für eine erzwungene Unfruchtbarmachung gewertet werden kann. Die Frauen der Hamburger Gruppe ([2015], Kap. 3, 17) berufen sich auf Hildegard Lažik, die ab Sommer 1944 in der Uckermark inhaftiert war. Sie schilderte einen Hergang, der noch vier weitere Mädchen betraf, so: Sie seien von der Arbeit bei Siemens geholt und von einem Arzt untersucht worden, der »machte etwas untenrum«. Hildegard, die gleich wieder zur Arbeit zurückmusste, bekam schwere Blutungen und als Behandlung dagegen nur ein paar Lappen. Was genau vor sich ging, erfuhr sie nie, der Eingriff verursachte aber ihrer Überzeugung nach ihre spätere Kinderlosigkeit. Dennoch ist daran zu zweifeln, ob ein schmerzhafter Eingriff einer Zwangssterilisation, wie sie im Konzentrationslager vorgenommen wurde, mit einer eher harmlos klingen-

529 Aus diesen Gründen blieb die monatliche Regelblutung häufig aus.

den Formulierung wie oben wiedergegeben werden kann.[530] Unklar ist auch, ob Zwangssterilisationen in der Uckermark selbst, wo es erst ab Ende 1943 ein Krankenrevier gab (Limbächer 2014, 247), oder in Ravensbrück durchgeführt wurden. Belegt ist eine Zwangsabtreibung in Form einer erzwungenen Frühgeburt an einem Uckermark-Häftling. Der Eingriff erfolgte in Ravensbrück und führte zum Tod der jungen Mutter wie auch des Neugeborenen (vgl. Strebel 2003, 368).

2.8 Solidarität

Dennoch versuchten die Jugendlichen, einander zu helfen, sich das Leben im Lager erträglicher zu machen, auch wenn von Seite der Leitung her alles unternommen wurde, eine Solidarisierung zu unterbinden. Doch erzählen die überlebenden Frauen davon, dass sie den Inhalt der Paketsendungen mit ihren Mithäftlingen teilten, sich ab und an heimlich ein Stück Brot zusteckten, das Sprechverbot zu umgehen versuchten oder gar heimlich gemeinsam Tänze übten, wie Stanka Simoneti überlieferte: »Wir waren manchmal allein in der Kammer, ohne SS, und dann haben wir tanzen gelernt. Ich kann heute noch eins-zwei-drei, eins-zwei-drei, den Englisch Waltz. Ich kann das nie vergessen.« (zit. nach Hamburger Gruppe [2015], Kap. 4, 13) Eindrücklich schildert Käthe Anders den Willen der Jugendlichen zum Widerstand gegen die ihnen zugemuteten Regelungen:

> »Das war immer so: Wenn eine was angestellt hat, ist der ganze Saal bestraft worden. Damit wollten sie die jungen Menschen zum Denunzieren anregen. Aber das ist bei uns net drin gewesen, da wär eine für die andere durchs Feuer gegangen. Wir haben jedes Stückel Brot aufgeteilt. Wenn eine kein Nachtmahl gekriegt hat, haben wir geteilt. Wir haben zusammengehalten. Uns habens nicht untergekriegt. Wir waren echt zusammengeschweißt.« (zit. nach ebd.)

2.9 Vom Jugenderziehungslager zum Vernichtungslager

Im Dezember 1944/Jänner 1945 wurden große Teile des Jugend-KZs geräumt: Dies bedeutete für die Jugendlichen eine Überstellung ins Frauenkonzentrationslager Ravensbrück oder in das KZ

530 Allein die Vielzahl an anhaltenden körperlichen und psychischen Belastungen einer KZ-Haft, insbesondere während der Wachstumsphase, konnten spätere Unfruchtbarkeit bewirken (vgl. dazu die Erzählungen von Käthe Anders, zit. nach Berger et al. 1987, 105). Hinzu kommen die zahlreichen psychischen Leiden.

Bergen-Belsen, eine Arbeitsstelle in der Rüstungsindustrie oder für manche die Entlassung.[531] Nur wenige Jugendliche, nämlich 50 bis 60 Mädchen, und ihre Aufseherinnen verblieben in vier abseits gelegenen Baracken.

Das abgetrennte Areal wurde zum Vernichtungslager für Frauen aus Ravensbrück umfunktioniert.[532] Erste Überstellungen wurden ab Mitte Jänner 1945 durchgeführt. Von einigen österreichischen Häftlingen, die aus dem Sloweninnenblock heraus die Zustände im Vernichtungslager beobachteten (wie etwa Amalija Blais, Katharina Pečnik, Anna Kupper), oder von Frauen, die als Funktionshäftlinge in die Uckermark versetzt wurden (wie etwa Lotte Brainin oder Irma Trksak), liegen Berichte über die mörderischen Haftzustände und Tötungsaktionen vor.[533] Von den geschätzten 6.000 bis 8.000 ins Vernichtungslager deportierten Frauen kamen lediglich rund 1.500 am 14. April 1945 wieder ins Frauenlager zurück.[534] Die anderen Häftlinge starben entweder an den katastrophalen Haftbedingungen oder wurden mit Giftverabreichungen, Benzininjektionen oder Gas ermordet.[535] Die in der Uckermark verbliebenen Jugendlichen mussten bis zum Schluss Zwangsarbeit leisten[536], Ende April wurden sie

531 Zahlen zu den Verbringungsorten sind aufgrund mangelnder Quellenlage sehr schwierig. Laut Überlieferung von Überlebenden wurden über 300 Jugendliche ins KZ Bergen-Belsen deportiert (vgl. Merten/Limbächer 2000, 23), über 200 Überstellungen ins KZ Ravensbrück sind anhand von Zugangsdaten für Jänner 1945 belegt (vgl. Philipp 1999, 330f.).

532 Vgl. hierzu den Abschnitt »Todeszone Uckermark« in Strebel 2003, 468–475. Lucja Barwikowska erinnert sich an einen neu errichteten elektrisch geladenen Zaun als Abgrenzung (vgl. Lagergemeinschaft Ravensbrück 2011, 16); mehrheitlich ist davon die Rede, dass die verbleibenden Baracken des Jugendschutzlagers durch einen mit Stroh abgedichteten Zaun als Sichtschutz vom übrigen Lager separiert worden seien (vgl. Merten/Limbächer 2000, 22; Hepp 1996, 266).

533 Vgl. die Ravensbrück-Interviews des IKF mit Irma Trksak am 27.11.1998 und 8.4.1999 sowie mit Lotte Brainin am 14.4., 8.6. und 22.6.1999 und Zeitzeugenbericht Käthe Anders in Berger et al. 1987, 97–106.

534 Die Schätzungen der nach Uckermark Deportierten sowie von dort nach Ravensbrück lebend Zurückgekehrten beruhen auf den bei Strebel (2003, 475) angegebenen Zahlen.

535 Die ins Stammlager zurück Überstellten waren von den kräftezehrenden Schikanen in der »Todeszone Uckermark« oft derart geschwächt, dass sie kurze Zeit später an den Folgen der Auszehrung starben, wie etwa die beiden Österreicherinnen Karoline Huttary und Hermine Müllner (vgl. Halbmayr 2009).

536 Unter den verbliebenen Jugendlichen befanden sich die Polin Łucja Barwikowska und ihre zwei Jahre jüngere Schwester. Die letzten Wochen vor der Be-

auf Todesmärsche geschickt. Das Lager selbst wurde von der Roten Armee befreit.

Jahrzehntelang war eine Verbindung zwischen Jugend-KZ und dem Frauenlager Ravensbrück umstritten, erst Mitte der 1980er Jahre wurde eine solche nachgewiesen. Das heißt, die Uckermark war von Beginn an Bestandteil des Lagerkomplexes des KZ Ravensbrück, nicht erst in seiner Funktion als Vernichtungslager (vgl. Strebel 2003, 356; Hepp 1996, 264ff.). So wurde die Infrastruktur in Ravensbrück – wie etwa die Wachmannschaften, die Häftlingsküche oder das Lagergefängnis (Bunker/Strafblock) – von der Uckermark mitbenützt. Der Ravensbrücker Lagerkommandant war zugleich Kommandant in der Uckermark (vgl. Hamburger Gruppe [2015], Kap. 4, 1). Die Lagerleitung stellte hingegen die Reichskriminalpolizei. Neben den namentlich bekannten Kriminalrätinnen Lotte Toberentz (Lagerleiterin) und Kriminalobersekretärin Johanna Braach (Stellvertreterin der Lagerleitung) taten weitere sechs bis sieben Kriminalbeamtinnen als sogenannte Hauptführerinnen im Lager Dienst (vgl. Merten/Limbächer 2000, 27). Insgesamt waren 80 bis 100 Frauen als Aufseherinnen in der Uckermark eingesetzt (vgl. Hamburger Gruppe [2015], Kap. 4, 1), zusätzlich zur Außenbewachung von SS-Männern aus Ravensbrück.

2.10 Umgang der Nachwelt mit dem Gelände

Der Haftort Uckermark war noch in den 1950er und 1960er Jahren kritiklos als Bestandteil des deutschen Fürsorgesystems gesehen worden. Erst in den 1970er Jahren wurde die Uckermark als Konzentrationslager anerkannt (vgl. Limbächer/Merten/Pfefferle 2000, 9).

Der topografische Ort des ehemaligen Jugend-KZ Uckermark wurde lange Zeit vernachlässigt. Erst 1990 war das gesamte Gelände des KZ Ravensbrück nach Abzug der Sowjetarmee, die ab 1945 das Areal genutzt hatte, überhaupt zugänglich. Die deutsche Lagergemeinschaft Ravensbrück/Freundeskreis e. V. stellte 1995 ein Hinweisschild auf dem Uckermarkgelände auf: »Ihr seid nicht vergessen«. In Ausgrabungscamps (ab 1997), Interviews, Ausstellungen, Filme etc. leisten seitdem feministische Aktivistinnen wichtige Arbeit in der Aufarbeitung, Bekanntmachung und Erinnerung an diesen Ort. Dass die Trassenführung einer Umfahrungsstraße, die direkt über das Gelände

freiung leisteten sie Zwangsarbeit in einem Hotel in Fürstenberg (vgl. Lagergemeinschaft Ravensbrück 2011, 16f.).

der Uckermark führen sollte, verhindert werden konnte, ist auch ein wesentlicher Erfolg ihrer Arbeiten. Die Uckermark wird zunehmend als Gedenkort anerkannt, während der April-Feierlichkeiten anlässlich der Befreiung des KZ Ravensbrück findet nun schon über viele Jahre auch eine (autonom organisierte) Gedenkfeier in der Uckermark statt.

2.11 Österreichische Häftlinge in der Uckermark

Wir konnten 79 weibliche, aus Österreich kommende Jugendliche, die wegen sogenannter »Asozialität« in der Uckermark inhaftiert waren, identifizieren.[537] Davon wurden 45 von Wiener Behörden eingewiesen, was einen Anteil von 57 Prozent ausmacht.[538] Mehrheitlich erfolgte die Überstellung im Jahr 1942, nämlich in 30 Fällen. Dies ist nicht zuletzt deshalb erstaunlich, als das KZ Uckermark erst mit 1. Juni 1942 eröffnet wurde, die hohe Zahl von Überstellungen also innerhalb der ersten sieben Monate geschah – ein Umstand, der die These bestätigt, dass die Wiener Institutionen die Möglichkeit der Abschiebung schwererziehbarer Jugendlicher herbeisehnten. Zehn von ihnen wurden zuvor im Erziehungsheim Am Spiegelgrund in Wien begutachtet. Nach festgestellter »Unerziehbarkeit« wurde ein Antrag auf Überweisung in die Uckermark gestellt, die von der Kriminalpolizei durchgeführt wurde.

537 Im Zuge der intensiven Bearbeitung der bereits in vorhergehenden Projekten am IKF erhobenen Daten zu ÖsterreicherInnen in Ravensbrück bzw. Uckermark war einer der ersten Arbeitsschritte, die Namen jener Frauen herauszufiltern, die in der Uckermark als Jugendliche inhaftiert waren. Es mussten also jene Frauen, die ins spätere Vernichtungslager Uckermark überstellt worden waren, aus dem Uckermark-Sample ausgeschieden werden. Dies geschah in erster Linie anhand des Alters der Frauen. Da im Fokus unseres Interesses jene Frauen stehen, die unter dem Vorwurf der »Asozialität« ins Jugend-KZ überstellt wurden, schlossen wir die Kärntner Sloweninnen, die im sogenannten »Sonderblock« in der Uckermark untergebracht waren – von ihnen sind uns 13 namentlich bekannt – aus der Analyse aus. Auch Frauen, deren Haftgründe wir nicht spezifizieren bzw. unter »Asozialität« einordnen konnten – das trifft für 10 Frauen zu –, nahmen wir nicht auf. Durch die umfangreichen Recherchen im Laufe dieses Projekts konnten weitere Uckermark-Häftlinge identifiziert bzw. zu den uns bereits bekannten Namen einige lebensgeschichtliche Informationen zu den Frauen gesammelt werden; solche fehlten nämlich bislang fast vollständig.

538 Im Folgenden sollen die Bundesländer Wien und Oberösterreich, damals Reichsgau Wien bzw. Reichsgau Oberdonau genannt, etwas genauer beleuchtet werden. Für den Gau Niederdonau lassen sich keine Überstellungen in die Uckermark nachweisen.

Anhand von Fallgeschichten soll im Folgenden die Vorgehensweise der Behörden illustriert werden.

Eine der betroffenen Frauen war Hermine F., geb. 1924 in Wien. Aufgrund einer Krankenakte von Am Spiegelgrund[539] in Wien sowie einem später von ihr gestellten Antrag um Anerkennung als Opfer des Nationalsozialismus nach dem Opferfürsorgegesetz[540] – der Antrag wurde negativ beschieden – liegen einige Informationen zu ihr vor. Das städtische Bezirksjugendamt für den 12. und 13. Bezirk stellte F.s Werdegang folgendermaßen dar: Hermine F. sei bereits in der Schulzeit in geringerem Ausmaß durch Führungsschwierigkeiten aufgefallen. Mit Antrag vom 11. Mai 1939 wurde sie wegen »psychop[athischer] Triebhaftigkeit und Hemmungslosigkeit« für die Erziehungsanstalt Theresienfeld begutachtet. Dorthin kam sie, nachdem sie vom Jungschwesternheim in der Seegasse, wo sie zur Ausbildung als Krankenpflegerin untergebracht war, ausbrach und mehrere Tage abgängig war. Bereits davor galt sie als »wiederholt abgängig, trieb sich planlos herum, machte verschiedene Männerbekanntschaften und wurde wiederholt aufgegriffen«. Nach der Erziehungsanstalt Theresienfeld versuchte Hermine es auf einigen Pflichtjahrstellen, die sie aber ebenfalls frühzeitig verließ. Im Dezember 1941 kam sie zur Beobachtung in die Erziehungsanstalt Am Spiegelgrund. Dorthin wurde Hermine F. laut Krankengeschichte von der Erziehungsanstalt Luisenheim überstellt.

Die Anamnese setzt bei ihrer Herkunft mütterlicherseits an: Der Großvater sei demnach ein Trinker gewesen, er wurde auch als möglicher Epileptiker eingestuft. Die Kindsmutter wurde als »geistig minderwertig« klassifiziert. Zum damals 17-jährigen Mädchen selbst hieß es: »Körperlich voll entwickeltes, derbes Mädchen von unterwertiger Intelligenz. Gesteigerte sexuelle Triebhaftigkeit. Asoziale und dissoziale Charakterzüge. Fehlender Sinn für Ein-, Unterordnung und Einsatz. Arbeitsscheu. Neigung zum Vagieren.« Beantragt wurde eine Überstellung in das Behindertenheim in Gallneukirchen im damaligen Reichsgau Oberdonau. Ein der Entlassung von Am Spiegelgrund am 6. März 1942 nachgereichtes Gutachten der Abteilungsärztin Dr. Helene Jokl und Oberärztin Dr. Margarete Hübsch zeigt jedoch, dass für das Mädchen, das dort als männersüchtig, unaufrich-

539 Vgl. WStLA, 1.3.2.209.10, Krankengeschichten Überlebende Mädchen, Schachtel A 1/2 4.

540 Vgl. WStLA, 1.3.2.208 A36, OF-Akt MA 12 – F 110/49.

tig, boshaft und faul beschrieben wird, mangels geeigneter Unterbringungsmöglichkeit sowie mangels Ansuchen um Fürsorge-Erziehung durch das Jugendamt die probeweise Entlassung der Minderjährigen zu ihrem Kindsvater in die Wege geleitet und »ein Versuch in freie Arbeit befürwortet« wurde. Das Gutachten schließt mit dem Satz: »Bei Versagen kommt nur mehr Abgabe in das Lager für Asoziale mit vollendetem 18. Lebensjahr in Frage.« Anfang Juli 1942 war dieses Alter erreicht. Zwei Tage vor dem Stichtag beantragte die Kripoleitstelle Wien, da die Jugendliche »weiterhin Schwierigkeiten bereitete« – wie das städtische Jugendamt für die Opferfürsorgebehörde später erklärte – und »wegen Aussichtslosigkeit der Fürsorge-Erziehung die Unterbringung in das Jugendschutzlager Uckermark«. Das Ansuchen wurde von der Reichskriminalpolizei Berlin bewilligt. Die tatsächliche Überstellung nach Uckermark erfolgte erst ein halbes Jahr später, nämlich am 13. Februar 1943. Wo sich die Jugendliche zwischenzeitlich aufhielt, daheim oder in Haft, lässt sich nicht mehr feststellen. Im KZ erkrankte Hermine F. schwer an Tuberkulose, sodass ihr der dortige Lagerarzt Dr. Görtz, SS-Sturmführer und Polizeiarzt, am 25. Juli 1944 bescheinigte, lagerhaft- und arbeitsunfähig zu sein. Eine Unterbringung in einer Heilanstalt sei erforderlich. Es vergingen abermals einige Wochen, bis Hermine F. aus dem Jugend-KZ entlassen und in ein Spital nach Wien überstellt wurde.

Über ihr Leben nach Kriegsende ist lediglich bekannt, dass sie 1949 bei der Opferfürsorgebehörde einen Antrag stellte, der Anfang Jänner 1950 mit der Begründung, ihre Einweisung ins Konzentrationslager sei nicht aus politischen Gründen erfolgt, abgewiesen wurde.[541]

Die neun weiteren Jugendlichen, die vom Spiegelgrund nach Uckermark überstellt wurden – eine von ihnen über den Umweg der Anstalt Bischofsried, wo sie ein Jahr lang festgehalten wurde – waren mehrheitlich sehr jung: Drei wurden als 16-Jährige, fünf von ihnen als 17-Jährige ins Jugend-KZ überstellt, nur jeweils eine Jugendliche war

541 Die Polizeidirektion Wien, Büro zur Bekämpfung der Geschlechtskrankheiten, des Mädchenhandels und der Gemeinschädlichen, gab dazu im Juli 1949 folgende Auskunft: Der Akt sei zwar durch die Kriegsereignisse abhandengekommen, es sei allerdings die Einweisung der Hermine F. durch das Gaujugendamt Meidling erinnerlich. Die Behörde mutmaßte weiter: »Die Einweisung der Hermine F. dürfte wegen sittlicher Gefährdung erfolgt sein. Die Einweisungen in das ehemalige Jugendschutzlager erfolgten im allgemeinen wegen sittlicher Gefährdung und drohender Verwahrlosung.«

bereits 18 bzw. 19 Jahre alt. Die meisten Überstellungen erfolgten im Jahr 1943 (fünf), drei 1942 und zwei 1944. Zu allen Jugendlichen liegen Gutachten der ÄrztInnen von Am Spiegelgrund vor, die in ihrer Sprache und den vorgenommenen Charakterisierungen keine Zweifel darüber lassen, dass die Jugendlichen möglichst rasch und langfristig weggesperrt werden sollten. Als Begründung werden Aussichtslosigkeit der Erziehungsmaßnahmen, »charakterliche (erblich bedingte) Abartigkeit«, »angeborener Schwachsinn« und dergleichen genannt.

Für das Bundesland Oberösterreich können wir 14 Überstellungen in das KZ Uckermark belegen. zehn Jugendliche waren nachweislich zuvor Zöglinge der Gauerziehungsanstalt Gleink. Genauere Gründe für ihre Überstellung in das Jugend-KZ können nur gemutmaßt werden (etwa wiederholte Flucht aus der Anstalt, strafrechtliche Vergehen wie Diebstahl, attestierte »Unerziehbarkeit«).[542] Für die vier weiteren Frauen aus Oberösterreich, für die die Jugend-KZ-Haft belegt ist, hatte eine Frau eine gerichtliche Verurteilung und eine Gefängnishaft wegen Diebstahls hinter sich. Bei drei der vier Frauen war als Beruf Hilfsarbeiterin, Sennerin bzw. Landarbeiterin eingetragen – ein deutlicher Hinweis darauf, wie sehr die sogenannte Asozialenverfolgung die sozial niedrigste Schicht betraf. An den Oberösterreicherinnen lässt sich auch veranschaulichen, dass wir vielfach die Uckermark-Haft nur belegen können, weil (zumeist) im Jänner 1945 im Zuge der Räumung des »Jugendschutzlagers«, das dann zum Vernichtungslager umfunktioniert wurde, zahlreiche Jugendliche ins Frauen-KZ Ravensbrück überstellt wurden und die Registrierungslisten aus diesem Zeitraum erhalten geblieben sind. Auf fünf der erwähnten Frauen trifft dies zu.

Das Gesamtsample der 79 österreichischen Uckermark-Häftlinge widerspiegelt die weiter oben ausgeführte Bandbreite von Haftgründen (soweit die Einstufung als »asozial« in den erhalten gebliebenen Dokumenten spezifiziert wurde). So wurde den Jugendlichen häufig »Arbeitsvertragsbruch«, »Arbeitssabotage« oder »Arbeitsverweigerung« bzw. »Verweigerung des Pflichtjahres« vorgeworfen, teilweise mit Gerichtsurteil untermauert. Oft wird die Zuschreibung der »Asozialität« am sexuellen Verhalten bzw. Interesse festgemacht, wie etwa: »Lie-

542 Zur »Gauerziehungsanstalt Gleink« vgl. Kapitel II.4. – Für zwei der nach Uckermark überstellten ehemaligen Gleink-Zöglinge ist eine Verurteilung wegen Arbeitsvertragsbruch bzw. Arbeitsverweigerung belegt.

derlicher Lebenswandel; Männerbekanntschaften; Gonorrhoe« oder »liederlicher Lebenswandel, Hemmungslosigkeit; Herumtreiberei mit Soldaten; Erziehungsschwierigkeiten«, »sittliche Gefährdung«. Bei einer Jugendlichen, die Am Spiegelgrund begutachtet wurde, lautete die Diagnose für die KZ-Einweisung: »Asoziale Jugendliche, charakterlich minderwertige Familie, Geltungsdrang, charakterliche Abartigkeiten (Gemütsarmut etc.) in Verbindung mit gesteigertem sexuellen Interesse.«[543] In Vorhaltungen wie »Schmähung der Deutschen Nation«, der »Verwendung des Götz-Zitats in Bezug auf die Hitler Jugend« oder »politisch unverlässlich« zu sein, zeigen sich die widerständigen Haltungen der Jugendlichen, die – wie im Falle Käthe Anders – bis zur »Vorbereitung zum Hochverrat« reichten. Als »asozial und kriminell gefährdete Minderjährige« galten auch jene Jugendlichen, die bereits des Diebstahls überführt worden waren. Zudem lässt sich anhand unserer gesammelten Informationen auch der Haftgrund »Mischling« für Jugendliche belegen: Drei Österreicherinnen waren als sogenannte »asoziale Judenmischlinge« in der Uckermark inhaftiert. Als »Asozialität« oder »politische Unzuverlässigkeit« wurde auch interpretiert, wenn Jugendliche eine Beziehung mit einem Zwangsarbeiter eingingen bzw. ihnen eine solche unterstellt wurde. Auch dafür finden sich Belege in unseren Unterlagen: So kam etwa Hildegard R. aufgrund einer Liaison mit einem Polen ins KZ, der Pole wurde gehängt.

Hinsichtlich der Lebens- und Überlebensbedingungen im Jugend-KZ Uckermark sei hier ein Wert zur Veranschaulichung festgehalten: Von den 45 Häftlingen aus Wien sind nachweislich fünf während der Verfolgung gestorben, das macht elf Prozent aus. Da wir aber nur für 15 Jugendliche ihr weiteres Schicksal kennen, ob sie also die KZ-Haft überlebt haben oder nicht, liegt die Todesrate – wird dieser Referenzwert herangezogen – bei einem Drittel.[544]

543 Vgl. WStLA, Krankengeschichten Spiegelgrund, Akt.Nr. 1.3.2.209.10/Schachtel Nr. A 1/2 12.

544 Eine weitere mögliche Interpretation des hohen Anteils an Verstorbenen könnte auch darin bestehen, dass die in KZ-Haft Umgekommenen eher aktenkundig wurden als jene »asozialen« Frauen, die vielfach aufgrund anhaltender Stigmatisierung über ihre KZ-Haft schweigen.

2.12 Resümee zur Uckermark-Forschung

Wenngleich wir viele neue Erkenntnisse über österreichische Uckermark-Häftlinge erzielen konnten, ist dennoch zweierlei festzuhalten:

Zum einen bleiben persönliche Schilderungen von Österreicherinnen im KZ Uckermark weiterhin äußerst selten. Lediglich von Käthe Anders, die bereits in den 1980er Jahren Interviews gegeben hat, sind Erzählungen über ihre Erlebnisse im Jugend-KZ aufgezeichnet worden und erhalten geblieben. Von Hermine F. ist in einem persönlichen Schreiben an das OF-Amt zu lesen, dass sie »als blutspuckende T. b. c. [Tuberkulose-Patientin; Anm.]« am 2. September 1944 »von 2 Kriminalbeamtinnen wie eine Schwerverbrecherin nach Wien ins Spital gebracht« wurde – was die gesundheitsschädigenden Haftbedingungen, darunter das Aussetzen der unzureichend bekleideten Jugendlichen der Kälte oder das Arbeiten in den Sumpfgebieten ohne entsprechende Schutzkleidunge, wie weiter oben ausgeführt, unterstreicht. In ihrem OF-Akt findet sich auch ein Brief von ihr aus dem Lager an ihre Eltern, dessen Inhalt nahezu zur Hälfte durch die Zensurstelle gestrichen wurde, sodass wir aus ihrem Lageralltag nur von der Freude über das Paket ihrer Eltern erfahren. Lediglich die Zeile »Ich glaube, wenn ich nach Hause komme, Ihr kennt mich gar nicht mehr« lässt die gesundheitlichen Probleme, verursacht durch die KZ-Haft erahnen.[545] Ansonsten finden sich auch in den neu eruierten Quellen lediglich Hinweise auf eine Inhaftierung der Frauen (auch) im Jugend-KZ Uckermark, aber keine Berichte über ihre Erfahrungen dort. Diese ungenügende Quellenlage zu den als »asozial« stigmatisierten Frauen ist auch als Ausdruck ihrer anhaltenden Stigmatisierung nach 1945 zu bewerten.

Zum anderen müssen wir – trotz der beachtlichen Zahl des Nachweises von 79 als »asozial« stigmatisierten Jugendlichen aus Österreich, davon 45 junge Frauen aus Wien, im Jugend-KZ Uckermark – festhalten, dass Statistiken aus der Zeit des Nationalsozialismus deutlich mehr Überstellungen dorthin nahelegen: So listete Paul Werner, Stellvertretender Leiter des Reichskriminalpolizeiamts in Berlin, zu Jahresbeginn 1944 allein aus Wien bis dahin 85 Einweisungsanträge für die Uckermark auf, für die Alpen- und Donaugaue gesamt 185

545 Die Zeilen könnten allerdings auch dahingehend interpretiert werden, dass sie auf die lange Abwesenheit von daheim Bezug nimmt. Die weiteren Ausführungen im Brief sind Fragen nach dem Wohlergehen ihrer Familie.

(Werner 1944, 105). Damit hätten wir für Gesamtösterreich nur 43 Prozent der Fälle erfasst, für Wien immerhin 53 Prozent[546] – nicht berücksichtigend, dass in den Angaben bei Werner die Anträge aus dem Jahr 1944 und zu Beginn 1945 noch gar nicht einberechnet sein können. Hier klafft also eine deutliche Lücke, die nicht allein darauf zurückzuführen sein kann, dass wohl nicht alle Anträge von der Reichskriminalpolizei in Berlin bewilligt wurden. Vielmehr ist von fehlenden Informationen zu nicht wenigen Frauen auszugehen, die sich vermutlich nicht mehr erforschen lassen – mangels Aufnahmelisten im KZ Uckermark, OF-Anträgen von Überlebenden, (Einträge in) Haftbücher diverser Gefängnisse und erst recht mangels Berichte von Überlebenden selbst.

546 Umgekehrt verhält es sich, wenn wir unsere Zahlen mit jenen vergleichen, die im Bericht der Asozialenkommission Wien für den Zeitraum 1.1.1941 bis 31.7.1944 genannt werden: Laut dem Arbeitsbericht (vgl. DÖW, 21288/18 Asozialenkommission) wurden in diesem Zeitraum 23 Frauen in ein »Jugenderziehungslager« überstellt, also deutlich weniger, als wir für diese Zeitspanne, nämlich 41, belegen können. Dies ist ein Hinweis darauf, dass nicht alle Überstellungen über die Asozialenkommission gingen, sondern die einzelnen Behörden zunehmend eigenmächtig agierten, eine Vorgehensweise, die sich für Niederdonau von Seiten der örtlichen Polizei wie auch der Landräte bzw. Oberbürgermeister und der Gesundheitsämter belegen lässt, die für Einweisungsanträge Unterlagen der Asozialenkommission nachzureichen versprachen (vgl. die Kapitel II.1 und II.3). Aus dem Sitzungsprotokoll über die am 31.8.1943 abgehaltene Besprechung der Asozialenkommission Wien geht zudem hervor, dass die Einweisungen in die Uckermark in erster Linie vom Gaujugendamt (ohne Einbindung der Asozialenkommission) gestellt wurden (vgl. WStLA, 2.7.1.2., A1-6, 2322).

IV.

KONTINUITÄTEN

1. »Ich finde es infam, mich als asoziales Element hinzustellen.«[547]

Der Umgang der Republik Österreich mit als »asozial« verfolgten Frauen

> *»Pragmatik zählte, Normalität wurde ersehnt. Die Staatsdoktrin des ›Neubeginns‹ bot zugleich ein Schutzschild für eine Pragmatik des Weitermachens. Die Sehnsucht, endlich ›normal‹ und ungestört von der Dramatik der Geschichte zu leben, war ein Zentralmotiv der Wiederaufbaumentalität.« (Kos 1996, 11f.)*

Dieses Zitat aus dem Vorwort des Bandes zum Gedenkjahr 1995 »Inventur 45/55. Österreich im ersten Jahrzehnt der Zweiten Republik« fasst prägnant das gesellschaftspolitische Klima der unmittelbaren Nachkriegsjahre zusammen. Es galt, eine demokratische Ordnung wiederherzustellen, ohne sich dabei der Beteiligung an der nationalsozialistischen Etablierung bzw. dem Umbau der politischen wie bürokratischen totalitären Strukturen und am industriellen Massenmord zu stellen. Die proklamierte »Stunde Null« war vor allem ein »Schutzschild« für TäterInnen und MitläuferInnen, für jene, die weggesehen haben, als Abertausende von Juden und Jüdinnen abtransportiert wurden, die weggesehen haben, als Kinder ihren Familien entrissen wurden, die weggesehen haben, als Menschen, die den nationalsozialistischen Vorstellungen eines Herrenmenschen nicht entsprachen, aus ihrer Mitte verschwanden, die es möglicherweise gut geheißen haben, dass »unnütze Esser« der Gemeinschaft nun nicht mehr auf der Tasche lagen oder dass man wieder für Moral und Ordnung sorgte, indem man Sexarbeiterinnen, Kleinkriminelle und sogenannte »Arbeitsscheue« in Arbeitshäuser sperrte. Das Credo des Neubeginns forderte auf zu vergessen. Es ging einher mit der Entschuldung des Großteils der TäterInnen und MitläuferInnen sowie der politischen Elite der Ersten Republik. Die Aufforderung, zu ver-

547 Berufung (undatiert; Eingangsstempel MA 12 17.8.1983), OF-Akt von Leopoldine Sch., WStLA, M.Abt. 208, A36, G. Zl. 42756.

gessen, richtete sich aber insbesondere an die Opfer des nationalsozialistischen Regimes. Sie sollten die Mehrheitsbevölkerung verschonen mit ihren Erinnerungen an Verfolgung, Vertreibung und Massenmord. Viele Überlebende waren nach ihrer Rückkehr aus den Konzentrations- und Vernichtungslagern konfrontiert mit der Relativierung ihrer Leiden, mit Aussagen von NachbarInnen, dass es nicht so schlimm gewesen sein könnte, wenn sie überlebt haben, oder auch mit Schuldzuweisungen, dass sie nicht verfolgt worden wären, wenn sie den Mund gehalten hätten etc. (vgl. Amesberger/Halbmayr 2001a, 212–226). Die sicherlich für den Aufbau eines neuen politischen Systems, die nationale Identitätsfindung und die Wiederherstellung von Versorgungsstrukturen auch notwendig gewesene »Pragmatik des Weitermachens« förderte nicht zwangsläufig ein Überdenken nationalsozialistischer Denkmuster. Die Inventur blieb weitgehend aus bzw. beschränkte sich auf die Beseitigung zentraler nationalsozialistischer Gesetze und Verordnungen. »Im Rechtssystem reichten die Fäden des Dritten Reiches ebenfalls in die Zweite Republik: Sozialversicherung, Handelsgesetz, Arbeitsmarktverwaltung, Steuersystem, Staat-Kirche-Verhältnis.« (Hanisch 1996, 44) Es dauerte bis in die 1970er Jahre, bis wesentliche Grundlagen etwa in der Fürsorge und Psychiatrie hinterfragt wurden (vgl. Malina 2007b, 327f.). Erst in den 1980er Jahren, im Zuge der sogenannten Waldheim-Affäre, wurde die These von Österreich als erstem Opfer Hitler-Deutschlands, »*die* ›Lebenslüge‹ der Zweiten Republik« (Botz 1996, 58; Hervorhebung im Original), auf einen kritischen Prüfstand gestellt.

Es waren also denkbar schlechte Voraussetzungen, um den Opfern des NS-Regimes Gerechtigkeit widerfahren zu lassen. In diesem Kapitel gehen wir der Frage nach, inwiefern Kontinuitäten nationalsozialistischer Vorstellungen von der Gesellschaft im Nachkriegsösterreich am Beispiel des Umgangs der Republik mit als »asozial« verfolgten Frauen festgestellt werden können. Hierfür haben wir zwei Bereiche ausgewählt: Erstens, die Entschädigungspolitik samt Legistik und Vollzugspraxis. Gesetze sind Ausdruck normativer Vorstellungen dessen, wie das Zusammenleben in einer Gesellschaft gestaltet sein soll, in ihnen spiegeln sich aber auch Bewertungen wider, wie etwa, was als entschädigungswürdig gilt oder wer als Opfer definiert und anerkannt wird. Gesetze sind bis zu einem gewissen Grad auch immer Auslegungssache. Die Praxis gibt erst Aufschluss darüber, wie durch die Verwaltung Ausgrenzung, Diskriminierung und

Abwertungen entgegengewirkt wird oder diese fortgeschrieben werden. Während die Analyse der Entschädigungspolitik und Vollzugspraxis des Opferfürsorgegesetzes (OFG) den Zeitraum von 1945 bis heute umfasst, gibt der zweite hier behandelte Bereich, die justizielle Ahndung von Verbrechen gegen als »asozial« stigmatisierte Frauen, Aufschluss über die Sicht auf »Asozialität« im ersten Jahrzehnt nach Kriegsende. Wir analysieren hier zum einen das Strafverfahren gegen Alfred Hackel (Leiter der Arbeitsanstalt Am Steinhof) und andere, weil in diesem Verfahren besonders viele Opfer befragt wurden und so expliziten wie impliziten Darstellungen dieser als »Asoziale« verfolgten Frauen nachgegangen werden kann. Außerdem wurde dieses Strafverfahren zwei Jahre später erneut aufgerollt, wodurch Veränderungen in der Wahrnehmung und Charakterisierung der Opfer nachgezeichnet werden können. Zum anderen nehmen wir das Ermittlungsverfahren gegen das Personal der Gauerziehungsanstalt Gleink unter die Lupe. Dieses Verfahren ist bisher nicht nur noch nicht wissenschaftlich aufgearbeitet worden, es ist unseres Wissens auch das einzige Verfahren gegen das Personal von Erziehungsheimen.

2. ENTSCHÄDIGUNGSPOLITIK UND -PRAKTIKEN

Anhand von 25 Anträgen auf Leistungen nach dem Opferfürsorgesetz (OFG) analysieren wir im Folgenden die Umsetzung des Gesetzes. Hierbei versuchen wir, Muster in der unterschiedlichen Spruchpraxis herauszuarbeiten und die Frage zu beantworten, inwieweit Kontinuitäten der Stigmatisierung, Ausgrenzung und Diskriminierung im Gesetz grundgelegt sind und/oder durch die Umsetzung der Behörden verstärkt bzw. abgemildert werden.

2.1 Abriss rechtlicher Entwicklungen des Opferfürsorgegesetzes und anderer Entschädigungsgesetze

Das Vorläufergesetz des bis heute gültigen OFG aus dem Jahre 1947 wurde bereits 1945 erlassen. Seit 1947 hat das OFG zahlreiche Änderungen[548] erfahren, weshalb es als sehr unübersichtlich und teils nicht schlüssig eingestuft wird (vgl. Jabloner et al. 2003, 416f.; Bailer-Galanda 2005, 67). Erhielten zunächst nur jene Personen, die während des Austrofaschismus (1933–1938) und/oder während des NS-Regimes (1938–1945) Widerstand leisteten, eine Amtsbescheinigung oder einen Opferausweis,[549] wurde dieser Kreis im OFG 1947 folgendermaßen ausgeweitet:

> »Als Opfer der politischen Verfolgung im Sinne dieses Bundesgesetzes sind Personen anzusehen, die in der Zeit vom 6. März 1933 bis zum 9. Mai 1945 aus politischen Gründen oder aus Gründen der Abstammung, Religion oder Nationalität […] in erheblichem Ausmaße zu Schaden gekommen sind.« (BGBl. 1947/183, 821f.)

Brigitte Bailer-Galanda (2005, 67) schreibt, dass das OFG »deutlich die Klientelpolitik der beiden Regierungsparteien SPÖ und ÖVP« zeigt. Die Unterscheidung von Opfern in solche, die Anspruch auf

548 Die Historikerkommission zählte bis 31.12.2001 insgesamt 62 Änderungen (vgl. Jabloner et al. 2003, 416), seither kamen weitere 16 Änderungen hinzu (bis 23.11.2017).

549 Vgl. Gesetz vom 17.7.1945 über die Fürsorge für die Opfer des Kampfes um ein freies, demokratisches Österreich (Opfer-Fürsorgegesetz), Staatsgesetzblatt für die Republik Österreich, Jg. 1945, ausgegeben am 27.7.1945.

Leistungen des OFG haben und solche, die keinen haben, ist, so Bailer weiter, »nicht zuletzt auf die Einflussnahme der politischen Opferverbände zurückzuführen« (ebd.). Zu einem Umdenken, auch der Opferverbände, kam es erst ab den späten 1980er Jahren. Ab 1988 machten sich die Opferverbände und »Die Grünen« sowie das »Liberale Forum« stark für die Anerkennung weiterer Opfergruppen, was sich zunächst im Bundesgesetz über den Nationalfonds der Republik Österreich für Opfer des Nationalsozialismus (BGBl. 433/1995) sowie im Entschädigungsfondsgesetz (2001)[550] niederschlug. In diesen beiden Gesetzen wurde auch sogenannte Asozialität als Verfolgungsgrund anerkannt.

Einen Anspruch nach dem OFG konnten als »asozial« verfolgte Personen erst ab dem Jahr 2005 geltend machen.[551] Zu diesem Zeitpunkt war der Kreis der potenziellen BezieherInnen bereits verschwindend klein. Wie wir später zeigen werden, hat dies weder in Wien noch in Oberösterreich zu einem merklichen Anstieg an Anträgen nach dem OFG geführt. Jabloner et al. (2003, 417) und Bailer-Galanda (2005, 67) konstatieren, dass bis heute durch die Privilegierung von aktiven WiderstandskämpferInnen Benachteiligungen gegenüber anderen Opfern des NS-Regimes bestehen. Hinzuzufügen ist wohl auch, dass die jahrzehntelange Diskriminierung durch die späte Inklusion nicht mehr behoben werden kann. Die prinzipielle Anerkennung als Opfer bedeutet keine umfassende Gleichstellung.

Das OFG unterscheidet bei der Anspruchsberechtigung zwischen Opfern mit einer sogenannten Amtsbescheinigung und Opfern mit Opferausweis. Eine Amtsbescheinigung erhielten nur jene, die im aktiven politischen Widerstand tätig waren, also die »Opfer des Kampfes um ein freies, demokratisches Österreich« (§ 1, Abs. 1). Alle anderen vom OFG anerkannten Opfer erhielten lediglich einen Opferausweis. Erst sukzessive wurden die anderen anerkannten Opfer in den Kreis der Anspruchsberechtigten aufgenommen, wie Brigitte Bailer (1999, 91) schreibt:

550 Bundesgesetz über die Einrichtung eines Allgemeinen Entschädigungsfonds für Opfer des Nationalsozialismus und über Restitutionsmaßnahmen (Entschädigungsfondsgesetz) (BGBl. 12/2001).

551 Ein Auszug aus der derzeitig gültigen Fassung des OFG befindet sich im Anhang, S. 359f.

> »Für die Verfolgungsopfer war nur ein Opferausweis vorgesehen, der abgesehen von einem geringfügigen Steuerfreibetrag kaum Vorteile für die Betroffenen brachte. Erst nach und nach, beginnend mit 1949, wurden auch die Verfolgungsopfer in den Kreis der Rentenanspruchsberechtigen aufgenommen, mussten jedoch bis in die sechziger Jahre hinauf schwereren Schaden als Widerstandskämpfer erlitten haben.«

Der Opferausweis ist verglichen mit der Amtsbescheinigung »wertlos«, so Jabloner et al. (2003, 418), weil dieser keine Pensionen zur Existenzsicherung, sondern beispielsweise lediglich einige wenige Leistungen wie »Begünstigungen auf dem Gebiet der Unfall- und Pensionsversicherung und der Pflegevorsorge« (§ 5 OFG) oder »Begünstigungen auf dem Gebiet der Steuer- und Gebührenpflicht« (§ 9 OFG) beinhaltet. »Aus heutiger Sicht ist unverständlich«, so Jabloner et al. (2003, 418) weiter, »dass Inhabern und Inhaberinnen eines Opferausweises nicht einmal eine Unterhaltsrente – und sei es allenfalls wenigstens mit niedrigeren Grenzbeträgen oder sonst strengeren Voraussetzungen – zugebilligt wurde«.

Die Ausstellung einer Amtsbescheinigung oder eines Opferausweises war an die österreichische Staatsbürgerschaft geknüpft. Das heißt, die AntragstellerInnen mussten per Stichtag 13. März 1938 entweder österreichische StaatsbürgerInnen gewesen sein oder zumindest zehn Jahre ununterbrochen in Österreich gelebt haben (§ 13c, Abs. 1 OFG). Zudem war die Anerkennung als Opfer an die Unbescholtenheit der Verfolgten gebunden (§ 15, Abs. 2 OFG): Sie durften nicht zu einer mehr als sechsmonatigen Freiheitsstrafe verurteilt worden sein bzw. musste die Verurteilung zum Zeitpunkt des Antrags bereits getilgt sein. Dieser Passus erschwerte vielen als »asozial« Verfolgten von vornherein den Zugang zu Opferfürsorgeleistungen, weil viele unter ihnen Verurteilungen wegen kleinerer Straftaten hatten (z. B. wegen Prostitution, Diebstahl, Verstöße gegen Arbeitsverpflichtung). Dazu kommt eine Ergänzung, die der Behörde großen Interpretationsspielraum gab: Wenn »nach der Natur des strafbaren Tatbestandes eine missbräuchliche Ausnützung der Begünstigungen dieses Bundesgesetzes anzunehmen ist« (§ 15, Abs. 2 OFG), hat diese Person keinen Anspruch auf Ausstellung einer Amtsbescheinigung oder eines Opferausweises.

Im Gegensatz zu Opfern nach § 1 Abs. 1 OFG haben Opfer nach § 1 Abs. 2 OFG – darunter fallen auch als »Asoziale« verfolgte Personen – nur dann einen Anspruch auf die Ausstellung einer Amtsbescheinigung, wenn eine »Gesundheitsschädigung, durch die die Erwerbsfähigkeit nach den Bestimmungen des Kriegsopferversorgungsgesetzes 1957 um mindestens 50 v. H. gemindert ist«, besteht. Das von Jabloner et al. (2003, 425) getroffene Fazit über den Zugang zu Rentenleistungen nach dem OFG gilt daher auch noch nach den seither stattgefundenen Novellierungen des OFG: »In diesem Bereich berücksichtigt das OFG in besonders hohem Maße nur den Anlass der Schädigung, nicht jedoch deren Konsequenzen für die NS-Opfer.«

Nach dem OFG sind auch einmalige Entschädigungsleistungen für Haft, Freiheitsbeschränkungen, Berufs- und Ausbildungsschäden, Leben im Verborgenen »unter menschenunwürdigen Bedingungen« sowie das Tragen des Judensterns für InhaberInnen einer Amtsbescheinigung oder eines Opferausweises vorgesehen (vgl. §§ 13a–14d OFG). Doch auch hier war Haft nicht gleich Haft. So wurden lange Zeit etwa die Lager für Roma und Sinti wie Lackenbach im Burgenland oder Maxglan in Salzburg nicht als entschädigungsbegründende Orte von Haft anerkannt.

Zuerkannte Anspruchsberechtigungen wurden bei Annahme einer anderen Staatsbürgerschaft, bei einer Verurteilung nach dem Strafgesetzbuch oder missbräuchlicher Verwendung wieder abgesprochen (vgl. § 15 OFG).

Es brauchte 50 Jahre, bis ein erster Schritt in der Anerkennung von sogenannten »Asozialen« als Opfer des NS-Regimes durch das Nationalfondsgesetz gesetzt wurde. Mit der Errichtung des »Nationalfonds der Republik Österreich für Opfer des Nationalsozialismus« im Jahr 1995 wurden erstmals aus dem OFG ausgeschlossene Opfergruppen wie Opfer der Euthanasie, Zwangssterilisierung, als Homosexuelle und auch als »Asoziale« Verfolgte ausdrücklich als Opfer des Nationalsozialismus anerkannt. Das »Bundesgesetz über den Nationalfonds der Republik Österreich für Opfer des Nationalsozialismus« (BGBl. 432/1995) entstand in einem gesellschaftspolitischen Klima eines heftig geführten Diskurses über die Mitschuld Österreichs an den Verbrechen des nationalsozialistischen Regimes (Stichwort: Waldheim-Affäre; Entschuldigung des damaligen Bundeskanzlers Dr. Franz Vranitzky vor der Knesseth). Es ist nicht nur Ausdruck des Bekenntnisses der Verantwortung Österreichs (vgl. Immler 2011, 53), sondern auch Ausdruck eines anderen Opferverständnisses. Die Opfer der nationalsozialistischen Verfolgung mit österreichischem

Hintergrund[552] erhielten nach positiver Prüfung eine symbolische Gestezahlung von 7.000 US-Dollar sowie später, mit der Errichtung des »Allgemeinen Entschädigungsfonds«[553] weitere Entschädigungsleistungen für materielle Verluste.[554]

Wie viele als »Asoziale« verfolgte Personen oder deren Angehörige beim Nationalfonds um Entschädigung angesucht haben, konnte nicht eruiert werden, weil der Nationalfonds die Antragstellenden nicht nach Opfergruppen erfasst. Laut Information des Nationalfonds gibt es nur in Einzelfällen, nämlich bei sechs Antragstellenden, einen Hinweis auf den Verfolgungsgrund »Asozialität«.[555]

2.2 Praxis der Anerkennung als Opfer des Nationalsozialismus

Als »Asoziale« verfolgte Personen waren bis 2005 von Leistungen der Opferfürsorge (OF) ausgeschlossen. Wir vermuteten, dass dennoch einige bereits zuvor Anträge gestellt haben.[556] Uns interessierte, wie viele dieser Frauen und Männer als Opfer des Nationalsozialismus anerkannt wurden und Leistungen nach dem OFG erhalten haben. Unser Augenmerk lag dabei auf der behördlichen Praxis: Wie gingen die Behörden mit diesen Anträgen um? Wann wurden

552 Ähnlich der Regelung im OFG mussten die Opfer entweder per Stichtag 13.3.1938 die österreichische Staatsbürgerschaft besessen oder zumindest 10 Jahre in Österreich gelebt haben. Deren Kinder, die vor dem 9.5.1945 in einem Konzentrationslager geboren wurden, waren ebenfalls anspruchsberechtigt (vgl. § 2, Abs. 2 Nationalfonds-Gesetz).

553 Bundesgesetz über die Einrichtung eines Allgemeinen Entschädigungsfonds für Opfer des Nationalsozialismus und über Restitutionsmaßnahmen (BGBl. I, Nr. 12/2001).

554 Im Zeitraum 1995 bis Oktober 2018 erfolgten 30.775 Gestezahlungen (Anträge: 31.483), 93 Zahlungen aus dem Härteausgleichsfonds, 48 Zahlungen aus dem »Raubgoldfonds«, 24 Auszahlungen aus Kunstverwertungserlösen und 20.347 Auszahlungen sowie 19.596 Nachzahlungen an Mietrechtsentschädigung (vgl. https://www.nationalfonds.org/statistik–opferanerkennung.html, abgerufen am 1.3.2019).

555 Vgl. Antwortschreiben des Nationalfonds vom 19.11.2015 an Brigitte Halbmayr. Wir übersandten dem Nationalfonds eine Liste von uns bekannten als »Asoziale« Verfolgten. Lediglich acht Personen aus dieser Liste haben einen Antrag gestellt, wobei diese laut eigenen Angaben politisch, als Angehörige der Kärntner SlowenInnen bzw. der Roma und Sinti verfolgt wurden.

556 Auch Berger et al. (2004, 264ff.) identifizierten einige Verfahren, in denen Personen wegen sogenannter »Asozialität« Leistungen nach dem OFG beantragten. Der Anteil dieser Gruppe an ihrem untersuchten Gesamtsample (3.150 Verfahren) lag zwischen 0,2 und 0,5 Prozent.

Anträge genehmigt bzw. abgelehnt? Wie argumentierten die Opfer bei der Antragstellung und in den Berufungen? Lassen sich Muster in der Behandlung solcher Anträge erkennen? Etc.[557]

Abgewiesene Anträge mangels »hinreichenden Einsatzes gemäß § 1 OFG«

Tatsächlich haben nur sehr wenige Frauen, die wegen sogenannter Asozialität in den Konzentrationslagern Ravensbrück und/oder Uckermark inhaftiert waren, einen Opferausweis (OA) oder eine Amtsbescheinigung (AB) beantragt, deren Zuerkennung wiederum Voraussetzung für den Erhalt einer Haftentschädigung oder einer Opfer- bzw. Unterhaltsrente ist. Insgesamt fanden wir 27 Opferfürsorgeakten von als »asozial« verfolgten Frauen. In vier Fällen wurden Anträge von Angehörigen der Opfer (Kinder, Mutter) gestellt, weil das Opfer die KZ-Haft nicht überlebt hatte. Nur wenigen Anträgen, nämlich insgesamt fünf, war Erfolg beschieden, 19 Anträge wurden abgelehnt bzw. »nach Aufklärung« zurückgezogen.[558] Somit wurde nur weniger als ein Fünftel der Antragstellerinnen (18,5 Prozent) als Opfer des Nationalsozialismus im Sinne des OFG anerkannt und erhielt eine Amtsbescheinigung. Damit liegt die Erfolgsrate bei der Verfolgtengruppe »Asoziale« deutlich unter der von der Historikerkommission für alle Opfergruppen berechneten (Jabloner et al. 2003, 421): Demnach endeten knapp über 60 Prozent der Verfahren mit einer Zuerkennung, ein Viertel wurde abgelehnt, wobei zwei Drittel

557 Da es den zeitlichen/budgetären Rahmen des Forschungsprojektes bei Weitem gesprengt hätte, konnten wir nicht im Gesamtbestand der Opferfürsorge in den jeweiligen Landesarchiven suchen. Wir beschränkten uns daher auf die Bundesländer Wien und Oberösterreich. Die Wahl auf Wien fiel deswegen, weil die Mehrzahl der als »asozial« Verfolgten aus Wien kam. Oberösterreich wählten wir aus, weil im dortigen OF-Bestand leicht nach verschiedenen Kriterien – darunter auch nach dem Haftgrund – durchsucht werden konnte. In die Analyse aufgenommen wurden dann jene OF-Akten, auf die die Suchkriterien »asozial«, »Gleink«, »Ravensbrück« und/oder »Uckermark« zutrafen. In Wien schränkten wir die Recherche auf jene 175 Personen ein, die uns im Sommer 2017 zum einen bereits als »asozial« Verfolgte bekannt waren und zum anderen entweder im Frauenkonzentrationslager Ravensbrück und/oder im Jugendkonzentrationslager Uckermark inhaftiert gewesen waren. Das Wiener Stadt- und Landesarchiv (WStLA) recherchierte anhand dieser Namensliste, ob Opferfürsorgeakten vorlagen.

558 Bei drei weiteren Anträgen ist der Ausgang unklar, weil keine entsprechenden Informationen im Akt zu finden waren.

der Anträge von WiderstandskämpferInnen und nur rund 57 Prozent jener von Verfolgungsopfern positiv beschieden wurden. Aus der von Jabloner et al. (2003) festgestellten Privilegierung von aktiven WiderstandskämpferInnen lässt sich schließen, dass die Gruppe der »Asozialen« im Vergleich zu anderen nicht-politischen, aber vom OFG anerkannten Opfern deutlich stärker benachteiligt war und hier durchaus vom Fortwirken der Stigmatisierung und Ausgrenzung gesprochen werden kann.

Die in den Ablehnungsbescheiden angeführten Begründungen verweisen auf die problematische Opferdefinition im OFG und ebenfalls auf die von Jabloner et al. (2003, 420) konstatierte Problematik der äußerst restriktiven Bestimmungen, wie sie im § 15 des OFG festgelegt sind. In der Mehrzahl wurden die Anträge auf Entschädigungsleistungen abgewiesen, weil die Antragstellerinnen nicht als Opfer im Sinne des § 1, Abs. 1 und 2 anerkannt wurden. Bei vielen dieser Bescheide findet sich der Zusatz, dass von einer Anerkennung Abstand genommen werden musste, weil ungetilgte Vorstrafen vorlagen. Dabei unterscheiden weder der Gesetzgeber noch die entscheidende Behörde zwischen Verurteilungen während der NS-Zeit und Nachkriegsverurteilungen. So werden Vorstrafen wegen Arbeitsvertragsbruch gleichgestellt mit Verurteilungen in der Zweiten Republik. Im Folgenden wird der Fall Helene O. genauer dargelegt, weil er – paradigmatisch für viele weitere – das Vorgehen der Behörden illustriert:

Helene O., geb. 1903, stellte ihren ersten Antrag auf Anerkennung als Opfer des Nationalsozialismus im März 1947. Bis 1961 suchte sie insgesamt acht Mal um Anerkennung als Opfer bzw. auf Zuerkennung einer Haftentschädigung an. In ihrem ersten Ansuchen um Genehmigung einer Opferfürsorgerente begründete sie dieses folgendermaßen:

> »Wurde am 12.I.1943 von der Wiener Gestapo als politisch unzuverlässlich, laut Schutzhaftbefehl wegen Wehrkraftzersetzung in das Konzentrationslager Ravensbrück bis zum Kriegsende interniert. In der Haft zog ich mir, die bisher vollkommen Gesunde, einen chronischen Bauchkatarrh nebst Nervenleiden zu. Heimgekehrt stand ich vor dem Nichts, da meine Wohnung, 19. Obkirchergasse 10, während meiner Haftzeit bei einem Fliegerangriff vollkommen zerstört wurde.«[559]

559 Ansuchen Helene O. an das Magistratische Bezirksamt, Wien 19 vom 22.3.1947 (WStLA, M.Abt. 208, Bestand 1.3.2.208 A36, E/00510/61).

Das Magistratische Bezirksamt veranlasste daraufhin eine amtsärztliche Untersuchung, eine Abfrage des Strafregisters, die Vorladung von drei Zeuginnen (Therese Christian, Marie Hrybal, Anna Mistinger) sowie die Zusendung des Strafaktes. Im Ermittlungsverfahren bestätigten zwei Zeuginnen, dass Helene O. wegen Wehrkraftzersetzung inhaftiert war, eine Zeugin gab »Arbeitsverweigerung« als Grund an. Der Referent der Bezirksbehörde kam im Ermittlungsverfahren zum Schluss (10. Mai 1948): »Die Voraussetzungen gem. § 1 (1) lit e) des O. F. G. sind gegeben. [...] Es ist anzunehmen, dass die Arbeitsverweigerung als Wehrkraftzersetzung aufgefasst wurde und erstere erfolgte, um den unter § 1, (1) O. F. G. angeführten Zielen den Weg zu bahnen.« Die Magistratsabteilung (MA) 12, zuständig für die Opferfürsorge, beschied jedoch am 20. Mai 1948 gegenteilig. Frau O. wurde 14 Monate nach Antragstellung mitgeteilt: »Mangels hinreichenden Nachweises eines Einsatzes gem. § 1 Abs. 1 des obzitierten Gesetzes, musste der Antrag abgewiesen werden.« Obwohl sie um Opferfürsorgerente ansuchte, wurde im Bescheid der MA 12 lediglich auf ihren Opferstatus eingegangen, aber durch die Nichtanerkennung als Opfer konnte auch keine Rente gewährt werden. Eine solche wäre wohl aufgrund des amtsärztlichen Gutachtens auch nicht zuerkannt worden. Der Amtsarzt Dr. Neugebauer konnte keinen Zusammenhang der schweren Gesundheitsschädigung mit der KZ-Haft herstellen, denn im Falle einer derartigen Verursachung, wäre bereits im Konzentrationslager eine längere Behandlung im dortigen Krankenhaus/Revier notwendig gewesen, so seine eigenartige Argumentation.

Der darauffolgende Antrag auf Wiederaufnahme des Verfahrens und der Berufung blieb erfolglos. Die Behörde begründete die Ablehnung erneut mit der Verurteilung zu drei bzw. fünf Monaten Gefängnis wegen Arbeitsvertragsbruchs.[560] In der Berufung gegen diesen Bescheid schilderte Helene O. erstmals, wie es zur zweiten Verhaftung durch die Gestapo und ihrer Überstellung nach Ravensbrück kam:

> »Nach meiner Entlassung aus dem Landesgericht II. wurde ich nach der Pionierkaserne Klosterneuburg (Kantine) dienstverpflichtet, wo ich Gelegenheit hatte, mit Wehrmachtsangehörigen in Kontakt zu treten. All die vergangene Zeit bemühte ich mich,

560 Bescheid Magistrat der Stadt Wien als Amte der Landesregierung, M. A. 12 Referat Opferfürsorge vom 8.5.1949, WStLA, M.Abt. 208, Bestand 1.3.2.208 A36, E/00510/61.

mir fehlende Unterlagen und Zeugen über diese meine Tätigkeit namhaft und ausfindig zu machen, doch leider ergebnislos. Nach meiner neuerlichen Verhaftung, durch die Gestapo, wurde ich laut Schutzhaftbefehl (Wehrkraftzersetzung) in das K. Z. Ravensbrück überstellt.«[561]

In eben dieser – erfolglosen – Berufung thematisierte sie ihre Überstellung ins Vernichtungslager Uckermark aufgrund ihres angegriffenen Gesundheitszustands. Der Ermordung sei sie nur durch den Anmarsch der Alliierten entkommen. Zudem sprach sie ihre äußerst prekären Bedingungen – Helene O. stand kurz vor der Delogierung – nach ihrer Rückkehr nach Wien an. Doch Frau O. gab nicht auf. Sie brachte neun weitere Zeuginnen bei, darunter namhafte wie Rosa Jochmann, die die politischen Gründe ihrer Inhaftierung bestätigten. Um eine lange Geschichte kurz zu erzählen: In den Ablehnungen dieser wie sämtlicher weiterer Anträge war der Zweifel an der politischen Motivation Helene O.s zentral. Damit wurde auch den Aussagen eines Großteils der Zeuginnen kein Glauben geschenkt. Mit einer Ausnahme bestätigten alle, dass Helene O. in Ravensbrück den roten Winkel der politischen Häftlinge getragen habe. Als Beweis legte die Behörde – und das entbehrt nicht einer gewissen Pikanterie – den Gauakt Nr. 284776 vor, in dem Erhebungen der NSDAP-Ortsgruppe Aresbach über das Privatleben und die politische Betätigung von Helene O. zusammengefasst sind. In diesem heißt es, dass Frau O. »weder im positiven noch im negativen Sinne« politisch aufgefallen sei. Damit schenkte man der NSDAP mehr Glauben als dem Opfer und den Zeuginnen. In der Begründung nicht angeführt sind jene Verurteilungen wegen »Diebstahls minderer Art«, die ex lege eine Ablehnung gerechtfertigt hätten. Die Begründung attestierte damit auch die Rechtmäßigkeit des Vorgehens der nationalsozialistischen Behörden. Wie immer man Arbeitsvertragsbruch im Kontext der nationalsozialistischen Herrschaft betrachten mag – als Verletzung bestehender Gesetze oder als Renitenz und Form des Widerstands –, allein der Umstand, dass Frau O. nach Verbüßung ihrer Haftstrafe in das Konzentrationslager deportiert wurde, wäre zu hinterfragen gewesen, weil dies im Ermessensspielraum der Polizei lag und keinerlei richterlicher

561 Berufung von Helene O. gerichtet an das Bundesministerium für soziale Verwaltung bei der Magistratsabteilung 12, Wien I. Bz. vom 15.V.1949, WStLA, M.Abt. 208, Bestand 1.3.2.208 A36, E/00510/61.

Grundlage bedurfte. Die Polizei – ob nun Kriminalpolizei oder Gestapo – agierte auf Basis des »Grundlegenden Erlasses über die vorbeugende Verbrechensbekämpfung durch die Polizei«[562], welcher es ermöglichte, »Gewohnheitsverbrecher«, »Asoziale«, »Homosexuelle« und alle, die als »gemeinschaftsfremd« eingestuft wurden, »präventiv« in Polizeigewahrsam zu nehmen und/oder ins Konzentrationslager zu deportieren, ohne dass hierfür ein richterlicher Beschluss oder ein (neuerliches) Vergehen vorlag. Weder das OFG noch die vollziehenden Behörden im Nachkriegsösterreich hinterfragten diese Praxis.

Der OF-Akt endet mit einem Aktenvermerk vom 15. Mai 1962, wonach Frau O. vor Ende der Verhandlung die Sitzung verließ. Und: »[D]a von der Partei eine bescheidmäßige Erledigung nicht verlangt wurde, ist weiter nichts zu veranlassen.« Daraus lässt sich die Frustration von Frau O. nach 14-jährigem erfolglosen Bemühen um Anerkennung als Opfer und Entschädigung erahnen.

Der Fall von Helene O. ist kein Einzelfall. Es waren allerdings nicht alle Frauen, denen keine Leistungen der Opferfürsorge zuerkannt wurden, derart hartnäckig. Die Mehrzahl der Anerkennungsverfahren und Entschädigungsanträge zogen sich über Jahre hinweg. Zum einen, weil jede Leistung gesondert beantragt werden musste und sich die Frauen – so wie Helene O. – nicht mit den negativen Bescheiden abfanden. Nicht wenige Opfer stellten in einem Zeitraum von fünf bis 32 Jahren immer wieder Anträge, seien es Ansuchen um Zuerkennungen, um Wiederaufnahme oder um Nachsicht. Aus vielen dieser Anträge lässt sich die prekäre ökonomische Situation der Antragstellerinnen herauslesen. Frau O. stand kurz vor der Delogierung und war fünf Mal wegen »Diebstahls minderer Art« verurteilt worden. Zum anderen aber dauerten die einzelnen Verfahren selbst sehr lange. Die im Bericht der Historikerkommission angegebene durchschnittliche Verfahrensdauer von 13 Monaten bei allen bzw. von 15 Monaten bei den Verfolgungsopfern (vgl. Jabloner et al. 2003, 421) ist in Bezug auf unsere Untersuchungsgruppe nur in wenigen Ausnahmefällen unterschritten worden. Grund für die lange

562 »Grundlegender Erlaß über die vorbeugende Verbrechensbekämpfung durch die Polizei« vom 14.12.1937 (abgedruckt in Ayaß 1998, 94–98). Dieser baute wiederum auf der »Verordnung des Reichspräsidenten zum Schutz von Volk und Staat« aus dem Jahr 1933 auf, mit dem viele Menschenrechte wie Meinungs- und Pressefreiheit, Verbot der Einschränkung der persönlichen Freiheit oder Unverletzlichkeit der Wohnung außer Kraft gesetzt wurden.

Verfahrensdauer war, dass selbst bei bereits anerkannten Opfern des Nationalsozialismus bei weiteren Anträgen die Fakten aufs Neue geprüft wurden – es wurden abermals Strafregisterauszüge, Anfragen beim International Tracing Service (ITS)[563] (deren Beantwortung teils länger als ein Jahr dauerte), Meldedaten etc. eingeholt. Jabloner et al. (2003, 422) betrachten dieses vom Gesetz nicht ausdrücklich vorgesehene mehrstufige Verfahren als »Schikane«. Diese »Schikanen« betrafen jedoch alle Opfergruppen und nicht lediglich die Gruppe der als »asozial« Verfolgten.

Besonders deutlich wird in dem eben beschriebenen Fall, dass das OFG und in Folge die umsetzenden Behörden sich bei der Anerkennung als NS-Opfer ausschließlich an den Motiven der nationalsozialistischen Machthaber, die zur Inhaftierung führten, orientierten und weder deren Betrachtungsweise noch die rechtlichen Strukturen eines Unrechtsregimes hinterfragten. Obwohl die NS-Dienstpflichtverordnung von der ersten provisorischen Nachkriegsregierung nach dem Reichsüberleitungsgesetz 1945 als »typisches Gedankengut des Nationalsozialismus« bezeichnet wurde (Berger et al. 2004, 267), führte dies nicht zu einer Anerkennung der Arbeitsverweigerung als politischen Akt, der einen Opferstatus nach dem OFG begründet hätte. Damit wurden auch Stigmatisierung und Benachteiligung von ohnehin gesellschaftlich marginalisierten Gruppen wie den sogenannten Asozialen, den »Arbeitsscheuen« fortgeschrieben. Dies hatte ökonomische und psychosoziale Folgen. Vom Staat nicht als Opfer anerkannt zu werden, impliziert die Rechtmäßigkeit der Verfolgung und eine Schuldverortung beim Opfer. Es erfolgt damit nicht nur eine erneute gesellschaftliche Ausgrenzung, es wird auch die Heilung vom Trauma der Verfolgung erschwert, die maßgeblich – wie etwa Hans Keilson (1979 und 1992) oder David Becker (2006) herausgearbeitet haben – vom Umgang der Gesellschaft mit dem Trauma und der vorgefundenen Situation nach der Befreiung beeinflusst ist. Helene O., die zum Zeitpunkt der Verfolgung bereits eine erwachsene Frau war, spricht von »Schikanen«, davon, dass sie vom Regen (KZ) in die Traufe (Nachkriegswien) kam. Leopoldine Sch. empörte sich ebenfalls über

563 Der Internationale Suchdienst (ITS – International Tracing Service) ist ein Archiv und Dokumentationszentrum über NS-Verfolgung, in dem sich heute mehr als 30 Millionen Dokumente über ehemals Verfolgte und Informationen zur Inhaftierung, Zwangsarbeit sowie der Nachkriegsunterstützung durch die Alliierten befinden (https://www.its-arolsen.org, abgerufen am 1.3.2019).

die Nichtanerkennung als Opfer und weist in ihrer Berufung die Stigmatisierung als »Asoziale« entschieden zurück: »Ich finde es infam, mich als asoziales Element hinzustellen.«[564] Noch schwerwiegender muss wohl der Umgang des offiziellen Österreich für die vielen Jugendlichen in dieser Verfolgtengruppe gewesen sein.

Wie restriktiv manche Behörden/BeamtInnen das Gesetz ausgelegt haben und wie wenig sich die Behörden, einschließlich der Opferfürsorgekommissionen, an den Folgen der Verfolgung orientiert haben, verdeutlicht die Behandlung von Anträgen von Hinterbliebenen auf Anerkennung als Opfer oder Zuerkennung einer Haftentschädigung bzw. Unterhaltsrente. Selbst wenn die Mütter im Konzentrationslager umgekommen waren, sahen die Behörden keine Veranlassung zur An- oder Zuerkennung. Die Kinder wurden damit in Sippenhaftung genommen, wie die Beispiele von Herta B. und Alfred P. belegen. Das Bezirksjugendamt für den 21. Bezirk stellte im Namen der minderjährigen Herta B. beim Opferfürsorgereferat der Stadt Wien die Anfrage, ob die Minderjährige Anspruch nach dem OFG stellen kann, weil die Kindesmutter Rosa B. wegen »liederlichen Lebenswandels (Prostituierte)« im KZ war. Der Antrag auf Ausstellung eines Opferausweises wurde infolge zurückgezogen, aber sieben Monate später (Dezember 1952) stellte das Jugendamt einen Antrag auf Haftentschädigung. Dieser wurde mit der Begründung, die Kindesmutter und die Antragstellerin (geboren 1937!) hätten zum Zeitpunkt der Verfolgung noch keine zehn Jahre in Österreich gelebt und damals auch nicht die österreichische Staatsbürgerschaft besessen, abgelehnt. Der Berufung, in der die gesetzliche Vertretung von Herta B. damit argumentierte, dass die Mutter immerhin 8,5 anstelle der geforderten zehn Jahre in Wien gelebt hätte und die Rentenwerberin aufgrund ihres Alters die Bedingungen nicht erfüllen könne, aber 1948 eingebürgert worden sei, wurde nicht stattgegeben. Das Bezirksjugendamt wies auch darauf hin, dass es extrem schwierig sei, weitere Unterlagen beizubringen, da sämtliche Angehörige der Minderjährigen verstorben waren. Auch dem Ansuchen um Nachsicht leistete die Opferfürsorgekommission nicht Folge. Als Erwachsene versuchte Herta B. erneut, eine Haftentschädigung nach ihrer Mutter zu bekommen. Sie stellte nicht nur einen Antrag, sondern bat auch den

564 Berufung (undatiert; Eingangsstempel MA 12 17.8.1983), Bl. 120, OF-Akt von Leopoldine Sch., WStLA, M.Abt. 208, A36, G. Zl. 42756.

Bundespräsidenten um Unterstützung. Der Haftentschädigungsantrag wurde erneut abgelehnt (1966).

Interessant ist bei allen Bescheiden, dass die Behörde ihre Ablehnungen ausschließlich mit der fehlenden Wohn-/Staatsbürgerschaft begründete, aber nie auf den Umstand der Inhaftierung wegen »liederlichen Lebenswandels« zurückgriff. Ob dies aufgrund einer Zeuginnenaussage geschah, wonach Rosa B. in Ravensbrück den roten Winkel trug, oder doch eher, weil es bürokratisch einfacher war, sich auf das gesicherte Faktum der Staatsbürgerschaft zu stützen, muss offenbleiben. Weder die Folgen für das unmittelbare Opfer (Tod) noch die Folgen für das mittelbare Opfer wurden für die Entscheidungen in Betracht gezogen. Auf eine ähnliche bürokratische Voraussetzung berief sich das Opferfürsorgereferat der Stadt Wien im Falle von Alfred P., Sohn der in Ravensbrück umgekommenen Maria P. Hier argumentierte die Behörde damit, dass die Kindesmutter nie allein für den Sohn aufgekommen sei und Alfred zudem Waisenrente nach seinem im März 1945 gefallenen Vater erhalten habe. »Da der Lebensunterhalt des Adolf P. nicht vom Opfer Maria P., sondern von seinem Vater bestritten wurde [...], war der Antrag spruchgemäß abzuweisen.«[565] Die Behörde hinterfragte zum einen nicht, ob der Vater tatsächlich allein für den Unterhalt des Sohnes gesorgt hatte. Zum anderen werden damit Haushaltsführung, Erziehungs- und Beaufsichtigungsaufgaben nicht als Teil der Reproduktion gewürdigt. Auch die Berufungen und weiteren Ansuchen – das letzte vom Februar 2009 an das Bundesministerium – blieben erfolglos. Die Behörde hatte in beiden Fällen getreu nach den Buchstaben des Gesetzes gehandelt. Das OFG hat hier einer selektiven Anerkennungspraxis Vorschub geleistet, die nochmals durch die Verweigerung der Nachsicht durch die Opferkommissionen verschärft wurde.

An- und Zuerkennungen

Wie oben bereits erwähnt, wurden lediglich weniger als ein Fünftel der Anträge positiv beschieden. Worin unterscheiden sich nun die positiv beschiedenen Anträge auf Anerkennung als Opfer bzw. Zuerkennung einer Haftentschädigung und anderer Leistungen nach dem OFG von den abgelehnten Fällen?

565 Bescheid der MA 12 vom 24.5.1972, WStLA, M.Abt. 208, OF-Akt von Alfred P. Bestand 1.3.2.208 A36, G.Zl. 22517.

Die Aktenanalyse ergibt, dass in drei von fünf Fällen die Anträge auf Zuerkennung des Opferstatus bzw. nach Leistungen nach dem OFG zunächst entweder vollständig (Hermine Sch. und Therese St.) oder teilweise (Käthe Anders) abgelehnt wurden. Das heißt, lediglich in zwei Fällen bedurfte es keinerlei Berufungen und Ansuchen um Nachsicht. Im Folgenden werden die fünf »Verfahren« (bezogen auf die Antragstellerinnen) kurz umrissen, um das unterschiedliche Vorgehen der Behörden zu illustrieren:

Therese St., inhaftiert wegen »Arbeitsentziehung«, erging es zunächst so wie Frau O. (und Herta B. als Angehörige eines Opfers). Ihre zahlreichen Ansuchen um Anerkennung als Opfer bzw. Zuerkennung einer Entschädigung wurden bis in die 1970er Jahre mit der Begründung abgewiesen, dass sie, zum einen, zum Zeitpunkt der Verfolgung keine österreichische Staatsbürgerin gewesen war (auch noch keine zehn Jahre hier gelebt hatte) und sie, zum anderen, ihre Haft in Ravensbrück nicht nachweisen konnte. Die Bezeugungen von Rosa Jochmann und Anna Vavak stufte die Behörde als nicht ausreichend ein. Im August 1978 stellte Frau St., die in sehr ärmlichen Verhältnissen lebte, ein Ansuchen um Nachsicht, das schließlich gewährt wurde. Im Jänner 1979 wurde ihr auf Erlass des Sozialministeriums eine Amtsbescheinigung ausgestellt, im April erhielt sie eine Entschädigung für 19 Monate Haft im KZ Ravensbrück.[566]

Hermine Sch.s Antrag vom 16. September 1953 auf Anerkennung als Opfer wurde wegen Fristversäumnis abgelehnt und auch die Berufung wurde zwei Jahre später abgewiesen.[567] Erst als ein Pfarrer, der ebenfalls ein KZ-Häftling war, für sie bei der Oberösterreichischen Landesregierung intervenierte und nachzuweisen versuchte, dass Frau Sch.s Weigerung, in St. Valentin Lokomotiven zu putzen, politisch motiviert war, revidierte die Behörde ihre erste Entscheidung. Im Zuge des wieder aufgenommenen Verfahrens wurde eine Befragung von Zeuginnen zu Sch.s Inhaftierung veranlasst. Diese bestätigten unter anderem, dass Hermine Sch. in Ravensbrück den roten Winkel trug. Diesmal wurden, im Gegensatz zum weiter oben dargestellten Verfahren von Frau O., die einvernommenen Zeuginnen

566 Vgl. Bescheid des Amtes der Wiener Landesregierung, MA 12 vom 6.4.1979, OF-Akt Therese St., WStLA, M.Abt. 208, Bestand 1.3.2.208 A36, G.Zl. 46.672.

567 Vgl. Bescheid des Bundesministeriums für soziale Verwaltung vom 29.9.1955, OF-Akt Hermine Sch., OÖLA, Sch. 25, 1299/1-1953.

offensichtlich als glaubwürdig genug empfunden. Hermine Sch. erhielt schließlich für die Haftzeit vom 1. September 1943 bis 24. Februar 1945 im KZ Ravensbrück eine Haftentschädigung.[568]

Käthe Anders und Rudolfine B. wurden sofort als Opfer des Nationalsozialismus anerkannt. Die Amtsbescheinigung von Käthe Anders wurde 1949 ausgestellt, jene von Frau B. im Juni 1950. Dies verwundert, weil es in den Akten beider Frauen Dokumente gibt, die als Haftgrund auch »Arbeitsverweigerung« bzw. »Asozialität« ausweisen. Die Deportation in das Mädchenkonzentrationslager Uckermark war ein weiteres Indiz, dass die NS-Behörden das Verhalten der beiden jungen Frauen als »asozial« einstuften.

Interessant an Käthe Anders'[569] Geschichte ist, dass zunächst der politische Verfolgungshintergrund – gestützt durch die Verurteilung wegen Heimtücke – von der Behörde nicht hinterfragt wurde. Aufgrund fehlender Nachweise erhielt sie jedoch nur für die zehn Monate Haft im Gefängnis des Jugendgerichtshofs (JGH) eine Entschädigung.[570] Im Dezember 1981 beantragte Käthe Anders erneut eine Entschädigung für ihre Inhaftierung in der Uckermark. Zwei Anfragen beim ITS verliefen negativ, woraufhin Käthe Anders Familienangehörige als ZeugInnen nannte, die ihre Inhaftierung in der Uckermark bestätigen könnten. Diese wurden zwar befragt, aber ihre Aussagen nicht als Beweis anerkannt. Nun zweifelte man auch erstmals den politischen Hintergrund der Inhaftierung an, weil die von der Opferfürsorgebehörde im Wiener Stadt- und Landesarchiv (WStLA) durchgeführten Recherchen ergaben, dass Frau Anders am

568 Vgl. Bescheid der o. ö. Landesregierung vom 29.11.1958, OF-Akt Hermine Sch., OÖLA, Sch. 25, 1299/1-1953. Als Beleg für die Haftzeit konnte Frau Sch. einen Entlassungsschein der Kommandantur des KZ Ravensbrück vorlegen.

569 Käthe Anders wurde 1940 in das Erziehungsheim Juchgasse eingewiesen, nachdem sie von einer ihr zugewiesenen Arbeitsstelle flüchtete. Dort ritzte sie sich »Heil Moskau« auf die Hand, beschmierte Hitlerbildnisse und schrieb Zettel mit antifaschistischen Parolen (vgl. ORF-Radio-Sendung »Signale« – Zeitgenossen; 23.8.1989 u. 31.10.1990 [Wiederholung]). Damit verstieß sie gegen das Heimtücke-Gesetz (Jugendgerichtshof 85 Vr 37341, OF-Akt Käthe Anders, WStLA, M.Abt. 208, Bestand 1.3.2.208 A36, S 45i/49). Sie kam für 10 Monate ins Gefängnis (6.9.1940 bis 18.6.1941) und anschließend in das Erziehungsheim Hirtenberg, von wo sie im Juli 1942 in das »Jugendschutzlager« Uckermark überstellt wurde. Zu ihren Hafterfahrungen im KZ Uckermark vgl. Kapitel III.2.

570 Vgl. Bescheid des Amtes der Wiener Landesregierung, Referat Opferfürsorge vom 6.4.1953, OF-Akt Käthe Anders, WStLA, M.Abt. 208, Bestand 1.3.2.208 A36, S 45i/49.

»11.7.42 als asoziale Minderjährige dem Jugendschutzlager Uckermark, Bez. Fürstenberg« überstellt wurde. Daraufhin stellte Käthe Anders im August 1982 schließlich einen Antrag auf Gewährung der Haftentschädigung im Wege des Härteausgleichs beim Bundesministerium für soziale Verwaltung. Dieser wurde vom Referat Opferfürsorge aufgrund der prekären ökonomischen und gesundheitlichen Situation der Antragstellerin befürwortet. Eineinhalb Jahre später erhielt sie eine Entschädigung für die Haft in der Uckermark.[571]

Rudolfine B. gab in ihrem Antrag auf Anerkennung als Opfer des Nationalsozialismus im November 1949 an, aus »Abstammungsgründen« verfolgt worden zu sein.[572] Sieben Monate später erhielt sie die Amtsbescheinigung. Sie legte als Bestätigung Briefe aus dem KZ Ravensbrück und einige Freilassungsgesuche der Großmutter vor. Die Zuerkennung einer Entschädigung für 30 Monate Haft dauerte auch bei Frau B. länger, nämlich insgesamt 14 Monate. Wurde die Haftentschädigung zunächst für einen Zeitraum vom 9. Juni 1942 bis 26. April 1945 für die Inhaftierung in Auschwitz und Ravensbrück berechnet, erfolgte eine Revision aufgrund der Meldung der Polizeidirektion Wien, dass Rudolfine B. von der weiblichen Kriminalpolizei (WKP) am 24. November 1942 in das »Jugendschutzlager« Uckermark eingeliefert wurde. In der Folge des Entschädigungsverfahrens scheint trotz mehrerer Zeuginnenaussagen über die Inhaftierung in Auschwitz dieser Haftort nicht mehr auf. Anerkannt wurde daraufhin nur mehr die Inhaftierung vom 24. November 1942 bis Ende April 1945 in »KZ Uckermark-Ravensbrück«. Laut Bescheid würde über die Haftzeit von Juni bis November 1942 »gesondert entschieden«.[573] Dem Akt liegt jedoch kein entsprechendes Dokument bei. Sowohl die Einweisung durch die weibliche Kripo als auch die Überstellung in die Uckermark legen eine Verfolgung als sogenannte »Asoziale« nahe. Die Behörden stellten aber einen solchen Zusammenhang nicht her.

571 Bescheid des BM für soziale Verwaltung vom 9.2.1984, OF-Akt Käthe Anders, WStLA, M.Abt. 208, Bestand 1.3.2.208 A36, S 451/49.

572 Im Zugangsbuch des KZ Ravensbrück gibt es zwei Einträge zu Rudolfine B. In einem ist der Zugang aus Auschwitz am 16.9.1942 und im zweiten der Zugang aus dem »Jugendlager« am 17.2.1943 vermerkt. Bei beiden Einträgen ist als Haftgrund »asozial, Jüdin, Mischling« angegeben.

573 Vgl. Bescheid des Amtes der Wiener Landesregierung, MA 12 vom 30.9.1953, OF-Akt Rudolfine B., WStLA, M.Abt. 208, Bestand 1.3.2.208 A36, G.Zl. B 377/50 und B 568/52.

Hilda V. gehört zu jenen Antragstellerinnen, deren Ansuchen nicht nur sofort positiv, sondern auch innerhalb relativ kurzer Zeit (14 Monate) entschieden wurden.[574] In ihrem Fall scheint die Behörde außergewöhnlich unbürokratisch gehandelt zu haben. Und dies, obwohl Frau V. (wie Hermine Sch.) erst verspätet einen Antrag stellte. Außerdem lag dem Opferfürsorgereferat eine Auskunft der Polizeidirektion Wien vor, wonach Frau V. von der Kriminalpolizeistelle Wien im September 1943 in das »Jugendschutzlager« Uckermark deportiert wurde. Dies wäre ein deutlicher Hinweis gewesen, dass sie nicht (ausschließlich) aus »rassischen Gründen« inhaftiert wurde. Der Geburtsschein der Israelitischen Kultusgemeinde (IKG) dürfte demnach als ausreichender Beweis für Verfolgung aus Gründen der Abstammung gewertet worden sein. In diesem Verfahren gab es weder Befragungen von Zeuginnen noch wurden weitere Dokumente eingeholt. Über den Zuspruch einer Haftentschädigung für 22 Monate Haft wurde in weniger als sieben Monaten entschieden. Nach der 12. Novellierung des OFG, womit Überlebende um Entschädigung für unterbrochene Schul- und Berufsausbildungen ansuchen konnten, stellte Frau V. im Juli 1961 einen entsprechenden Antrag. Diesmal dauerte das Verfahren bis zum positiven Abschluss dreieinhalb Jahre, denn die Behörde prüfte nun auch, ob Vorstrafen vorliegen. In Folge dessen wurde die Antragstellerin aufgefordert, ihre Verurteilungen aus den Jahren 1946 und 1947 unter anderem wegen falscher Ausweispapiere, Haftentweichung, Nichtregistrierung, Entziehung vom Arbeitseinsatz und Diebstahl zu drei Monaten Kerker sowie zu vier Monaten Gefängnis tilgen zu lassen.

Es ist schwierig, anhand der eben geschilderten Verfahren Muster im Umgang der Behörden mit den Anträgen dieser fünf Opfer herauszulesen. Das im Abschnitt »Abgewiesene Anträge« herausgearbeitete sehr restriktive Vorgehen der befassten Behörden mit den Anträgen bestätigt sich hier nur in Bezug auf die Ansuchen von Frau St. (und abgeschwächt im Fall Hermine Sch.). Eine Gemeinsamkeit in den Verfahren von Käthe Anders, Rudolfine B. und Hilda V. ist, dass alle drei Opfer weitere Verfolgungsgründe belegen konnten und sie – vermutlich in Kenntnis der notwendigen Voraussetzungen für

574 Vgl. Bescheid des Magistrats der Stadt Wien als Amt der Landesregierung, Referat Opferfürsorge vom 8.4.1953 (OF-Akt Hilda V., WStLA, M.Abt. 208, Bestand 1.3.2.208 A36, G.Zl. 02826).

Zuerkennungen nach dem OFG – entweder Haftgründe wie »Arbeitsverweigerung« oder sogenannte »Asozialität« gar nicht erwähnten oder diese in Zusammenhang mit der Gegnerschaft zum NS-Regime darstellten. Die Behörden gingen in diesen Fällen anderweitigen Hinweisen, die eine Nicht-Zuerkennung begründen hätten können, nicht weiter nach. Daraus lässt sich schließen, dass die Behörden durchaus im Sinne der Opfer Widerstandsleistungen anerkannten und jene Verfolgungsgründe, die einen Anspruch auf Leistungen nach dem OFG sicherten, höher bewerteten, im Gesetz verankerte Aberkennungsgründe hingegen keine Rolle mehr spielten. Ähnlich dem weiter oben analysierten Muster des Rückzugs der Behörden in der Entscheidungsbegründung auf eindeutig belegbare Fakten[575] (wie die Staats- oder Wohnbürgerschaft), anstatt eine weitaus schwieriger nachweisbare politisch motivierte Arbeitsverweigerung zu berücksichtigen, schienen die Behörden auch jene Beweise zu favorisieren, die Zuerkennungen nach dem OFG erlaubten. Das in diesen Fällen wohlwollende Verhalten der Behörden zeigte sich unter anderem darin, dass sie die Antragstellerinnen über die Möglichkeit der Tilgung eventueller Vorstrafen informierten. Durch die weniger rigide Prüfung des Inhaftierungsgrundes waren die Verfahren auch deutlich schneller abgeschlossen. Zuerkennungen innerhalb von sieben Monaten – wie im Falle von Frau Rudolfine B. – sind äußerst selten. Dies verweist erneut auf die von mehreren AutorInnen konstatierte Privilegierung von Widerstandshandlungen und von »Abstammung« als Verfolgungsgrund (vgl. Jabloner et al. 2003; Bailer 2005, 67). Diese Unterschiede in den Verfahren sind nicht ausschließlich mit der Notwendigkeit der Einzelprüfung zu erklären, sondern ebenso mit dem Verhandlungsspielraum der Behörde und dem Wohlwollen der einzelnen BeamtInnen.

In Bezug auf die Bewertung von Zeuginnenaussagen ist insofern ein konsistentes Muster feststellbar, als Aussagen zum Verfolgungsgrund seltener als Beweis gewürdigt wurden als Bezeugungen der Haftzeit. Selbst Interventionen bzw. Bestätigungen von namhaften Persönlichkeiten wie Rosa Jochmann scheinen in Bezug auf Haft-

575 In den Ablehnungsbegründungen in den Fällen von Therese St. und Hermine Sch. zog sich die Behörde zunächst auch auf die fehlende Staats-/Wohnbürgerschaft bzw. auf die Fristversäumnis zurück. Teilweise wurde in der Begründung gar nicht auf den Haftgrund eingegangen.

gründe eher als Gefälligkeit denn wahrheitsgemäße Angabe gewertet worden zu sein. Der Ermessensspielraum der BeamtInnen kam hier besonders stark zum Tragen. Er zeigte sich ebenfalls bei der Entscheidung über Anträge auf Nachsicht oder Zuerkennung im Wege des Härteausgleichs. Besonders deutlich wird dies, wenn man die Entscheidungen der Behörden bei Helene O. und Therese St. vergleicht. Beide Frauen lebten in großer Armut und dennoch wurde nur letzterer Haftentschädigung zugesprochen. Aus den Akten lässt sich kein einziger Grund eruieren, warum in dem einen Fall der Antrag positiv, im anderen Fall negativ beschieden wurde.

Möglicherweise hat der Zeitpunkt der Antragstellung eine Rolle gespielt: Frau O. hatte das letzte Mal 1961 bis 1962 um Zuerkennung einer Haftentschädigung gekämpft, Frau Therese St. stellte den Antrag in den späten 1970er Jahren, wo sich das gesellschaftspolitische Klima gegenüber NS-Opfern zu wandeln begann. Der Wiederaufbau war geschafft und die ebenfalls schwierigen Existenzbedingungen von Kriegs- und Bombenopfern waren beseitigt; Entschädigungsleistungen für NS-Opfer waren in Folge weitaus seltener gesellschaftspolitisches Thema (vgl. Feichtlbauer 2005, 31). In Bezug auf die Entschädigung von Hinterbliebenen erhärtet sich diese These jedoch nicht (wie in den Fällen Alfred P. und Herta B. ersichtlich wird). Was auch immer die Gründe für die Zuerkennung der Haftentschädigung bei Therese St. waren, es war ein »Gnadenakt« und stellte keine eigentliche Anerkennung als Opfer des Nationalsozialismus dar.

Abschließend soll noch auf eine weitere Auffälligkeit hingewiesen werden, und zwar die Anrechnung von Haftzeiten. Freiheitsbeschränkungen durch eine Einweisung in (Arbeits-)Erziehungslager wurden nicht entschädigt. Folgt man den Akten, stellte kein einziges Opfer einen entsprechenden Antrag. Vermutlich wurden sie im Vorfeld bereits darüber informiert, dass diese nicht als Haft/Freiheitseinschränkung eingestuft werden oder die Antragstellenden vermieden dies selbst im Bewusstsein, dass »Arbeitserziehungslager« als weiterer Beleg für Vorliegen von »Asozialität« gewertet werden würde. Warum jedoch – mit Ausnahme von Frau Anders, die wegen einer Verurteilung einsaß – niemand eine Entschädigung für die Inhaftierung in Gefängnissen stellte, ist nicht erklärlich. So wurde beispielsweise Hermine Sch. bereits am 4. Mai 1943 verhaftet, ihre Haftzeit aber erst ab ihrer Überstellung in die Uckermark am 1. September 1943 berechnet, obwohl sie bis dahin durchgehend inhaftiert war. Festgehalten kann jedoch mit Jabloner et al. (2003, 423) werden, dass »Typisierungen und Schematisierungen« von Lagern »einer selektiven Anerkennungspraxis in besonderem Maße Vorschub [leisteten]« (vgl. auch Pfeil 2004, 252f.) und auch die Inhaftierung in Gefängnissen nach Verhaftungen wegen des Deliktes »Verweigerung der Dienstpflicht«[576] äußerst unterschiedlich entschädigt wurde.

Inwiefern kann von einer Kontinuität der Ausgrenzung und Diskriminierung von als »asozial« Verfolgten durch das OFG gesprochen werden?

Die Analyse der OF-Akten hat gezeigt, dass eine Fortschreibung der Ausgrenzung dieser Verfolgtengruppe zum einen im OFG grundgelegt ist, denn die vollziehenden Behörden hatten sich selbstverständlich an das Gesetz zu halten. Zum anderen erhöhten unbestimmte Rechtsbegriffe wie etwa »rückhaltloser Einsatz« oder »besonders schwere körperliche und seelische Leiden« als Entschädigungsvoraussetzung den behördlichen Ermessensspielraum in der Interpretation des Gesetzes (Berger et al. 2004, 213). Die behördliche Umsetzung des OFG hat, wie auch Pfeil (2004, 252f.) konstatiert, in den meisten Fällen die Zugangsbeschränkungen nochmals verstärkt. In Bezug auf die Entschädigungsleistungen schreibt Pfeil: »Stärker als bei anderen Fragen waren es hier aber offenkundig Praxis und Rechtsprechung, die für Restriktionen gesorgt haben.« (ebd., 255)[577] Daraus resultierten die sehr hohen Ablehnungsraten und die lange Verfahrensdauer. Besonders problematisch ist, dass die Behörde bei der Prüfung der Anträge vielfach Einschätzungen von NS-Behörden folgte. Zu einem ähnlichen Schluss kommen Berger et al. (2004, 263). Sie schreiben, dass sich gerade in Bezug auf Opfergruppen, die nicht unter das OFG fielen, sich diese Problematik besonders stark zeigt:

576 Verordnung zur Sicherstellung des Kräftebedarfs für Aufgaben von besonderer staatspolitischer Bedeutung vom 13.2.1939 (RGBl. I, S. 206) bzw. Erste Durchführungsanordnung zur Verordnung zur Sicherstellung des Kräftebedarfs für Aufgaben von besonderer staatspolitischer Bedeutung (Dienstpflicht-Durchführungsanordnung) vom 2.3.1939.

577 Eine ausführliche Evaluierung des OFG erfolgte durch den Juristen Walter Pfeil (2004). Dieser erachtet das OFG insgesamt für politisch, religiös und rassistisch Verfolgte als ein »echtes Entschädigungsgesetz« (ebd., S. 258), kritisiert jedoch die schwere Lesbarkeit des Gesetzes, den »selektiven und nicht immer konsistenten Opferbegriff« (ebd, S. 249) und die »selektive Anerkennungspraxis« durch die unterschiedliche Bewertung von Lagern (ebd., S. 253).

»Die OF-Behörden hielten sich bei den untersuchten Fällen in ihrer Entscheidungsfindung an die NS-Einschätzung. Die Umstände, dass die Häftlingskategorien im KZ-System nicht konsequent gehandhabt und ›Asozialität‹ bzw. Kriminalität zuweilen auch zur Stigmatisierung der Opfer vorgeschoben worden waren, blieben hierbei gänzlich unberücksichtigt.« (ebd.)

Zeuginnenaussagen wurde hingegen weitaus weniger Glauben geschenkt. Darin manifestiert sich ebenfalls die Kontinuität der Stigmatisierung. Gleichwohl zeigen die wenigen positiven Erledigungen, dass, wenn weitere für die Zuerkennung anerkannte Verfolgungsgründe vorlagen, diese als primäre Entscheidungsgrundlage herangezogen wurden. Insgesamt zeugen die OF-Akten davon, dass die entscheidenden BeamtInnen wenig Kenntnis über die Bedingungen in Konzentrationslagern hatten. Auch scheint es, dass sie wenig über die Strukturen im NS-Staat wussten und außerdem nicht, was zur Verfolgung führte. Weniger wohlwollend interpretiert könnte man jedoch auch sagen, dass sich die im NS-Staat gültigen bürokratischen Vorgaben nicht so stark von jenen vor und nach dem Krieg unterschieden und daher auch nicht auf ihren Unrechtsgehalt hin hinterfragt wurden.

Inwiefern die Gruppe der als »Asoziale« Verfolgten von österreichischen Behörden nach 1945 anders als andere nach dem OFG erst spät anerkannte Opfergruppen (z. B. Homosexuelle, Menschen mit Behinderung) behandelt wurde, kann nur mit Verweis auf andere Forschungen beantwortet werden. Demnach ist der Umgang mit jenen Gruppen, die nach dem OFG nicht als Opfer anerkannt wurden, relativ ähnlich (vgl. Berger et al. 2004). Fehlende Anträge auf Anerkennung als Opfer und Entschädigung nach der Ausweitung des Opferbegriffs im OFG im Jahr 1995 (Nationalfondsgesetz) und 2005 (Novelle des OFG) verdeutlichen jedoch, dass diese Novellierung um viele Jahre zu spät erfolgte. Der Großteil der Opfer dürfte diese Novellierung nicht mehr erlebt haben und somit blieb ihnen auch eine späte Anerkennung verwehrt.

Das OFG und dessen Umsetzung zeigen in Bezug auf die Gruppe der als »asozial« Verfolgten jene Versäumnisse auf, die Gerald Stourzh hinsichtlich des Umgangs der Republik Österreich mit der NS-Vergangenheit konstatiert:

»Nicht der Hinweis auf den Staat Österreich als Opfer Hitler'scher Aggression ist in Frage zu stellen. Etwas anderes ist kritisch zu kommentieren: erstens, jenseits rechtlicher Verantwortlichkeit das Fehlen der moralischen Einsicht, dass Scham für die Untaten von Landsleuten auch angebracht sein kann, bei welchen individuelle Schuld nicht vorliegt; und zweitens, die einer langen österreichischen Tradition entsprechende Übung zu judifizieren und juristisch, auch engherzig formalistisch, dort zu agieren, wo freiwillige Großzügigkeit, von weitsichtigem politischen Willen getragen, die bessere, weil moralisch überzeugendere Politik gewesen wäre.« (Stourzh 1998, 27, zit. nach Feichtlbauer 2005, 27)

Die Haltung aller österreichischen Regierungen bis 1990 war, dass Österreich selbst Opfer der nationalsozialistischen Aggressionspolitik gewesen sei. Dies fand ihren Widerhall sowohl im Umgang mit den Opfern des Nationalsozialismus als auch den TäterInnen.

3. AKTEUR GERICHT

Wie wir am Beispiel der Opferfürsorge gesehen haben, trugen gesetzliche Grundlagen und die Vollzugspraxis wesentlich zur Fortschreibung von Diskriminierung und Ausgrenzung von als »asozial« verfolgten Personen bei. Im Folgenden wird am Beispiel ausgewählter Gerichtsprozesse die Frage aufgerollt, inwiefern in den Ermittlungs- und Strafverfahren das Stigma der »Asozialität« auf die Verfahren selbst und deren Ausgang einwirkte.

3.1 Abriss zur Ahndung von Kriegsverbrechen in Österreich nach Kriegsende

Die legistischen Voraussetzungen für die Ahndung von Kriegsverbrechen wurden mit der Beschließung des Kriegsverbrechergesetzes (KVG) am 26. Juni 1945 durch die Provisorische Regierung geschaffen. Damit konnten unter anderem Taten wie »Kriegsverbrechen« (§ 1 KVG), »Quälerei und Misshandlungen« (§ 3 KVG) und »die Verletzung der Menschenwürde« (§ 4 KVG) verfolgt und bestraft werden. Hierfür wurden in den alliierten Zonen vier Volksgerichte als Schöffengerichte geschaffen (Wien, Linz, Graz und Innsbruck). Das Strafausmaß bestimmten jeweils zwei Berufsrichter und drei Laienrichter gemeinsam. Neben dem KVG waren das Verbotsgesetz und das österreichische Strafgesetz Grundlage für die Verurteilung. Die Verfahren erfolgten nach der österreichischen Strafprozessordnung, Rechtsmittel gegen die Anklage waren ebenso unzulässig wie Berufungen und Nichtigkeitsbeschwerden gegen die Beschlüsse des Volksgerichts. Die Urteile hatten sofort vollstreckt zu werden. Lediglich der Präsident des Obersten Gerichtshofs (OGH) konnte gerichtliche Entscheidungen vor den Senat des OGH bringen (vgl. Kuretsidis-Haider 2007, 324). Mit der Auflösung der Volksgerichte am 20. Dezember 1955, also kurze Zeit nach der Erlangung der staatlichen Souveränität Österreichs, entschieden Geschworenengerichte über Kriegsverbrechen (vgl. Toussaint 2007, 224). Laut der Forschungsstelle Nachkriegsjustiz am Dokumentationsarchiv des österreichischen Widerstandes (DÖW), die sich der umfassenden wissenschaftlichen Erforschung aller von

1956 bis 2008 nach dem Kriegsverbrechergesetz durchgeführten Verfahren widmet, wurden nach der Auflösung der Volksgerichtsbarkeit nur mehr wenige Prozesse geführt:

> »Seit 1956 wurde in 35 Fällen Anklage erhoben, es ergingen 20 Schuld- und 23 Freisprüche. Seit Ende 1975 fanden überhaupt keine Prozesse mehr statt; erst 1999 erfolgte wieder eine Anklageerhebung – gegen den Euthanasie-Arzt Heinrich Gross –, ohne dass ein Urteil gefällt werden konnte. Bezüglich all jener staatsanwaltschaftlichen und gerichtlichen Ermittlungen, die nicht in einer Anklage mündeten, ist jedoch nicht einmal ihre Anzahl bekannt. Die vom Innen- und Justizministerium seit den 1960er-Jahren zusammengestellten Register legen nahe, dass Hunderte weitere Verfahren eingeleitet, diese aber – oft erst nach mehrjährigen, intensiven Ermittlungen – eingestellt wurden.«[578]

Die Ermittlungs- und Strafverfahren sind in einem gesellschaftspolitischen Kontext des beginnenden Kalten Krieges ab 1948, einer Entnazifizierungspraxis, die bereits 1948 »kleine Nazis« und NSDAP-Mitglieder unter Exekutivbeamten und Juristen wiedereinstellte, aber auch im Kontext der unzureichenden Ausstattung an personellen, organisatorischen und materiellen Ressourcen der Volksgerichte zu betrachten. Diese Umstände hätten, so Toussaint (2007, 232ff.), dazu beigetragen, dass viele Strafverfahren eingestellt wurden und viele Vorerhebungen zu keiner Einleitung eines Strafverfahrens führten.[579] Dennoch, so betont die Forschungsstelle Nachkriegsjustiz, haben »zu Beginn der Zweiten Republik österreichische Gerichte eine im internationalen Vergleich beachtliche Leistung zur Ausforschung und Aburteilung von NS-Tätern vollbracht«.[580] Danach fanden nicht nur kaum mehr Gerichtsverfahren statt, sie endeten auch häufig, so Garscha (2000, 8), mit »skandalösen Freisprüchen«.

Bevor wir der Frage nachgehen, wie eventuelle Kontinuitäten der Ausgrenzung und Diskriminierung in den Prozessen gegen das Personal der Arbeitsanstalt Am Steinhof sowie im Ermittlungsverfahren gegen die Leitung und drei ErzieherInnen der Gauerziehungsanstalt

578 https://www.doew.at/erforschen/projekte/arbeitsschwerpunkte/nachkriegsjustiz, abgerufen am 1.3.2019.

579 Vgl. auch Forschungsstelle Nachkriegsjustiz des DÖW (http://www.nachkriegsjustiz.at/prozesse/volksg/index.php, abgerufen am 1.3.2019).

580 http://www.nachkriegsjustiz.at/prozesse/umgang/index.php, abgerufen am 1.3.2019. Vgl. auch Garscha 2000, 8.

Gleink sichtbar werden, soll ein kurzer Überblick über die Ergebnisse der justiziellen Ahndung in Strafverfahren gegen Ärzte/Ärztinnen und sonstiges medizinisches und pflegerisches Personal, Richter und FürsorgerInnen gegeben werden. Vorausgeschickt muss werden, dass die österreichische Ärzteschaft einen überdurchschnittlich hohen Anteil an sogenannten »Illegalen«, also Personen, die bereits zwischen 1933 und 1938 Mitglied der NSDAP waren, und an NSDAP-Mitgliedern und Mitgliedschaften in anderen NS-Organisationen aufwies (vgl. Czech 2017, 181).[581] Eine Entnazifizierung im Sinne einer Entlassung und eines Berufsverbots hätte daher die medizinische Versorgung ernsthaft bedroht, weshalb Czech (ebd., 186) zufolge das Staatsamt für Volksgesundheit entsprechende Bestimmungen nicht umsetzte. Die Entnazifizierung blieb nur Stückwerk. Viele konnten ihren Beruf trotz tiefer Involvierung bei der Umsetzung sogenannter »erbhygienischer« Maßnahmen wie Zwangssterilisation, medizinischer Experimente an Opfern, mittelbarer Beteiligung an Deportationen oder anderer Aktionen mit Todesfolge weiterhin ausüben. Teils tat dies auch ihren Karrieren keinen Abbruch (vgl. Spring 2007a, 2007b und 2009; Czech 2017; Fürstler/Malina 2004). Das bedeutete zudem, dass kein »radikaler Bruch« mit den ideologischen Grundlagen der NS-»Erbhygiene« aufgrund der nach wie vor im Amt befindlichen Ärzte und Ärztinnen stattfand.[582] Obwohl es eine Distanzierung zum nationalsozialistischen Gedankengut gab und auch Gesetze wie das »Ge-

581 Czech (2017, 181) zitiert Erhebungen von Michael Hubenstorf, denen zufolge 60,4 Prozent der österreichischen Ärzte/Ärztinnen der NSDAP oder einer ihrer Organisationen (z. B. dem Nationalsozialistischen Deutschen Ärztebund) angehörten.

582 Ähnlich verhielt es sich bei anderen medizinischen Berufen wie Hebammen oder DentistInnen. Herwig Czech (2017, 201) schlussfolgert daher: »Auf der ideologischen Ebene waren Rassenhygiene und Rassismus als Herrschaftsideologien diskreditiert und wurden aus dem öffentlichen Diskurs weitgehend verdrängt, ohne dass jedoch eine tatsächliche Auseinandersetzung mit deren ideengeschichtlichen Grundlagen und den menschenverachtenden Folgen stattgefunden hätte. Auf der personellen Ebene hingegen, […] war der Bruch mit der Zeit vor 1945 wohl am schwierigsten zu vollziehen; das auf diesem Gebiet von den Alliierten und den österreichischen Behörden Erreichte blieb ein Stückwerk, das schon bald unter dem Druck der ›Ehemaligen‹, die zurück in die Mitte (und zuweilen an die Spitze) der Gesellschaft drängten, wieder zu großen Teilen demontiert wurde. Den Preis dafür bezahlten nicht zuletzt die Opfer medizinischer Verfolgung, denen bis in die 1990er Jahre jede gesellschaftliche Anerkennung für ihre Leiden verweigert wurde.«

setz zur Verhütung erbkranken Nachwuchses« (GzVeN) bereits im Mai 1945 aufgehoben wurden, legitimierte man derartige eugenische Maßnahmen immer wieder mit der politischen Notwendigkeit. So zitiert etwa Claudia Spring (2009, 277) den damaligen Staatskanzler Karl Renner bzgl. der Aufhebung des GzVeN: »Es besteht gar kein Zweifel darüber, dass es ein berechtigtes Interesse jeder Volksgemeinschaft ist, einen erbkranken Nachwuchs zu verhindern, aber die Methoden und der Aspekt, unter dem das in Deutschland angeordnet wurde, können uns in keiner Weise entsprechen.« Renner stieß sich lediglich am Vollzug des Gesetzes, wobei er jenen in der »Ostmark« unerwähnt ließ (vgl. Spring 2008, 204), aber er stellte nicht die Bewertung von Menschen nach vermeintlich vererbbaren Kriterien in Frage. Insofern wundert es auch nicht, dass sich Richter und Ärzte des Wiener Erbgesundheitsgerichts weder für die Zwangssterilisationen verantworten noch davon distanzieren mussten. Den Opfern blieb jegliche Form der »Wiedergutmachung« verwehrt:

> »Die Berufung auf das GzVeN bedeutete für zwangssterilisierte Frauen und Männer, dass sie nicht als Verfolgte des NS-Regimes galten und diente gleichzeitig den – wenigen – Richtern und Ärzten, die sich nach 1945 für ihre Beteiligung an den Zwangssterilisationen verantworten mussten, als erfolgreiche Entschuldigungsstrategie.« (Spring 2007a, 214)

Auch die Praxis der Zwangssterilisierung von Menschen mit Behinderung blieb bis in die 1990er Jahre in Österreich aufrecht.[583] Der Kinderpsychiater Ernst Berger (2010, 95) meint, dass sich Elemente des biologistischen Paradigmas bis heute bemerkbar machen, wenn mehr oder weniger offen zwischen den »hoffnungslosen« Fällen und jenen, die noch eine Chance verdienen, unterschieden wird. Die politische Notwendigkeit der Selektion wird heute mit knappen (staatlichen) Ressourcen argumentiert. Waren es einst die »unnützen Esser«, sind es heute die sogenannten »Sozialschmarotzer«, die das Sozialsystem scheinbar missbrauchen und der Allgemeinheit zur Last fallen, denen (wieder zunehmend mehr) ein Recht auf staatliche Fürsorge abgesprochen wird.

Taten von Ärzten/Ärztinnen und anderem medizinischen Personal, die nach dem KVG zu ahnden gewesen wären, blieben weitge-

583 Claudia Spring (1999, XII) schreibt, dass bis in die 1990er Jahre Menschen mit Behinderung ohne ihre Einwilligung zwangssterilisiert wurden.

hend ungesühnt. Zu den wenigen Ausnahmen in Hinblick auf Verbrechen an den als »asozial« Verfolgten zählen die Verfahren gegen Beschäftigte der Arbeitsanstalt Am Steinhof. Deshalb wird im Folgenden auf die 1945/46 und 1948 erfolgten Strafverfahren gegen sie genauer eingegangen.[584] Da in diesem Verfahren viele Opfer befragt wurden, kann die Beweiswürdigung des Volksgerichts Wien darüber Aufschluss geben, ob und in welcher Form das Stigma der »Asozialität« im Prozess wirksam wurde.[585]

Die Fürsorge spielte in der NS-Zeit eine gewichtige Rolle in der Umsetzung der rassistischen Bevölkerungspolitik und der Schaffung des sogenannten »gesunden Volkskörpers«. Zwar gab es bereits vor 1938 biologistische Ansätze in der Fürsorge; ihr organisatorischer Umbau – Jugend- und Gesundheitsfürsorge wurden zusammengelegt –, die Vereidigung des Personals auf Adolf Hitler, die Auflösung aller sozialdemokratischen, katholischen, evangelischen und privaten Fürsorgeschulen etc. sind Ausdruck dessen, dass der Fürsorge eine zentrale politisch-ideologische Bedeutung zukam (vgl. Sieder/Smioski 2012, 47; vgl. auch Malina 2007a; Ralser et al. 2017). Entsprechend der rassistisch-eugenischen Ausrichtung wurden Begriffe wie die Unterscheidung von »endogener Dissozialität« (erblich bedingt) und exogener »Asozialität« (durch äußere Umstände erworben) zentral. Derartige Diagnosen determinierten letztendlich die Überlebenschancen. Nur die »exogene Asozialität« galt als »heilbar«. Bedeutete erstere Diagnose Ausschluss aus der »Volksgemeinschaft« und oftmals Ermordung (Euthanasieprogramme), wurden Personen, denen exogene »Asozialität« attestiert wurde, in Erziehungsheime und sogenannte Arbeits-

584 Es gab darüber hinaus noch ein Verfahren gegen den Nachfolger von Alfred Hackel, Dr. Maximilian Thaller (vgl. Vg 4c Vr 5502/46 Hv 328/48). Thaller wurde schuldig gesprochen und zu zwei Jahren Zuchthaus verurteilt. Die Ermittlungen gegen Thaller wurden zunächst in Zusammenhang mit seiner Tätigkeit als ehemaliger Direktor der Heil- und Pflegeanstalt Ybbs geführt. Während das Strafverfahren gegen andere Mitarbeiterinnen am Landesgericht Linz stattfand, wurde jenes gegen Thaller dort abgebrochen und später ein neues Verfahren wegen seiner Tätigkeit an der Arbeitsanstalt Am Steinhof geführt (vgl. Fürstler/Malina 2004, 233f., 334).

585 Auch gegen Dr. Ernst Illing als Leiter und gegen die Ärztinnen der »Jugendfürsorgeanstalt Am Spiegelgrund« Dr. Marianne Türk und Dr. Margarete Hübsch wurde ein Strafverfahren geführt. Dieses Verfahren, wie auch jene gegen Dr. Gross oder die Pflegerin Katschenka, wurden nicht in die Analyse einbezogen, weil im Prozess die Thematik der »Asozialität« nicht angesprochen wurde.

erziehungslager eingewiesen (vgl. Sieder/Smioski 2012, 43f.; Spring 2009, 217). Die Bedingungen in diesen Erziehungsheimen und Arbeitserziehungslagern wurden, wie die Kapitel über die Arbeitsanstalt Am Steinhof oder die Gauerziehungsanstalt Gleink zeigten, von den Verfolgten zum Teil mit Bedingungen in Konzentrationslagern verglichen. Nach 1945 blieben sowohl die organisatorischen Strukturen der Fürsorgeeinrichtungen als auch das »Gesetz zur Vereinheitlichung des Gesundheitswesens« aus dem Jahr 1938 aufrecht.[586] In den Köpfen der FürsorgerInnen und Beschäftigten im Gesundheitswesen bestand das nationalsozialistische Denken meist ungebrochen fort. Dies kommt unter anderem, wie wir im Folgenden sehen werden, in der abwertenden Sprache gegenüber diesen Verfolgungsopfern und in der Beurteilung der Notwendigkeit verschiedener Zwangsmaßnahmen – wie die Einweisung in ein Erziehungsheim oder die Züchtigungen der Heimzöglinge auch nach 1945 – zum Ausdruck. Während die Opfer vielfach ein Leben lang an den Folgen litten und man sie auch durch die Entschädigungs- und »Wiedergutmachungspolitik« meist nicht rehabilitierte, wurden die Handlungen der ausführenden Beschäftigten der Fürsorge und Jugendwohlfahrt jahrzehntelang weder kritisch beleuchtet noch in irgendeiner Art und Weise geahndet.

> »Sehr rasch fand sich die österreichische Gesellschaft, die sich zu einem beträchtlichen Teil den Normen der NS-Ideologie anzupassen verstanden hatte, in der Normalität des neuen Österreich zurecht. Vergessen und beiseitegeschoben blieben aber jene, die im Nationalsozialismus – anders als die Mehrheit – in Erziehungsheimen, psychiatrischen Anstalten und Fürsorgeeinrichtungen zur NS-Normalität gezwungen worden waren.« (Malina 2007b, 328)

Wie weiter oben schon ausgeführt, wurden die wegen »Asozialität« Verfolgten in der Opferfürsorge nicht nur »vergessen und beiseitegeschoben«, sondern bewusst ausgegrenzt und deren Stigmatisierung dadurch prolongiert und verfestigt. Die Strafverfolgungsbehörden trugen hierzu ebenfalls ihr Scherflein bei. Dies wird im Folgenden anhand von zwei Verfahren illustriert. Wir können vorwegnehmen, dass von einem Überdenken nationalsozialistischer Ideologeme und

586 Dieses Gesetz blieb, wie Malina (2007b, 327) schreibt, bis 2003 in Kraft. Es wurden »in der Zwischenzeit zwar die Verweise auf die ›Erb- und Rassenpflege‹ als ›gegenstandslos‹ gelöscht, eine grundsätzliche Neuformulierung hat jedoch nicht stattgefunden.«

Vorstellungen nicht gesprochen werden kann – dies wird mehr als deutlich in der Bewertung der Handlungen durch Staatsanwaltschaft und Gericht sowie in der Darstellung der Opfer. Beide Verfahren fanden (zum überwiegenden Teil) in der unmittelbaren Nachkriegszeit statt, also unter der Gerichtsbarkeit der Volksgerichte und nach dem KVG. Anhand des wiederaufgenommenen Strafverfahrens gegen Alfred Hackel und weitere Beschäftigte der Arbeitsanstalt Am Steinhof im Jahr 1948 lassen sich eindrucksvoll die Veränderungen in der Sicht auf die Opfer darstellen. Auch die Voruntersuchungen im Falle der Gauerziehungsanstalt Gleink zeugen von fehlendem Unrechtsbewusstsein bei den Beschuldigten bzw. Angeklagten und vom Fortbestand von Normierungen des »Gemeinschaftsfremden« und dessen, was als »normal« gilt.

3.2 Das Strafverfahren gegen das Personal der Arbeitsanstalt Am Steinhof

Die Staatsanwaltschaft des Volksgerichts am Landesgericht (LG) für Strafsachen Wien erhob am 15. Juli 1946 Anklage gegen die Angestellten der Arbeitsanstalt, Dr. Alfred Hackel als ärztlichen Leiter und die Pflegerinnen Therese Horacek, Marie Knollmüller, Elfriede Merkl und Josefine Wirzinger sowie die Pflegevorsteher Heinrich Raab und Karl Teufl. Ihnen wurde zur Last gelegt, gemäß § 3 Abs. 2 des KVG »die Eingewiesenen in einen qualvollen Zustand versetzt und empfindlich misshandelt« und – mit Ausnahme des Beschuldigten Karl Teufl – »überdies die in diese Anstalt Eingewiesenen wiederholt in ihrer Menschenwürde gekränkt und beleidigt« (§ 4 KVG) zu haben.[587]

Der Jurist und Mediziner Dr. Alfred Hackel wurde als Leiter der Arbeitsanstalt[588] im Konkreten beschuldigt, den inhaftierten Frauen

587 Anklageschrift vom 15.7.1946, WStLA, 2.3.14, 2685a, VG 2 b Vr 3999/45, S. 1f.

588 Dr. Hackel nahm seine Arbeit in der Psychiatrischen Heil- und Pflegeanstalt am 15.10.1939 auf. Mit der Eröffnung der Arbeitsanstalt 1941 bekam er die Leitung dieser übertragen, welche er bis Februar 1943 innehatte. Zusätzlich war er aber auch weiterhin als Arzt in einem Pavillon in der »Irrenanstalt« eingesetzt und Leiter der Trinkerheilanstalt »Am Steinhof« (vgl. Krist/Lichtblau 2017, 192). Er war schon im April 1931 der NSDAP beigetreten. Für seine Leistungen um die Partei erhielt er die Verdienstmedaille für die Wiedervereinigung Österreichs mit dem Deutschen Reich (vgl. Informationen des Bundesministerium für Inneres, Abteilung 2 vom 10.1.1946, WStLA, 2.3.14, 2685a, VG 1a Vr 3999/45).
Im Februar 1943 übernahm Dr. Maximilian Thaller, ehemaliger leitender Arzt der Anstalt Ybbs a. d. Donau, die Leitung der Arbeitsanstalt. Hackel wurde sei-

der Arbeitsanstalt Speiinjektionen (Apomorphin) selbst verabreicht bzw. das Pflegepersonal damit beauftragt zu haben, Frauen in sogenannte Korrektionszellen über mehrere Tage mit Nahrungsentzug und unzureichender Kleidung eingesperrt zu haben und an der Zwangssterilisation von Frauen durch seine psychiatrischen Gutachten beteiligt gewesen zu sein.[589] Die Pflegerin Elfriede Merkl[590] wurde wegen Beschimpfung der Insassinnen der Arbeitsanstalt als »Huren und Schlampen«, der Verabreichung von Speiinjektionen sowie Schlägen angeklagt. Gegen die Pflegerin Therese Horacek[591] erhob die Staatsanwaltschaft Anklage wegen mehrmaligen Gebens von Speiinjektionen. Darüber hinaus beschuldigte sie die Anklage, durch den Haarschnitt die Frauen in ihrer Menschenwürde verletzt, strafweises Turnen und Wippen angeordnet und Frauen (nahezu) unbekleidet in die Korrektionszelle gesperrt zu haben. Auch die Pflegerin Marie Knollmüller[592], die bereits 22 Jahre lang in der Heil- und Pflegeheilanstalt Am Steinhof beschäftigt war, musste sich verant-

nen Aussagen entsprechend wegen der Unterstützung von Juden seiner Funktion enthoben (vgl. Protokoll der Hauptverhandlung 1. Verhandlungstag, 21.10.1946, WStLA 2.3.14, 2685a, Vg 1a Vr 3999/45, S. 29).

589 Im zweiten Verfahren wurde die Anklage wegen Beteiligung an der Zwangssterilisierung ausgegliedert. Unseres Wissens hat es diesbezüglich kein weiteres Verfahren gegeben.

590 Elfriede Merkl war seit März 1935 Pflegerin am Pavillon XXI Am Steinhof. In der Arbeitsanstalt arbeitete sie von der Errichtung im November 1941 bis Herbst 1943. Danach war sie krankheitsbedingt beurlaubt (vgl. Anklageschrift vom 15.7.1946, WStLA, 2.3.14, 2685a, VG 2 b Vr 3999/45).

591 Therese Horacek, zum Zeitpunkt des Gerichtsverfahrens 44 Jahre alt, war seit 1925 Pflegerin Am Steinhof, wo sie 1937 zur Oberpflegerin aufstieg. »Wegen ihrer Korrektheit, Umsicht, wurde sie in das im November 1941 eröffnete Arbeitslager für asoziale Frauen versetzt, wo für diese Angehaltenen eine straffe Führung verlangt wurde.« (Dienstliche Beschreibung der Pflegerin HORACEK der Wiener Landes-Heil- und Pflegeanstalt »Am Steinhof« vom 22.11.1947). Laut Gerichtsakten war Horacek kein NSDAP-Mitglied, aber Mitglied des NS-Frauenwerkes (vgl. WStLA, 2.3.14, 2685a, VG 1a Vr 7189/48 Hv 628/48).

592 Die 1896 geborene Marie Knollmüller war seit 1921 in verschiedenen Abteilungen Am Steinhof zunächst als Pflegerin, dann als stellvertretende Opferpflegerin und »Inventarpflegerin« tätig. In der Arbeitsanstalt hatte sie ab Eröffnung die Aufsicht über die festgehaltenen Frauen inne. Sie hatte nach eigenen Angaben nie einen Antrag auf Aufnahme in die NSDAP gestellt, 1939 oder 1940 sei aber in der Anstalt eine »allgemeine Aufnahme« in das NS-Frauenwerk gewesen (vgl. WStLA, 2.3.14, 2685a, Niederschrift vom 10.5.1945 und Vernehmung des Beschuldigten vom 19.12.1945, Vg 2 b Vr 3999/45).

worten, die Inhaftierten strafweise wippen haben zu lassen und ihnen auf Anordnung Apomorphin injiziert zu haben. Karl Teufl[593], der kurzzeitige Pflegeleiter der Arbeitsanstalt, musste sich ebenfalls wegen der Verabreichung von Apomorphininjektionen verantworten. Dem Nachfolger von Karl Teufl in der Pflegeleitung, Heinrich Raab[594], wurde Quälerei und Misshandlung sowie Verletzung der Menschenwürde zur Last gelegt. Zu Raabs Aufgabenbereich gehörten die Arbeitseinteilung der inhaftierten Frauen sowie die Kontrolle der sogenannten Korrektionen. Die Angeklagten Hackel und Teufl wurden zudem aufgrund illegaler Betätigung für die und Mitgliedschaft in der NSDAP wegen Hochverrats (§ 58 StG i. d. F. des § 11 VG) angeklagt. Hackel war seit April 1931 Mitglied der NSDAP und übte während der Verbotszeit die Funktion des Zellenobmanns und des Blockleiters aus.[595] Der Pflegevorsteher Teufl war seit Juni 1933 Mitglied der illegalen NSDAP.

Die Angeklagten Hackel, Horacek, Merkl, Raab und Teufl wurden gemäß § 3 KVG für schuldig befunden, die »in diese Anstalt eingelieferten Frauen und Mädchen in einen qualvollen Zustand versetzt und empfindlich misshandelt zu haben«[596]. Mit Ausnahme von Teufl waren sie überdies schuldig, gemäß § 4 KVG die Frauen und Mädchen »in ihrer Menschenwürde gekränkt und beleidigt« zu haben. Hackel und Teufl wurden schließlich auch wegen ihrer Mitgliedschaft zur NSDAP und Betätigung für diese vor der Zeit des »Anschlusses« nach § 58 StG i. d. F. des § 11 VG schuldig gesprochen. Im Strafausmaß folgte das Gericht hinsichtlich des Angeklagten Hackel nicht dem Antrag des Staatsanwalts. Er wurde anstelle der geforderten Todesstrafe lediglich zu 20 Jahren schweren Kerkers, verschärft durch »einsame Absperrung in dunkler Zelle einmal vierteljährlich« verurteilt. Das Strafausmaß für Therese Horacek betrug

593 Karl Teufl war bereits 37 Jahre Am Steinhof als Pfleger beschäftigt, als er mit der Gründung der Arbeitsanstalt dort zum Pflegeleiter bestellt wurde.

594 Heinrich Raab war ab Juni 1938 Parteianwärter und ab Juli 1938 NSDAP-Mitglied. Zunächst war er in der Nationalsozialistischen Volkswohlfahrt Blockwalter, später stieg er dann zum Zellenleiter auf. Entsprechend seiner Angaben war er bis zur Verbotszeit Sozialdemokrat. In der Heil- und Pflegeanstalt Am Steinhof arbeitete Raab bereits seit 1909 als Pfleger. Er übernahm die Pflegeleitung in der Arbeitsanstalt von Karl Teufl im März/April 1942 und hatte diese bis Kriegsende inne.

595 Vgl. Anklageschrift vom 15.7.1946, WStLA 2.3.14, 2685a, VG 2 b Vr 3999/45.

596 Urteil vom 31.10.1946, S. 2 WStLA 2.3.14, 2685a, VG 2 b Vr 3999/45 Hv 1724/46.

15 Jahre schwerer Kerker und für Elfriede Merkl fünf Jahre schwerer Kerker; in beiden Fällen verschärft durch einen Fasttag vierteljährlich. Heinrich Raabs Strafe wurde mit drei Jahren schwerer Kerker, verschärft durch ein hartes Lager vierteljährlich, festgesetzt, jene von Karl Teufl mit 18 Monaten schwerer Kerker, verschärft durch ein einmaliges hartes Lager. Die Angeklagte Marie Knollmüller wurde freigesprochen. Das Vermögen sämtlicher Angeklagten war zugunsten der Republik Österreich verfallen. Die Verwahrungs- und Untersuchungshaft wurde in die Strafzeit eingerechnet. Sämtliche Verurteilte hatten die Strafe sofort anzutreten, da kein Rechtsmittel gegen das Urteil zulässig war.

Den Rechtsanwälten der Schuldiggesprochenen gelang es, 1948 eine Wiederaufnahme des Verfahrens durchzusetzen. Sie konnten glaubhaft machen, dass neue Beweise vorlägen, die zu einer anderen Beurteilung der Strafsache führten. Tatsächlich hob das Landesgericht für Strafsachen Wien als Volksgericht 1948 die Urteile aus dem Jahr 1946 mit folgender Begründung auf:

> »[…] weil einerseits das Urteil des OLGR Dr. Markus sich auf kein Gutachten stützte, außer der Aussage des Zeugen Reuter, und angenommen hat, dass Apomorphin eine gesundheitsschädliche Wirkung hat, andererseits nach Vernehmung eines zweiten Sachverständigen hervorgekommen ist, dass eine Herzschädigung nicht stattgefunden hat. Weiters baute sich dieses Urteil auf vier voll entmündigte Zeugen, also geisteskranke auf.«[597]

Während das Gericht in der Urteilsbegründung von 1946 noch von den »unglücklichen Opfern« und von »vollkommen glaubwürdigen Aussagen« spricht, stellte man im wiederaufgenommenen Verfahren die Glaubwürdigkeit vieler Zeuginnen in Abrede. Dieses Schöffengericht fällte deutlich mildere Urteile als das Volksgericht 1946: So wurde das Strafausmaß von Alfred Hackel um mehr als zwei Drittel von 20 Jahren auf sechs Jahre schweren Kerker reduziert; der Verfall seines Vermögens zugunsten der Republik Österreich hingegen bestätigt. Die Strafe der ehemaligen Pflegerin Therese Horacek wurde nur mehr mit 2,5 Jahren schweren Kerker – vorher waren es 15 Jahre – bemessen. Ihr Vermögen fiel nicht an die Republik. Das Gericht sprach beide, Hackel und Horacek, wegen Verbrechen nach §§ 3 und 4 KVG

597 Protokoll der 1. Hauptverhandlung v. 20.12.1948, S. 2, WStLA 2.3.14, 2685b, Vg 1a Vr 7189/48 Hv 628/48.

schuldig. Beiden wurde die bisherige Strafe eingerechnet. Der Angeklagte Hackel wurde zudem wegen Hochverrats verurteilt (§ 58 StG i. d. F. der §§ 10, 11 VG). Bezüglich der Bestrafung der Angeklagten Merkl, Raab und Teufl folgte das Gericht den Anträgen der Verteidiger und nicht denen des Staatsanwalts. Alle drei sprach man frei; sie konnten jedoch keine Ersatzansprüche über bereits verbüßte Haftzeiten gegenüber der Republik stellen.

Die Strafverfahren

In der Anklageschrift vom 15. Juli 1946 stützte sich die Staatsanwaltschaft auf Vorkehrungen und zahlreiche Erhebungen der Strafverfolgungsbehörden. Alfred Hackel wurde bereits mit Kriegsende am 8. Mai 1945 und der Pflegevorsteher Karl Teufl am 10. Mai 1945 in Untersuchungshaft genommen. Die polizeilichen Erhebungen führten schließlich zur Verhaftung der anderen vier Beschuldigten, die am 10. Dezember 1945 erfolgte. Mit Ausnahme der Beschuldigten Wirzinger und Merkl blieben alle Angeklagten bis zur Hauptverhandlung in Untersuchungshaft.[598] Die gerichtlichen Vernehmungen der Beschuldigten führte Richter Dr. Zips am Landesgericht für Strafsachen Wien. Im Zeitraum vom 28. Jänner 1946 bis 2. April 1946 vernahmen ebendieser und ein weiterer Richter, Dr. Donner, 69 Frauen als Zeuginnen, die in der Arbeitsanstalt inhaftiert waren. Weiters liegen dem Akt schriftliche Anzeigen von drei weiteren Opfern bei, die aber nicht zusätzlich vom Untersuchungsrichter befragt wurden.

Der Staatsanwalt beantragte in der Anklageschrift die Ladung von insgesamt 60 ZeugInnen, wovon mindestens 53 ehemalige Inhaftierte der Arbeitsanstalt waren, drei (ehemalige) Angestellte des Anstaltenkomplexes Am Steinhof und zwei (ehemalige) Beamte der

598 Elfriede Merkl wurde am 25.4.1946 enthaftet. Die Anklage gegen Frau Wirzinger wurde ausgegliedert, weil sie sich kurz vor Prozessbeginn einem operativen Eingriff unterziehen musste und daher nicht vor Gericht erscheinen konnte (vgl. Protokoll der Hauptverhandlung 1. Verhandlungstag, 21.10.1946, WStLA 2.3.14, 2685a, Vg 1a Vr 3999/45). Fürstler und Malina (2004, 340) zufolge wurde das Verfahren gegen Wirzinger am 24.1.1949 nach Rücktritt des Staatsanwalts eingestellt. Allerdings nahm das Gericht davon Abstand, ihr Haftentschädigung für die Untersuchungshaft vom 10.12.1945 bis 15.3.1946 zuzusprechen, weil ihr Verhalten ein »grob unsittliches« war, wenn es auch nicht den Tatbestand nach dem KVG erfüllte (vgl. Beschluss des Landesgerichtes Wien als Volksgericht vom 24.1.1949; WStLA 2.3.14, 2685b, Vg 1a Vr 7189/48).

Stadt Wien. Zudem wurde die Ladung eines Sachverständigen beantragt. Das Volksgericht folgte weitestgehend diesen Anträgen. Im Verlaufe der achttägigen Hauptverhandlung (vom 21. bis 29. Oktober 1946) sagten 58 Opfer der Arbeitsanstalt aus; einige weitere geladene Opfer waren nicht bei Gericht erschienen. Außerdem verlas das Gericht die Protokolle von Aussagen weiterer ehemals inhaftierter Frauen. Das Schöffengericht unter dem Vorsitzenden OLGR Dr. Markus genehmigte zudem die Ladung weiterer Be- und EntlastungszeugInnen sowie die spontane Befragung von beim Prozess anwesenden ZuhörerInnen. Das Gericht machte sich also ein umfassendes Bild über die Verantwortungsbereiche der Angeklagten, ihr Handlungspouvoir, die Notwendigkeit und die Ziele bestimmter medizinischer und strafender Maßnahmen, das Verhalten der Angeklagten gegenüber den Insassinnen sowie die allgemeine Lebenssituation in der Arbeitsanstalt Am Steinhof.

Am letzten Verhandlungstag beantragte Staatsanwalt Dr. Pastrovich hinsichtlich der Angeklagten Hackel und Horacek die Ausdehnung der Anklage auf den Tatbestand § 3 Abs. 2 KVG, also auf gröbliche Verletzung der Gesetze der Menschlichkeit, sowie sämtliche Angeklagte für schuldig zu erkennen. Für Alfred Hackel forderte er die Todesstrafe und für die übrigen Angeklagten, mit Ausnahme von Marie Knollmüller, eine strenge Strafe zu verhängen. Die Strafe für die Angeklagte Knollmüller »[soll] so ausgesprochen werden, dass sie durch die erlittene Untersuchungshaft verbüßt erscheint«[599]. Die Verteidiger baten um ein mildes Urteil bzw. um Freispruch im Falle der Angeklagten Knollmüller. Das ausschließlich mit Männern besetzte Schöffengericht (zwei Richter, drei Schöffen) zog sich am 30. Oktober zur Urteilsberatung zurück. Die Urteilsverkündung erfolgte am Tag darauf. Das Gericht folgte in seinem Urteil, wie weiter oben bereits dargestellt, nur zum Teil den Anträgen des Staatsanwalts.

Im Beweisverfahren der viertägigen Hauptverhandlung im wiederaufgenommenen Verfahren (20. bis 23. Dezember 1948) wurden vom vorsitzenden Richter Dr. Schachermayr und dem Richter OLGR Dr. Eberlin im Beisein des Staatsanwalts Dr. Altmann – teils erneut – insgesamt fünf (ehemalige) Angestellte des Anstaltenkomplexes Am Steinhof, 14 Opfer der Arbeitsanstalt Am Steinhof, drei ehemalige Be-

599 Protokoll der Hauptverhandlung 8. Verhandlungstag, 29.10.1946, WStLA 2.3.14, 2685a, Vg 1a Vr 3999/45, 23.

amte der Stadt Wien und der Gerichtspsychiater, Univ.-Prof. Dr. Fritz Reuter[600], als Sachverständiger befragt. Der Antrag des Staatsanwalts auf die Vernehmung eines zweiten Sachverständigen wurde noch vor der Befragung des ersten Sachverständigen abgewiesen. Ebenso abgelehnt wurden die Anträge des Staatsanwalts auf die Einvernahme weiterer Opfer mit der Begründung, dass sich ein Teil dieser in der »Heilanstalt Klosterneuburg« befänden, bei einigen der derzeitige Aufenthaltsort unbekannt sei, zwei eine Strafhaft verbüßen würden und eine wegen ihres Vorstrafenregisters nicht als Zeugin infrage käme.[601] Der beantragten Einvernahme des Leiters der Abteilung E 5, Dr. Linke, und eines weiteren Beamten, Dr. Klenkart, als Zeugen bezüglich der »Asozialenkommission« wurde jedoch stattgegeben.[602] Am dritten Verhandlungstag stellte der Staatsanwalt erneut einen Antrag auf Ladung der am Vortag genannten Zeuginnen zur Wahrheitsfindung, welcher wiederum abgewiesen wurde. Es wurden jedoch sowohl Aussagen als auch Einweisungsbescheide der Allgemeinen Rechtsabteilung des Magistrats Wien (vormals A 7) von mehreren Opfern verlesen, der Inhalt des Vorgelesenen aber nicht protokolliert.

Am Schluss des Beweisverfahrens am dritten Verhandlungstag forderte der Staatsanwalt erneut die Bestrafung von Hackel und Horacek entsprechend der Ausdehnung in der Hauptverhandlung im Jahr 1946 nach § 3 Abs. 2 KVG und der übrigen Angeklagten entsprechend der Anklage. Die Verteidiger von Merkl, Teufl und Raab stellten einen Antrag auf Freispruch ihrer MandantInnen. Der Verteidiger des Hauptangeklagten Hackel bat um ein mildes Urteil und jener der Angeklagten Horacek beantragte das Auslangen mit der be-

600 Dr. Fritz Reuter war zum Zeitpunkt der Hauptverhandlung 71 Jahre alt und ständig beeideter Gerichtsarzt. Er hatte zwischen 1935 und 1938 die Leitung des Instituts für Gerichtsmedizin der Medizinischen Universität Wien inne und wurde dann aus politischen Gründen seines Amtes enthoben. 1945 konnte er an die Universität zurückkehren (vgl. https://www.meduniwien.ac.at/hp/index.php?id=974, abgerufen am 1.3.2019).

601 Vgl. Protokoll 2. Hauptverhandlungstag, 21.12.1948, S. 110, WStLA 2.3.14, 2685b, Vg 1a Vr 7189/48.

602 Es gab weitere Anträge von Seiten der Staatsanwaltschaft und der Verteidigung, etwa über die Verlesung der Strafkarte oder die Beischaffung von weiteren Dokumenten. Allerdings geht aus den Protokollen der Hauptverhandlung in vielen Fällen nicht hervor, wie diese beschieden wurden.

reits verbüßten Haft.[603] Das Schöffengericht folgte diesmal den Verteidigern und nicht dem Staatsanwalt, was zu deutlich milderen Urteilen für Alfred Hackel und Therese Horacek sowie zum Freispruch der übrigen Angeklagten führte.

Insgesamt sind in diesem zweiten Verfahren behördliche Dokumente aus der NS-Zeit und Aussagen von Behördenvertretern gegenüber Aussagen von ehemaligen Inhaftierten der Arbeitsanstalt deutlich stärker einbezogen worden als im ersten Verfahren. Im folgenden Abschnitt wird den Urteilsbegründungen in beiden Strafverfahren nachgegangen und dabei insbesondere das Augenmerk auf die Einschätzung der Zeuginnenaussagen durch die Gerichte gelegt. Zur Frage steht auch, inwiefern sich die Verantwortung der Angeklagten und die Darstellung der Opfer-Zeuginnen in den beiden Gerichtsverfahren unterscheiden. Hierbei geht es uns nicht um eine juristische Beurteilung ob der Richtigkeit der Entscheidungen, sondern darum, welche Bilder von einer marginalisierten Gruppe wie den Frauen der Arbeitsanstalt Am Steinhof konstruiert wurden, und zwar von allen Beteiligten im Strafverfahren.

Verantwortung der Angeklagten und Darstellung der Zeuginnen in den Prozessen

Alle Angeklagten bekannten sich bezüglich des Tatbestandes der Quälerei und Misshandlung sowie der Verletzung der Menschlichkeit und Menschenwürde für nicht schuldig. Bei der Einvernahme in den Ermittlungsverfahren sowie im Beweisverfahren während der Gerichtsprozesse wendeten die Beschuldigten zahlreiche Strategien an, um ihre Unschuld zu beweisen und die Aussagen der befragten ehemaligen Inhaftierten der Arbeitsanstalt Am Steinhof zu diskreditieren.[604]

603 Protokoll 3. Hauptverhandlungstag, 22.12.1948, S. 16, WStLA 2.3.14, 2685b, Vg 1a Vr 7189/48.

604 Bei der Analyse der Verfahrensdokumente ist zu berücksichtigen, dass sowohl die Zeuginnen- als auch die Beschuldigteneinvernahmen lediglich sinngemäß festgehalten wurden, es sich hierbei also um keine wortwörtliche Wiedergabe des Gesagten handelt. Die Fragen der Richter wurden außerdem nur in Ausnahmefällen protokolliert, jene der Verteidigung und der Staatsanwälte nur zusammenfassend. Die subjektiv-personale Komponente, die nach Riedel (2010, 193) von besonderer Bedeutung bei jeder Rechtsanwendung ist, kann damit nicht herausgearbeitet werden.

Dr. Alfred Hackel bestritt zum einen, die Leitung der Arbeitsanstalt innegehabt zu haben – sonst hätte er nämlich nicht täglich der Leitung der »Irrenanstalt Am Steinhof« die Rapportbücher vorlegen müssen. Zum anderen wies er jegliche Verantwortung für Disziplinierungsmaßnahmen und die Verabreichung von Apomorphininjektionen mit dem Hinweis zurück, dass er sich mangels einer spezifischen Hausordnung für die Arbeitsanstalt hierbei lediglich an das übliche Vorgehen in der »Irrenanstalt« gehalten hätte. Beide Mittel hätte er zudem äußerst selten eingesetzt und Apomorphininjektionen auch nur, wenn sie medizinisch indiziert gewesen wären. Im Übrigen hätten oft die PflegerInnen eigenmächtig gehandelt. Er hätte, im Gegenteil, immer wieder Strafmaßnahmen aufgehoben. Auf Vorhalt von Aussagen anderer Beschuldigter und von Opfern leugnete er entweder den Tatbestand oder konnte sich an diesen bzw. das Opfer gar nicht erinnern. Häufig schrieb Hackel verschiedene Geschehnisse auch seinem Nachfolger Dr. Thaller zu. In das gleiche Schema fällt seine Verantwortung bezüglich der Zwangssterilisationen. Dies sei ausschließlich Sache des Erbgesundheitsgerichts bzw. der Asozialenkommission gewesen. Letzterer habe er nicht angehört, sondern »lediglich als Berichterstatter für die Heil- und Pflegeanstalt Am Steinhof bei den Sitzungen«[605] teilgenommen.

Einzig in Bezug auf seine illegale Betätigung für die NSDAP vor der Machtübernahme der Nationalsozialisten bekannte sich Alfred Hackel als schuldig. Doch auch diesbezüglich banalisierte er seine Involvierung damit, dass er »übertrieben« hätte, um bessere Chancen auf eine Anstellung als Arzt zu haben. Beleg dafür sei, dass er jüdische Freunde habe und auch wegen der Unterstützung von Juden in Ungnade gefallen und nie befördert worden sei.[606] Außerdem stilisierte sich Alfred Hackel immer wieder als Opfer und unterstellte dabei der Polizei eine Beeinflussung der befragten Zeuginnen: »Wieweit dabei alle diese Frauen bei der Polizei von den einvernehmenden Beamten bewusst oder unbewusst beeinflusst wurden, lasse ich dahin gestellt sein. Ich selbst wurde ja auch sehr unter Druck gesetzt.«[607]

605 Beschuldigtenvernehmung Alfred Hackel vom 29.12.1945 und Protokoll 1. Hauptverhandlungstag 21.10.1946, WStLA, 2.3.14, 2685a, Vg 1a Vr 3999/45.
606 Vgl. Protokoll 1. Hauptverhandlungstag 21.10.1946, WStLA, 2.3.14, 2685a, Vg 1a Vr 3999/45.
607 Beschuldigtenvernehmung Alfred Hackel vom 2.1.1946, WStLA, 2.3.14, 2685a, Vg 1a Vr 3999/45.

Ähnlich wie Hackel bestritten auch die anderen Angeklagten Vorfälle oder konnten sich nicht an solche erinnern. Die Pflegerin Elfriede Merkl betonte zudem, dass sie aufgrund der unerträglichen Zustände selbst krank geworden wäre. »Ich wollte weg von der Arbeitsanstalt, weil mir die ganze Anhaltung der Frauen dort nicht gepasst hat. Ich habe mit den Frauen Mitleid gehabt.«[608] Trotz einer 15-tägigen Einschulung bei den Caritasschwestern in Klosterneuburg vor der Aufnahme der Tätigkeit in der Arbeitsanstalt wäre sie manchmal überfordert gewesen. Die Arbeitssituation hätte zudem, wie sie etwas später aussagte, nicht ihrem Berufsverständnis entsprochen. »Ich bin Pflegerin und nicht Aufseherin in einem Gefangenenhaus.«[609] Auch der Pflegeleiter Karl Teufl gab an, dass ihm der Dienst und der »militärische Drill« nicht gepasst hätten, weshalb er zwei Mal um Versetzung ansuchte. Alle angeklagten PflegerInnen hoben außerdem hervor, dass sie die Speiinjektionen ausschließlich und vielfach auch die Bestrafungen nur auf Anordnung von Dr. Hackel gegeben hätten. Einige unterstrichen dabei, dass sie sich gegen die Injektion von Apomorphin gesträubt hätten, weil dies in ihrer bisherigen langjährigen Laufbahn nie zu ihrem Aufgabenbereich gehört hatte. Die Androhung von disziplinären Maßnahmen und einer Dienstverpflichtung durch Dr. Hackel hätte allerdings den Widerstand rasch beendet, so etwa Therese Horacek.[610] Die Pflegerin Marie Knollmüller war die einzige der Angeklagten, die im Prozess 1946 freigesprochen wurde. Auch sie greift auf das Argument des Befehlsnotstands zurück. Sie war jedoch die einzige unter den Angeklagten, die ihr Verhalten im Nachhinein als falsch bewertete: »Ich habe 22 Jahre nichts als Pflicht und Gehorsam gekannt und hätte nie gewagt, gegen meine Vorgesetzten aufzutreten. Ich sehe ein, dass ich es hätte im gegenständl[ichen] Fall [Apomorphin-Injektionen; Anm.] tun sollen.«[611]

Die leitenden PflegerInnen suchten ähnlich wie Hackel, ihren Verantwortungsbereich als möglichst klein darzustellen. Heinrich Raab gab beispielsweise an, von den Zuständen in der Arbeitsanstalt nicht viel mitbekommen zu haben, weil er sich zwar täglich, aber immer nur für 15 bis 20 Minuten dort aufgehalten hätte. Und: »Den

608 Protokoll 1. Hauptverhandlungstag 21.10.1946, WStLA, 2.3.14, 2685a, Vg 1a Vr 3999/45.

609 Ebd.

610 Vgl. ebd.

611 Ebd.

ganzen Pavillon 23 hatte ich nicht über, sondern nur die Arbeitstherapie.«[612]

Die Pflegerinnen, die Mitglieder des NS-Frauenschaft, aber keine NSDAP-Mitglieder waren, strichen außerdem ihre Gegnerinnenschaft zum NS-Regime hervor. Merkl und Horacek hatten ihren Angaben zufolge deshalb mehrmals um Versetzung angesucht. Aus Mitleid mit den Frauen und aufgrund der Ablehnung des NS-Regimes hätten sie entgegen den Vorschriften und trotz eigener Gefährdung den Frauen geholfen, wann immer es möglich war. So zum Beispiel Therese Horacek:

> »Mir haben die Frauen sehr leid getan. Ich habe sehr viel für sie getan, um ihnen ihr Los zu erleichtern. Ich habe ihnen heimlich Briefe schreiben bzw. ihnen welche von auswärts zukommen lassen und wenn sie Besuch hatten, so ließ ich ihnen das mitgebrachte Essen essen oder hob es für sie in einem Kästchen auf.«[613]

Zu den primären Verteidigungsstrategien zählten also – so kann zusammenfassend festgehalten werden –, das Leugnen von Handlungen, sich nicht erinnern zu können, das Abschieben der Verantwortung durch den Verweis auf die Weisungsgebundenheit, der Kompetenz- und Aufgabenbereich, Mitleid gehabt zu haben und durch Hilfeleistungen für die Inhaftierten sich selbst in Gefahr gebracht zu haben, die Betonung, das NS-Regime abgelehnt zu haben und die vielfachen Verweise auf die schwierigen Arbeitsverhältnisse. Obwohl sich nicht alle Angeklagten so offen wie Dr. Hackel als Opfer stilisierten, legen viele dieser Verteidigungsstrategien und Rechtfertigungen nahe, dass sich die Angeklagten zumindest als Opfer der Umstände sahen. Dieser Eindruck verstärkt sich nochmals, wenn wir den Fokus auf die Darstellung der inhaftierten Frauen durch die Angeklagten legen. Wie im folgenden Abschnitt gezeigt wird, war die Charakterisierung der Inhaftierten zentral für die Exkulpation eigener Handlungen oder jener der Mitangeklagten.

612 Protokoll 2. Hauptverhandlungstag 22.10.1946, WStLA, 2.3.14, 2685a, Vg 1a Vr 3999/45.

613 Protokoll 1. Hauptverhandlungstag 21.10.1946, WStLA, 2.3.14, 2685a, Vg 1a Vr 3999/45.

Die Konstruktion der »asozialen« Inhaftierten durch die Angeklagten

Trotz des vielfach von den Angeklagten geäußerten Mitleids mit den Frauen der Arbeitsanstalt wurde die Notwendigkeit von Strafmaßnahmen immer mit dem Verhalten der Inhaftierten gerechtfertigt. So gab etwa Dr. Hackel bei seiner Vernehmung durch den Untersuchungsrichter an: »Bei allen diesen Disziplinarmitteln darf nicht übersehen werden, [um] welche Frauen es sich gehandelt hat, und wie deren Benehmen oft gewesen ist.«[614] Oder die Angeklagte Elfriede Merkl: »Sie haben oft mit uns gemacht, was sie wollten.«[615] Auch bei der Wiederaufnahme des Strafverfahrens im Jahr 1948 begründeten die Angeklagten die Disziplinierungsmaßnahmen mit dem Verhalten der Frauen, so wie Therese Horacek: »Es hat unter den Frauen viele Exzesse gegeben und sie haben auch untereinander gerauft. Wenn etwas Ärgeres war, musste es dem Arzt gemeldet werden und dann wurden die Anstifter in die Korrektionszelle gesteckt.«[616]

Die Charakterisierung der Opfer ist in beiden Verfahren nahezu ident. Im zweiten Prozess beschrieben einige Angeklagte die inhaftierten Frauen jedoch zum Teil differenzierter und abwägender. Die vorherrschenden Bilder, die von den Angeklagten transportiert wurden, entsprechen überwiegend den nationalsozialistischen Charakterisierungen sogenannter »asozialer« Personen. Alfred Hackel beschrieb die Inhaftierten dem Gericht folgendermaßen:

> »Es hat geheißen, dass die zu uns kommen, die einen ausgesprochen asozialen Trieb haben, und zwar Leute, die keiner anständigen Beschäftigung nachgehen, Menschen, die dauernd mit dem Gesetz in Konflikt stehen, und Geheimprostituierte. Diese wurden unter dem Begriff zusammengefasst, dass sie anlagebedingte Psychopathen sind und mit einem asozialen Trieb behaftet.«[617]

Hackel, der in diesem Zitat die Ankündigung der Stadt Wien wiedergab, und auch die anderen Angeklagten bekräftigten mit ihren Darstellungen immer wieder, dass tatsächlich solche Frauen in die Ar-

614 Protokoll der Beschuldigtenvernehmung Alfred Hackel am 29.12.1945, WStLA, 2.3.14, 2685a, Vg 1a Vr 3999/45.

615 Protokoll 1. Hauptverhandlungstag 21.10.1946, WStLA, 2.3.14, 2685a, Vg 1a Vr 3999/45.

616 Protokoll 1. Hauptverhandlungstag 20.12.1948, WStLA, 2.3.14, 2685b, Vg 1a Vr 7189/48.

617 Ebd.

beitsanstalt Am Steinhof eingewiesen worden seien. Am häufigsten wurden die Frauen als »psychopathisch«, »schwachsinnig«, »arbeitsscheu« und »kriminell« charakterisiert, wobei diese Konstruktionen vielfach in der Figur der Prostituierten kumulierten. Um nochmals Dr. Hackel zu zitieren:

> »Es hat auf dem Pavillon 23 leider nicht nur asoziale Frauen gegeben, sondern der Begriff Psychopathen hat sich auf die ausgesprochen Kranken erstreckt, und es hat solche gegeben, die nicht nur asozial waren, sondern schwachsinnig, und das waren die Prostituierten. Diese Menschen waren nicht nur seelisch krank, sondern auch hirnkrank.«[618]

Als der Richter im zweiten Prozess im Zuge des Beweisverfahrens festhielt, dass rund zehn Prozent der Inhaftierten in der Arbeitsanstalt »Psychopathinnen« waren, korrigierte ihn Hackel dahingehend, »dass sich der Prozentsatz der Psychopathen zu meiner Zeit dem Hundertsatz genähert hat«[619]. Damit konstruierte er fast alle Inhaftierten als psychopathisch, zu deren »anlagebedingten« Wesenszügen es gehöre, dass sie lügen würden, gewalttätig und auch sexuell deviant seien.

Die Angeklagten versuchten in der Konfrontation mit den Aussagen der Opfer, vor allem deren Glaubwürdigkeit zu diskreditieren. Hackel kehrte dabei immer wieder seine psychiatrische Expertise hervor, wenn er auf Vorhalt einer Zeuginnenaussage durch den Untersuchungsrichter im ersten Strafverfahren etwa antwortete: »Ein Psychiater würde aus der Darstellung der mir vorgehaltenen Angabe erkennen können, dass es sich um eine schwer Geisteskranke handeln muss.«[620] Oder: »Wenn Zeuginnen das Gegenteil behaupten, so kann ich nur sagen, dass sie alle Psychopathen waren. Dafür bringe ich den Nachweis. Psychopathen sind Menschen, die sich in ihrer Umgebung nicht einfügen können in Anbetracht ihrer psychischen Minderwertigkeit.«[621] Mit derartigen Aussagen verdeutlichte er dem Gericht nicht nur seine Expertise, sondern auch, dass das Gericht über kein entsprechendes Fachwissen verfüge. Gleichzeitig grenzte er sich als Akademiker von den Inhaftierten ab und appellierte damit an die

618 Ebd.

619 Ebd.

620 Protokoll Vernehmung von A. Hackel, 24.4.1946, WStLA, 2.3.14, 2685a, Vg 1a Vr 3999/45.

621 Protokoll 1. Hauptverhandlungstag 21.10.1946, WStLA, 2.3.14, 2685a, Vg 1a Vr 3999/45.

ebenfalls akademisch gebildeten Vertreter der Justiz: »Ich verwahre mich auch dagegen, dass ich mir als Akademiker solche Schimpfworte gegen die Angehaltenen geleistet hätte, das sind bei den Leuten Erinnerungsfehler, die sie nach außen projizieren.«[622]

Auch die anderen Angeklagten zeichneten die inhaftierten Frauen und/oder bestimmte Zeuginnen als wenig glaubwürdig. So sagten etwa die Pflegerinnen Therese Horacek und Marie Knollmüller aus: »Es ist sehr viel unwahr, was die Zeuginnen sagen und sehr viel übertrieben.«[623] Theresia Horacek argumentierte ihre Unschuld so: »[…] weil der größte Teil nicht wahr ist und das andere von den Zeugen maßlos übertrieben wurde«[624]. Die Unterstellung des Lügens und der Übertreibung war durchgängig und wurde von allen Angeklagten als Charakterzug der Inhaftierten und/oder als Krankheitsbild ausgewiesen. Konfrontiert mit gegenteiligen Darstellungen der Inhaftierten waren häufige Antworten ähnlich der folgenden: Etwas sei »in der Wesensart der angehaltenen Frauen begründet« oder »Solche Psychopathen kommen oft zu Unwahrheiten, oft unbewusst, weil sie zur Uneinheitlichkeit in ihrer Persönlichkeit neigen.«[625] Gleichzeitig unterstellte Alfred Hackel den Zeuginnen, mit ihren Aussagen lediglich in ihrem eigenen Interesse zu handeln. »Warum alle Frauen so aussagen, kann ich mir nur daraus erklären, dass viele jetzt einen KZ-Schein haben wollen und Dinge erzählen, die nicht der Wahrheit entsprechen.«[626] Gelogen würde also, um Begünstigungen nach dem Opferfürsorgegesetz zu erhalten. Damit griff Hackel einen weiteren Topos des (nationalsozialistischen) Diskurses um »Asozialität« auf, den des »Schmarotzertums«. (Am Rande sei nur bemerkt, dass auch den Opferfürsorge-AntragstellerInnen oder -BezieherInnen dies häufig unterstellt wurde.)

Entsprechend den Vorstellungen der Angeklagten lag im Psychopathischen auch die »Boshaftigkeit« der Frauen der Arbeitsanstalt begründet. Die Pflegerin Marie Knollmüller beklagte etwa während des ersten Strafverfahrens:

622 Protokoll 4. Hauptverhandlungstag 24.10.1946, WStLA, 2.3.14, 2685a, Vg 1a Vr 3999/45.

623 Protokoll 1. Hauptverhandlungstag 21.10.1946, WStLA, 2.3.14, 2685a, Vg 1a Vr 3999/45.

624 Ebd.

625 Ebd.

626 Protokoll der Beschuldigtenvernehmung vom 2.1.1946, WStLA, 2.3.14, 2685a, Vg 1a Vr 3999/45.

»Der Dienst in dieser Arbeitsanstalt war ein sehr schwerer. Er war noch schwerer als bei den Geisteskranken, die unbewusst gehandelt haben, während es im gegenständl[ichen] Fall vorsätzlich und aus Bosheit geschehen ist. Die Angehaltenen haben sich z. B. gegenseitig das Brot gestohlen. Das wäre nicht notwendig gewesen, aber sie haben sich das Brot gegen Zigaretten eingetauscht, welche die Heizerinnen gebracht haben.«[627]

Die absichtsvolle Boshaftigkeit und moralische Verwerflichkeit wird in dieser Aussage zweifach akzentuiert. Zum einen durch den Mundraub, also einem unsolidarischen Verhalten der Frauen, und zum anderen durch die den Diebstählen zugrunde liegenden Beweggründe. Diebstahl begangen wegen Nikotinsucht – und nicht aufgrund von Hunger – potenziert die Amoralität des Handelns.

Sehr drastisch wurde zum Teil die Gewalttätigkeit mancher Inhaftierter geschildert. Häufig war die Rede von Raufhändeln unter den Frauen, körperlicher Gewalt durch die Insassinnen an Mithäftlingen. Der Pflegeleiter Heinrich Raab etwa sagte im ersten Prozess aus: »Sie waren schon oft sehr unangenehm, haben miteinander gerauft und sich gegenseitig geschlagen u. dgl.«[628] Therese Horacek sprach davon, dass es »unter den Frauen viele Exzesse« gegeben hätte und es zu Raufereien gekommen sei.[629] Laut Hackel gab es jedoch auch gewalttätige Übergriffe von inhaftierten Frauen gegen das Personal: »Man musste irgendein Mittel finden, um sich diese Menschen vom Leib zu halten, da es vorgekommen ist, dass dem Pflegepersonal die Kleider vom Leib gerissen wurden.«[630]

Der Umstand, dass unter den Inhaftierten Frauen waren, die sexuelle Dienste angeboten haben (oder ihnen dies zumindest unterstellt wurde), allein schien zu genügen, um deren moralische Verwerflichkeit und mangelnde Glaubwürdigkeit zu bekräftigen. Alfred Hackel äußerte sich wiederholt äußerst negativ über diese Gruppe: »Bei den Prostituierten hat es sich nicht um arme Frauen gehandelt, sondern um wiederholt rückfällige Prostituierte, die geschlechtskrank

627 Protokoll 1. Hauptverhandlungstag 21.10.1946, WStLA, 2.3.14, 2685a, Vg 1a Vr 3999/45.

628 Protokoll 2. Hauptverhandlungstag 22.10.1946, WStLA, 2.3.14, 2685a, Vg 1a Vr 3999/45.

629 Vgl. Protokoll 1. Hauptverhandlungstag 21.10.1946, WStLA, 2.3.14, 2685a, Vg 1a Vr 3999/45.

630 Ebd.

von der Klosterneuburger-Anstalt zu uns überstellt wurden.«[631] Die ökonomische Notwendigkeit zur Prostitution ließ Hackel nicht gelten. Vielmehr konstruierte er die Frauen als Wiederholungstäterinnen, die durch ihre Geschlechtskrankheit die Bevölkerung gefährdeten. So wie die Nationalsozialisten die »Asozialität« von Frauen überwiegend sexuell konnotierten (vgl. die Kapitel zur »Asozialen«-Verfolgung in Österreich), charakterisierten auch die Angeklagten die Inhaftierten besonders häufig über deren (vermeintliche) Sexualität. Die oftmaligen Hinweise auf (Geheim-)Prostitution waren dabei lediglich ein Aspekt des Spektrums. Als weiterer Aspekt der sexuellen Devianz wurde die Homosexualität mancher Frauen gesehen. In diesem Zusammenhang rechtfertigten die Pflegerinnen Strafmaßnahmen immer wieder mit der Notwendigkeit des Schutzes der Mithäftlinge. Therese Horacek begründete die wochenlange Isolation der Inhaftierten Rosa Pf. vor Gericht folgendermaßen:

> »Wie lange die Zeugin Rosa Pf. in der Zelle untergebracht war, weiß ich nicht mehr genau. Ihre Anhaltung in der Zelle war aber nur zum Schutze für die anderen Frauen angeordnet. Sie führte einen schlechten Lebenswandel und es sollten die anderen Frauen von ihr nicht verdorben werden. […] Die Frauen haben abends oft wirklich sehr gelärmt und die jungen Mädchen, die uns von der Strafanstalt in Hirtenberg überstellt wurden und von denen ein Teil lesbisch veranlagt war, haben auch in der Nacht keine Ruhe gegeben. Es haben sich oft Frauen darüber bei uns beklagt, wir Pflegerinnen waren während der Nacht nicht im Schlafsaal anwesend.«[632]

Die Isolationshaft in den Korrektionszellen, die ausschließlich mit betoniertem »Mobiliar« ausgestattet waren[633], rechtfertigte unter anderen Knollmüller mit der sexuellen Orientierung:

> »Wenn tatsächlich in einzelnen Fällen eine Korrektion von drei Wochen erteilt wurde, so war diese keine Strafmaßnahme mehr, sondern einfach eine notwendige, weil es sich in diesen Fällen meistens um lesbisch veranlagte Frauen handelte, die von der

631 Ebd.

632 Ebd.

633 Laut der Vernehmung des Beschuldigten Dr. Hackel waren Tisch und Bett in der Korrektionszelle betoniert. Zur Schlafenszeit bekamen die Inhaftierten einen Strohsack und eine Decke. Im Winter soll die Zelle geheizt worden sein (vgl. Vernehmungsprotokoll am LG für Strafsachen Wien vom 29.12.1945, S. 8).

Gesamtheit der anderen Frauen einfach ausgeschlossen werden mussten.«[634]

Derartige, überwiegend negative Zuschreibungen und Schilderungen des Alltags in der Arbeitsanstalt ließen freilich die Ursachen für Renitenz und gewalttätiges Verhalten unerwähnt. Nur sehr selten wurden der vorherrschende »Drill« und die Freiheitsberaubung als Gründe angeführt. Zwar wurde von einigen Angeklagten, wie oben bereits ausgeführt, auf das »militärische Regime« in der Arbeitsanstalt verwiesen, dieses aber vorwiegend als belastend für die eigenen Arbeitsbedingungen empfunden und nicht als Ursache für das Verhalten der Inhaftierten. Wie erwähnt waren die Angeklagten nach der Wiederaufnahme des Verfahrens bemüht, differenziertere Aussagen über die ehemals Inhaftierten der Arbeitsanstalt zu treffen. So sagte beispielsweise Therese Horacek: »Ein Teil der Frauen war sehr nett und ein Teil war sehr frech.« Um danach gleich fortzufahren: »Ich war jetzt in der Strafanstalt Lankowitz[635] und dort sitzen 8 oder 10 Frauen, welche bei uns in der Arbeitsanstalt waren. Auch hier im Landesgericht sitzen schon wieder einige Mädels.«[636] Mit dem Verweis auf die neuerliche Straffälligkeit ehemaliger Inhaftierter der Arbeitsanstalt nach 1945 suggerierte sie gleichzeitig die Rechtmäßigkeit nationalsozialistischer Maßnahmen und solcher der Arbeitsanstalt.

Das Gericht befragte nicht nur die Angeklagten nach den inhaftierten Frauen. Insbesondere im zweiten Prozess wurden die Opfer-Zeuginnen deutlich häufiger nach einem negativen Verhalten der Insassinnen und damit der Berechtigung von Strafmaßnahmen befragt. Einige Zeuginnen bestätigten die Richtigkeit der Darstellung durch die Angeklagten.

In beiden Strafverfahren waren zum Gerichtsprozess auch ZeugInnen geladen, die in Ausübung ihres Berufes mit der Arbeitsanstalt Am Steinhof in Berührung kamen: Dr. Alfred Mauczka, Direktor der Heil- und Pflegeanstalt Am Steinhof von 1928 bis Ende 1943[637];

634 Knollmüller, Protokoll 2. Hauptverhandlungstag 21.12.1948, WStLA, 2.3.14, 2685b, Vg 1a Vr 7189/48.

635 Die Strafvollzugsanstalt Lankowitz ist eine Außenstelle der Justizanstalt Graz-Karlau in der Steiermark.

636 Protokoll 1. Hauptverhandlungstag 20.12.1948, WStLA, 2.3.14, 2685b, Vg 1a Vr 7189/48.

637 Danach befand sich Dr. Mauczka im Krankenstand. Seine Pensionierung erfolgte im Juli 1946.

Dr. Alfons Huber, Primar an der Heil- und Pflegeanstalt Am Steinhof; Marie Maurer, Pflegerin an der Heil- und Pflegeanstalt und später an der Arbeitsanstalt Am Steinhof; Otto Hallas, ein Beamter der Allgemeinen Rechtsabteilung der Stadt Wien (MA 62), die die endgültige Entscheidung über die Einweisung fällte, und der Leiter der seinerzeitigen Allgemeinen Rechtsabteilung A 7, Dr. Florian Gröll[638]; sowie Dr. Robert Linke[639], der als Leiter des Wohlfahrtsamtes der Stadt Wien (Abt. E 5) an den Sitzungen der Asozialenkommission teilnahm und im direkten Kontakt mit der Arbeitsanstalt stand. Diese Zeugen stützten im Wesentlichen die Charakterisierungen der inhaftierten Frauen durch die Angeklagten. Nach Robert Linke etwa waren 85 Prozent der Inhaftierten »Prostituierte« oder »Geheimprostituierte«, und ein einmaliger Arbeitsvertragsbruch hätte für eine Einweisung in die Arbeitsanstalt nicht ausgereicht.[640] Der Leiter der Allgemeinen Rechtsabteilung, Dr. Gröll, behauptete: »Es ist richtig, dass mehr als 80 % der Eingewiesenen tatsächlich Asoziale waren. Dieser Umstand muss auch aktenmäßig aufscheinen.«[641] Primarius Dr. Alfons Huber differenzierte in seiner Zeugenaussage, er sprach auch von politisch Verfolgten unter den Inhaftierten, konstatierte aber schließlich: »[…] es waren schon viele Psych[opathen] dort«[642].

Während der Leumund der Opfer-Zeuginnen aufs Strengste einer Prüfung unterzogen und ihre Glaubwürdigkeit aufgrund ihrer Vorgeschichte und medizinischen Diagnosen in Zweifel gezogen wurden, schien die Glaubwürdigkeit der Zeugen aus der Beamtenschaft und der Ärzte von Am Steinhof außer Obligo zu sein. In kei-

638 Hallas und Gröll waren NSDAP-Mitglieder. Dr. Gröll wurde im Mai 1945 seines Amtes enthoben (vgl. Protokoll 5. Hauptverhandlungstag 25.10.1946, WStLA, 2.3.14, 2685a, Vg 1a Vr 3999/45 und Protokoll 7. Hauptverhandlungstag 27.10.1946, WStLA, 2.3.14, 2685a, Vg 1a Vr 3999/45).

639 Robert Linke war zum Zeitpunkt seiner Befragung vor Gericht 58 Jahre alt und außer Dienst gestellt. Nach eigenen Angaben war es die Aufgabe seiner Abteilung, die Anträge von den Dienststellen entgegenzunehmen und die Erhebungen durchzuführen, die betroffenen Personen vorzuladen und nötigenfalls vorführen zu lassen (vgl. Protokoll 3. Hauptverhandlungstag 22.12.1948, WStLA, 2.3.14, 2685b, Vg 1a Vr 7189/48).

640 Vgl. Protokoll 3. Hauptverhandlungstag 22.12.1948, WStLA, 2.3.14, 2685b, Vg 1a Vr 7189/48.

641 Protokoll 2. Hauptverhandlungstag 21.12.1948, WStLA, 2.3.14, 2685b, Vg 1a Vr 7189/48.

642 Protokoll 1. Hauptverhandlungstag 20.12.1948, WStLA, 2.3.14, 2685b, Vg 1a Vr 7189/48.

nem Fall wurde deren Verstrickung in das System der Verfolgung und Tötung auch nur angedeutet. Dabei wurde noch in den 1940er Jahren beispielsweise gegen den Psychiater Alfons Huber ein Volksgerichtsverfahren wegen Mordes und Misshandlung geführt, das jedoch im Mai 1949 eingestellt wurde (vgl. Spring 2009, 135). Gegen Alfred Mauczka war, wie Claudia Spring (vgl. ebd., 286f.) schreibt, 1947 ebenfalls Anzeige wegen Missbrauchs der Amtsgewalt (§ 101 StGB) und Quälerei bzw. Verletzung der Menschlichkeit (§§ 3 und 4 KVG) eingebracht worden. Da der Akt nicht mehr auffindbar ist, bleibt unklar, ob Ermittlungen aufgenommen wurden und es zu einem Strafverfahren kam. Allerdings hätte dem Gericht dies 1948 bekannt sein können, wenn eine Prüfung des Leumunds stattgefunden hätte. Die Beamten Gröll und Linke waren ebenfalls ihres Amtes enthoben worden, was auf ihre NSDAP-Vergangenheit und Verstrickung hinweist. Dies alles beeinträchtigte offenbar ihre Glaubwürdigkeit vor Gericht nicht.

Einschätzung der Glaubwürdigkeit der Opfer-Zeuginnen durch das Gericht

Wie die Justiz die ehemals in der Arbeitsanstalt Am Steinhof inhaftierten Frauen sah, lässt sich am deutlichsten anhand der Anklageschrift, den Urteilsbegründungen und der Begründung der Wiederaufnahme des Verfahrens ablesen.[643] Der Vergleich der beiden Strafverfahren macht eines deutlich: Im wiederaufgenommenen Strafverfahren schätzte das Gericht die Glaubwürdigkeit einiger zentraler Opfer-Zeuginnen maßgeblich geringer ein als im ersten Verfahren.

Der Staatsanwalt Dr. Pastrovich gab bereits in der Anklageschrift vom 15. Juli 1946 vor, wie das in den Einvernahmen dargestellte Verhalten der Inhaftierten zu lesen sei:

> »Die Begründungen, auf die die Einweisungen gestützt wurden, für die die Beschuldigten sicherlich nicht verantwortlich sind, zeigen, dass allein Willkür für die Einweisung maßgebend war. Dies muss deshalb erwähnt werden, weil mit Rücksicht darauf

643 Die Hauptverhandlungsprotokolle werden hierfür nicht herangezogen, weil, wie oben bereits ausgeführt, es sich hierbei nicht um wortwörtliche Protokolle handelt und auch die Fragen bzw. Feststellungen der Richter und Staatsanwälte meist gar nicht protokolliert wurden.

es nicht wundernehmen kann, dass die Eingewiesenen sich vielfach renitent benahmen und jede Gelegenheit wahrgenommen haben, um zu entfliehen.«[644]

Das Gericht folgte dieser grundlegenden Haltung im ersten Verfahren auch in seinem Urteil. In der Urteilsbegründung wurde ausgeführt, wie die eingewiesenen »Mädchen und Frauen« seit Anbeginn durch diverse Maßnahmen wie beispielsweise das Schneiden der Haare, den militärischen Drill, die entwürdigende und demütigende Intelligenzprüfung oder durch diverse Strafen zum »Objekt« degradiert wurden. »Für alle diese verbrecherischen Maßnahmen gegen die unglücklichen Opfer dieser Arbeitsanstalt«, so in der Urteilsbegründung weiter, »war vor allem der Angeklagte Dr. Hackel verantwortlich, der vom November 1941 bis Neujahr 1943 die Leitung der Anstalt inne hatte«.[645] Trotz des beharrlichen Leugnens von Dr. Hackel sah der Richter die gegen Hackel und andere vorgebrachten Vorwürfe als gegeben an, wenn es heißt, dass »aus den Aussagen der zahlreichen Zeuginnen vollkommen eindeutig hervorgegangen ist, dass die Verabreichung der Injektionen zu förmlichen Schauprozessen missbraucht wurde«[646]. Der Umstand, dass einige der zentralen Opfer-Zeuginnen entmündigt waren, schränkte für das Gericht im ersten Strafverfahren deren Glaubwürdigkeit nicht ein. Im Gegenteil, deren Aussagen wurden als wahrheitsgemäß anerkannt:

»Zur Würdigung dieser Zeugenaussage sei bemerkt, dass die Zeugin M. auf das Volksgericht einen so guten Eindruck gemacht hat, dass an der Richtigkeit ihrer Aussage nicht im Geringsten gezweifelt wurde. Auch der von der Zeugin Therese A. geschilderte Vorfall, wonach sie von der Angeklagten Merkl und einer zweiten Pflegerin gelegentlich eines Bades wiederholt untergetaucht wurde, lässt die ganze verbrecherische Handlungsweise der Angeklagten Merkl deutlich erkennen.«[647]

Im zweiten Strafverfahren 1948 hob das Gericht in seiner Urteilsbegründung hingegen die Glaubwürdigkeit der Ärzte und des ehemaligen Pflegepersonals hervor, während es jene der Opfer-Zeuginnen – auch aufgrund ihrer Entmündigung – stark bezweifelte:

644 Anklageschrift vom 15.7.1946, WStLA 2.3.14, 2685a, VG 2 b Vr 3999/45.

645 Urteil zur Hv 1724/46 vom 30.10.1946, WStLA 2.3.14, 2685a, Vg 1a Vr 3999/45. Hervorhebung im Original.

646 Ebd.

647 Ebd.

»Zunächst zu den Zeugen: Die Zeugen machen, soweit es sich um Ärzte und ehemaliges Pflegepersonal von Steinhof handelte, einen guten und durchaus glaubwürdigen Eindruck. Was die Angehaltenen anbelangt, so musste das Gericht wohl zur Überzeugung kommen, dass unter ihnen eine Reihe unglaubwürdiger und zum Teil gehässiger Zeugen waren, zumal auch eine Reihe von Zeugen voll entmündigt waren, bzw. einige wegen falscher Zeugenaussage oder Verleumdung vorbestraft waren, andere wieder infolge ihrer zahlreichen Widersprüche und offenbar unrichtigen Angaben eine Glaubwürdigkeit nicht verdienen. Trotzdem mussten auch verschiedene Angaben dieser Zeugen als erwiesen angenommen werden, da sie, wenn auch nicht im Einzelfalle, so doch in ihrer Gesamtheit glaubwürdig erschienen, was vor allem in jenen Fällen zutrifft, in denen nicht nur ein oder zwei Zeugen, sondern zehn oder fünfzehn in einzelnen Punkten ihrer Aussage im Wesentlichen übereinstimmen.«[648]

Damit reflektierte das Gericht in keiner Weise die Involvierung der als Zeugen befragten Ärzte und Beamten. Im Gegenteil, es bescheinigte ihren Aussagen Glaubwürdigkeit, während die Aussagen eines Teils der Opfer als gehässig und daher wenig glaubwürdig eingestuft wurden. Das Gericht exkulpierte die gesetzten Strafmaßnahmen durch die Angeklagten aufgrund der problematischen Klientel, wie das folgende Zitat belegt:

»Es war nun zweifellos richtig, dass sich unter diesen Personen vielfach Psychopathen, Geisteskranke und naturgemäß sehr schwer zu behandelnde Frauen befanden, und es ist richtig, dass es dadurch in der Anstalt vielfach zu Exzessen, Raufereien der Angehaltenen untereinander kam und daher in jeder dieser Anstalten zur Aufrechterhaltung der Ordnung gewisse Disziplinarmittel notwendig waren.«[649]

Mit dieser Aussage teilte das Gericht auch die Charakterisierung der Opfer durch die Angeklagten und legitimierte somit deren Handlungen, welche durch das Verhalten der Opfer selbst provoziert worden wären. Der Richter ging in seinem Urteilsspruch jedoch noch einen Schritt weiter, indem er die Anklage im ersten Strafverfahren

648 Urteil zur Hv 628/48 vom 23.12.1948, WStLA 2.3.14, 2685b, VG 1a Vr 7189/48 Hv 628/48.

649 Ebd.

gemäß § 3 Abs. 2 KVG als nicht gerechtfertigt ansah, weil schon eine Verurteilung nach Abs. 1 den Eintritt einer gesundheitlichen Schädigung verlangte. Außerdem begründete er dies erneut mit der Unglaubwürdigkeit und den Psychopathien der Zeuginnen. Der Richter betrachtete daher »eine gröbliche Verletzung der Menschenwürde, wie sie § 3/2 KVG erfordert«, nicht als erwiesen.

Die gravierende Reduktion des Strafausmaßes für die Angeklagten wurde durchgängig mit der Selbstverschuldung der Opfer durch ihr ungebührliches Benehmen begründet. Selbst schwerwiegende Eingriffe wie die Injektion von Apomorphin, die zu heftigem Erbrechen führten und deren medizinische Sinnhaftigkeit auch von den Sachverständigen angezweifelt wurde, ließ das Gericht nicht über die Angemessenheit solcher »Sicherungsmaßnahmen« reflektieren. Im Gegenteil, diese Injektionen wurden wie andere Strafmaßnahmen (z. B. Einsperren in Korrektionszellen über mehrere Tage, teils unbekleidet oder nur mit einem Hemd bekleidet und bei Nahrungsentzug; strafweises Turnen und Wippen ohne Rücksicht auf Gesundheitszustand und Schwangerschaft der Inhaftierten) als notwendige Disziplinierungsmaßnahmen und nicht als entwürdigende, erniedrigende und willkürliche Maßnahmen eingestuft.[650]

Den Freispruch der Angeklagten Elfriede Merkl, welche der Quälerei bzw. Misshandlung durch Beschimpfungen als »Huren und Schlampen«, Ohrfeigen und Schläge beschuldigt wurde, begründete das Gericht zum einen mit gegenteiligen Aussagen der Opfer-Zeuginnen, zum anderen wären derartige Beschimpfungen höchstens eine Ehrenbeleidigung, aber keine Verletzung der Menschenwürde.

> »Abgesehen von dem Gegenüberstehen zweier widersprechender Zeugenaussagen kam das Gericht zur Überzeugung, dass die Beschimpfung einer Prostituierten mit dem Worte Hure niemals den Tatbestand des § 4 KVG bilden kann, da diese Beschimpfungen höchstens Ehrenbeleidigungen darstellen und gerade von diesen Frauen, welche zum Großteil tatsächlich Prostitu-

650 Bei der Begründung des Strafausmaßes für den Angeklagten Raab wird dies besonders deutlich. Entsprechend des Urteils hätte der Angeklagte keine andere Möglichkeit gehabt, »den Schwierigkeiten und Exzessen, die in diesem Lager bestanden, zu begegnen« (Urteil zur Hv 628/48 vom 23.12.1948, WStLA 2.3.14, 2685b, VG 1a Vr 7189/48 Hv 628/48).

ierte waren, diese Beschimpfungen selbst durch ihren Lebenswandel heraufbeschworen.«[651]

In seinen weiteren Ausführungen meinte der Richter, dass eine gleiche Bewertung der Beschimpfung und Misshandlung von Widerstandskämpfern oder Abstammungsverfolgten auf der einen Seite und von Frauen der Arbeitsanstalt auf der anderen Seite eine »Ungerechtigkeit« gegenüber ersteren darstellen würde. Mit dieser Argumentation spielte das Gericht nicht nur die verschiedenen Opfergruppen gegeneinander aus, es machte die Opfer in Folge auch zu Täterinnen, wenn es argumentiert, die Opfer hätten solche Beschimpfungen durch ihren Lebenswandel provoziert. In dieser Begründung tritt die Abwertung und Fortsetzung der Stigmatisierung deutlich zutage.

Die beiden Schöffengerichte kamen nicht nur in Bezug auf die Bewertung der Glaubwürdigkeit der Zeuginnen zu unterschiedlichen Einschätzungen. Es unterschied sich auch hinsichtlich der Betrachtungsweise von »Asozialität«. Im Urteil des ersten Strafverfahrens führte das Gericht aus, dass dem Begriff »Asozialität« jegliche wissenschaftliche Grundlage fehle und – mit Verweis auf den Vorfall im Fußballstadium und der Reaktion des seinerzeitigen Gauleiters und Reichsstatthalters in Wien, Baldur von Schirach – er Ausdruck politisch-ideologischer Sichtweisen auf die Gesellschaft sei (vgl. hierzu auch Kapitel II.1.1).

> »In diesem Zusammenhang muss der Begriff der Asozialität erörtert werden. So problematisch und relativ dieser Begriff an sich ist, da die Entscheidung darüber, wer als asozial anzusehen ist oder nicht, von dem jeweiligen Regime abhängig ist, ebenso sonderbar ist die Vorgeschichte, welche zur Prägung des Begriffes der ›Asozialität‹ geführt hat. […] Daraus allein ergibt sich schon, mit welcher Leichtfertigkeit und mit wie wenig Ernst das Schlagwort von der ›Asozialität‹, wenn auch unter der Maske der Wissenschaftlichkeit, von den damaligen NS-Gewalthabern geprägt wurde.«[652]

Im zweiten Urteil aus dem Jahr 1948 vertrat das Gericht eine geradezu gegenteilige Sichtweise in Bezug auf den Begriff bzw. das »Problem Asozialität«, wie es nun bezeichnet wurde. In seiner Urteilsausführung verwies der Richter darauf, dass es das »Problem« schon

651 Ebd.

652 Urteil zur Hv 1724/46 vom 30.10.1946, Vg 1a Vr 3999/45.

vor der Machtergreifung der Nationalsozialisten gegeben habe und entsprechende Maßnahmen zur Bekämpfung gesetzt worden seien. Auch dieses Gericht bezog sich auf den Vorfall im Wiener Fußballstadion, erwähnte die Schätzungen bezüglich der Anzahl von »Asozialen« und leitete daraus die tatsächliche Notwendigkeit der Einrichtungen von Arbeitsanstalten ab. Bereits existierende Institutionen wie die Arbeitsanstalt Klosterneuburg seien unzureichend gewesen. Das Gericht übernahm im vollen Umfang die Argumentation des nationalsozialistischen Regimes. Es verstand im wiederaufgenommenen Verfahren die Installierung der Asozialenkommission als politische Einrichtung und bekräftigte mit dem Verweis auf die Fürsorgeeinführungsverordnung die Rechtmäßigkeit der Errichtung von Arbeitsanstalten; es hinterfragte zudem nicht wie das erste Gericht die Sinnhaftigkeit solcher Maßnahmen und die Konsequenzen für die in diesen Anstalten festgehaltenen Frauen.

Die über die Jahre hin zu konstatierende Veränderung der Sichtweise auf die Verfolgung von »Asozialen« (hin zu einer gesellschaftspolitisch gerechtfertigten Notwendigkeit), die zum Teil auch der persönlichen Haltung der Richter geschuldet war, zeigt sich auch in Hinblick auf die Einstellung des Verfahrens gegen Josefine Wirzinger. Da die Beschuldigte wegen einer Operation nicht zur Hauptverhandlung erscheinen konnte, wurde das Verfahren ausgegliedert. Fürstler und Malina (2004, 340) zufolge wurde das Strafverfahren gegen Wirzinger am 24. Jänner 1949 nach Rücktritt des Staatsanwalts aufgrund der Unwahrscheinlichkeit einer Verurteilung und Beschluss des Landesgerichtes Wien als Volksgericht eingestellt. Wie den anderen Angeklagten wurde auch ihr keine Haftentschädigung für die rund dreimonatige Untersuchungshaft zugesprochen.[653] In den Zeuginnenaussagen wurde eine weitere Pflegerin der Arbeitsanstalt, Münzner, zum Teil schwer belastet. Der Staatsanwalt beantragte in der dritten Hauptverhandlung die Einleitung von Voruntersuchungen gegen die Pflegerin wegen §§ 3 und 4 KVG sowie die Ausscheidung aus dem hiesigen Verfahren. Ob solche nun eingeleitet wurden, konnte nicht eruiert werden. Auch bei Fürstler und Malina (2004) finden sich keine Hinweise, dass es eine Voruntersuchung gegeben hat.

653 Vgl. Beschluss des Landesgerichtes Wien als Volksgericht vom 24.1.1949, VG 1a Vr 7189/48, zit. nach Fürstler/Malina 2004, 340.

3.3 Das Ermittlungsverfahren gegen das Personal der Gauerziehungsanstalt Gleink

Anders als im Verfahren gegen das Personal der Arbeitsanstalt Am Steinhof kam es im Ermittlungsverfahren gegen das Personal der GEA Gleink weder zu einer Anklage noch zu einem Gerichtsverfahren. Als Quellen stehen uns damit neben diversen Verfahrensdokumenten (z. B. Haftbeschlüsse, Aufenthaltsermittlungsanträge, Antrags- und Verfügungsbogen) ausschließlich eidesstattliche Erklärungen sowie Protokolle der polizeilichen und gerichtlichen Befragungen zur Verfügung.[654]

Die Voruntersuchungen

Am 28. September 1945 richtete Johanna K. ein Schreiben an den C. I. C. Steyr[655], in dem sie den Leiter der seinerzeitigen Gauerziehungsanstalt (GEA) Gleink, Heinrich Lenzenweger, für den Tod ihrer Tochter Maria K. verantwortlich machte. Aus dem Akt geht nicht hervor, welche Schritte der C. I. C. nach Erhalt des Briefes unternommen hat. Polizeiliche Erhebungen gegen Heinrich Lenzenweger scheinen erst mit der Anzeige der ehemaligen Wärterin der GEA, Else Gohlhammer (geb. Sabath), bei der Sicherheitswache Ried im Innkreis am 16. Jänner 1946 aufgenommen worden zu sein. Sie beschuldigte Lenzenweger, das »ihm zur Verfügung stehende Erziehungsrecht auf das Schwerste missbraucht«[656] zu haben. Es wurde insofern ein politischer Hintergrund vermutet, als Lenzenweger sich bei seinen Anordnungen immer auf seine NSDAP-Mitgliedschaft und Vorgaben von höherer Stelle berufen haben soll. Die späteren Erhebungen bezüglich seiner politischen Tätigkeit ergaben jedoch keine strafrechtsrelevanten Hinweise. Demnach war Lenzenweger weder illegaler Nazi noch hatte er eine Vertrauensstelle und ein Amt in der NSDAP bzw. deren Organi-

654 Vgl. im Folgenden OÖLA, Gerichtsakt Vg 11 Vr 312/46.

655 Das Kürzel C. I. C. steht für Counter Intelligence Corps, dem seinerzeitigen Nachrichtendienst der US-amerikanischen Armee, welcher nach Ende des Zweiten Weltkrieges vor allem für die Ausforschung von Kriegsverbrechern und von Nationalsozialisten zuständig war.

656 Schreiben der Sicherheitswache der Stadt Ried im Innkreis an die Kriminalbeamtenabteilung Steyr, 16.1.1946, OÖLA, Gerichtsakt Vg 11 Vr 312/46. Im selben Schreiben wird erwähnt, dass der C. I. C. ebenfalls von dieser Anzeige in Kenntnis gesetzt wurde.

sationen inne.[657] Die Sicherheitswache Ried im Innkreis schloss aus der Beschreibung der Zustände bzw. Misshandlungen in Gleink von Else Gohlhammer, dass es sich um beinahe KZ-ähnliche Zustände gehandelt hätte, weswegen »Lenzenweger als Kriegsverbrecher zu gelten habe«[658]. Als Zeugin führte sie die ehemalige Köchin Josefa Strauß an, welche zehn Tage später auch von der Kriminalbeamten-Abteilung Steyr einvernommen wurde.[659] Strauß bestätigte, dass der Leiter die Kinder beiderlei Geschlechts bereits wegen geringfügiger Vergehen schwer bestrafen ließ, etwa mit Stockschlägen, Nahrungsentzug oder Einsperren. In den folgenden Tagen wurden weitere Zeuginnen befragt, darunter waren die Mutter eines Zöglings, ein Opfer, eine Kanzleikraft der Gauerziehungsanstalt und eine geistliche Schwester, die nach der Umwandlung des von den Kreuzschwestern geführten Erziehungsheimes[660] in die GEA Gleink dort verblieben war.[661]

Die von der Kriminalpolizei Einvernommenen nannten folgende Personen, die die Kinder und Jugendlichen wiederholt misshandelt und gedemütigt haben sollen: Neben dem Leiter Heinrich Lenzenweger waren dies die Erzieherinnen Anna Silber und Irene Kozlowski sowie der Jugenderzieher Adolf Schneider und Regierungsrat Josef Klug[662] aus Linz, der für drei Monate als Urlaubsvertretung von Lenzenweger die Anstalt leitete. Am 30. Jänner 1946 kam es zunächst jedoch nur zur Verhaftung des sich noch immer im Amt befindlichen Anstaltsleiters Heinrich Lenzenweger wegen des Verdachts der Quälerei und Misshandlung (§ 3 KVG). Der Beschuldigte wurde noch am gleichen Tag von der Kriminalpolizei einvernommen, ebenso fünf

657 Vgl. Bericht des Polizeikommissariats Steyr vom 29.3.1946 und Bericht des Gendarmeriepostens Garsten an das Landesgericht Linz, 5.4.1946, OÖLA, Gerichtsakt Vg 11 Vr 312/46.

658 Schreiben der Sicherheitswache der Stadt Ried im Innkreis an die Kriminalbeamtenabteilung Steyr, 16.1.1946, OÖLA, Gerichtsakt Vg 11 Vr 312/46.

659 Vgl. Niederschrift mit Josefa Strauß am 26.1.1946, OÖLA, Gerichtsakt Vg 11 Vr 312/46.

660 Vgl. zur Geschichte des (Gau-)Erziehungsheimes Gleink Kapitel II.4.2.

661 Vgl. Niederschrift mit Annemaria P. am 28.1.1946, Niederschrift mit Barbara Huemer am 28.1.1946, Niederschrift mit Rosina Radlgruber am 28.1.1946 und Niederschrift mit Johanna Krenmayr am 29.1.1946 (OÖLA, Gerichtsakt Vg 11 Vr 312/46).

662 Josef Klug war zum Zeitpunkt der gerichtlichen Erhebungen Leiter des »Gaujugendamtes« in Linz (vgl. Bericht der Kriminalbeamten-Abteilung Steyr, 31.1.1946, OÖLA, Gerichtsakt Vg 11 Vr 312/46).

EntlastungszeugInnen. Letztere waren mit Ausnahme des Ortspfarrers Beschäftigte der Erziehungsanstalt.[663]

Nachdem am 2. Februar 1946 die Akten von den amerikanischen Alliierten an die österreichische Justiz zur weiteren Verfolgung übergeben wurden, stellte die Kriminalpolizei am 5. Februar 1946 beim Kreisgericht Steyr einen Antrag zur Einleitung der Voruntersuchung gegen Heinrich Lenzenweger wegen des Verbrechens nach § 3 KVG. Am gleichen Tag erfolgte die Verhängung der Untersuchungshaft. Eine Woche später wurde das Verfahren an das zuständige Volksgericht des Landesgerichts Linz abgetreten und Heinrich Lenzenweger in das dortige Gefängnis überstellt.

Die Staatsanwaltschaft Linz ersuchte nun als Verfahrensverantwortliche das Kreisgericht Ried und das Kreisgericht Steyr um die nochmalige Einvernahme der bereits von der Kripo befragten Personen. Insgesamt wurden acht Belastungs- und elf EntlastungszeugInnen durch die Staatsanwaltschaft einvernommen. Darunter befanden sich lediglich vier ehemalige Zöglinge der GEA sowie die Mutter einer verstorbenen Jugendlichen. Im Gerichtsakt gibt es keinerlei Hinweise, dass sich die Staatsanwaltschaft bzw. der Untersuchungsrichter bemüht hätten, weitere mögliche Opfer zu eruieren.

Lenzenweger wurde am 25. Mai 1946 mit der Auflage, seinen Wohnort nicht zu verlassen, aus der Untersuchungshaft entlassen, obwohl die Voruntersuchung gegen ihn noch nicht abgeschlossen war. Erst zu diesem Zeitpunkt ersuchte die Staatsanwaltschaft den Untersuchungsrichter, die Voruntersuchung wegen § 3 KVG gegen Adolf Schneider, Anna Silber und Irene Kozlowsky[664] einzuleiten.

Am 25. Juli 1946 kam es schließlich zur Verhaftung von Anna Silber und zur Verhängung der Untersuchungshaft, aus der sie am 7. September 1946 wieder entlassen wurde. Anfang des Jahres 1947 beantragte der Staatsanwalt die Einstellung des Verfahrens gegen Heinrich Lenzenweger und Anna Silber sowie die Aberkennung einer Haftentschädigung. Letzteres begründete die Staatsanwaltschaft folgendermaßen: »[…] da ein die Verfolgung und Haft genügend begründender

663 Im Bericht der Kriminalbeamten-Abteilung vom 31.1.1946 heißt es, dass die anderen Beschuldigten Adolf Schneider, Anna Silber und Irene Kozlowsky nicht einvernommen werden konnten, weil sich diese nicht mehr in Steyr aufhielten.

664 Im Antrags- und Verfügungsbogen fälschlicherweise als Irene Voslonski bezeichnet (vgl. Antrags- und Verfügungsbogen der Staatsanwaltschaft Linz a. d. D., Eintrag 22.5.1946, OÖLA, Gerichtsakt Vg 11 Vr 312/46).

Verdacht vorlag, der in der Folge nicht völlig entkräftet wurde«.[665] Am 25. Jänner 1947 wurde den Anträgen der Staatsanwaltschaft stattgegeben, womit das Verfahren nach einem Jahr eingestellt wurde.

Gegen die anderen Beschuldigten, Adolf Schneider und Irene Kozlowsky, beantragte die Staatsanwaltschaft den vorläufigen Abbruch des Verfahrens – und erst ein Jahr nach Bekanntwerden der Vorwürfe die Ausschreibung zur Aufenthaltsermittlung. Eineinhalb Jahre später kam es zur Einvernahme der Beschuldigten Kozlowsky[666] und zur Rücknahme des Antrags auf Verhängung der U-Haft.[667] Mit Jahresende 1948 wurde das Verfahren gegen Irene Kozlowsky gemäß § 109 StPO eingestellt. Auch jenes gegen Adolf Schneider wurde eingestellt, allerdings erst am 29. Juni 1956; sein Aufenthaltsort konnte nie ausfindig gemacht werden.[668]

Verantwortung der Beschuldigten

Heinrich Lenzenweger bestritt die Schwere der Vorkommnisse in Gleink. Er räumte zwar ein, selbst gezüchtigt zu haben, aber nur Knaben und dies nur als alleräußerste Notwendigkeit, wenn keine anderen Mittel mehr halfen. Übergriffe seines Personals in punkto körperlicher Züchtigung seien vorgekommen, da dieses ungeschult gewesen sei und er nicht alle Vorgänge überblicken hätte können. Weiters erklärte er die Übergriffe damit, dass

> »[s]olche Zöglinge in der Anstalt alle möglichen Straftaten, die nur erdenklich sind, [unternahmen], wie Diebstähle, Einbrüche, Beschädigungen aller Art, absichtliche Verunreinigungen der Wände und Einrichtungsgegenstände mit Urin und Menschenkot. Verstopfung der Klosette mit allen möglichen anstaltseigenen Gegenständen. Unbrauchbarmachung der Lebensmittel und schließlich Gewalttätigkeiten an den verschiedenen Aufsichtspersonen.«[669]

665 Beschluss der Ratskammer des Landesgerichts Linz im Strafverfahren gegen Heinrich Lenzenweger und Anna Silber, beide: 14.11.1947, OÖLA, Gerichtsakt Vg 11 Vr 312/46.

666 Vgl. Protokoll der Einvernahme von Irene Kozlowsky, Polizeidirektion Wien, Kommissariat Meidling, 17.8.1948, OÖLA, Gerichtsakt Vg 11 Vr 312/46.

667 Vgl. Antrags- und Verfügungsbogen der Staatsanwaltschaft Linz a. d. D., Eintrag 30.6.1948 und 9.7.1948, OÖLA, Gerichtsakt Vg 11 Vr 312/46.

668 Vgl. Antrags- und Verfügungsbogen des Kreisgerichts Steyr, Eintrag 29.6.1956, OÖLA, Gerichtsakt Vg 11 Vr 312/46.

669 Protokoll der Beschuldigtenvernehmung Heinrich Lenzenweger, Kriminalbeamten-Abteilung, 30.1.1946, OÖLA, Gerichtsakt Vg 11 Vr 312/46.

Lenzenweger ging sogar soweit, den ehemaligen Zöglingen Tötungsabsichten gegenüber dem Aufsichtspersonal nachzusagen.[670] Er war – unter Berufung auf die Deckung seines Vorgehens durch die vorgesetzte Dienststelle – geständig, dass er einigen weiblichen Häftlingen die Haare kurz schneiden ließ,

> »und zwar ausschließlich im Einvernehmen mit meiner vorgesetzten Dienststelle und nur solchen weiblichen Zöglingen, die vorher aus der Anstalt unter den abenteuerlichsten Umständen entwichen sind und dann geschlechtskrank und mit Ungeziefer behaftet in die Anstalt rückeingeliefert worden sind. Da es sich im vorliegenden Falle ausschließlich um solche weiblichen Zöglinge handelte, die zur geheimen Prostitution neigten, wurde die Maßnahme des Haarabschneidens auch deshalb vorgenommen, damit diese von den Männern gemieden werden sollten. Diese Zwangsmaßnahme habe ich jedoch nur in einigen Fällen durchgeführt.«[671]

Die Ausgerissenen und wieder Zurückgebrachten mit einer dünnen Kette ans Bett zu fesseln, sei ebenfalls nur im Einvernehmen mit dem Gaujugendamt und dies nur in den Anfangsjahren durchgeführt worden. Die ins Feld geführte vorgesetzte Behörde konnte jedoch nicht bestätigen, zwangsweises Haareschneiden oder das Anketten angewiesen bzw. als legitime Strafmaßnahme angesehen zu haben.[672] Auch mit der Dienstanweisung für die Erziehungsanstalt lassen sich die geschilderten Strafmaßnahmen nicht rechtfertigen. Es wird darin wiederholt darauf hingewiesen, mit Bestrafungen maßvoll umzugehen und auf körperliche Züchtigungen nur im Notfall zu-

670 Vom Untersuchungsrichter veranlasste Erhebungen bezüglich des Wahrheitsgehalts derartiger Behauptungen bei den umliegenden Gendarmeriestellen verliefen negativ (vgl. Antrags- und Verfügungsbogen, Eintrag Landesgericht Linz/Volksgericht vom 11.7.1946; Eintrag Bezirksgendarmeriekommando Steyr, 15.7.1946, OÖLA, Gerichtsakt Vg 11 Vr 312/46; vgl. auch Schreiben des Gendarmeriepostens Sierning vom 6.6.1946, des Gendarmeriepostenkommandos Wolfern vom 4.7.1946, des Gendarmeriepostenkommandos Gleink vom 6.6.1946, des Gendarmeriepostenkommandos Aschach a. d. Steyr vom 3.6.1946 und des Gendarmeriepostenkommandos Steyr vom 5.6.1946).

671 Protokoll der Beschuldigtenvernehmung Heinrich Lenzenweger, Kriminalbeamten-Abteilung, 30.1.1946, OÖLA, Gerichtsakt Vg 11 Vr 312/46.

672 Vgl. Brief der O. Ö. Landeshauptmannschaft, Abteilung Fürsorge an das Landesgericht Linz, Volksgericht, 19.7.1946, OÖLA, Gerichtsakt Vg 11 Vr 312/46.

rückzugreifen.[673] Überzeugt von der Rechtmäßigkeit seines Verhaltens und nochmals betonend, dass er die Grenzen seiner Befugnisse als Anstaltsleiter nie überschritten habe, meinte Lenzenweger gegen Ende seiner Aussage: »Ich erblickte in jedem einzelnen Zögling, auch wenn dieser noch soviel angestellt hatte, mein eigenes Kind und hätte ich als eigener Vater des betreffenden Kindes auch dieselben Erziehungsmaßregeln angewendet.«[674]

Seine Entlastung fußte also auf mehreren Argumentationssträngen: Er habe ausschließlich im Einvernehmen mit der vorgesetzten Dienststelle gehandelt, das Verhalten der Mädchen habe eine straffe Führung notwendig gemacht, lediglich in den Anfangsjahren seien strenge Strafen angewandt worden[675] und in einer paternalistischen, fürsorglichen Attitüde.

Auch die zwei weiteren Beschuldigten, Anna Silber und Irene Kozlowsky, verantworteten sich in ähnlicher Weise wie Lenzenweger. Anna Silber[676] weist in ihren zwei Verhören jegliche Anschuldigungen, Jugendliche misshandelt und gequält zu haben, zurück. Im Gegenteil, die Eltern hätten sich bei ihr für ihre Arbeit bedankt.[677] Silber leugnete nicht nur sämtliche ihr zur Last gelegten Handlungen, sie gab gleichzeitig vor, von anderen Strafmaßnahmen nichts gewusst zu haben. Einige Maßnahmen rechtfertigte sie als notwendige Erzie-

673 Vgl. Dienstanweisung des Reichsstatthalters in Oberdonau, III b/GJ – A 88/42 – 1943, OÖLA, Gerichtsakt Vg 11 Vr 312/46.

674 Protokoll der Beschuldigtenvernehmung Heinrich Lenzenweger, Kriminalbeamten-Abteilung, 30.1.1946, OÖLA, Gerichtsakt Vg 11 Vr 312/46.

675 Manche Strafmaßnahmen seien jedoch nicht aus Einsicht über deren Überzogenheit abgeschafft worden, sondern aus vielmehr praktischen Gründen: Wurden den Mädchen die Haare geschoren, verzögerte dies eine mögliche Entlassung. Daher wurde davon zunehmend Abstand genommen, so Schwester Barbara in der Hauschronik (vgl. Archiv der Kreuzschwestern in Linz).

676 Die folgenden Ausführungen basieren auf dem Protokoll der Beschuldigtenvernehmung von Anna Silber am 1.8.1946 am Bezirksgericht Gmunden, OÖLA, Gerichtsakt Vg 11 Vr 312/46. – Anna Silber, geboren am 23.10.1907 in Gmunden, wohnte zum Zeitpunkt der Vernehmung wieder in ihrem Geburtsort; sie war unverheiratet und leitete das Kinderheim der Naturfreunde in Gmunden. Ab 1938 bis zu ihrer Anstellung im Februar 1941 in Gleink arbeitete sie im Bad Ischler Kinderheim. Den Posten als Erzieherin in der Gaujugendanstalt hatte sie bis April 1942 inne. Danach war Silber bei der Gaufrauenschaftsleitung angestellt.

677 Vgl. Vernehmung der Beschuldigten Anna Silber am 1.8.1946 und 14.8.1946, OÖLA, Gerichtsakt Vg 11 Vr 312/46.

hungsmittel. Schließlich gestand Silber doch, manchen Jugendlichen eine Ohrfeige gegeben zu haben, was sie aber als Mutter nicht anders gehandhabt hätte. So wie Lenzenweger strich Anna Silber damit ihre fürsorgliche Haltung hervor:

> »Ich gebe auch offen zu, dass ich entwichenen Zöglingen, die mir verlaust und verdreckt zurückgebracht worden sind, gelegentlich bei der Einbringung eine Ohrfeige gegeben habe. Welche Mutter hätte dies nicht getan, wenn sie erfuhr, dass das Kind sich wochenlang in Flaklagern bei den Soldaten herumgetrieben hat. Es ist dies aber nicht zu oft vorgekommen, denn meistens grauste mir davor, solche Mädchen anzurühren.«[678]

Trotz dieser scheinbaren Fürsorge lassen die Aussagen Anna Silbers keinen Zweifel an dem Ekel, den sie gegenüber den ihr anvertrauten Zöglingen – insgesamt waren es 39 – empfand.

Auch Irene Kozlowsky[679] wies die Beschuldigungen wiederholt zurück: »Ich bin den Kindern gegenüber zwar sehr streng gewesen, kann aber nur wiederholen, dass ich mich nie zu Misshandlungen hinreißen ließ.«[680] Es ist nahezu müßig festzustellen, dass auch Frau Kozlowsky von Misshandlungen und Bestrafungen nichts gesehen und gehört haben will. Dies ist umso verwunderlicher, als Kozlowsky vier Jahre an der GEA Gleink beschäftigt war. Derartige Vorfälle seien vor ihrer Anstellung in Gleink passiert oder hätten sich in einer anderen Abteilung abgespielt, in die sie keinen Einblick gehabt hätte. »Da ich 90 Kinder zu beaufsichtigen hatte, ab 1943 nur 30–35, hatte ich keine Zeit, mich um Vorgänge in anderen Abteilungen zu kümmern.«[681] Die äußerst kurze Vernehmung – das handschriftliche Protokoll umfasst lediglich eineinviertel Seiten – endete mit der Nennung zweier ehemaliger Zöglinge der Erziehungsanstalt als mögliche

678 Vernehmung der Beschuldigten Anna Silber, Fortsetzung am 14.8.1946, OÖLA, Gerichtsakt Vg 11 Vr 312/46.

679 Irene Kozlowsky, in Wien am 11.3.1922 geboren, war zwischen 3.3.1941 und 22.3.1945 in der Gauerziehungsanstalt angestellt. Sie hatte zwei Söhne (geb. 1944 und 1954). Laut eines Berichts der Polizeidirektion Wien vom 1.8.1955 arbeitete sie seit 26.8.1953 als Kindergärtnerin bei der Stadt Wien. Bei der Vernehmung im Jahr 1948 gab sie an, weder Mitglied noch Anwärterin der NSDAP oder einer ihrer Teilorganisationen gewesen zu sein (vgl. OÖLA, Gerichtsakt Vg 11 Vr 312/46).

680 Vernehmung der Beschuldigten Irene Kozlowsky am Polizeikommissariat Meidling in Wien, 17.8.1948, OÖLA, Gerichtsakt Vg 11 Vr 312/46.

681 Ebd.

Entlastungszeuginnen und der neuerlichen Betonung, dass es verboten war, die Kinder und Jugendlichen zu misshandeln.[682]

Der Untersuchungsrichter bzw. die Staatsanwaltschaft Linz unternahmen in Folge nichts, um die Verantwortung der Beschuldigten Silber und Kozlowsky zu hinterfragen. Weder beauftragten sie die jeweiligen Stellen mit weiteren Vernehmungen, noch gibt es Hinweise dafür, dass ehemalige Zöglinge zur Erhärtung oder Entkräftigung der Anschuldigungen ausfindig gemacht werden sollten.

Die Konstruktion der »asozialen« Jugendlichen durch die Beschuldigten und ZeugInnen

In den zitierten Ausschnitten aus den Protokollen der Beschuldigtenvernehmungen wurden trotz paternalisierender Aussagen und des Vergleichs der eigenen Funktion mit der einer Mutter oder eines Vaters deutlich, dass die Beschuldigten die Kinder und Jugendlichen vielfach abstoßend fanden. So abstoßend und ekelerregend, dass man schon allein deshalb von Züchtigungen Abstand genommen habe. Doch die körperliche Verwahrlosung war nicht das einzige Attribut. Mit dem Verweis auf Geschlechtskrankheiten werden die jungen Mädchen auch als sexuell deviant charakterisiert. Der Grundtenor der Beschuldigten und der EntlastungszeugInnen lautete, dass es sich bei den Kindern und Jugendlichen vorwiegend um schwer erziehbare Personen handelte, die entweder selbst bereits straffällig geworden seien oder deren Eltern die Kontrolle über sie verloren hätten. Ein Teil der Jugendlichen sei gewalttätig gewesen und hätte, wie oben bereits ausgeführt wurde, Mordabsichten gegenüber dem Erziehungspersonal gehabt. Zur Illustration die Beschreibung der Zöglinge durch Lenzenweger:

> »[…] dass derart schwererziehbare Kinder in der Anstalt sich befanden, die im allgemeinen schon als sogenannte Verbrecher oder Dirnen anzusprechen waren und bemerke, dass sich Zöglinge in der Anstalt befanden, die bereits das 20te Lebensjahr erreicht hatten. […] Ich hatte dabei die größten Schwierigkeiten, dies umso mehr, zumal mir in die Anstalt, als ausgesprochene Erziehungsanstalt, nur solche Kinder eingewiesen wurden, die bereits in irgendeiner Form straffällig geworden sind, aber bei denen eine häusliche Züchtigung seitens ihrer Eltern nicht mehr

682 Vgl. ebd.

zweckentsprechend war. Dass unter diesen Kindern auch schon sogenannte ›Asoziale‹ sich befanden, sei nebstbei bemerkt.«[683] Lenzenweger ging nicht näher darauf ein, was er unter »asozial« verstand; auch der verhörende Kriminalbeamte fragte nicht nach. Der Anstaltsleiter ergänzte in Folge, dass unter den Mädchen auch solche waren, die der geheimen Prostitution nachgingen. Die Anschuldigungen der Mutter von Maria K. suchte er etwa zu entkräften, indem er der Jugendlichen hochgradige Verkommenheit attestierte. Ihm sei Maria K. schon während seiner Tätigkeit an der Hilfsschule in Steyr »zur Genüge« aufgefallen, »wegen Verwahrlosung, Lügen, Stehlen und Umgang mit Männern«, und sie sei bereits als 13-Jährige »mit einer Geschlechtskrankheit behaftet« gewesen.[684] Lenzenweger diskreditierte die ehemaligen Zöglinge und potenziellen ZeugInnen seiner Misshandlungen nochmals, wenn er meint: »Infolge, dass wie bereits erwähnt derart kriminell schwer belastete Jugendliche unter meiner Erziehungsgewalt standen, wird es mich nicht wundern können, wenn solche Personen in der jetzigen Zeit zu meinen Ungunsten aussagen.«[685] Damit bezichtigte er sie nicht nur der Lüge, er negierte dabei, dass er vor allem durch (ehemalige) Mitarbeiterinnen schwer belastet wurde.

Heinrich Lenzenweger rechtfertigte eingestandene Züchtigungen mit der erzieherischen Notwendigkeit, um die Disziplin im Haus aufrechtzuerhalten, aber auch um die Jugendlichen zu »wertvollen« Gesellschaftsmitgliedern heranzuziehen. In dieser Art und Weise argumentierten auch alle von Lenzenweger namhaft gemachten EntlastungszeugInnen. Sie äußerten durchwegs Verständnis für hartes Vorgehen und so manche körperliche Züchtigung. So sagte etwa die Lehrerin Johanna Zechmann bei ihrer Befragung: »Dass bei diesem oder jenem Vergehen eine sehr strenge Bestrafung folgte, ist zu verstehen und muss gerade ich, die ich 1 ½ Jahre als Lehrerin tätig war, sagen, dass nur eine sehr strenge Erziehung die Aufrechterhaltung der Disziplin der Anstalt gewährleistete.«[686] Maria Kastner, Leiterin des Jugendamtes Steyr, bekräftigte ebenfalls die erzieherische Notwendig-

683 Vernehmung des Beschuldigten Heinrich Lenzenweger durch die Kriminalbeamten-Abteilung Steyr am 30.1.1946, OÖLA, Gerichtsakt Vg 11 Vr 312/46.

684 Ebd.

685 Ebd.

686 Zeugenvernehmung von Johanna Zechmann durch das Kreisgericht Steyr am 21.3.1946, OÖLA, Gerichtsakt Vg 11 Vr 312/46.

keit: »Der Besch[uldigte] hat als Leiter der Anstalt bei dem minderwertigen Material der Zöglinge einen sehr schweren Standpunkt, sodass es klar ist, dass er seine Zöglinge sehr strenge behandeln musste, um sie zu einigermaßen brauchbaren Menschen zu erziehen.«[687] Die ehemalige Leiterin des Jugendamtes Steyr/Land, Käthe Kern, benutzte nicht nur eine ähnlich abwertende Sprache für die Beschreibung der Jugendlichen wie ihre Nachfolgerin, sie wies ebenfalls auf die Unumgänglichkeit von harten Disziplinierungsmaßnahmen hin:

> »Unter den Zöglingen, die das Jugendamt zu betreuen hatte, befanden sich solche, denen jede Erziehung fehlte, die verlogen und sogar kriminell waren, die von den Eltern nichts Gescheites gesehen haben und die immer wieder Anlass gaben, dass das Jugendamt einschreiten musste. Es ergab sich daher die Notwendigkeit, dass solche moralisch verkommenen Kinder in die Anstalt eingewiesen wurden. Dass eine strenge Behandlung dieser Zöglinge notwendig war, ist selbstverständlich. [...] Als Leiterin des Jugendamtes kann ich wohl behaupten, dass der Besch[uldigte] als Anstaltsleiter einen unerhört schweren Standpunkt hatte und es nicht zu verwundern wäre, wenn in diesem oder jenem Fall er einmal die Geduld verloren hätte.«[688]

Das hier geäußerte Verständnis für eventuelle körperliche Übergriffe zeigten jedoch auch jene Zeuginnen, die Lenzenweger in einigen Belangen belasteten.

Einschätzung der vom Personal ausgeführten Züchtigungen

Die Justiz hatte zu überprüfen, ob die den Beschuldigten zur Last gelegten Strafmaßnahmen den Tatbestand der Misshandlung und Quälerei erfüllten. Wesentlicher Teil der Befragungen war daher, ob die Beschuldigten in maßloser und/oder sadistischer Weise handelten. Die Vernehmungen der ZeugInnen bei Gericht relativierten das durch die Anzeige von Elsa Gohlhammer und Johanna K. sowie das durch die polizeilichen Befragungen entstandene Bild; insbesondere jenes des Anstaltsleiters Lenzenweger. Nicht nur, dass ein Großteil der Befragten den Beschuldigten in vielen Punkten entlastete, die meisten attestierten ihm zwar strenges, aber korrektes und vorbildhaftes

687 Zeugenvernehmung von Maria Kastner durch das Kreisgericht Steyr am 21.3.1946, OÖLA, Gerichtsakt Vg 11 Vr 312/46.

688 Ebd.

Vorgehen. Er habe bei den allwöchentlichen Unterredungen das Erziehungspersonal eindringlich davor gewarnt, eigenmächtig Zöglinge zu züchtigen. Die als Köchin angestellte Josefa Strauß gab bei der gerichtlichen Vernehmung beispielsweise an:

> »Ich bin von 1941 bis 1943 als Köchin in der Erziehungsanstalt beschäftigt gewesen und kann bezeugen, dass wohl Zöglinge beiderlei Geschlechtes durch Stockhiebe bestraft wurden, auch so, dass manche blaue Striemen am Gesäß aufwiesen. Nach meinem Dafürhalten war eine Züchtigung auch am Platz, weil die Kinder auch allerhand angestellt haben, gestohlen und gelogen haben und mit einer Ermahnung überhaupt nichts zu erreichen war. Der Besch[uldigte Lenzenweger; Anm.] war ein gerechter und guter Erzieher. Ich weiß selbst, dass er den Zöglingen durch gutes Zureden das Unrechte ihres Verhaltens eindringlicher vorhielt und immer wieder seine Erzieher darauf hinwies, Züchtigungen nur durch ihn vornehmen zu lassen und die Erziehung mit Liebe und Güte vorzunehmen. […] Ich kann abschließend sagen, dass der Besch[uldigte] zu seinen Zöglingen sehr gut war, wenn er auch bei Vergehen strenge bestrafte.«[689]

Eine weitere Angestellte der Gauerziehungsanstalt unterstrich ihre Einschätzung des korrekten Vorgehens von Seiten Lenzenwegers damit, dass der Beschuldigte gedroht hätte, »er werde uns zur Anzeige bringen, wenn wir die Zöglinge selbständig schlügen«[690]. Auch der Erzieherin Anna Silber bescheinigte sie eine »gute Führung« der ihr unterstellten Kinder und Jugendlichen. Selbst Barbara Huemer, die geistliche Schwester, die Lenzenweger in der polizeilichen Vernehmung zunächst schwer belastete, relativierte ihre Aussagen bei der richterlichen Vernehmung dahingehend, »dass der Besch[uldigte] die Züchtigungen keineswegs ständig maßlos übertrieben hätte«[691].

Sogar ein Opfer der Züchtigung durch Lenzenweger und Silber war im Nachhinein von der Richtigkeit der gesetzten Maßnahmen überzeugt: »Heute sehe ich ein, dass ich bestraft werden musste, und kann sagen, dass ich durch die Erziehung in der Anstalt wieder ein

689 Zeugenvernehmung von Josefa Strauß durch das Kreisgericht Steyr am 7.3.1946, OÖLA, Gerichtsakt Vg 11 Vr 312/46.

690 Zeugenvernehmung von Margarete Reiser durch das Kreisgericht Steyr am 12.3.1946, OÖLA, Gerichtsakt Vg 11 Vr 312/46.

691 Zeugenvernehmung von Barbara Huemer durch das Kreisgericht Steyr am 7.3.1946, OÖLA, Gerichtsakt Vg 11 Vr 312/46.

braver und anständiger Mensch wurde. Ich habe die Strafen nicht als ungerecht empfunden, ich habe sie verdient.«[692] Annemaria P., die zunächst als Zögling und dann als Beschäftigte in der Küche in Gleink war, meinte bei der Vernehmung am Kreisgericht Steyr, dass die 25 Stockhiebe auf das nackte Gesäß und das Verpassen eines Kurzhaarschnitts nach ihrer Flucht – beides sei von der Erzieherin Silber angeordnet und ausgeführt worden – gerechte Strafen waren und letztendlich dazu geführt hätten, sie auf den rechten Weg zurückzubringen.

Diesen relativierenden Angaben standen lediglich drei Aussagen gegenüber, die für die Bestrafungen keinerlei Entschuldigungen fanden. Die Mutter des verstorbenen Zöglings Maria K. blieb dabei, dass der äußerst »grobe und rohe Empfang« durch die Anstaltsleitung zu den späteren Ereignissen geführt habe. Maria H. und Maria W. erachteten die von Lenzenweger angeordneten 25 Stockhiebe, die nächtliche Ankettung ans Bett und verordnete schwere körperliche Arbeit (Schuttbeseitigung) nach einem gescheiterten Fluchtversuch weder als gerechtfertigt, noch konnten sie darin väterliches Wohlwollen erkennen. »Ich bin bei dieser Arbeit zusammengebrochen und dazu kam gerade Direktor Lenzenweger. Dieser nahm keinerlei Rücksicht auf meine Erschöpfung und sagte mitleidlos, ich müsse weitertragen.«[693] Als zusätzliche Demütigung musste Maria H. nach den Stockhieben auf Weisung der Erzieherin Silber ihr Gesäß »der ganzen Abteilung vorzeigen«[694]. Sie räumt jedoch ein, dass nach ihr keine Zöglinge mehr derart hart bestraft worden seien und auch vom Fesseln ans Bett Abstand genommen worden sei.

Angesichts der umfänglichen Bescheinigung durch eine Mehrzahl der Befragten, dass Lenzenweger überwiegend korrekt und in keiner Weise mit quälerischer oder sadistischer Absicht gehandelt habe, musste das Gericht der Einstellung des Verfahrens stattgeben. Hinsichtlich einer Schuld nach dem Kriegsverbrechergesetz (KVG) gebe es nicht ausreichend Beweise, so der Beschluss der Ratskammer

692 Zeugenvernehmung von Annemaria P. durch das Kreisgericht Steyr am 7.3.1946, OÖLA, Gerichtsakt Vg 11 Vr 312/46.

693 Zeugenvernehmung von Maria W. durch das Landesgericht Linz a. d. Donau am 25.7.1946, OÖLA, Gerichtsakt Vg 11 Vr 312/46. Maria W. konnte das Vernehmungsprotokoll nicht mehr unterzeichnen, weil sie aufgrund akuter Herzbeschwerden ins Krankenhaus gebracht werden musste.

694 Zeugenvernehmung von Maria H. durch das Kreisgericht Steyr am 20.3.1946, OÖLA, Gerichtsakt Vg 11 Vr 312/46.

des Landesgerichts Linz. Zumindest eine Haftentschädigung für die viermonatige Untersuchungshaft wurde ihm nicht zugestanden, da, so das Landesgericht Linz am 14. November 1947 in seiner Begründung der Aberkennung eines Entschädigungsanspruchs für die Haftzeit, »der Verdacht [...] fortbestehen bleibt«.

Die Justiz zeigte in keinerlei Weise Engagement, weitere Zöglinge von Gleink ausfindig zu machen und sie nach den Vorkommnissen in der Gauerziehungsanstalt zu befragen. Sie versuchte auch nicht in Bezug auf die anderen Beschuldigten – Anna Silber, Irene Kozlowsky und Adolf Schneider –, die gegen sie getätigten Anschuldigungen zu erhärten, obwohl die Zeuginnen deren Verhalten nicht in dem Maße relativierten wie im Fall von Lenzenweger. Dass auch diese Verfahren in gleicher Weise entschieden wurden, ist vor dem Hintergrund der nicht besonders gründlich durchgeführten Voruntersuchung zu problematisieren. Auffallend ist weiters, dass den Anschuldigungen gegen den Leiter des Jugendamtes Linz, der Lenzenweger für einige Monate als Anstaltsleiter vertreten hatte, überhaupt nicht nachgegangen wurde. Berücksichtigt man noch den verschleppten Beginn der Voruntersuchung – Lenzenweger wurde bereits vier Monate vor der Anzeige von Frau Gohlhammer der Misshandlung eines Zöglings beschuldigt –, so kann daraus geschlossen werden, dass der Aufklärungseifer der Strafverfolgungsbehörden mäßig ausgeprägt war.

3.4 Epilog: Von der Aktualität des Forschungsthemas

Die Analyse der Gerichtsverfahren gegen das Personal der Arbeitsanstalt Am Steinhof und der Voruntersuchungen gegen das Personal der Gauerziehungsanstalt Gleink bestätigen die Ergebnisse anderer Forschungsarbeiten (z. B. Studien der Forschungsstelle Nachkriegsjustiz des DÖW, Spring 1999 und 2009, Goldberger 2004) oder auch jene von Fürstler und Malina (2004), die die Geschichte der Krankenpflege in Österreich in der NS-Zeit unter die Lupe nahmen. Sie resümierten:

> »In den vorliegenden Gerichtsakten ist, um Winfried Garscha (2001, 53) zu zitieren, eher ein gewisser Widerwille bei den Ermittlungsbehörden festzustellen, weil der überwiegende Teil der Verbrechensopfer behinderte und psychisch kranke Menschen waren. Überlebende waren als Zeugen oder Privatbeteiligte oft mit großen Schwierigkeiten konfrontiert. Nicht selten wurden sie von Verteidigern, ja sogar von Gutachtern verhöhnt – vor

> allem, wenn sie sich angesichts des Leugnens ihrer ehemaligen Peiniger vor Gericht ›ungebührlich‹ benahmen.« (Fürstler/Malina 2004, 156)

Zu ergänzen ist noch, dass viele der Verbrechensopfer mit dem Stigma der »Asozialität« und der Prostitution behaftet waren. Die damit assoziierten Eigenschaften waren auch im normativen Gefüge Nachkriegsösterreichs geächtet. Wie sowohl die Vollzugspraxis des Opferfürsorgegesetzes als auch die juristische Praxis zeigte, wurden die an den Verfolgten begangenen Verbrechen nur zum Teil als nationalsozialistisches Unrecht betrachtet. Es muss daher nochmals festgehalten werden, dass nach 1945 kein grundsätzliches Umdenken stattfand. Der Vergleich der beiden Gerichtsverfahren gegen Hackel und andere verdeutlicht außerdem, wie die anfängliche Sympathie für die Leiden der Am Steinhof festgehaltenen Frauen nur zwei Jahre später über weite Strecken einer Schuldzuweisung an die Opfer Platz machte. In den Voruntersuchungen bezüglich der Vorkommnisse in Gleink fehlten Reflexionen über die Ursachen eines widerständigen Verhaltens der Opfer gänzlich. Die geschlechtsspezifische Dimension der in den Gerichtsverfahren und der Vollzugspraxis des OFG konstruierten Bilder wäre noch gesondert herauszuarbeiten.

Die Forschung über die Verfolgung von als »asozial« stigmatisierten Menschen kann darauf aufmerksam machen, dass die entsprechenden Ressentiments nach wie vor virulent sind. So schreiben beispielsweise die PsychoanalytikerInnen Elisabeth Brainin und Samy Teicher in ihrer Reflexion zu einem Forschungsprojekt zu Kindern und Jugendlichen als Opfer der NS-Sozialverwaltung von der erschütternden Erkenntnis des Fortlebens vieler Begrifflichkeiten und Konzepte:

> »In der Vorbereitungsphase lasen und diskutierten wir Krankengeschichten vom ›Spiegelgrund‹, meist eine sehr deprimierende und traurige Angelegenheit. Diktion und Sprache waren entwertend und entmenschlichten die Patienten. Elemente dieser Sprache finden sich bis heute in psychiatrischen Krankengeschichten wieder. Dass große Teile dieser Krankengeschichten auch heute noch so geschrieben werden könnten, erschütterte uns besonders.« (Brainin/Teicher 2007, 361)

Auch Sieder und Smioski konstatieren in ihrer Studie über die Gewalt in den Erziehungsheimen der Stadt Wien »eine verblüffende Kontinuität eugenischer bzw. rasse(n)hygienischer, rassistischer und autoritärer Denkweisen und Begriffe« bis in die 1970er Jahre, welche »der teilweise exzessiven Gewalt in der Heimerziehung den Weg [bereitete]« (Sieder/Smioski 2012, 522). Ohne hier näher auf deren Studie eingehen zu können, ist es erschreckend zu lesen, wie die Formen der Züchtigung bei Fehlverhalten und bei Wiederaufgriffen nach Fluchten jenen Beschreibungen ähneln, die wir aus den Zeuginnen-Berichten von in der Arbeitsanstalt Am Steinhof oder in der Gauerziehungsanstalt Gleink festgehaltenen Mädchen und Frauen kennen. Das heißt, es gibt bis heute nicht nur eine Kontinuität in den Begrifflichkeiten, sondern auch in der strukturellen wie personellen Gewalt.

Die Kontinuität des Denkens erklärt sich durch den Umstand, dass viele BeamtInnen, FürsorgerInnen, ÄrztInnen, PflegerInnen, PolizistInnen, RichterInnen etc. während des nationalsozialistischen Regimes ausgebildet oder sozialisiert wurden oder in den Nachkriegsjahren von »ehemaligen« NationalsozialistInnen geschult wurden. Eine Entnazifizierung auf diesen Ebenen fand quasi nicht statt (vgl. Malina 2007b, Sieder/Smioski 2012, 523f.). Die Kontinuität des Denkens ist zudem auch zu erklären durch die strukturelle Gewalt, die von »totalen Institutionen« (Goffman 1973), wie sie psychiatrische Einrichtungen, Erziehungsheime und Gefängnisse darstellen, ausgeht und die wiederum erst personelle, direkte Gewalt möglich macht. Gert Lyon (2017, 613–616) schließt daraus, dass sich Gewalt gegen psychisch kranke und behinderte Menschen in öffentlichen Institutionen wohl nie gänzlich vermeiden lassen wird, die beste Vorbeugung bzw. Bekämpfung nur durch die »Enttabuisierung des Themas«, »kritische Solidarität und öffentliche Kontrolle« erzielt werden könne.

Kontinuitäten der rund um den Topos der »Asozialität« wirkenden Ressentiments sind auch im gegenwärtigen politischen Diskurs erschreckend virulent. Ein zunehmend unsolidarisches gesellschaftliches Klima ermöglicht eine offene Hetze gegen sogenannte SozialschmarotzerInnen – Fremde, Alte, Kranke, Behinderte, scheinbar Arbeitsunwillige. Gleichzeitig werden sozial- und wohlfahrtsstaatliche Abfederungen gekürzt. In politischen Reden ist gerne vom »fleißigen, kleinen Mann« die Rede, dessen Wohlstand durch die Gruppe der Faulen gefährdet sei und nur durch rigide Kontrolle – auch unter Inkaufnahme der Verletzung von Menschenrechten – eingedämmt werden könne. Angesichts der von den HetzerInnen in unserer gesellschaftlichen Mitte proklamierten Gefahr der »Überfremdung«[695] scheint ein breiter Konsens darin zu bestehen, diese als der Gemeinschaft abträglich stigmatisierten Menschen – vom Begriff der »Asozialität« wird derzeit noch Abstand genommen – der Zwangsgewalt des Staates zu unterwerfen, sei es durch Abschiebung, durch die Kürzung staatlicher Leistungen auf ein Niveau unter dem Existenzminimum oder durch die Verpflichtung, jegliche Arbeit annehmen zu müssen. Der versprochene oder in Aussicht gestellte Schutz der exklusiv definierten europäischen BürgerInnen meint weniger deren soziale Absicherung oder Bewahrung vor unbotmäßigen Eingriffen in die Privatsphäre bzw. Zugriffen auf die persönliche Freiheit, sondern vielmehr das Abhalten von Schutzsuchenden vor Europas Grenzen und deren »Konzentration« in »Aufnahmelagern«[696] – der Gedanke an »Schutzhaft« und »Konzentrationslager« vergangener Tage ist unvermeidbar. Werden Stimmen gegen sozial- und migrationspolitische Verschärfungen bis hin zu strafrechtlichen Reformvorhaben laut – man denke an die Überlegungen hinsichtlich einer abermaligen Verschärfung gegenüber Sexualstraftätern –. wird auf die in »social media«-Plattformen veröffentlichte Meinung und/oder auf das »gesunde Volksempfinden« rekurriert. Auch das erinnert an vergangene Diskurse. In Zeiten zunehmender Verunsicherung der Menschen aufgrund weltpolitischer Entwicklungen (Globalisierung, Digitalisierung, Klimawandel, Kriegsgeschehen etc.) setzen PolitikerInnen, die zukunftsträchtige, Freiheit und Menschenrechte garantierende Lösungsansätze bieten sollten, zunehmend auf Populismus, Nationalismus und Provinzialismus – Ausgrenzung ist hier ein wesentliches Merkmal. Hoch im Kurs stehen Emotionalisierung und Polarisierung, die Suche nach Sündenböcken. Gleichzeitig entbindet sich

695 Der auch heute noch von Rechten und Rechtsextremen verwendete Begriff der »Überfremdung« geht auf die Anfänge der nationalsozialistischen Bewegung zurück und wurde dort als Kampfbegriff gegen eine Unterwerfung des Deutschtums unter das Judentum verwendet (vgl. http://www.doew.at/erkennen/rechtsextremismus/neues-von-ganz-rechts/archiv/september-1999/fpoe-gegen-ueberfremdung, abgerufen am 1.3.2019).

696 Der österreichische Innenminister Herbert Kickl schlug im Jänner 2018 vor, Flüchtlinge »konzentriert« in Aufnahmezentren außerhalb der Städte unterzubringen (vgl. http://www.faz.net/aktuell/politik/ausland/oesterreichs-innenminister-fluechtlinge-konzentriert-unterbringen-15387550.html, abgerufen am 1.3.2019). Mittlerweile hat Bundesminister Kickl die Umbenennung der Aufnahmezentren in »Ausreisezentren« veranlasst.

der neoliberale Staat zunehmend von der Verantwortung für VerliererInnen in der kapitalistischen Leistungsgesellschaft und der Globalisierung, dabei eine zunehmend sich spaltende und radikalisierende Gesellschaft in Kauf nehmend.

Es ist Zeit, die Stigmatisierung als »Sozialschmarotzer«, faul oder arbeitsunwillig und dergleichen mit der eingangs dieses Kapitels zitierten Leopoldine Sch., einer wegen »Asozialität« verfolgten Frau, als »infam« zurückzuweisen und sich dagegen zu positionieren. Studien wie diese können auf die Wurzeln, Langlebigkeit und Wiederkehr eines »neuerdings etablierten Konsens[es] über die Fremden und Faulen« (Palmetshofer 2017, 13) aufmerksam machen. Die symbolische Gewalt, die von derartigen Begriffen und Bezeichnungen ausgeht, ist lediglich ein erster Schritt hin zur strukturellen und personellen Gewalt.

V.

VERZEICHNISSE UND DOKUMENTE

1. LITERATURVERZEICHNIS

Amesberger, Helga (2016): Sexarbeit in Wien. Von Regulierungsversuchen, Arbeitsbedingungen und Resistenz, in: Brunner, Andreas et al. (Hg.): Wien Museum: Sex in Wien. Lust.Kontrolle.Ungehorsam, Wien, 176–183.

Amesberger, Helga / Auer, Katrin / Halbmayr, Brigitte (2010): Sexualisierte Gewalt. Weibliche Erfahrungen in NS-Konzentrationslagern, 4. Aufl. [Erstausgabe 2004], Wien.

Amesberger, Helga / Caixeta, Lucenir / Greif, Elisabeth / Sauer, Birgit (2018): Austria, in: Jahnsen, Synnøve / Wagenaar, Hendrik (Hg.): Assessing Prostitution Policies in Europe, London, New York, 122–135.

Amesberger, Helga / Halbmayr, Brigitte (2001a): Vom Leben und Überleben – Wege nach Ravensbrück. Das Frauenkonzentrationslager in der Erinnerung. Bd. 1: Dokumentation und Analyse, Wien.

Amesberger, Helga / Halbmayr, Brigitte (2001b): Vom Leben und Überleben – Wege nach Ravensbrück. Das Frauenkonzentrationslager in der Erinnerung. Bd. 2: Lebensgeschichten, Wien.

Amesberger, Helga / Halbmayr, Brigitte (2008): Das Privileg der Unsichtbarkeit. Rassismus unter dem Blickwinkel von Weißsein und Dominanzkultur, Wien.

Amesberger, Helga / Halbmayr, Brigitte (2009): Namentliche Erfassung der ehemals inhaftierten ÖsterreicherInnen im KZ Ravensbrück – Ausweitung der Archivrecherchen. Unveröffentlichter Forschungsbericht am Institut für Konfliktforschung, Wien.

Amesberger, Helga / Halbmayr, Brigitte (2010): Sexualisierte Gewalt während der nationalsozialistischen Verfolgung – die Bedeutung von Sexismus und Rassismus, in: Österreich in Geschichte und Literatur (mit Geographie), 54. Jg., H. 3, 204–219.

Amesberger, Helga / Halbmayr, Brigitte / Lercher, Kerstin (2012): Namentliche Erfassung der ehemals inhaftierten ÖsterreicherInnen im KZ Ravensbrück – Ausweitung der Archivrecherchen, unveröffentlichter Forschungsbericht, Wien.

Amesberger, Helga / Halbmayr, Brigitte / Schmid, Gerlinde (2013): ÖsterreicherInnen im KZ Ravensbrück. Quantitative Auswertung der Datenbank und Erstellung der Website, unveröffentlichter Forschungsbericht, Wien.

Ayaß, Wolfang (1998): »Gemeinschaftsfremde«. Quellen zur Verfolgung von »Asozialen« 1933–1945, Materialien aus dem Bundesarchiv, H. 5, Koblenz.

Ayaß, Wolfgang (2006): Nicht der Einzelne zählte. »Gemeinschaftsfremde« im nationalsozialistischen Österreich, in: Verein DOWAS (Hg.): 30 Jahre DOWAS, 79–91.

Ayaß, Wolfgang (2009): Schwarze und grüne Winkel. Die nationalsozialistische Verfolgung von »Asozialen« und »Kriminellen«. Ein Überblick über die Forschungsgeschichte, in: KZ Gedenkstätte Neuengamme (Hg.): Ausgegrenzt – »Asoziale« und »Kriminelle« im nationalsozialistischen Lagersystem, Bremen, 7–15.

Ayaß, Wolfgang (2012): Demnach ist z. B. asozial … Zur Sprache sozialer Ausgrenzung im Nationalsozialismus, in: Kramer, Nicole (Hg.): Ungleichheiten im Dritten Reich. Semantiken, Praktiken, Erfahrungen, Göttingen, 69–89.

Bailer-Galanda, Brigitte (1999): Die Opfergruppen und deren Entschädigung, in: Forum Politische Bildung (Hg.): Wieder gut machen? Enteignung, Zwangsarbeit, Entschädigung, Restitution, Wien, Innsbruck (= Sonderband der Informationen zur Politischen Bildung), 90–96.

Bailer-Galanda, Brigitte (2003): Die Entstehung der Rückstellungs- und Entschädigungsgesetzgebung. Die Republik Österreich und das in der NS-Zeit entzogene Vermögen, Wien, München (= Veröffentlichungen der Österreichischen Historikerkommission, Vermögensentzug während der NS-Zeit sowie Rückstellungen und Entschädigungen seit 1945 in Österreich, hg. von Jabloner, Clemens et al., Bd. 3).

Bailer-Galanda, Brigitte (2005): Rückstellungen und Entschädigungen – eine Rücknahme des Vermögensentzugs während des NS-Regimes?, in: Bailer-Galanda, Brigitte / Blimlinger, Eva: Vermögensentzug – Rückstellung – Entschädigung. Österreich 1938/1945–2005, Innsbruck, Wien, Bozen (= Österreich – Zweite Republik. Befund, Kritik, Perspektive, Bd. 7, hg. von Ehalt, Christian [Kulturabteilung der Stadt Wien]), 40–69.

Baumgartner, Gertrud (1992): Alles Übel kommt vom Weibe. Die Verfolgung und Internierung von sogenannten »asozialen« Frauen in der NS-Zeit, in: Perner, Rotraud A. (Hg.): Menschenjagd. Vom Recht auf Strafverfolgung, Wien, 127–148.

Baumgartner, Gertrud / Mayer, Angela H. (1990): Arbeitsanstalten für sogenannte »asoziale Frauen« im Gau Wien und Niederdonau. Forschungsprojekt im Auftrag des BM für Wissenschaft und Forschung, Endbericht, Wien.

Becker, David (2006): Die Erfindung des Traumas – verflochtene Geschichten, Berlin.

Benz, Wolfgang / Graml, Hermann / Weiss, Hermann (Hg.) (1998): Enzyklopädie des Nationalsozialismus, München.

Berger, Ernst (Hg.) (2007): Verfolgte Kindheit. Kinder und Jugendliche als Opfer der NS-Sozialverwaltung, Wien.

Berger, Ernst (2010): Jugendwohlfahrt und Fürsorge im Nationalsozialismus, in: Bundesjugendvertretung (Hg.): Geraubte Kindheit. Kinder und Jugendliche im Nationalsozialismus, Wien, 87–96.

Berger, Karin / Dimmel, Nikolaus / Forster, David / Spring, Claudia / Berger, Heinrich (2004): Vollzugspraxis des »Opferfürsorgegesetzes«. Analyse der praktischen Vollziehung des einschlägigen Sozialrechts, Wien, München (= Veröffentlichungen der Österreichischen Historikerkommission, Vermögensentzug während der NS-Zeit sowie Rückstellungen und Entschädigungen seit 1945 in Österreich, hg. von Jabloner, Clemens et al., Bd. 29/2).

Berger, Karin / Holzinger, Elisabeth / Podgornik, Lotte / Trallori, Lisbeth N. (Hg.) (1987): Ich geb Dir einen Mantel, daß Du ihn noch in Freiheit tragen kannst. Widerstehen im KZ. Österreichische Frauen erzählen, Wien.

Bock, Gisela (1986): Zwangssterilisation im Nationalsozialismus. Studien zur Rassenpolitik und Frauenpolitik, Opladen.

Botz, Gerhard (1996): Geschichte und kollektives Gedächtnis in der Zweiten Republik, in: Kos, Wolfgang / Rigele, Georg (Hg.): Inventur 45/55. Österreich im ersten Jahrzehnt der Zweiten Republik, Wien, 51–85.

Brainin, Elisabeth / Teicher, Samy (2007): Überlegungen zur gemeinsamen Arbeit am Forschungsprojekt, in: Berger, Ernst (Hg.): Verfolgte Kindheit. Kinder und Jugendliche als Opfer der NS-Sozialverwaltung, Wien, Köln, Weimar, 361–377.

Czech, Herwig (2003): Erfassung, Selektion und »Ausmerze«. Die Abteilung »Erb- und Rassenpflege« des Wiener Hauptgesundheitsamtes und die Umsetzung der NS-»Erbgesundheitspolitik« 1938 bis 1945, Diplomarbeit an der Universität Wien.
Czech, Herwig (2006): Jenseits des Lustprinzips. Geschlechtskrankheiten, Prostitution und Sexualpolitik in Wien während des Nationalsozialismus, in: Hüntelmann, Axel C. / Vossen, Johannes / Czech, Herwig (Hg.): Gesundheit und Staat, 201–220.
Czech, Herwig (2007): Ärzte am Volkskörper. Die Wiener Medizin und der Nationalsozialismus, Dissertation an der Universität Wien.
Czech, Herwig (2017): Braune Westen, weiße Mäntel. Die Versuche einer Entnazifizierung der Medizin in Österreich, in: Czech, Herwig / Weindling, Paul (Hg.): Österreichische Ärzte und Ärztinnen im Nationalsozialismus, Wien (= Jahrbuch des Dokumentationsarchivs des österreichischen Widerstandes 2017), 179–201 (online abrufbar unter https://www.doew.at/cms/download/e70va/jb_2017_czech.pdf, abgerufen am 1.3.2019).
Czipke, Gertrude (2013): »Die SchreibmaschinentäterInnen«. Die Wiener Jugendfürsorge in den Jahren 1945 bis 1970 und ihr Beitrag zur Durchsetzung einer gegen Mädchen, Frauen, »uneheliche« Mütter und deren Kinder gerichteten Geschlechterordnung, Diplomarbeit an der Universität Wien.
Dirngrabner, Sr. Erentrud (2002): Die Kreuzschwestern Oberösterreichs im Dritten Reich. Zur Geschichte der Linzer Provinz der Kreuzschwestern in der Zeit des nationalsozialistischen Regimes 1938–1945, Linz.
Distel, Barbara (2011): Kriminelle und »Asoziale« als Häftlingskategorien, in: Benz, Wolfgang / Distel, Barbara: Nationalsozialistische Zwangslager: Strukturen und Regionen – Täter und Opfer. Dachauer Hefte, 194–206.
Dokumentationsarchiv des österreichischen Widerstandes (DÖW) (1996): Die Verfahren vor dem Volksgericht Wien (1945–1955) als Geschichtsquelle. Abschlussbericht des vom Fonds zur Förderung der wissenschaftlichen Forschung finanzierten Forschungsprojekts des DÖW, Juli 1996 (online abrufbar unter https://www.doew.at/cms/download/3qf8r/projekt_vg_wien.pdf, abgerufen am 1.3.2019).
Dubitscher, Fred (1942): Asoziale Sippen. Erb- und sozialbiologische Untersuchungen, Leipzig.
Ebbinghaus, Angelika (Hg.) (1996): Opfer und Täterinnen. FrauenBiografien des Nationalsozialismus, Frankfurt am Main.
Eberle, Annette (2008): Sozial – Asozial. Ausgrenzung und Verfolgung in der bayrischen Fürsorgepraxis 1934–1945, in: Hajak, Stefanie / Zarusky, Jürgen (Hg.): München und der Nationalsozialismus, Berlin, 207–226.
Feichtlbauer, Hubert (2005): Zwangsarbeit in Österreich. Fonds für Versöhnung, Frieden und Zusammenarbeit: Späte Anerkennung, Geschichte, Schicksale. Hg. vom Österreichischen Versöhnungsfonds, Wien.
Foucault, Michel (1983): Der Wille zum Wissen. Sexualität und Wahrheit 1, Frankfurt am Main.
Fritz, Regina (2004): Die nationalsozialistischen »Jugendschutzlager« Uckermark und Moringen. Disziplinierung, Internierung und Beseitigung normabweichender Jugendlicher im Dritten Reich, Diplomarbeit an der Universität Wien.
Fritz, Regina (2007): Die »Jugendschutzlager« Uckermark und Moringen im System nationalsozialistischer Jugendfürsorge, in: Berger, Ernst (Hg.): Verfolgte Kindheit. Kinder und Jugendliche als Opfer der NS-Sozialverwaltung, Wien, 303–326.

Fuchs, Brigitte (2003): »Rasse«, »Volk«, Geschlecht. Anthropologische Diskurse in Österreich 1850–1960, Wien.

Fürstler, Gerhard / Malina, Peter (2004): »Ich tat nur meinen Dienst.« Zur Geschichte der Krankenpflege in Österreich in der NS-Zeit, Wien.

Gabriel, Eberhard / Neugebauer, Wolfgang (Hg.) (2002): Von der Zwangssterilisierung zur Ermordung. Zur Geschichte der NS-Euthanasie in Wien. Teil 2, Wien, Köln, Weimar.

Garscha, Winfried R. (2000): Österreich – das schlechtere Deutschland? Fakten und Legenden zum Verhältnis Österreichs zum »Dritten Reich« vor und nach 1938 und zu den NS-Verbrechen und ihrer Aufarbeitung nach 1945, Vortrag in der Königlichen Bibliothek in Brüssel im Rahmen der Konferenz »AUTRICHE 1934–2000: Les origines d'un dérapage«, veranstaltet vom Centre d'Études et de Documentation ›Guerre et Sociétés contemporaines‹ (CEGES) / Studie– en Documentatiecentrum ›Oorlog en Heedendagse Maatschappij‹ (SOMA) 5. 4. 2000 (online abrufbar unter https://www.doew.at/cms/download/c1g7m/1_garscha_oesterreich_deutschland.pdf, abgerufen am 1.3.2019).

Garscha, Winfried R. (2001): Euthanasie-Prozesse seit 1945 in Österreich und Deutschland, in: Horn, Sonia / Malina, Peter (Hg.): Medizin im Nationalsozialismus. Wege der Aufbereitung. Sozialgeschichte der Medizin. Verlag der Österreichischen Ärztekammer, Wien, 46–58.

Geiger, Katja (2006): »Im Dienst der Volksgesundheit«. Fürsorgerinnen bzw. Volkspflegerinnen im nationalsozialistischen Wien, in: Arias, Ingrid (Hg.): Im Dienste der Volksgesundheit, Wien, 177–210.

Geiger, Katja (2008): Sozial und asozial im Nationalsozialismus, in: Österreichischer Berufsverband der SozialarbeiterInnen (Hg.): SIO – Sozialarbeit in Österreich, Wien, 8–12.

Goffman, Erving (1973): Asyle. Über die soziale Situation psychiatrischer Patienten und anderer Insassen, Frankfurt am Main.

Goldberger, Josef (2002): NS-Gesundheitspolitik im Reichsgau Oberdonau 1938–1945. Die Umsetzung der gesundheitspolitischen Forderungen des NS-Staates durch die staatliche Sanitätsverwaltung, oder: Die administrative Konstruktion des »Minderwertes«, Dissertation an der Universität Wien.

Goldberger, Josef (2004): NS-Gesundheitspolitik in Oberdonau. Die administrative Konstruktion des »Minderwertes«, Linz.

Halbmayr, Brigitte (2005): Arbeitskommando »Sonderbau«. Zur Bedeutung und Funktion von Bordellen im KZ, in: Dachauer Hefte. Studien und Dokumente zur Geschichte der nationalsozialistischen Konzentrationslager, 21. Jg., H. 21: Häftlingsgesellschaft. Dachau, 217–236.Halbmayr, Brigitte (2008a): Sex-Zwangsarbeit in NS-Konzentrationslagern. Fakten, Mythen und Positionen, in: Eschebach, Insa / Mühlhäuser, Regina: Krieg und Geschlecht. Sexuelle Gewalt im Krieg und Sex-Zwangsarbeit in NS-Konzentrationslagern, Berlin, 127–145.

Halbmayr, Brigitte (2008b): Sexuelle Ausbeutung von Frauen im KZ-System am Beispiel von Sexzwangsarbeit, in: Baumgartner, Andreas / Bauz, Ingrid / Winkler, Jean-Marie (Hg.): Zwischen Mutterkreuz und Gaskammer. Täterinnen und Mitläuferinnen oder Widerstand und Verfolgung? Beiträge zum Internationalen Symposium Frauen im KZ-Mauthausen am 4. Mai 2006, Wien, 95–102.

Halbmayr, Brigitte (2009): »Das war eine Selbstverständlichkeit, dass wir da geholfen haben.« Die Fallschirmagenten Albert Huttary und Josef Zettler und ihre UnterstützerInnen – ein Fallbeispiel, in: Dokumentationsarchiv des österreichischen Widerstandes (Hg.): Jahrbuch 2009, Schwerpunkt: Bewaffneter Widerstand – Widerstand im Militär, Wien, 176–204.

Halbmayr, Brigitte (2010): Kinder und Jugendliche im Konzentrationslager – Verfolgungsumstände, Überlebenschancen und Schicksale, in: Bundesjugendvertretung (Hg.): Geraubte Kindheit. Kinder und Jugendliche im Nationalsozialismus, Wien, 125–136.

Halbmayr, Brigitte / Schmid, Gerlinde (2014): »Zigeunerinnen« aus Österreich in Ravensbrück, in: Eschebach, Insa (Hg.): Das Frauen-Konzentrationslager Ravensbrück. Neue Beiträge zur Geschichte und Nachgeschichte, Berlin, 94–112.

Hamburger Gruppe der »Initiative für einen Gedenkort ehemaliges KZ Uckermark« (o. J. [2015]): Konzentrationslager Uckermark, Ausstellung und begleitende Texte, Hamburg.

Hanisch, Ernst (1996): Die Präsenz des Dritten Reiches in der Zweiten Republik, in: Kos, Wolfgang / Rigele, Georg (Hg.): Inventur 45/55. Österreich im ersten Jahrzehnt der Zweiten Republik, Wien, 33–50.

Hauer, Gudrun (2001): Lesben und Nationalsozialismus: Blinde Flecken in der Faschismustheoriediskussion, in: Aus dem Leben. Begleitpublikation zur Ausstellung über die nationalsozialistische Verfolgung der Homosexuellen in Wien 1938–45. Sonderheft lambda nachrichten, Zeitschrift der Homosexuellen Initiative Wien, Juni 2001, 46–52.

Hepp, Michael (1996): Vorhof zur Hölle. Mädchen im »Jugendschutzlager« Uckermark, in: Ebbinghaus, Angelika (Hg.): Opfer und Täterinnen. FrauenBiografien des Nationalsozialismus, Frankfurt am Main, 239–272.

Hessel, Stéphane (2011): Empört Euch!, Berlin.

Hörath, Julia (2012): Terrorinstrument der »Volksgemeinschaft«? KZ-Haft für »Asoziale« und »Berufsverbrecher« 1933–1937/38, in: Zeitschrift für Geschichtswissenschaft, H. 6, 513–532.

Hörath, Julia (2017): »Asoziale« und »Berufsverbrecher« in den Konzentrationslagern 1933 bis 1938, Göttingen.

Immler, Nicole L. (2011): »Sie haben sich nicht entschuldigt, nicht gut genug!« Entschädigungszahlungen: Die emotionale und die gesetzliche Chronologie einer Antragstellung – aus Sicht der Nachkommen, in: BIOS – Zeitschrift für Biographieforschung, Oral History und Lebensverlaufsanalysen, 24. Jg., Nr. 1, 53–77.

Jabloner, Clemens / Bailer-Galanda, Brigitte / Blimlinger, Eva / Graf, Georg / Knight, Robert / Mikoletzky, Lorenz / Perz, Bertrand / Sandgruber, Roman / Stuhlpfarrer, Karl / Teichova, Alice (2003): Schlussbericht der Historikerkommission der Republik Österreich. Vermögensentzug während der NS-Zeit sowie Rückstellungen und Entschädigungen seit 1945 in Österreich. Zusammenfassungen und Einschätzungen, Wien, München.

Jandrisits, Vera (2007): Zur Struktur des Fürsorgewesens im NS-Wien, in: Berger, Ernst (Hg.): Verfolgte Kindheit. Kinder und Jugendliche als Opfer der NS-Sozialverwaltung, Wien, 139–158.

Kalkan, Dietrich (2009): »Schwachsinn jeder Ursache«, in: Allex, Anne / Kalkan, Dietrich (Hg.): ausgesteuert – ausgegrenzt … angeblich asozial, Neu-Ulm, 161–178.

Keilson, Hans (1979): Sequentielle Traumatisierung bei Kindern, Stuttgart.

Keilson, Hans (1992): Sequentielle Traumatisierung bei Kindern, in: Hardtmann, Gertrud (Hg.): Spuren der Verfolgung. Seelische Auswirkungen des Holocaust auf die Opfer und ihre Kinder, Gerlingen.

Kepplinger, Brigitte (2004): Fürsorgeakte als historische Quelle. Die Betreuungsakte des Linzer Jugendamtes (1918–1950), in: Schuster, Walter / Schimböck, Maximilian / Schweiger Anneliese (Hg.): Stadtarchiv und Stadtgeschichte, Archiv der Stadt Linz, 303–312.

Klamper, Elisabeth (1988): Vom »wesensgemäßen« Einsatz der deutschen Frau, in: Wien 1938 [Katalog zur Ausstellung], Wien, 342–357.

Knorr, Wolfgang (1939): Vergleichende erbbiologische Untersuchungen an drei asozialen Großfamilien, Berlin.

Köchl, Sylvia (2016): »Das Bedürfnis nach gerechter Sühne«. Wege von »Berufsverbrecherinnen« in das Konzentrationslager Ravensbrück, Wien.

Köchl, Sylvia / Putz, Christa (2012): Kriminell – ein Leben lang. Bestrafung und Verfolgung zweier Welserinnen vor, während und nach dem Nationalsozialismus, in: Stadt Wels (Hg.): Nationalsozialismus in Wels, Bd. 2, Wels, 203–221.

Kos, Wolfgang (1996): Vorwort, in: Kos, Wolfgang / Rigele, Georg (Hg.): Inventur 45/55. Österreich im ersten Jahrzehnt der Zweiten Republik, Wien, 9–22.

Krist, Martin / Lichtblau, Albert (2017): Nationalsozialismus in Wien. Opfer. Täter. Gegner, Innsbruck (= Nationalsozialismus in den österreichischen Bundesländern, Bd. 8).

Kuretsidis-Haider, Claudia (2007): »Ordnung machen im eigenen Haus«. Die Verbrechen von Engerau vor Gericht – der größte österreichische Prozess wegen nationalsozialistischer Gewaltverbrechen an ungarisch-jüdischen Zwangsarbeitern, in: Zeitgeschichte, 34. Jg., H. 6, 323–336.

KZ Gedenkstätte Neuengamme (Hg.) (2009): Ausgegrenzt – »Asoziale« und »Kriminelle« im nationalsozialistischen Lagersystem, Bremen, 104–110.

Lagergemeinschaft Ravensbrück / Freundeskreis e. V. (BRD): ravensbrückblätter, Nr. 139, 37. Jg., September 2011.

Leitner, Josef (1971): Die Wiener Hilfsschule 1920–1970. Eine erlebte Chronik mit Beiträgen von Hans Radl und Alois Lustig, Wien, München.

Limbächer, Katja (2009): Strafverfahren in Ost- und Westdeutschland gegen das Bewachungspersonal des Jugendschutzlagers Uckermark, in: KZ Gedenkstätte Neuengamme (Hg.): Ausgegrenzt – »Asoziale« und »Kriminelle« im nationalsozialistischen Lagersystem, Bremen, 128–137.

Limbächer, Katja (2014): Das Jugendschutzlager Uckermark – ein Experimentierfeld für die Kriminalbiologie, in: Eschebach, Insa (Hg.): Das Frauen-Konzentrationslager Ravensbrück. Neue Beiträge zur Geschichte und Nachgeschichte. Forschungsbeiträge und Materialien der Stiftung Brandenburgische Gedenkstätten, Bd. 12, Berlin, 253–256.

Limbächer, Katja / Merten, Maike / Pfefferle, Bettina (Hg.) (2000): Das Mädchenkonzentrationslager Uckermark, Münster.

Lustig, Alois (1971): Gegenwart und Ausblick: ein Nachwort, in: Leitner, Josef: Die Wiener Hilfsschule 1920–1970. Eine erlebte Chronik mit Beiträgen von Hans Radl und Alois Lustig, Wien, München, 112–118.

Lyon, Gert (2017): Anstatt eines Schlusswortes: Fünf Thesen zum Umgang mit Gewalt, Zwang und Macht in der Psychiatrie, in: Mayerhofer, Hemma et al. (Hg.): Kinder und Jugendliche mit Behinderungen in der Wiener Psychiatrie von 1945 bis 1989. Stationäre Unterbringung am Steinhof und Rosenhügel, Schriften zur Rechts- und Kriminalsoziologe, Institut für Rechts- und Kriminalsoziologie (IRKS), Bd. 8, Wien, 313–316.

Malina, Peter (1998): »Führen« statt Heilen. Zu einigen Fundstücken aus dem Gesundheitsamt der Stadt Wien 1938–1945, in: Wiener Klinische Wochenschrift, Jg. 110, H. 4–5, 145–151.

Malina, Peter (2007a): NS-Fürsorge in Wien, in: Berger, Ernst (Hg.): Verfolgte Kindheit. Kinder und Jugendliche als Opfer der NS-Sozialverwaltung, Wien, Köln, Weimar, 119–124.

Malina, Peter (2007b): Ein Leben nach dem »Spiegelgrund«, in: Berger, Ernst (Hg.): Verfolgte Kindheit. Kinder und Jugendliche als Opfer der NS-Sozialverwaltung, Wien, Köln, Weimar, 327–332.

Malina, Peter (2007c): Zur Geschichte des »Spiegelgrunds«, in: Berger, Ernst (Hg): Verfolgte Kindheit. Kinder und Jugendliche als Opfer der NS-Sozialverwaltung, Wien, Köln, Weimar, 159–192.

Malina, Peter (2010): Kindsein im Nationalsozialismus. Für eine tiefergehende Wahrnehmung der eigenen Geschichte, in: Bundesjugendvertretung (Hg.): Geraubte Kindheit. Kinder und Jugendliche im Nationalsozialismus, Edition Mauthausen, Wien, 57–86.

Mayerhofer, Hemma / Wolfgruber, Gudrun / Geiger, Katja / Hammerschick, Walter / Reidinger / Veronika (Hg.) (2017): Kinder und Jugendliche mit Behinderungen in der Wiener Psychiatrie von 1945 bis 1989. Stationäre Unterbringung am Steinhof und Rosenhügel, Wien.

Merten, Maike / Limbächer, Katja (2000): Geschichte des Jugendschutzlagers Uckermark, in: Limbächer, Katja / Merten, Maike / Pfefferle, Bettina (Hg.): Das Mädchenkonzentrationslager Uckermark, Münster, 16–43.

Mulley, Klaus-Dieter (2004): Zum NS-Lagersystem im Reichsgau Niederdonau 1938–1945. Regionalgeschichtliche Annäherungen, in: Gabriel, Ralph / Mailänder-Koslov, Elissa (Hg.): Lagersystem und Repräsentation, Tübingen, 71–86.

Nationalfonds der Republik Österreich für Opfer des Nationalsozialismus (2015): 20 Jahre Nationalfonds der Republik Österreich für Opfer des Nationalsozialismus, Wien.

Neugebauer, Wolfgang (1992): Zwangssterilisation und »Euthanasie« in Österreich 1940–1945, in: Zeitgeschichte, 19. Jg., H. 1/2, 17–28.

Palmetshofer, Ewald (2017): Die Kälte der Machbarkeit, Burg – Das Burgtheater Magazin, November/Dezember 2017, 11–13.

Paul, Christa (2008): Frühe Weichenstellungen. Zum Ausschluss »asozialer« Häftlinge von Ansprüchen auf besondere Unterstützungsleistungen und auf Entschädigung, in: Fritz Bauer Institut (Hg.): Opfer als Akteure, Frankfurt am Main, 67–86.

Pfeil, Walter J. (2004): Die Entschädigung von Opfern des Nationalsozialismus im österreichischen Sozialrecht, Wien, München (= Veröffentlichungen der Österreichischen Historikerkommission, Vermögensentzug während der NS-Zeit sowie Rückstellungen und Entschädigungen seit 1945 in Österreich, herausgegeben von Jabloner, Clemens et al., Bd. 29/1).

Philipp, Grit (1999): Kalendarium der Ereignisse im Frauen-Konzentrationslager Ravensbrück 1939–1945, unter Mitarbeit von Schnell, Monika, Berlin.
Prinz, Josef (2002): »Asozialenpolitik« und Arbeitszwang in der NS-Zeit. Ein Beitrag zur Geschichte des Arbeitserziehungslagers Oberlanzendorf bei Wien, St. Pölten.
Prinz, Josef (2005): Erziehung zur Arbeit – Arbeit als Erziehung? Zum Stellenwert von Arbeitserziehung im nationalsozialistischen Lagersystem am Beispiel Oberlanzendorf bei Wien, in: betrifft widerstand, H. 6/2005, 31–39.
Projektgruppe für die vergessenen Opfer des NS-Regimes (Hg.) (1986): Verachtet Verfolgt Vernichtet. Zu den ›vergessenen‹ Opfern des NS-Regimes, Hamburg.
Rafetseder, Hermann (2014): NS-Zwangsarbeits-Schicksale. Erkenntnisse zu Erscheinungsformen der Oppression und zum NS-Lagersystem aus der Arbeit des Österreichischen Versöhnungsfonds (online abrufbar unter http://www.erinnern.at/bundeslaender/oesterreich/e_bibliothek/zwangsarbeit/zwangsarbeit-in-osterreich-1938-1945-bericht-uber-die-arbeit-des-fonds-fur-versohnung-frieden-und-zusammenarbeit/Rafetseder_Hermann_B_NSZwangsarbeitsSchicksale_2013_01.pdf, abgerufen am 1.3.2019).
Rahe, Thomas / Seybold, Katja (2009): »Berufsverbrecher«, »Sicherungsverwahrte« und »Asoziale« im Konzentrationslager Bergen-Belsen, in: KZ Gedenkstätte Neuengamme (Hg.): Ausgegrenzt – »Asoziale« und »Kriminelle« im nationalsozialistischen Lagersystem, Bremen, 94–103.
Ralser, Michaela (2014): Psychiatrisierte Kindheit – Expansive Kulturen der Krankheit. Machtvolle Allianzen zwischen Psychiatrie und Fürsorgeerziehung, in: Die Kinder des Staates – Österreichische Zeitschrift für Geschichtswissenschaften, Jg. 25, Bd. 1/2, Innsbruck, Wien, Bozen, 128–155.
Ralser, Michaela / Bischoff, Nora / Guerrini, Flavia / Jost, Christine / Leitner, Ulrich / Reiterer, Martina (2017): Heimkindheiten. Geschichte der Jugendfürsorge und Heimerziehung in Tirol und Vorarlberg, Innsbruck, Wien, Bozen.
Ralser, Michaela / Guerrini, Flavia / Reiterer, Martina (2015): »Ich hasse diesen elenden Zwang.« Das Landeserziehungsheim für Mädchen und junge Frauen St. Martin in Schwaz, Forschungsbericht im Auftrag des Landes Tirol, Innsbruck.
Riedel, Joachim (2010): Der Wert der Justizakten als historische Quelle aus Sicht eines Juristen, in: Kuretsidis-Haider, Claudia / Garscha, Winfried R. (Hg.): Gerechtigkeit nach Diktatur und Krieg. Transitional Justice 1945 bis heute, Strafverfahren und ihre Quellen, Graz, 191–200.
Rosenberg, Jakob / Spitaler, Georg (2011): Grün-weiß unterm Hakenkreuz. Der Sportklub Rapid im Nationalsozialismus (1938–1945), Wien.
Scherer, Klaus (1990): »Asozial« im Dritten Reich. Die vergessenen Verfolgten, Münster.
Schikorra, Christa (2000): Von der Fürsorgeerziehung ins KZ – Hinweise aus Akten des Wanderhofs Bischofsried, in: Limbächer, Katja / Merten, Maike / Pfefferle, Bettina (Hg.): Das Mädchenkonzentrationslager Uckermark, Münster, 63–75.
Schikorra, Christa (2001a): »Asoziale« Häftlinge im Frauenkonzentrationslager Ravensbrück: die Spezifik einer Häftlingsgruppe, in: Röhr, Werner / Berlekamp, Brigitte (Hg.): Tod oder Überleben – Neue Forschungen zur Geschichte des Konzentrationslagers Ravensbrück, Berlin, 89–122.
Schikorra, Christa (2001b): Kontinuitäten der Ausgrenzung. »Asoziale« Häftlinge im Frauenkonzentrationslager Ravensbrück, Berlin.

Schikorra, Christa (2004): Über das Zusammenspiel von Fürsorge, Psychiatrie und Polizei bei der Disziplinierung auffälliger Jugendlicher, in: Beddies, Thomas / Hübener, Kristina (Hg.): Kinder in der NS-Psychiatrie, Berlin, 87–108.

Schikorra, Christa (2009a): Grüne und schwarze Winkel – geschlechterspezifische Betrachtungen zweier Gruppen von KZ-Häftlingen 1938–1940, in: KZ Gedenkstätte Neuengamme (Hg.): Ausgegrenzt – »Asoziale« und »Kriminelle« im nationalsozialistischen Lagersystem, Bremen, 104–110.

Schikorra, Christa (2009b): »Herumtreiberei« und »liederlicher Lebenswandel«. Frauen im Zugriff von Fürsorge und Polizei im NS-Staat, in: Allex, Anne / Kalkan, Dietrich: ausgesteuert – ausgegrenzt … angeblich asozial, Neu-Ulm, 55–61.

Schikorra, Christa (2016): Arbeitszwang, Psychiatrie und KZ. Als ›asozial‹ verfolgte junge Frauen im Dritten Reich, in: Benz, Wolfgang / Distel, Barbara (Hg.): Gemeinschaftsfremde. Zwangserziehung im Nationalsozialismus, in der Bundesrepublik und der DDR, Berlin, 83–103.

Schikorra, Christa (2018): The stigma of being »asocial«, Manuskript zum Vortrag auf der Konferenz »Beyond camps and forced labour. Current international research on survivors of Nazi persection.«, London, 10.–12. Jänner 2018.

Schmid, Hans (2009): Die Aktion »Arbeitsscheu Reich« 1938, in: KZ Gedenkstätte Neuengamme (Hg.): Ausgegrenzt – »Asoziale« und »Kriminelle« im nationalsozialistischen Lagersystem, Bremen, 31–42.

Schoppmann, Claudia (1997): Nationalsozialistische Sexualpolitik und weibliche Homosexualität, Pfaffenweiler.

Schoppmann, Claudia (1998): Zeit der Maskierung. Lebensgeschichten lesbischer Frauen im »Dritten Reich«, Frankfurt am Main.

Schreiber, Horst (2010): Im Namen der Ordnung. Heimerziehung in Tirol, Innsbruck, Wien, Bozen.

Schwanninger, Florian (2008): »Wenn du nicht arbeiten kannst, schicken wir dich zum Vergasen.« Die »Sonderbehandlung 14f13« im Schloss Hartheim 1941–1944, in: Kepplinger, Brigitte / Marckhgot Gerhard (Hg.): Tötungsanstalt Hartheim, Linz, 155–208.

Schwanninger, Florian / Zauner-Leitner, Irene (2013): Lebensspuren. Biografische Skizzen von Opfern der NS-Tötungsanstalt Hartheim, Innsbruck, Wien, Bozen.

Schwartz, Michael (2014): Homosexuelle im Nationalsozialismus, München.

Schwarze, Gisela (2009): Es war wie eine Hexenjagd … Die vergessene Verfolgung ganz normaler Frauen im Zweiten Weltkrieg, Münster.

Sedlaczek, Dietmar (2004): Das Jugend-KZ Moringen, Seelze.

Sedlaczek, Dietmar / Lutz, Thomas / Puvogel, Ulrike (Hg.) (2005): »Minderwertig« und »asozial«. Stationen der Verfolgung gesellschaftlicher Außenseiter, Zürich.

Seliger, Maren (1991): Die Verfolgung normabweichenden Verhaltens im NS-System. Am Beispiel der Politik gegenüber »Asozialen« in Wien, in: Österreichische Zeitschrift für Politikwissenschaft, H. 4, 409–429.

Seliger, Maren (2000): NS-Herrschaft in Wien und Niederösterreich, in: Tálos, Emmerich et al. (Hg.): NS-Herrschaft in Österreich. Ein Handbuch, Wien.

Seliger, Maren (2010): Scheinparlamentarismus im Führerstaat. »Gemeindevertretung« im Austrofaschismus und Nationalsozialismus. Funktionen und politische Profile. Wiener Räte und Ratsherren 1934–1945 im Vergleich. Wien, Berlin, Münster.

Sieder, Reinhard (2014): Das Dispositiv der Fürsorgeerziehung in Wien, in: Ralser, Michaela / Sieder Reinhard (Hg.): Die Kinder des Staates – Österreichische Zeitschrift für Geschichtswissenschaften, Jg. 25, Bd. 1/2, Innsbruck, Wien, Bozen, 156–193.

Sieder, Reinhard / Smioski, Andrea (2012): Der Kindheit beraubt. Gewalt in den Erziehungsheimen der Stadt Wien (1950er bis 1980er Jahre), unter Mitarbeit von Eich, Holger und Kirschenhofer, Sabine, Innsbruck, Wien, Bozen.

Sofsky, Wolfgang (1999): Die Ordnung des Terrors: Das Konzentrationslager, Frankfurt am Main.

Sommer, Robert (2009a): Das KZ-Bordell: Sexuelle Zwangsarbeit in nationalsozialistischen Konzentrationslagern, Münster.

Sommer, Robert (2009b): Zur Verfolgungsgeschichte »asozialer« Frauen in Lagerbordellen, in: KZ Gedenkstätte Neuengamme (Hg.): Ausgegrenzt – »Asoziale« und »Kriminelle« im nationalsozialistischen Lagersystem, Bremen, 111–127.

Spring, Claudia A. (1999): Verdrängte Überlebende. NS-Zwangssterilisationen und die legistische, medizinische und gesellschaftliche Ausgrenzung von zwangssterilisierten Menschen in der Zweiten Republik, Diplomarbeit an der Universität Wien.

Spring, Claudia (2007a): Diffamiert – zwangssterilisiert – ignoriert. Hermine B. und die Folgen ihrer Verfolgung als »Asoziale« von der NS-Zeit bis in die Gegenwart, in: Gehmacher, Johanna / Hauch, Gabriella (Hg.): Frauen- und Geschlechtergeschichte des Nationalsozialismus. Fragestellungen, Perspektiven, neue Forschungen, Innsbruck, Wien, Bozen, 204–219.

Spring, Claudia (2007b): Restitution der Fertilität. Therese W. und die Beschlüsse der Wiener Erbgesundheitsgerichte, in: Baader, Gerhard / Hofer, Veronika / Mayer, Thomas (Hg.): Eugenik in Österreich, Wien, 367–392.

Spring, Claudia A. (2008): »Die Gauleiter der Ostmark fordern das Gesetz dringend.« Zwangssterilisationen in Wien 1940–1945, Dissertation an der Universität Wien.

Spring, Claudia A. (2009): Zwischen Krieg und Euthanasie. Zwangssterilisationen in Wien 1940–1945, Wien, Köln, Weimar.

Spring, Claudia (2012): Lautes Reden und vielsagendes Schweigen. NS-Zwangssterilisationen und ihre Rechtfertigung nach 1945, in: Bolyos, Lisa / Morawek, Katharina (Hg.): Diktatorpuppe zerstört, Schaden gering, Wien, 157–161.

Stourzh, Gerald (1998): Um Einheit und Freiheit. Staatsvertrag, Neutralität und das Ende der Ost-West-Besetzung Österreichs 1945–1955, Wien.

Strebel, Bernhard (2003): Das KZ Ravensbrück, Geschichte eines Lagerkomplexes, Paderborn.

Suderland, Maja (2009): Ein Extremfall des Sozialen. Die Häftlingsgesellschaft in den nationalsozialistischen Konzentrationslagern, Frankfurt, New York.

Toberentz, Lotte (1945): Jugendschutzlager Uckermark, in: Mitteilungsblatt des RKPA, Januar 1945, 621–624.

Toussaint, Jeanette (2007): Nichts gesehen – nichts gewusst. Die juristische Verfolgung ehemaliger SS-Aufseherinnen durch die Volksgerichte Wien und Linz, in: Gehmacher, Johanna / Hauch, Gabriella (Hg.): Frauen- und Geschlechtergeschichte des Nationalsozialismus. Fragestellungen, Perspektiven, neue Forschungen, Innsbruck, Wien, Bozen, 222–239.

Tröbinger, Jürgen (2006): In jedem Fall ein asoziales Element. Die rassenhygienische Funktionalisierung der öffentlichen Fürsorge im »Reichsgau Oberdonau« 1938–1945, Dissertation an der Universität Salzburg.

Tröbinger, Jürgen (2008): »Armenpflege der eisernen Faust«. Öffentliche Fürsorge und die Verfolgung »Asozialer« im Reichsgau Oberdonau, in: Mitteilungen des Oberösterreichischen Landesarchivs, 21. Bd., 617–692.

Üblackner, Susanne (2007): »… unordentlich, unwirtschaftlich und zur Erziehung ihrer Kinder ungeeignet.« Die Arbeitsanstalt für »asoziale« Frauen »Am Steinhof« unter besonderer Berücksichtigung der Verfolgung normabweichenden Verhaltens im Reichsgau Wien zwischen 1938 und 1945, Diplomarbeit an der Universität Wien.

Werner, Paul (1944): Die polizeilichen Jugendschutzlager, in: Deutsche Jugendhilfe, 35. Jg., Folge 11/12, Februar/März 1944, 101–105.

Wolf, Maria A. (2008): Eugenische Vernunft. Eingriffe in die reproduktive Kultur durch die Medizin 1900–2000, Wien.

Wolfgruber, Gudrun (1997): Zwischen Hilfestellung und sozialer Kontrolle. Jugendfürsorge im Roten Wien, dargestellt am Beispiel der Kindesabnahme, Wien.

Wolfgruber, Gudrun (2013): Von der Fürsorge bis zur Sozialarbeit. Wiener Jugendwohlfahrt im 20. Jahrhundert, Wien.

2. QUELLENVERZEICHNIS

Archiv der Diözese Linz

Archiv der Kreuzschwestern Linz

Archiv der Schwesterngemeinschaft Caritas Socialis

Dokumentationsarchiv des österreichischen Widerstandes (DÖW)

Niederösterreichisches Landesarchiv (NÖLA)

Bezirkshauptmannschaften, Gruppe XI

Konvolut »Fürsorgezwangsarbeit« (NÖLA, Reichsstatthalter Niederdonau, AZ 221-1, Band I und Band II)

Konvolut »Rassenpolitik« (NÖLA, Reichsstatthalter Niederdonau, AZ 230-1, Band IIIb-1)

Oberösterreichisches Landesarchiv (OÖLA)

Bestand der OF-Akten

Behörde des Reichsstatthalters Oberdonau (Abt. IIIb, Öffentliche Fürsorge, Jugendfürsorge)

Gerichtsakt LG Steyr Vr 315/1956, Ermittlungsverfahren gegen den ehemaligen Leiter der Gauerziehungsanstalt, Heinrich Lenzenweger et al.

Stadtarchiv der Stadt Steyr

Meldedaten

Wiener Stadt- und Landesarchiv (WStLA)

Die Bestände zur »Städtischen Arbeitsanstalt Frauen« (WStLA, 1.3.2.209.2)

Volksgericht-Strafakten Vr 3999/45 und Vr 7189/48 (WStLA, 2.3.1.14): Strafsache gegen Dr. Alfred Hackel, Marie Knollmüller, Josefine Wirzinger, Therese Horacek, Elfriede Merkl, Heinrich Raab und Karl Teufl)

Die Bestände zur Wiener Städtischen Nervenklinik für Kinder »Spiegelgrund« (WStLA, 1.3.2.209.10)

Volksgericht-Strafakten Vr 2365/45 gegen Dr. Ernst Illing, Dr. Marianne Türk und Dr. Margarethe Hübsch

Bestände des Otto-Wagner-Spitals, und zwar die Krankengeschichten Frauen der Wagner v. Jauregg Heil- und Pflegeanstalt (WStLA, 1.3.2.209.2. A 11/3)

Vr-Strafakten des Jugendgerichtshofs (WStLA, 2.3.6.)

Akten der Opferfürsorge (WStLA, 1.3.2.208 A36)

Akten des Rassenpolitischen Amts der NSDAP, Gauleitung Wien (WStLA, 2.7.1.2)

Akten des Gauamts für Sippenforschung (WStLA, 2.7.1.3, A3-3)

Akten des Erbgesundheitsgerichts (WStLA, 2.3.15)

Bestand Heilanstalt Klosterneuburg (WStLA, 1.3.2.209.16)

3. ABKÜRZUNGSVERZEICHNIS

AB	Amtsbescheinigung
Anm.	Anmerkung der Autorinnen
BFV	Bezirksfürsorgeverband
BGBl.	Bundesgesetzblatt
C. I. C.	Counter Intelligence Corps
DAF	Deutsche Arbeitsfront
DÖW	Dokumentationsarchiv des österreichischen Widerstandes
EGG	Erbgesundheitsgericht
GEA	Gauerziehungsanstalt
GzVeN	Gesetz zur Verhütung erbkranken Nachwuchses
IKF	Institut für Konfliktforschung
IKG	Israelitische Kultusgemeinde
ITS	International Tracing Service Bad Arolsen
JGH	Jugendgerichtshof
KVG	Kriegsverbrechergesetz
KÜST (auch: Küst)	Kinderübernahmestelle
LG	Landesgericht
MA (auch: M. A., M.Abt.)	Magistratsabteilung
MGR	Mahn- und Gedenkstätte Ravensbrück
MGR-DB	Datenbank der Mahn- und Gedenkstätte Ravensbrück
NÖLA	Niederösterreichisches Landesarchiv
NSF	NS-Frauenschaft
NSV (auch: NSV., N. S. V.)	Nationalsozialistische Volkswohlfahrt
OA	Opferausweis
OF	Opferfürsorge
OFG (auch: O. F. G.)	Opferfürsorgegesetz
OGH	Oberster Gerichtshof
OLGR	Oberlandesgerichtsrat
OÖLA	Oberösterreichisches Landesarchiv
OVR.	Oberverwaltungsrat
RFV	Reichsfürsorgepflichtverordnung
RGBl.	Reichsgesetzblatt
RpA (auch: RPA)	Rassenpolitisches Amt
RKPA	Reichskriminalpolizeiamt
RSHA	Reichssicherheitshauptamt
StG	Strafgesetz
StGB	Strafgesetzbuch
StPO	Strafprozessordung
VG	Verbotsgesetz
WHW (auch: WHW., W. H. W.)	Winterhilfswerk
WKP	Weibliche Kriminalpolizei
WStLA	Wiener Stadt- und Landesarchiv

4. TABELLEN- UND SCHAUBILDVERZEICHNIS

5. AUSGEWÄHLTE GESETZE, VERORDNUNGEN UND MERKBLÄTTER

5.1 Gesetz zur Verhütung erbkranken Nachwuchses

Reichsgesetzblatt

Teil I

1933	Ausgegeben zu Berlin, den 25. Juli 1933	Nr. 86

Gesetz zur Verhütung erbkranken Nachwuchses. Vom 14. Juli 1933.

Die Reichsregierung hat das folgende Gesetz beschlossen, das hiermit verkündet wird:

§ 1

(1) Wer erbkrank ist, kann durch chirurgischen Eingriff unfruchtbar gemacht (sterilisiert) werden, wenn nach den Erfahrungen der ärztlichen Wissenschaft mit großer Wahrscheinlichkeit zu erwarten ist, daß seine Nachkommen an schweren körperlichen oder geistigen Erbschäden leiden werden.

(2) Erbkrank im Sinne dieses Gesetzes ist, wer an einer der folgenden Krankheiten leidet:

1. angeborenem Schwachsinn,
2. Schizophrenie,
3. zirkulärem (manisch-depressivem) Irresein,
4. erblicher Fallsucht,
5. erblichem Veitstanz (Huntingtonsche Chorea),
6. erblicher Blindheit,
7. erblicher Taubheit,
8. schwerer erblicher körperlicher Mißbildung.

(3) Ferner kann unfruchtbar gemacht werden, wer an schwerem Alkoholismus leidet.

§ 2

(1) Antragsberechtigt ist derjenige, der unfruchtbar gemacht werden soll. Ist dieser geschäftsunfähig oder wegen Geistesschwäche entmündigt oder hat er das achtzehnte Lebensjahr noch nicht vollendet, so ist der gesetzliche Vertreter antragsberechtigt; er bedarf dazu der Genehmigung des Vormundschaftsgerichts. In den übrigen Fällen beschränkter Geschäftsfähigkeit bedarf der Antrag der Zustimmung des gesetzlichen Vertreters. Hat ein Volljähriger einen Pfleger für seine Person erhalten, so ist dessen Zustimmung erforderlich.

(2) Dem Antrag ist eine Bescheinigung eines für das Deutsche Reich approbierten Arztes beizufügen, daß der Unfruchtbarzumachende über das Wesen und die Folgen der Unfruchtbarmachung aufgeklärt worden ist.

(3) Der Antrag kann zurückgenommen werden.

§ 3

Die Unfruchtbarmachung können auch beantragen

1. der beamtete Arzt,
2. für die Insassen einer Kranken-, Heil- oder Pflegeanstalt oder einer Strafanstalt der Anstaltsleiter.

§ 4

Der Antrag ist schriftlich oder zur Niederschrift der Geschäftsstelle des Erbgesundheitsgerichts zu stellen. Die dem Antrag zu Grunde liegenden Tatsachen sind durch ein ärztliches Gutachten oder auf andere Weise glaubhaft zu machen. Die Geschäftsstelle hat dem beamteten Arzt von dem Antrag Kenntnis zu geben.

§ 5

Zuständig für die Entscheidung ist das Erbgesundheitsgericht, in dessen Bezirk der Unfruchtbarzumachende seinen allgemeinen Gerichtsstand hat.

§ 6

(1) Das Erbgesundheitsgericht ist einem Amtsgericht anzugliedern. Es besteht aus einem Amtsrichter als Vorsitzenden, einem beamteten Arzt und einem weiteren für das Deutsche Reich approbierten Arzt, der mit der Erbgesundheitslehre besonders vertraut ist. Für jedes Mitglied ist ein Vertreter zu bestellen.

(2) Als Vorsitzender ist ausgeschlossen, wer über einen Antrag auf vormundschaftsgerichtliche Genehmigung nach § 2 Abs. 1 entschieden hat. Hat ein beamteter Arzt den Antrag gestellt, so kann er bei der Entscheidung nicht mitwirken.

5.2 Merkblatt »Wer ist asozial?«, Wien 18.12.1940

Wer ist a s o z i a l ?

1.) Wer infolge verbrecherischer, staatsfeindlicher und querulatorischer Neigungen fortgesetzt mit den Strafgesetzen, der Polizei und anderen Behörden in Konflikt gerät - oder

2.) arbeitsscheu ist - (wer trotz Arbeitsfähigkeit schmarotzend von sozialen Einrichtungen lebt, bettelt, vagabundiert, betrügerisch hausiert und Hochstapler ist),

3.) wer den Unterhalt für sich und seine Familie laufend den Wohlfahrtseinrichtungen des Staates, der Gemeinde oder der Partei (auch N.S.V. und W.H.W.) aufzubürden versucht oder

4.) wer unwirtschaftlich und hemmungslos ist, wem es an eigenem Verantwortungsbewußtsein fehlt, wer kein geordnetes Familienleben und keinen ordentlichen Haushalt zu führen und seine Kinder nicht zu brauchbaren Volksgenossen zu erziehen vermag.

5.) Trinker, die einen wesentlichen Teil ihres Einkommens in Alkohol umsetzen und von ihrer Sucht beherrscht werden,

Straßendirnen, die durch ihr unsittliches Gewerbe ihren Lebensunterhalt teilweise oder ganz verdienen und

Zuhälter.

Die a s o z i a l e (gemeinschaftsunfähige) Familie hat sehr häufig eine hohe Kinderzahl. Diese Kinder sind oft in buntem Durcheinander unehelicher, vorehelicher, außerehelicher und ehelicher Abkunft. Die Kinder versagen zum Teil schon in der Schule, sie müssen der Hilfsschule überwiesen oder sogar vielleicht in Erziehungs- oder Besserungsanstalten gegeben werden. Später sind sie den Aufgaben des Lebens meist nicht gewachsen, beenden ihre Lehrzeit in den seltensten Fällen. Sie kommen im Beruf nicht weiter, häufig kommt es nicht einmal zu einer geordneten Berufsausübung, - sie sind arbeitsscheu, fallen den arbeitenden Volksgenossen zur Last und beziehen trotz ihrer körperlichen Eignung Arbeitslosen- und Wohlfahrtsunterstützung. Es fehlt ihnen der Sinn für Ordnung, Sauberkeit und Vorwärtsstreben und - ein Großteil von ihnen ist kriminell.

Da ihre charakterlichen Defekte in den Erbanlagen verankert sind, nützen Erziehungsmethoden und Besserungsversuche so gut wie gar nichts.-

./-

5.3 Opferfürsorgegesetz (i. d. F. vom 28.11.2017) (Auszug)

»(1) Als Opfer des Kampfes um ein freies, demokratisches Österreich im Sinne dieses Bundesgesetzes sind Personen anzusehen, die um ein unabhängiges, demokratisches und seiner geschichtlichen Aufgabe bewußtes Österreich, insbesondere gegen Ideen und Ziele des Nationalsozialismus, mit der Waffe in der Hand gekämpft oder sich rückhaltlos in Wort oder Tat eingesetzt haben und hiefür in der Zeit vom 6. März 1933 bis zum 9. Mai 1945

a) im Kampfe gefallen sind,
b) hingerichtet worden sind,
c) an den Folgen einer im Kampfe erlittenen Verwundung oder erworbenen Krankheit oder an den Folgen einer Haft oder erlittenen Mißhandlung verstorben sind,
d) an Gesundheitsschädigungen infolge einer der in lit. c angeführten Ursachen leiden oder gelitten haben, wenn durch die Gesundheitsschädigung die Erwerbsfähigkeit nach den Bestimmungen des Kriegsopferversorgungsgesetzes 1957, BGBl. Nr. 152, auf die Dauer von wenigstens sechs Monaten um mindestens 50 v. H. gemindert ist oder gemindert war, oder
e) nachweisbar aus politischen Gründen mindestens ein Jahr, sofern die Haft mit besonders schweren körperlichen oder seelischen Leiden verbunden war, mindestens sechs Monate, in Haft waren oder eine Freiheitsbeschränkung im Sinne des §1 Abs. 2 lit. i von mindestens einem Jahr erlitten haben.

(2) Als Opfer der politischen Verfolgung im Sinne dieses Bundesgesetzes sind Personen anzusehen, die in der Zeit vom 6. März 1933 bis zum 9. Mai 1945 aus politischen Gründen, als Opfer der NS-Militärjustiz, aus Gründen der Abstammung, Religion, Nationalität oder im Rahmen typisch nationalsozialistischer Verfolgung, auf Grund einer körperlichen oder geistigen Behinderung, der sexuellen Orientierung, des Vorwurfes der so genannten Asozialität oder medizinischer Versuche durch Maßnahmen eines Gerichtes, einer Verwaltungs– (im besonderen einer Staatspolizei–) Behörde oder durch Eingriffe der NSDAP einschließlich ihrer Gliederungen in erheblichem Ausmaß zu Schaden gekommen sind. Als solche Schädigungen in erheblichem Ausmaße sind anzusehen:

a) der Verlust des Lebens,
b) der Verlust der Freiheit durch mindestens drei Monate,
c) eine Gesundheitsschädigung, durch die die Erwerbsfähigkeit nach

den Bestimmungen des Kriegsopferversorgungsgesetzes 1957 um mindestens 50 v. H. gemindert ist,

d) der Verlust oder die Minderung des Einkommens um mindestens die Hälfte gegenüber dem Zeitpunkte vor der gesetzten Maßnahme, wenn diese in ihrer Auswirkung mindestens dreieinhalb Jahre gedauert hat; als Opfer der politischen Verfolgung gilt auch die Witwe (der Witwer) oder die Lebensgefährtin (der Lebensgefährte) eines Opfers, bei dem die angeführte Schädigung eingetreten ist, wenn das Opfer im Zeitpunkte der gesetzten Maßnahme ihren (seinen) Lebensunterhalt bestritten hat,
e) der Abbruch oder eine mindestens dreieinhalbjährige Unterbrechung des Studiums oder einer Berufsausbildung,
f) eine erzwungene Emigration, sofern diese mindestens dreieinhalb Jahre gedauert hat,
g) ein Leben im Verborgenen, sofern dieses mindestens sechs Monate gedauert hat,
h) das Tragen des Judensternes durch mindestens sechs Monate,
i) eine Freiheitsbeschränkung von mindestens sechsmonatiger Dauer in Deutschland oder den von Deutschland besetzten Gebieten,
j) eine Zwangssterilisation.«

6. ZU DEN AUTORINNEN

Dr.[in] Helga AMESBERGER studierte Völkerkunde und Soziologie und promovierte in Politologie zu Rassismustheorien. Seit 1993 ist sie wissenschaftliche Mitarbeiterin am Institut für Konfliktforschung in Wien. Sie ist Mitglied des Publikumsforums des Hauses der Geschichte Österreich. Von 2014 bis 2017 war sie Mitglied des EU-COST-Forschungsnetzwerkes »Comparing European Prostitution Policies: Understanding Scales and Cultures of Governance« (PROSPOL). 2011 erhielt sie gemeinsam mit Brigitte Halbmayr den Käthe Leichter-Preis für Frauenforschung, Geschlechterforschung und Gleichstellung in der Arbeitswelt. Ihre Forschungsschwerpunkte sind Prostitutionspolitik, Frauen und NS-Verfolgung (insb. Ravensbrück und Mauthausen), Oral History und Erinnerungspolitik, Gewalt gegen Frauen.
Vgl. http://www.ikf.ac.at/m_amesb.htm, abgerufen am 1.3.2019.

Dr.[in] Brigitte HALBMAYR studierte Soziologie und Politologie und promovierte in Politologie zu Rassismustheorien. Seit 1992 ist sie wissenschaftliche Mitarbeiterin am Institut für Konfliktforschung in Wien. Sie ist seit 2009 Mitglied, seit 2014 Vorsitzende des Wissenschaftlichen Beirats zur Neugestaltung der Österreich-Ausstellung im Museum Auschwitz-Birkenau. 2011 erhielt sie gemeinsam mit Helga Amesberger den Käthe Leichter-Preis für Frauenforschung, Geschlechterforschung und Gleichstellung in der Arbeitswelt. Ihre Forschungsschwerpunkte sind Rassismus, Integration, Frauen und NS-Verfolgung (insb. Ravensbrück und Mauthausen), Oral History und Erinnerungspolitik sowie Biografieforschung.
Vgl. http://www.ikf.ac.at/m_halbma.htm, abgerufen am 1.3.2019.

Mag.[a] Elke RAJAL hat an den Universitäten Wien und Granada Politikwissenschaft studiert und ihr Studium im Jahr 2010 mit ausgezeichnetem Erfolg abgeschlossen. Seitdem ist sie an verschiedenen Instituten in der sozial- und geschichtswissenschaftlichen Forschung tätig. Des Weiteren lehrt sie an mehreren österreichischen Universitäten und Fachhochschulen. Ihre Themenschwerpunkte sind der Nationalsozialismus, die österreichische Vergangenheitspolitik, Antisemitismusforschung und Bildung (Politische Bildung, Holocaust Education, Rechtsextremismusprävention und Migrationspädagogik). Abgeschlossene Projekte mit historischem Schwerpunkt: »›Asozial‹ im Nationalsozialismus und die Fortschreibung im Nachkriegsösterreich« (IKF, 2017–2018), »Zwei Wiener ›Ravensbrückerinnen‹ – Cölestine Hübner und Barbara Mucha-Eibensteiner. Leben im Widerstand« (Wissenschaftsstipendium der MA 7 – Kultur, 2016–2017), »Melting Pot!? Sozialräumliche Umstrukturierungsprozesse in Ottakring zu Beginn des 20. Jahrhunderts« (Kreisky-Archiv, 2014–2016), »Das Akademische Gymnasium Linz 1938–1945« (selbstständig, 2013–2014) sowie »Lebensgeschichten jüdischer ZwangsarbeiterInnen im Zusammenhang mit dem Massaker beim Kreuzstadl in Rechnitz 1945« (studentisches Projekt, 2007–2008).
Vgl. http://www.ikf.ac.at/m_rajal.htm, abgerufen am 1.3.2019.

mandelbaum *empfiehlt*

Helga Amesberger, Katrin Auer, Brigitte Halbmayr
SEXUALISIERTE GEWALT
Weibliche Erfahrungen in NS-Konzentrationslagern
Mit einem Essay von Elfriede Jelinek

420 Seiten, Euro 19,90
englische Broschur
Format 13,5 x 21 cm
ISBN 978-3-85476-525-7

Sylvia Köchl
»DAS BEDÜRFNIS NACH GERECHTER SÜHNE«
Wege von »Berufsverbrecherinnen« in das Konzentrationslager Ravensbrück

340 Seiten, Euro 24,90
englische Broschur
Format 13,5 x 21 cm
ISBN 978-3-85476-507-3

Gerhard Botz
NATIONALSOZIALISMUS IN WIEN
Machtübernahme, Herrschaftssicherung, Radikalisierung, Kriegsvorbereitung | 1938/39

728 Seiten, Euro 34,–
mit zahlreichen Abbildungen
englische Broschur
Format 15 x 24 cm
ISBN 978-3-85476-564-6